D3.js
in Action

D3.js 인 액션

기본 차트부터 빅데이터 시각화까지
데이터를 시각화하는 최고의 방법

지은이 일리야 미크스 Elijah Meeks

넷플릭스의 선임 데이터 시각화 엔지니어다. 스탠퍼드 대학교와 유수의 회사 등 다양한 환경에서 D3.js를 경험했다.

옮긴이 강석주

초등학교 때 부모님께서 사주신 Apple II가 아직도 재산 목록 1호다. 날씨가 좋은 날이면 어김없이 한강을 따라 인라인스케이트를 타는 마니아지만, 해가 떨어지면 틈틈이 아두이노와 프로세싱을 이용해 밤새 무언가 뚝딱뚝딱 만들기도 한다. 4년 전부터 아이폰에 사로잡혀 cocos2d for iPhone을 이용한 게임 개발에 심취해 있다.

D3.js 인 액션 : 기본 차트부터 빅데이터 시각화까지 데이터를 시각화하는 최고의 방법

초판 1쇄 발행 2016년 07월 01일
초판 2쇄 발행 2021년 05월 10일

지은이 일리야 미크스 / **옮긴이** 강석주 / **펴낸이** 김태헌
펴낸곳 한빛미디어(주) / **주소** 서울시 서대문구 연희로2길 62 한빛미디어(주) IT출판부
전화 02-325-5544 / **팩스** 02-336-7124
등록 1999년 6월 24일 제25100-2017-000058호 / **ISBN** 978-89-6848-291-5 93000

총괄 전정아 / **책임편집** 서현 / **기획** 박지영 / **편집** 이미연 / **진행** 정지수
디자인 표지 이원재 내지 김미현 전산편집 방유선
영업 김형진, 김진불, 조유미 / **마케팅** 박상용, 송경석, 조수현, 이행은, 고광일 / **제작** 박성우, 김정우

이 책에 대한 의견이나 오탈자 및 잘못된 내용에 대한 수정 정보는 한빛미디어(주)의 홈페이지나 아래 이메일로 알려주십시오. 잘못된 책은 구입하신 서점에서 교환해 드립니다. 책값은 뒤표지에 표시되어 있습니다.

한빛미디어 홈페이지 www.hanbit.co.kr / 이메일 ask@hanbit.co.kr

지금 하지 않으면 할 수 없는 일이 있습니다.
책으로 펴내고 싶은 아이디어나 원고를 메일(writer@hanbit.co.kr)로 보내주세요.
한빛미디어(주)는 여러분의 소중한 경험과 지식을 기다리고 있습니다.

D3.js 인 액션

기본 차트부터 빅데이터 시각화까지
데이터를 시각화하는 최고의 방법

일리야 미크스 **지음**
강석주 **옮김**

/// MANNING   **IB 한빛미디어**
Hanbit Media, Inc.

들어가며

나는 늘 게임 만드는 일을 좋아했다. 보드 게임, 롤 플레잉 게임, 컴퓨터 게임 등. 어떤 것을 추상화해 규칙과 숫자로 만들고 분류하는 일이 좋았다. 그러다 보니 데이터를 눈으로 보여주는 것을 즐겼다. 피해는 막대로, 주문은 아이콘으로 나타내고, 지형은 육면체로 분할하고, 보물은 다양한 형태의 도표로 나타냈다. 그러나 대학원에서 지도를 개발하기 전까지는 데이터를 가장 잘 나타낼 방법을 알아내기 위해 사람들이 엄청난 시간과 노력을 들인다는 것을 깨닫지 못했다.

수많은 데스크톱 소프트웨어로 데이터베이스, 지도 데이터, 네트워크 데이터로 작업하고 플래시로 코딩하고 난 후 D3를 배우기 시작했다. 그래서 일반적인 정보 시각화뿐만 아니라 지구 공간 데이터와 네트워크 데이터 등 아주 전문화된 영역에서도 사용할 수 있는 자바스크립트 라이브러리인 D3를 접했을 때 흥분되는 것은 당연한 일이었다. 특히 플래시로 작업하고 있던 나에게 D3가 DOM 안에 존재하고 웹 표준을 따른다는 사실은 잘 알려지지 않은 또 하나의 커다란 장점이었다.

그 후로 나는 jQuery에 연결되는 UI 요소를 만드는 등 모든 일에 D3를 사용했다. 매닝출판사에서 이 책을 쓰자고 제안했을 때 나는 D3를 깊이 파보고 라이브러리의 모든 세세한 부분의 작동 방법을 내가 제대로 알고 있는지 확인할 완벽한 기회라고 생각했다. 이 책에서는 D3를 소개할 뿐만 아니라 지도나 네트워크처럼 호기심을 자극하는 여러 부분을 파헤치고 연결해본다.

결국 책은 예상보다 훨씬 오래 걸렸지만, 선이나 면을 생성하는 기본적인 것에서부터 데이터 시각화하면 생각나는 대부분의 레이아웃에 이르기까지 모든 것을 설명했다. 그리고 지도, 네트워크, 모바일, 최적화에 대해서도 지면을 할애했다.

무엇보다도 지도나 네트워크가 됐든, 혹은 파이 차트가 됐든 데이터 시각화 도구에 대해 폭넓은 선택의 기회를 주고자 최선을 다했다.

감사의 글

먼저 나를 격려해주고 나에게 영감을 줄 뿐만 아니라 이런 책에 필요한 날카로운 편집자의 눈을 제공해준 아내 하즈라에게 감사드린다.

이 책을 쓸 기회를 준 매닝출판사에도 감사드린다. 책을 쓰고 있자니 라이브러리를 배우고 졸업하는 학생이 된 듯한 느낌이었다. 『D3.js 인 액션』을 쓰고 나니 단순히 애플리케이션 개발만 할 때보다 D3에 대해 자신감이 훨씬 커졌다. 그리고 나의 단조로운 글을 돈 주고 살 가치가 있는 책으로 만들기 위해 참고 열심히 수고해준 편집자 수자나 클라인에게 특히 감사드린다. 그리고 보이지 않는 곳에서도 이 책을 위해 힘써준 매닝출판사의 제작팀과 모든 팀원에게도 감사드린다.

이 책을 써가는 동안 여러 단계에서 시간과 노력을 들여 원고에 의견을 보내준 리뷰어 프라샨스 바부 V V, 드와이트 배리, 마그리에트 브루게만, 니캔더 브루게만, 매튜 포크너, 짐 프론호퍼, 엔티노 크램피스, 안드레아 모스토시, 애런 노로냐, 앨빈 라지, 애덤 톨리, 스테판 웨이클리에게 감사드린다. 그리고 자신의 전문 기술을 발휘해 이 책을 훨씬 더 좋은 책으로 만들어준 기술 편집자 발렌틴 크레타즈와 교정자 존 보그만에게도 감사드린다.

마지막으로 스탠퍼드 대학교 도서관과 이 도서관의 모든 직원에게 감사드리며, 여러 재미있는 프로젝트에서 D3로 새로운 연구를 수행하고 애플리케이션을 개발할 기회를 제공해준 도서관장 마이클 켈러에게 특히 감사드린다.

일리야 미크스

얼마 전 끝난 프로젝트에서 웹 차트로 쓸 만한 라이브러리를 찾다 D3.js를 발견했다. 구글 차트가 깔끔하지만 무미건조한 반면, D3.js는 매우 역동적인 예제가 많아서 끌렸다. 게다가 IE 8.0을 지원할 필요도 없었으니 D3.js를 사용하기로 결정했다.

그러나 역시 오픈소스의 한계라고나 할까. D3.js에서의 레이아웃, 컴포넌트, 터치/확대 객체에 대한 개념을 잡으려 소스를 뒤져보고, 예제를 따라 해보면서 익힐 수밖에 없었다.

〈D3.js 인 액션〉을 번역하다 보니 역시나 이런 책이 이제야 나온다는 게 정말 안타까웠다. 내장된 레이아웃뿐만 아니라 내가 직접 만든 레이아웃을 사용할 수도 있었다니 조금만 더 일찍 알았더라면 하는 아쉬움이 남는다.

이 책이 D3.js로 이제 막 새로운 차트를 만들려고 하는 개발자에게 조그만 도움이 되길 바란다.

강석주

이 책에 대하여

데이터 시각화, 특히 D3는 세 가지 분야의 사람들이 주로 사용한다. 첫 번째는 D3를 도표 제작 라이브러리, 혹은 흔치는 않지만 지도 제작 라이브러리로 사용하는 전통적인 웹 개발 분야다. 두 번째는 자바 등을 이용해 수행하던 작업을 HTML5로 전환하기 위해 D3를 사용하려는 전통적인 소프트웨어 개발 분야다. 마지막으로는 R, 파이썬, 데스크톱 앱으로 통계 분석하는 소프트웨어 분야다.

어느 분야든 D3는 현대적 웹 개발과 데이터 시각화로의 큰 전환을 의미한다. 이 책에서는 이처럼 새롭고 낯선 분야에 대해 확고한 개념을 제공하기 위해 이 두 가지 측면을 모두 다룬다. 자바스크립트에 친숙한 독자는 메서드 체이닝 등의 주제를 이미 잘 알고 있을 것이고 데이터 시각화를 알고 있는 독자는 그래프 기본 함수 등의 일반 원리를 잘 알고 있을 것이다.

비록 D3를 소개하고 있지만 이 책의 핵심은 D3 라이브러리의 핵심 원리를 더욱 철저히 설명하는 데 있다. 이 책은 이제 막 D3를 시작한 독자나 고급 기법을 찾고 있는 독자 모두에게 여러분이 상상할 수 있는 모든 데이터 시각화를 구현하는 데 필요한 도구를 제공한다.

이 책의 구성

이 책은 세 부분으로 나누어져 있다. 1부에 나오는 세 개의 장에서는 D3의 기본적인 내용을 중점적으로 다룬다. 데이터 바인딩, 데이터 로딩, 데이터에서 그래프 요소를 생성하는 다양한 방법을 다룬다. 여러분이 이미 알고 있을 눈금, 색상 등 데이터 시각화에서 중요한 요소도 다룬다. 자바스크립트, CSS, SVG 등 D3가 사용하는 핵심 기술도 1부에서 다룬다.

2부에 나오는 다섯 개의 장에서는 전형적인 D3 기능을 다룬다. 4장에서는 데이터에서 선 그래프, 축, 박스 플롯 등 간단히 그래프를 생성하는 방법을 설명한다. 5장에서는 파이 차트, 트리 레이아웃, 워드 클라우드 등 전통적인 데이터 시각화 기법을 자세히 설명한다. 6장에서는 네트워크 시각화를 중점적으로 살펴본다. 아직 생소하겠지만 다양한 영역에서 네트워크 시각화를 점점 더 많이 사용하고 있다. 7장에서는 D3의 풍부한 지도 기능을 살펴보고 브라우저에서 지리 데이터를 조작하기 위해 TopoJSON을 활용하는 방법도 설명한다. 8장에서는 D3가 반드시 SVG와 연동할 필요가 없다는 것을 보여주기 위해 문장이나 리스트 등 전통적인 HTML 요소를 조작하는 방법을 집중적으로 다룬다.

3부는 4개의 장으로 구성해 D3를 깊이 있게 파고든다. 여기에서는 대시보드를 연결하고, 직접 D3 레이아웃과 컴포넌트를 생성하고, 대형 데이터셋의 시각화를 최적화하고, 모바일 버전의 데이터 시각화 코드를 작성하는 것을 설명한다. 이제 이 내용은 나의 작업에서도 중요한 부분이 됐다. D3를 이런 방식으로 사용할 생각은 없더라도 3부에서는 D3를 사용하는 데 있어서의 핵심을 다룬다.

이 책의 활용법

이제 막 D3를 공부하기 시작했다면 1장부터 4장까지 차례대로 읽어나가길 바란다. 각 장에서는 앞 장에서 배운 내용을 기반으로 설명하며 D3뿐만 아니라 데이터 시각화의 기본 원리를 설명한다. 4장까지 공부한 후에는 D3를 어떻게 활용할지에 따라 달라진다. 여러분이 사용할 데이터가 주로 지리 데이터라면 7장으로 바로 넘어가도 되고, 네트워크 데이터를 주로 다루어야 한다면 6장으로 바로 넘어가도 좋다. 전통적인 데이터 시각화 작업을 하는 경우라면 5장에서 9장까지 배워나가면서 전통적인 데이터 시각화의 핵심 요소인 대시보드에 대해 생각해보는 편이 좋다.

이미 D3를 사용해본 경험이 있고 그저 여러분의 기술을 향상하고자 한다면 3장까지는 간단히 읽고 넘어가도 좋다. 하지만 3장에 나오는 내용과 색상 및 SVG 아이콘이나 HTML 콘텐츠 등의 외부 리소스 로딩을 처리하는 부분은 흥미로울 것이다. 제너레이터나 컴포넌트를 다루는 일은 해봤지만 내부를 자세히 들여다보지 않았다면 4장에서 설명하는 내용을 자세히 살펴보는 것도 좋다.

그 후에는 여러분이 가진 강점과 D3로 수행할 작업에 따라 달라진다. 전통적인 데이터 시각화를 최대한 활용하고자 한다면 5장의 레이아웃과 9장의 대시보드를 자세히 살펴보라. 여기에서 설명하는 내용을 경험을 통해 어느 정도 알고는 있겠지만 더욱 체계적으로 다루고 있다. 그런 다음 11장에서 설명하는 최적화 기법을 여러분의 데이터 시각화 작업에 활용할 방법이 없을지, 8장에서 설명하는 내용으로 UI 생성 및 기존 웹 개발을 다르게 할 방법이 없을지 생각해보는 것도 좋다.

무엇보다도 이 책의 가치는 네트워크와 지도, 이 두 영역에서 데이터를 시각화하기 위해 D3를 사용하는 방법을 아주 자세히 설명하는 6장과 7장에 있다. 이와 마찬가지로 8장과 11장에서 설명하는 HTML5 캔버스의 사용은 D3에 경험이 있는 개발자도 잘 모르는 영역이다.

여러분이 아무리 D3에 경험이 많더라도 10장을 주의 깊게 살펴보기 바란다. 10장에서는 레이아웃과 컴포넌트의 구조는 물론 이를 직접 만드는 방법도 다룬다. 모듈화돼 재사용할 수 있는 컴포넌트와 레이아웃을 만들면 효율적으로 데이터를 시각화할 수 있을 뿐만 아니라 여러분의 데이터 시각화 경력을 돋보이게 할 것이다.

12장에서는 모바일이라는 재미있는 주제를 다룬다.

온라인 그래픽

이 책에 나오는 그래프의 1/3가량은 온라인 컴포넌트다. 온라인 그래프와 이 그래프를 생성하는 코드는 그림 캡션에 🖼 아이콘으로 표시했다. 본문은 흑백 그래픽을 사용했으나 일부 그래픽을 컬러로 볼 수 있도록 별지 제공했다. 그 밖에 다른 그래픽도 컬러로 보고 싶다면 한빛미디어 웹 사이트(http://www.hanbit.co.kr/exam/2291)에서 내려받을 수 있다.

예제 코드

각 장에 나오는 코드 예제는 처음에는 전체 코드를 보여주고 이후에는 변경된 부분만 보여준다. 예제는 책에서 설명하는 부분과 제공된 소스 코드를 함께 살펴보는 편이 좋다.

이 책의 예제 코드는 모두 나눔고딕 코딩 폰트를 사용한다. 예제 코드는 종종 주석이 함께 붙어 있는데, 코드에서 중요한 개념을 강조해 설명한다.

소스 코드 내려받기

이 책에 나오는 모든 소스 코드는 한빛미디어 웹 사이트(http://www.hanbit.co.kr/exam/2291)에서 내려받을 수 있으며, 브라우저를 통해 실행할 수 있는 버전은 매닝출판사 홈페이지(https://www.manning.com/books/d3-js-in-action)의 Interactive Graphics 메뉴(https://goo.gl/XKfvZ6)에서 볼 수 있다.

소프트웨어 요구사항

D3.js 코드를 실행하려면 웹 브라우저가 필요하며, 소스 코드를 여러분의 컴퓨터에 호스팅하려면 웹 서버를 설치해야 한다.

표지에 대하여

이 책의 표지 그림은 '1586년 메카에서 돌아온 무어 순례자의 의복Habit of a Moorish Pilgrim Returning from Mecca in 1586'에서 가져왔다. 이 그림은 1757년부터 1772년까지 런던에서 토마스 제프리Thomas Jeffery (1719~1771)가 출판한 총 4권으로 구성된『고대와 근대 다양한 민족의 의복 전집A Collection of the Dresses of Different Nations, Ancient and Modern』에 들어 있다. 이 전집의 표지에는 이 그림들이 아라비아 고무 위의 구리판에 그림을 새기고 손으로 색상을 입힌 판화 기법으로 제작한 것이라고 설명한다. 토마스 제프리는 '조지 3세 왕의 제도사'로 불리었으며 당대 영국 최고의 지도 제작자였다. 그는 지도를 새겨 정부와 공공기관에 납품했으며 특히 북미 지역의 상용 지도와 지도책을 제작했다. 그의 작품들은 지역 특유의 의상에 대한 관심을 불러일으켰으며, 특히 총 4권으로 구성된 그의 전집이 주목을 받고 있다.

머나먼 곳에 대한 동경과 여행의 즐거움은 18세기 후반에 유행하기 시작했으며, 이런 전집과 같은 책들은 다른 나라를 실제로 여행하거나 책으로 여행 정보를 얻는 사람들 모두에게 인기를 끌었다. 토마스 제프리의 전집에 나오는 다양한 그림들은 200년 전 세계 여러 나라의 독특한 개성을 생생히 보여준다. 당시 지역과 나라별로 다양했던 의복은 그 후 변화하여 차이가 점차 사라져 갔다. 이제 각 대륙에 사는 사람들을 구분하기 어려운 경우가 많아졌다. 좋게 보면 문화적 및 시각적 다양성이 사라지고 그 자리를 다양한 개인의 삶 혹은 더욱 재미있고 지적이고 기술적인 삶이 대신하고 있다고 생각할 수 있다.

컴퓨터 책들을 서로 구분하기 어려워진 시대에 매닝출판사는 2세기 전 토마스 제프리가 그려낸 다양한 지역의 삶에 기초해 책 표지를 제작함으로써 컴퓨터 도서 업계의 창의성과 독창성을 고취하고 있다.

CONTENTS

PART 1 D3.js 기초

CHAPTER 1 D3.js 개요

CHAPTER 2 정보 시각화 데이터 흐름

CONTENTS

PART **2** 정보 시각화의 핵심

CHAPTER **4** 차트 컴포넌트

CHAPTER 5 레이아웃

CONTENTS

CHAPTER 8 D3를 이용한 DOM 조작

CONTENTS

PART 3 고급 기법

CHAPTER 9 대화형 애플리케이션 구현

CONTENTS

CHAPTER 12 모바일 D3

D3.js 기초

1부에서는 D3의 기본적인 측면을 살펴보고 데이터를 이용해 SVG로 된 그래픽 요소를 생성하는 방법을 설명한다. 1장에서는 DOM, HTML, CSS, 자바스크립트와 D3를 연결하는 기초를 닦고, D3로 웹 페이지에 요소를 생성하는 예를 몇 가지 보여준다. 2장에서는 D3에 있는 여러 함수로 데이터 시각화를 준비하는 과정에서 데이터를 로딩, 측정, 처리, 변경하는 방법을 집중적으로 다룬다. 3장에서는 디자인으로 방향을 바꿔 데이터 시각화를 더욱 효율적으로 수행하는 데 D3 색상 함수를 사용하는 방법뿐만 아니라 모달 다이얼로그를 위한 HTML이나 래스터나 벡터 포맷의 아이콘 등 외부 요소를 로딩하는 방법을 설명한다.

1부에서는 전체적으로 내장된 레이아웃이나 컴포넌트를 사용하지 않고 SVG로 데이터를 로딩, 처리, 시각적으로 표현하는 방법을 설명하므로 D3가 제공하는 레이아웃과 컴포넌트를 사용하고 확장하는 데 중요한 기반을 마련한다.

Part I

D3.js 기초

D3.js 개요

- HTML, CSS, 문서 객체 모델(DOM)의 기초 사항
- 스케일러블 벡터 그래픽스(SVG)의 원리
- D3에서의 데이터 바인딩과 셀렉션
- 여러 데이터형과 각각의 데이터 시각화 기법

D3는 데이터 주도 문서data-driven document의 약자다. 브랜드명이기도 하지만 수년간 다양한 형태로 웹에서 제공된 애플리케이션의 종류를 말하는 것이기도 하다. 우리는 대화형 대시보드, 리치 인터넷 애플리케이션, 동적 콘텐츠 등 데이터 주도 문서로 꽤 오랫동안 작업해왔다. 어떤 의미에서 D3.js 라이브러리는 데이터 주도 문서에 사용하는 일련의 기술 중에서 하나의 반복적인 단계일 뿐이다. 하지만 다른 한편으로 보면 그만큼 근본적인 단계라는 의미다.

1.1 D3.js는 무엇인가?

D3.js는 웹으로 접근할 수 있고 데이터 시각화를 정교하게 하려는 요구를 만족하려 만들어졌다. D3.js 라이브러리는 탄탄하게 설계돼 도표 생성 외에도 많은 일을 할 수 있다. 참으로 다행이다. 데이터 시각화가 더는 단순한 파이 차트나 선 그래프를 의미하지 않기 때문이다. 이제 데이터 시각화라고 하면 지도, 대화형 다이어그램, 기타 도구와 콘텐츠가 뉴스, 데이터 대시보드, 보고서, 그 밖에 웹에서 보는 모든 것과 통합된 것을 의미한다.

D3.js의 창시자 마이크 보스톡Mike Bostock은 초창기 데이터 시각화 라이브러리인 프로토비스Protovis의 개발을 도왔으며 벡터와 타일 매핑 기능을 제공하는 경량 자바스크립트 라이브러리인 폴리맵스Polymaps도 개발했다. 이러한 초기의 노력으로 최신 표준과 브라우저에 준전을 둔 D3.js가 탄생했다. D3.js는 마이크 보스톡의 말대로 "CSS3, HTML5, SVGScalable Vector Graphics 등 웹

표준 기능을 최대로 활용하여 독점적인 기술은 피하고 커다란 융통성을 제공한다."[1] 이것이 D3.js의 근본적인 특징이다. 비록 인터넷 익스플로러 6에서는 실행되지 않지만 최신 브라우저에 널리 채택된 표준 덕분에 웹 개발자는 브라우저 안에서 동적이고 대화형의 콘텐츠를 매끄럽게 전달할 수 있게 됐다.

최근까지 플래시나 자바 애플릿을 사용하지 않고서는 브라우저에서 실행되는 고성능 리치 인터넷 애플리케이션을 만들 수 없었다. 그래서 플래시와 자바가 인터넷에서 여전히 많이 쓰이고 있으며, 특히 내부용 웹 앱의 경우가 그렇다. D3.js는 이와 같은 성능을 제공하지만 웹 표준 그리고 HTML의 핵심인 DOM^{Document Object Model}과 통합돼 있다. D3를 사용하면 데이터에 기반해 살아 움직이는 풍부한 대화형 콘텐츠를 만들 수 있고 기존 웹 페이지 요소에 이 콘텐츠를 연결할 수 있다. 그리고 고성능 데이터 대시보드를 만들어 정교하게 데이터를 시각화하고 동적으로 웹 콘텐츠를 갱신할 수 있는 도구를 제공한다.

하지만 D3를 익히기는 쉽지 않다. 대부분 D3를 그저 단순한 차트 제작 라이브러리로만 생각하기 때문이다. 파이 차트 레이아웃의 경우를 보자(파이 차트는 5장에서 설명한다). D3에는 파이 차트를 만드는 함수가 없다. 대신 D3에서는 데이터셋을 원하는 각도로 처리하는 함수가 있다. 데이터셋을 D3에 있는 arc() 함수에 전달하면 그 각도를 표현하는 데 필요한 도형을 그리는 코드가 나온다. 그리고 이 코드에 필요한 경로를 생성하는 데 또 다른 함수를 사용한다. 이 과정은 전용 차트 라이브러리를 사용하는 경우보다 훨씬 더 복잡하지만 이것이 D3의 장점이기도 하다. 다른 차트 라이브러리는 간단히 선 그래프나 파이 차트를 그릴 수 있지만 무언가 조금만 추가하려 해도 문제가 생긴다. 하지만 D3는 어떤 데이터 그래프도 그릴 수 있고 상상하는 어떤 방법으로도 상호작용할 수 있다. 그러므로 오늘날 웹에서 가장 혁신적이고 흥미로운 정보 시각화의 밑바탕에 D3가 자리하는 것이다.

1.2 D3 작동 방식

이제 D3가 작동하는 방식과 데이터 시각화의 원리를 알아보자. [그림 1.1]을 보면 데이터를 시작으로 그 데이터를 D3로 처리하고 표현하는 방법과 생성한 데이터 시각화에 상호작용성을 추

---

[1] http://d3js.org/

가하고 최적화하는 방법을 간략히 알 수 있다. 1장에서는 먼저 D3 셀렉션selection과 데이터 바인딩data-binding이 작동하는 원리를 알아보고 D3가 SVG, DOM과 상호작용하는 방법을 배운다. 그러고 나서 흔히 접하게 되는 데이터 유형을 알아보고 D3로 간단한 DOM과 SVG를 만들어본다.

[그림 1.1]은 이 책에서 D3.js로 데이터 시각화하는 방법을 정리한 그림이다. 꼭대기에 있는 데이터를 시작으로 데이터형과 여러분이 처리해야 할 작업의 종류에 따라 내려간다.

그림 1.1 D3.js로 데이터를 시각화하는 방법(이 책의 구성)

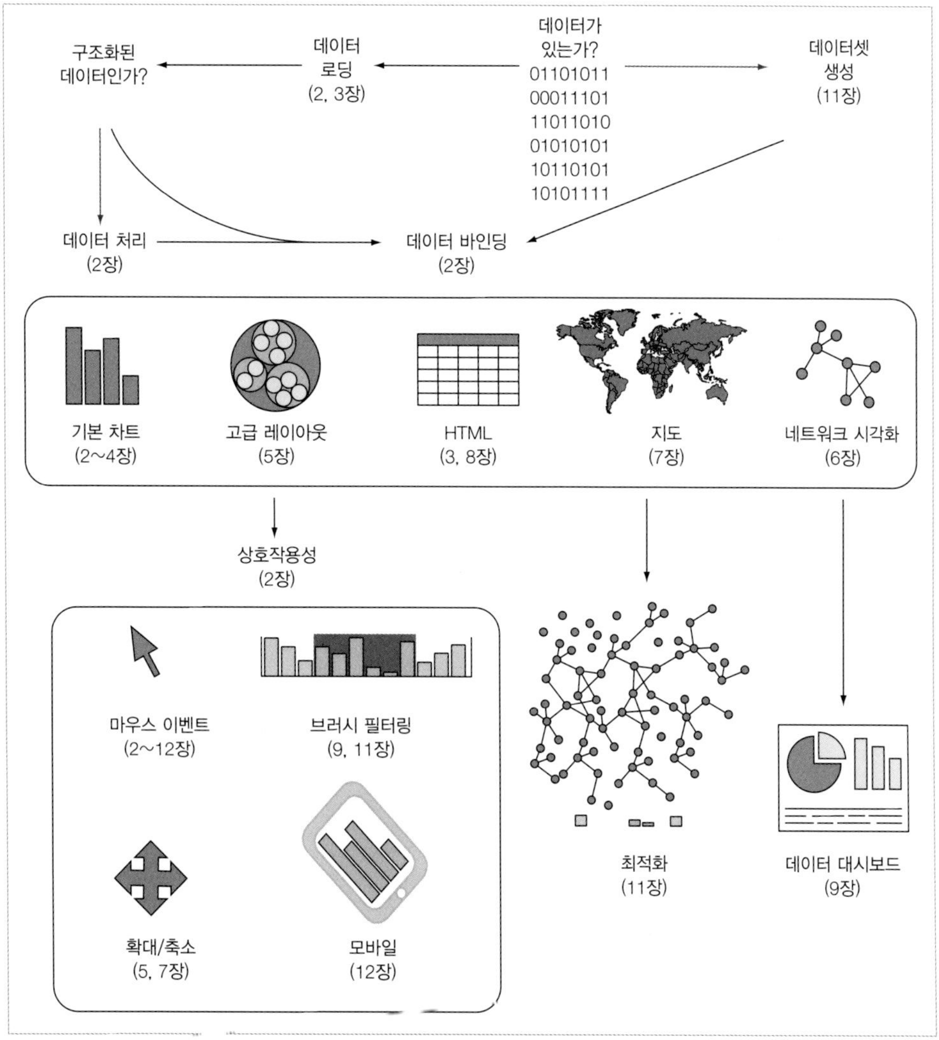

1.2.1 단순한 그림을 넘어선 데이터 시각화

데이터 시각화를 그저 파이 차트, 선 그래프, 또는 에드워드 터프티Edward Tufte에 의해 대중화되어 연구에 사용되는 여러 차트 기법이라고만 생각할 수도 있다. 하지만 데이터 시각화는 훨씬더 다양하다. D3.js의 장점은 전통적인 차트를 그리기 위한 벡터 그래픽은 물론 표, 리스트, 문단 등 전통적인 HTML 요소, 나아가 지리 공간과 네트워크도 시각화할 수 있다는 점이다. D3.js에서 지도나 네트워크 그래프, 표는 그저 데이터를 표현하는 하나의 방법일 뿐이다. 이렇게 다양한 데이터 시각화 방법을 제공하므로 웹 애플리케이션을 개발하는 데 D3.js 라이브러리가 인기를 얻게 됐다.

[그림 1.2]에서 [그림 1.8]까지는 D3로 생성한 데이터 시각화 작업 결과물이다. 여기에는 지도와 네트워크는 물론이고 전통적인 파이 차트, 고객의 특별 요구사항에 맞춘 데이터 시각화 레이아웃도 있다.

[그림 1.2]는 D3 파이 차트(5장)의 집합으로 미국 주요 도시 계획에서 공원, 공유지(녹색, 여기에서는 회색)와 그에 대비한 거주지(적색, 여기에서는 진한 회색)의 비율을 표현한다[2].

그림 1.2 미국 주요 도시 계획에서 도시별 공유지와 거주지 비율

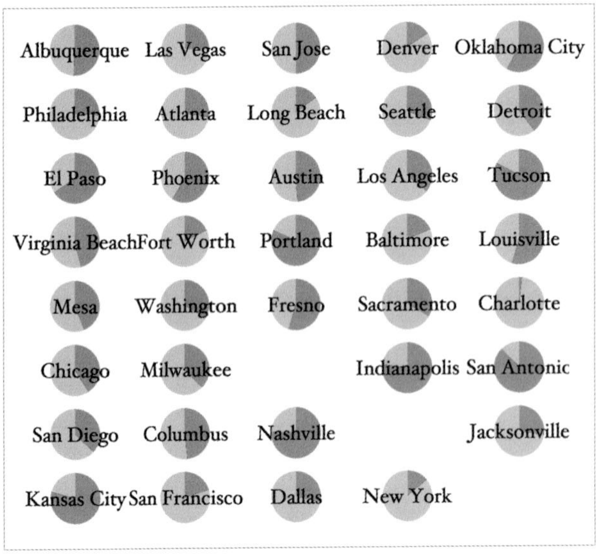

---

2 http://citynature.stanford.edu/의 도시 자연환경 프로젝트에서 발췌

[그림 1.3]은 주요 도시별 인종 구성을 미국 웹 지도(7장) 위에 파이 차트로 보여준다.

그림 1.3 미국 주요 도시별 인종 구성

[그림 1.4]는 전통적인 메르카토르 웹 지도 대신 대화형 지구본(7장)을 D3로 생성해 해저 통신 케이블 지도를 보여준다.

그림 1.4 해저 통신 케이블 연결 지도

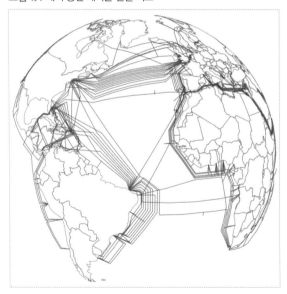

D3는 대화형으로 네트워크를 시각화(6장)하는 데 필요한 기능도 풍부하게 제공한다. [그림 1.5]
의 도표는 거의 25년 동안 같은 발굴 현장에서 작업한 고고학자 간의 논문 공저 관계를 보여준다.

그림 1.5 고고학자들 간의 논문 공저 관계

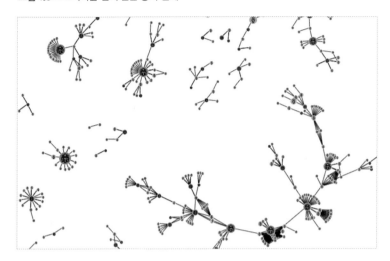

[그림 1.6]은 D3의 데이터 시각화 레이아웃 중 워드 트리로, 데이터를 계통도(5장)로 표현한
예를 보여준다.

그림 1.6 워드 트리(계통도)

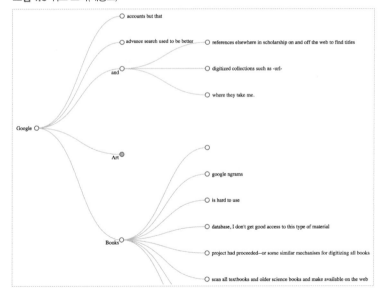

D3에는 다양한 SVG 그리기 함수(4장)가 있어서 [그림 1.7]처럼 악보도 직접 만들 수 있다.

그림 1.7 D3로 만든 악보

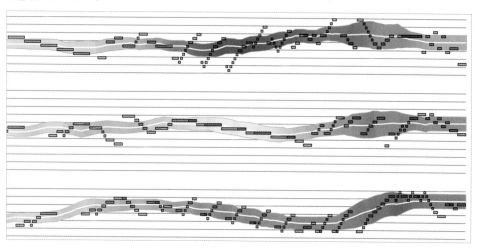

[그림 1.8]은 여러 레이아웃과 함수를 조합해 만든 데이터 대시보드(9장)를 보여준다. 게다가 그리기 함수로 '손으로 그린듯한' 독특한 막대 그래프도 만들 수 있다.

그림 1.8 데이터 대시보드

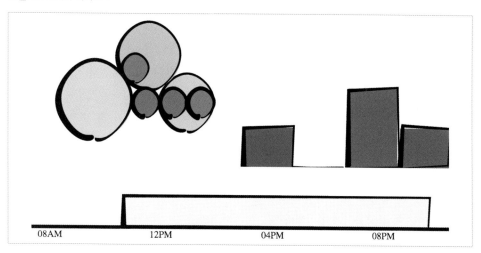

풍부하고 다양한 그래프를 그릴 수 있는 기능이 D3의 장점이긴 하지만 최신 웹 개발에서는 사용자가 기대하는 상호작용성을 제공할 수 있는지가 더욱 중요하다. D3를 사용하면 회전하는

지구본에서부터 파이 차트 한 조각에 이르기까지 차트의 모든 요소를 대화형으로 만들 수 있다. 그리고 D3.js 라이브러리는 데이터 시각화 업무에 능통한 사람들이 만들었으므로 데이터 시각화와 웹 개발에서 표준적인 대화형 요소와 작동 방법이 많이 있다.

단지 웹에서 엑셀 형태의 차트를 구현하려 D3를 배우고 있지는 않을 것이다. 그런 목적이라면 쉽고 사용하기 편한 라이브러리가 따로 있다. D3를 배우는 이유는 멋진 데이터 시각화 기법 대부분을 구현할 수 있는 능력을 갖추고자 하기 때문일 것이다. 게다가 D3를 사용하면 범용 라이브러리로는 구현할 수 없는 여러분 고유의 데이터 시각화 기법을 만들 수 있다. D3로 구현한 다양한 데이터 시각화 기법의 예를 보려면 2천여 개의 D3 예제가 있는 크리스토프 비요 Christophe Viau의 웹 전시관[3]을 참조하라.

D3는 구버전 브라우저를 지원하지 않음으로써 상당히 대화적인 애플리케이션뿐만 아니라 전통적인 웹 콘텐츠 형태로 제공되는 애플리케이션도 개발할 수 있다. 이렇게 함으로써 이식성이 뛰어나고, 확장이 쉽고, 연결된 데이터 웹을 만들 수 있으며 대규모 팀에서 쉽게 유지, 보수할 수 있다.

데이터를 다양하게 처리하고 차트, 네트워크, 혹은 정렬된 리스트처럼 지도를 표현할 수 있는 라이브러리를 만들겠다는 보스톡의 결정 덕분에 개발자가 지도, 동적 텍스트 콘텐츠, 데이터 시각화의 개념과 구문을 따로 익힐 필요가 없게 됐다. 오히려 대화형 힘-방향 네트워크 레이아웃을 실행하는 코드는 순수 자바스크립트와 상당히 비슷하며 D3.js 지도에서 동적 관심 지점 POI, Point of Interest[4]를 표현하는 코드와도 비슷하다. 메서드가 동일할 뿐만 아니라 리스트, 문단, 스팬 형태로 구성된 데이터와 지리 공간을 표현하는 데 포맷된 데이터도 동일하다. 데이터 주도 문서에는 이미 다양한 클래스가 있으며, 그림과 텍스트를 하나의 데이터로 통합해 처리할 수 있다.

1.2.2 D3는 셀렉션과 바인딩이다

1장 전반에 걸쳐 브라우저에서 실행하면서 웹 사이트에 있는 그래픽 요소의 모습을 변경하는 코드 예제가 많이 나온다. 1장 마지막에는 자바스크립트로 실행하는 코드의 기본적인 사항을

---

3 http://christopheviau.com/d3list/gallery.html
4 역자주_ 관심 지점은 지도 위에 나타낼 상점이나 호텔 등을 말한다. 예를 들어 내비게이션 앱을 실행해 운전하는 도중 휘발유가 부족할 때에는 근처 '주유소'의 위치를 찾고 싶을 것이다. 이때, '주유소' 등 사용자가 관심을 갖는 특정 지점을 '관심 지점'이라고 한다.

설명하는 D3 애플리케이션이 나온다. 그 전에 여기에서는 D3로 웹 개발의 기본 원리를 알아보고 코드에서 아주 많이 나오는 패턴인 '셀렉션'을 살펴본다.

집 몇 채의 가격과 크기를 담은 데이터셋과 그림이나 전통적인 〈div〉 요소를 담은 일련의 웹 페이지 요소를 생각해보고 나서, 데이터셋을 텍스트, 혹은 크기와 색상으로 표현하려고 한다고 가정하자. '셀렉션'은 이 모두를 담은 묶음으로, 우리는 이 묶음 단위로 이동, 색상 변경, 데이터 값 변경 등을 수행하게 된다. 우리는 웹 페이지 요소와 데이터를 따로 작업하지만 D3의 진정한 힘은 셀렉션으로 데이터와 웹 페이지 요소를 결합하는 능력에서 나온다.

다음은 데이터가 없는 셀렉션의 예다.

```
d3.selectAll("circle.a").style("fill", "red").attr("cx", 100);
```

이 코드는 웹 페이지에서 a 클래스에 속한 원을 모두 선택해 빨간색으로 채우고 원의 중점을 〈svg〉 영역의 왼쪽에서 100px 떨어진 곳에 위치시킨다. 이와 마찬가지로, 다음 코드는 웹 페이지에 있는 모든 〈div〉 요소를 빨간색으로 칠하고 클래스를 b로 변경한다.

```
d3.selectAll("div").style("background", "red").attr("class", "b");
```

원과 〈div〉를 변경하려면 먼저 원이나 〈div〉를 만들어야 한다. 그렇지만 이 요소들을 만들기 전에 이런 패턴에서 어떤 일이 벌어지는지 알아보는 편이 좋다.

이 코드의 제일 앞에 나오는 d3.selectAll()은 셀렉션 코드로서, D3를 이해하는 데 필요한 핵심 코드다. d3.select()와 d3.selectAll()이 있는데, select()는 찾아낸 첫 번째 요소를 선택하고, selectAll()은 여러 요소를 선택한다. 셀렉션은 데이터셋에 연결돼 있을 수도 있는 하나 이상의 웹 페이지 요소의 그룹이다. 다음 코드의 셀렉션은 [1, 5, 11, 3] 배열에 있는 요소를 market 클래스의 〈div〉 요소에 바인딩한다.

```
d3.selectAll("div.market").data([1,5,11,3])
```

D3에서 이러한 연결은 데이터 바인딩이라고 하며, 셀렉션은 일련의 웹 페이지 요소와 이에 대응하는 일련의 데이터라고 생각하면 된다. 종종 DOM 요소보다 데이터 요소가 많거나 혹은 그 반대인 경우가 있는데 이때 콘텐츠를 생성하는 데 요소를 생성하거나 제거하는 메서드를 D3에

서 제공한다(셀렉션과 데이터 바인딩은 2장에서 자세히 설명한다). 1장 예제처럼 데이터를 바인딩하지 않는 셀렉션도 있지만 데이터를 바인딩하면 D3가 제공하는 강력한 데이터 시각화 기법을 사용할 수 있다. 리스트, 원, 심지어 아프리카 지도에서의 특정 지역까지 웹 페이지 위의 어떤 요소도 선택할 수 있다. 요소가 다양한 형태를 취할 수 있는 것과 마찬가지로 그 요소에 연결된 데이터도 어떤 형태든 취할 수 있다.

1.2.3 D3는 바인딩된 데이터로 웹 페이지 요소의 외형을 유도한다

셀렉션을 만든 후에는 D3로 웹 페이지 요소의 모양을 변경해 데이터를 반영한다. 선의 길이를 데이터값의 크기에 연동하거나 데이터의 클래스에 대응하는 색으로 변경할 수 있다. 사용자가 데이터를 둘러보는 동안 해당 데이터를 숨기거나 보여줄 수도 있다.

[그림 1.9]에서 보는 것처럼 D3를 사용하는 웹 페이지는 일반적으로 스타일, 데이터, 콘텐츠를 로딩❶하는 전통적인 HTML 웹 페이지를 만드는 방식으로 만들어진다. 초기 화면은 HTML 요소의 D3 셀렉션❷을 이용하거나 선택적으로 데이터를 바인딩❸하고 페이지의 구조와 모습을 변경❹한다. 구조가 변경되면 사용자가 반응하게 되며❺, 사용자의 반응은 페이지의 콘텐츠를 더 많이 바뀌게 한다. 여기에서 ❶단계는 페이지를 로딩할 때 한 번만 일어나므로 회색으로 표시했으며, 그 밖에 다른 단계는 사용자의 입력에 따라 여러 번 일어날 수 있다.

그림 1.9 D3를 사용하는 웹 페이지의 전형적인 처리 과정

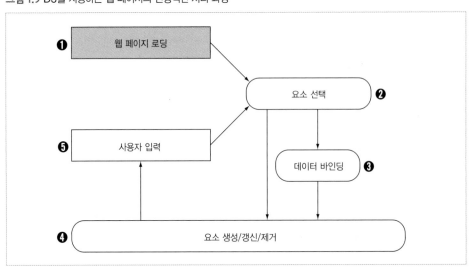

셀렉션 안의 요소에 바인딩된 데이터에 대한 참조를 이용해 요소의 모습을 변경할 수 있다. D3는 셀렉션 안의 요소에 바인딩된 데이터로 같은 작업을 반복 적용해 다양한 시각적 효과를 낼수 있다. 같은 작업을 적용해도 데이터값이 다르면 효과도 다르다. 이번 장 마지막 부분에 데이터 바인딩 예제가 처음으로 나오며, 이후 다양한 예를 볼 수 있다.

1.2.4 〈div〉, 나라, 흐름도, 어떤 것이든 웹 페이지 요소가 될 수 있다

우리는 웹 페이지가 그림, 동영상, 내장된 애플리케이션을 담은 컨테이너와 텍스트 요소로 구성돼 있다고 생각한다. 그러나 D3에 익숙해지면 웹 페이지에 있는 모든 요소를 같은 추상화 수준에서 처리할 수 있음을 깨닫게 된다. 예를 들어 〈div〉는 직사각형을 나타내며 그 안에 문단, 리스트, 테이블을 넣을 수 있는, 웹 페이지에서 가장 기본적인 요소다. D3를 이용하면 이러한 〈div〉도 웹 지도 안에 있는 나라나 복잡한 데이터 시각화를 구성하는 각각의 원이나 선과 동일하게 선택해 수정할 수 있다.

웹 페이지에서 요소를 선택하려면 이 요소들을 전통적인 웹 페이지 구조에 맞춰 구현해야 한다. 자바 애플릿이나 플래시 런타임 안의 요소나 구글 맵의 레이블은 선택할 수 없지만, 이 요소들을 여러분의 웹 페이지 안에 있는 요소로 만들면 엄청난 융통성을 갖게 된다. 7장을 보면 이 말을 이해할 수 있다. 7장에서는 원이나 〈div〉 요소들을 생성하고 이동하는 것과 동일하게 d3.select() 구문으로 지도 애플리케이션의 모습을 갱신한다.

1.3 HTML5 이용

움직이는 GIF와 프레임이 웹 페이지에서 가장 동적인 요소이던 시대는 오래전에 지나갔다. [그림 1.10]을 보면 웹에서 GIF가 엄격한 데이터 시각화에서 인기를 얻지 못한 이유를 알 수 있다. GIF는 귀여운 동물의 재롱을 공유하는 강력한 무기이기에 앞서 웹에서 움직이면서 데이터를 시각화하는 유일한 방법이었지만, dpgraph.com 같은 90년대 스타일의 사이트는 이제는 거의 사라졌다. VML을 사용하도록 설계된 정보 시각화 라이브러리와 마찬가지로 초기 브라우저에서 GIF는 아직도 쓸모가 있다. 하지만 D3는 하위 호환성용 헬퍼 라이브러리가 필요 없는 최신 브라우저를 위해 설계됐다. 누구나 D3로 개발할 수 있는 것은 아니지만, 사용자가 최신 브라우저를 사용하는 경우에 D3는 구형 브라우저용 코드를 구현하는 비용뿐만 아니라 구형 브라우저에 하위 호환성을 제공하는 여러 라이브러리를 배우고 유지하는 비용을 상당히 줄여준다.

그림 1.10 90년대 스타일의 GIF 웹 페이지

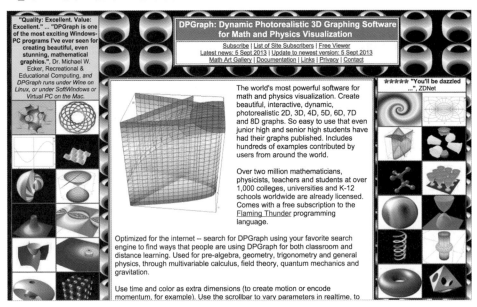

일반적으로 최신 브라우저는 SVG를 출력할 수 있고 CSS3 규칙을 따르며 성능까지 좋다. HTML5는 CSS, SVG, DOM, 자바스크립트로 나눌 수 있다. 다음에 나오는 각 소절에서 이들을 설명하고, 대화형 동적 웹 콘텐츠를 생성하려 D3 기능을 사용하는 방법을 예제 코드로 설명한다.

1.3.1 DOM

웹 페이지는 DOM에 따라 구조화된다. 웹을 개발하려면 DOM에 어느 정도 익숙해야 하므로, 브라우저에 로딩된 단순한 웹 페이지를 통하여 DOM 요소와 구조를 간단히 살펴보고 DOM의 기초적인 내용을 다뤄보자.

먼저 코딩하는 컴퓨터에서 접근할 수 있는 웹 서버가 필요하다. 서버를 갖추고 난 후에는 d3js.

org에서 D3 라이브러리(d3.js 혹은 압축된 버전인 d3.min.js[5])를 내려받아 웹 페이지로 사용할 디렉터리에 놓는다. 이제 다음과 같은 내용을 담은 d3ia.html 파일을 텍스트 편집기로 생성해보자.

리스트 1.1 DOM을 설명하는 간단한 웹 페이지

```
<!doctype html>
<html>
  <head>
    <!— <head>의 자식 요소 —>
    <script src="d3.v3.min.js" type="text/JavaScript"></script>
  </head>
  <!— <html>의 자식 요소 —>
  <body>
    <!— <body>의 자식 요소 —>
    <div id="someDiv" style="width:200px;height:100px;border:black 1px solid;">
      <!— <div>의 자식 요소 —>
      <input id="someCheckbox" type="checkbox" />
    </div>
  </body>
</html>
```

이렇게 기본적인 HTML도 DOM을 따른다. 이 파일은 〈html〉 요소로 시작해 자식 요소들을 가지며, 그 자식 요소들도 자신의 자식 요소들을 갖는다. 이 예제에서 〈script〉와 〈body〉 요소는 〈html〉 요소의 자식이며, 〈div〉 요소는 〈body〉 요소의 자식이다. 〈script〉 요소는 여기에서 D3 라이브러리를 로딩하거나 자바스크립트 코드를 인라인으로 가지는 반면, 〈body〉 요소의 내용은 브라우저로 이 페이지를 열 때 화면에 나타난다.

---

5 역자주_ d3.min.js는 최신 버전의 d3.min.js에 대한 심볼릭 링크이다. 이 책을 쓰고 있는 현재 d3.v3.min.js 라이브러리를 사용하고 있다.

UTF-8과 D3.js

D3는 코드에 UTF-8 문자를 사용하므로 다음 세 가지 문자셋 지정 방법 중 하나를 따라야 한다.

다음과 같이 문서를 UTF-8로 설정한다.

```
<!DOCTYPE html><meta charset="utf-8">
```

또는, 다음과 같이 스크립트의 문자셋을 UTF-8로 설정한다.

```
<script charset="utf-8" src="d3.js"></script>
```

또는, UTF-8 문자를 포함하지 않은 압축된 스크립트를 사용할 수 있다.

```
<script src="d3.min.js"></script>
```

각 요소를 특징짓는 3대 정보인 스타일style, 속성attribute, 프로퍼티property는 작동 방식과 모습을 결정한다. 스타일은 투명도, 색상, 크기, 테두리 등을 결정한다. 속성은 대상 요소의 종류에 따라 요소의 외형을 결정하기도 하지만 일반적으로 클래스, ID, 상호작용 작동을 말한다. 프로퍼티는 일반적으로 상태를 말한다. 체크 상자를 예로 들면, checked 프로퍼티는 체크한 경우 true가 되며 체크하지 않은 경우 false가 된다. D3는 종류에 따라 값을 변경할 수 있는 메서드가 있다. 앞에 나온 예제에서 HTML을 수정하고 싶다면 다음과 같은 과정을 수행하는 D3 메서드를 사용할 수 있다.

```
d3.select("#someDiv").style("border", "5px darkgray dashed");
d3.select("#someDiv").attr("id", "newID");
d3.select("#someCheckbox").property("checked", true);
```

이런 종류의 D3 메서드 대부분은 새로운 값을 지정하지 않으면 기존 값을 반환한다. 이들 메서드의 동작 모습은 이 장의 뒷부분을 포함해 이 책 곳곳에서 볼 수 있으니, 일단 이 세 메서드로 요소가 나타나고 반응하는 방법을 변경할 수 있다는 점만 기억해두자.

DOM은 화면에서 요소가 그려지는 순서를 결정한다. 자식 요소는 부모 요소가 그려진 후에 그 안에 그려진다. 전통적인 HTML에서는 z-인덱스로 요소를 앞이나 뒤에 그릴 수 있지만 SVG 요소에는 z-인덱스를 사용할 수 없다(SVG 요소도 render-order 속성으로 어느 정도 앞과 뒤를 결정할 수 있다).

콘솔에서 DOM 조사하기

d3ia.html 파일을 브라우저로 열어보면 D3가 어떻게 작동하는지 볼 수 있다. 페이지에 검은색 윤곽선의 사각형 하나만 있으므로 그리 멋있지는 않다. d3ia.html 파일을 수정해 웹 페이지의 룩앤필을 바꿀 수 있지만 브라우저의 개발자 콘솔로 간단히 바꿀 수도 있다. 콘솔은 코드로 구현하기 전 클래스나 요소를 변경해보기에 좋다.

크롬 브라우저의 개발자 콘솔을 열면 [그림 1.11]과 [그림 1.12]와 같은 화면을 볼 수 있다. 우리는 이 화면을 계속해서 사용할 것이다. [그림 1.11]을 보면 요소[Elements] 탭 버튼의 왼쪽에 있는 돋보기 모양 아이콘을 사용하거나 요소 탭에서 DOM을 브라우징해 요소를 검사할 수 있다.

그림 1.11 크롬 브라우저의 콘솔창 DOM 브라우징

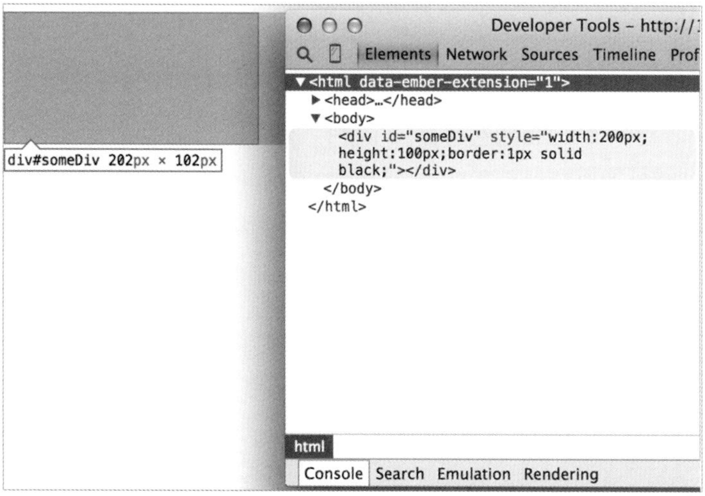

> NOTE_ 1장에서는 콘솔 화면 전체를 보여주지만 이 화면에 익숙해질 2장부터는 콘솔 출력만 보여주겠다.

요소 인스펙터를 이용하면 DOM을 브라우징하면서 웹 페이지를 구성하는 요소들을 살펴볼 수 있다(내포된 텍스트로 표시되며, 자식 요소는 부모 요소의 밑에 들어간다). 요소는 돋보기 모양의 버튼을 눌러 화면에서 직접 선택하거나 커서 모양의 버튼을 눌러 명령을 입력해 선택할 수 있다.

[그림 1.12]을 보면 크롬 브라우저의 개발자 도구 창의 가장 오른쪽에는 콘솔^{Console} 탭이 있는데, 이 콘솔 화면을 자주 사용하게 될 것이다. 콘솔에서는 자바스크립트 코드를 실행할 수 있고 필요에 따라 전역 변수를 호출하거나 변수를 새로 선언할 수도 있다. 그러나 콘솔에서 작성한 코드와 웹 페이지 변경 내용은 페이지를 다시 로딩하는 순간 사라진다.

그림 1.12 콘솔창에서의 자바스크립트 코드 실행

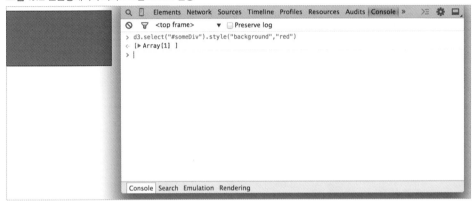

이 책에서는 구글 크롬의 개발자 콘솔을 사용하지만 사파리의 개발자 도구, 파이어폭스의 파이어버그, 혹은 다른 어떤 개발자 콘솔도 사용할 수 있다. 요소 인스펙터를 클릭하거나 HTML의 구조를 표현하는 DOM을 브라우징하면서 〈div〉나 〈body〉 등 DOM 요소를 살펴보고 변경할 수 있다. 이 요소 중 하나를 클릭한 후 콘솔에서 수정해 그 모습을 바꿀 수 있다.

콘솔에서는 심지어 요소를 삭제할 수도 있다. 한 번 해보자. DOM이나 화면에서 〈div〉를 선택하고 [Delete] 키를 눌러보자. 이제 웹 페이지가 황량해졌다. [보기 〉 페이지 새로고침] 옵션을 선택해 HTML을 다시 로딩하면 〈div〉가 다시 나타난다. 스타일을 새로 추가하거나 기존 스타일을 변경해 〈div〉 요소의 크기와 색상을 변경할 수도 있다. 테두리 스타일을 "Black 5px Dashed"로 변경해 더 굵은 점선으로 바꿔보자. [그림 1.13]처럼 요소를 선택하고 우클릭한 후 [Edit as HTML] 옵션을 선택하면 〈div〉 요소에 다른 요소를 추가하는 등 텍스트 편집기에서 하듯이 HTML 코드를 다시 작성할 수 있다. 다른 수정 방법과 마찬가지로 이렇게 변경하면 페이지를 다시 로딩할 때 사라진다.

그림 1.13 [Edit as HTML] 옵션 실행하기

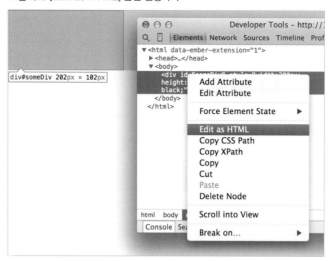

[그림 1.14]처럼 HTML의 여는 요소(〈div〉)와 닫는 요소(〈/div〉) 사이에 텍스트를 추가하면
간단히 DOM 요소의 내용을 변경할 수 있다. 이제 어떤 것이든 이 안에 HTML로 작성해 넣을
수 있다.

그림 1.14 콘솔창에서 HTML을 직접 편집

이 코드가 올바른 코드든 아니든 수정한 내용이 웹 페이지에 바로 반영된다. [그림 1.15]를 보면 〈div〉 요소에 추가한 텍스트가 바로 화면에 반영된 것을 알 수 있다. 이렇게 수작업으로 HTML을 변경하는 방법은 콘텐츠를 어떻게 변경할지를 동적으로 알아보는 데 유용하다.

그림 1.15 콘솔창에서 변경한 HTML이 화면에 곧바로 반영된 모습

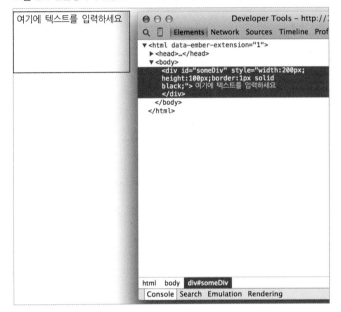

이런 방식으로 느리지만 공을 들이면 콘솔에서도 웹 페이지를 만들 수 있다. 하지만 이런 방식 대신 D3로 다양한 크기, 위치, 모양, 내용을 데이터로 넘겨 필요한 요소를 그때그때 만들 예정이다.

콘솔에서 코딩하기

대부분 즐겨 사용하는 편집기에서 코드를 작성하겠지만 콘솔에서 자바스크립트 코드 변경을 테스트할 수 있다는 점은 웹 개발의 장점일 것이다. 앞으로는 자바스크립트 작성에 중점을 두겠지만 일단은 콘솔이 어떻게 작동하는지 알아보자. 다음 코드를 콘솔에 복사하고 [Enter] 키를 눌러보자.

```
d3.select("#someDiv").style("background","pink")
                .html("여기에 다른 내용이 들어갑니다.");
```

[그림 1.16]과 같은 결과를 볼 수 있다. D3의 select 구문은 style() 함수로 스타일을, html() 함수로 전통적인 HTML 콘텐츠를 수정한다.

그림 1.16 콘솔창에서 D3.select() 구문의 사용

1장과 3장에서 전통적인 HTML 요소를 사용하는 예를 몇 가지 더 살펴보겠지만, 이후 8장 까지는 전통적인 DOM 요소를 다시 볼 일이 없을 것이다. 8장에서는 D3와 〈div〉, 〈table〉, 〈select〉 요소로 복잡한 데이터 주도 스프레드시트와 그림 갤러리를 만든다. 그러나 D3가 이 처럼 HTML 요소를 선택하고 스타일과 콘텐츠를 변경하는 작업만 할 수 있다면 D3는 데이터 시각화에 그리 쓸모 있지 않을 것이다. 더 많은 일을 하려면 전통적인 HTML에서 벗어나 SVG 라고 하는 DOM의 특별한 요소를 알아보자.

1.3.3 SVG

HTML5의 장점은 SVG를 지원한다는 점이다. SVG를 이용하면 그림을 간단한 수식으로 표현 해 확대하고 애니메이션하기 좋다. D3가 매력적인 점은 SVG를 그릴 수 있는 추상 계층을 제 공한다는 점이다. 추상 계층을 제공하는 이유는 SVG 그리기 명령이 다소 복잡할 수 있기 때문 이다. 복잡한 그림을 그리는 SVG 명령인 〈path〉 요소는 고전적인 로고LOGO 프로그래밍 언어 와 비슷하게 작성된다. 영역 위의 한 점에서 시작해 그 점에서 다른 점으로 선을 긋는다. 곡선 을 그리려면 곡선이 지나갈 좌표를 SVG 그림 코드에 지정한다. 따라서 다음 그림의 왼쪽에 있 는 선을 그리려면 웹 페이지 안에 있는 〈svg〉 영역 안에 〈path〉 요소를 생성하고 〈path〉 요소 의 d 속성을 그림의 오른쪽에 나온 좌표로 설정하면 된다.

M50,485.714857L58.3332,473.809238C66.66666,4
61.90487,83.33331,438.09381,99.9999,433.3333
3C116.66,428.57142857142856,133.34,442.85714
285714283,150,445.22C166.669,447.61904761904
76,183.3331,438 0952380952081,199.9997,421.4
285714285714C216.663,404.7619047619047,233.3

31,380.9523809523809,250,383.33C266.667,385.
71428571428567,283.337,414.2857142857143,300
,430.95238095238096C316.6674,447.61904761904
76,333.337,452.3809523809524,350,450C366.667
,447.6190476190476,383.33,438.0952380952381,
400,442.85714285714283C416.663,447.619047619
0476,433.33,466.6663,449.994,469.049C466.666
63,471.42857142857144,483.3333333,457.142857
1,491.663,450L500,442.8571429

하지만 이렇게 그리는 명령을 일일이 수작업으로 작성해 SVG를 만들고 싶지는 않을 것이다. 대신 D3에서 제공하는 다양한 헬퍼 함수를 사용하거나 더욱 간단한 기하학적 기본 도형을 그리는 다른 SVG 요소에 기반해 도형을 그리게 된다. 4장에서는 d3.svg.line과 d3.svg.area로 그림을 그리지만 일단 지금은 d3ia.html을 다음과 같이 수정하라. 이 코드에는 SVG를 출력하는 데 필요한 요소가 들어 있으며, 다른 형태의 그림을 그릴 때도 이 구조를 사용한다.

리스트 1.2 SVG 요소를 가진 웹 페이지 예

```
<!doctype html>
<html>
  <script src="d3.v3.min.js" type="text/JavaScript">
  </script>
  <body>
    <div id="infovizDiv">
      <svg style="width:500px;height:500px;border:1px lightgray solid;">
        <path d="M 10,60 40,30 50,50 60,30 70,80"
          style="fill:black;stroke:gray;stroke-width:4px;" />
        <polygon style="fill:gray;"
          points="80,400 120,400 160,440 120,480 60,460" />
        <g>
          <line x1="200" y1="100" x2="450" y2="225"
            style="stroke:black;stroke-width:2px;"/>
          <circle cy="100" cx="200" r="30"/>
          <rect x="410" y="200" width="100" height="50"
            style="fill:pink;stroke:black;stroke-width:1px;" />
        </g>
      </svg>
    </div>
  </body>
</html>
```

[그림 1.17]에서 보는 것처럼, 앞에서 전통적인 요소를 조사한 방법을 그대로 사용해 요소들을 조사할 수 있다. SVG 영역을 담고 있는 웹 페이지의 DOM을 조사하면 영역의 위치를 결정하는 스타일과 속성뿐만 아니라 내포된 그림 요소도 볼 수 있다. 여기에서 원과 사각형은 그룹의 하위 요소로 들어 있다. 그리고 다음과 같이 전통적인 자바스크립트 셀렉터인 document.getElementById()나 D3로 요소를 제거하거나 스타일을 변경할 수 있다.

```
// 원 제거
d3.select("circle").remove()
// 사각형의 색상을 보라색으로 변경
d3.select("rect").style("fill", "purple")
```

그림 1.17 콘솔창에서 들여다본 SVG 요소 내부

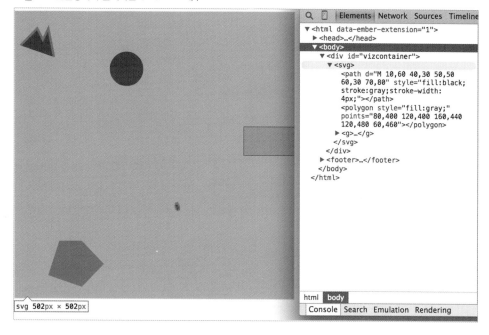

이제 화면을 고쳐 새로운 요소를 살펴보자. 〈div〉 요소는 잘 알 것이다. 부모 컨테이너의 레이아웃과 스타일에 접근할 수 있도록 SVG 영역을 〈div〉 요소 안에 넣는 편이 좋다. 이제 추가한 요소들을 자세히 살펴보자.

〈svg〉 요소

모든 그림을 넣을 요소다. 왼쪽 꼭대기는 0, 0이며, 이 예제에서 사각형 모양으로 정의한 500px x 500px 영역을 벗어난 그림은 모두 잘린다. 〈svg〉 요소는 CSS로 테두리와 배경을 다르게 설정할 수 있다. 그리고 viewBox 속성을 이용하면 동적으로 크기를 변경할 수 있지만, 여기에서는 자세히 설명하지 않는다.

CSS로 SVG 영역의 스타일을 변경하거나(이는 1장 뒷부분에서 설명한다) 다음과 같이 D3로 스타일을 추가할 수 있다.

```
// 정보 시각화는 언제나 어두운 배경일 때 더욱 멋지게 보인다.
d3.select("svg").style("background", "darkgray");
```

NOTE_ X-축은 왼쪽에서 오른쪽으로 그려지지만 Y-축은 위에서 아래로 그려지므로 원이 오른쪽으로 200px, 아래로 100px 내려온 것을 알 수 있다.

〈canvas〉

HTML5는 비트맵을 그리는 데 사용하는 〈canvas〉 요소도 제공한다. 여기에서 자세히 설명하지는 않지만 8장과 11장에서 〈canvas〉 요소를 사용한다. 〈canvas〉 요소는 정적인 그림을 〈svg〉와 비슷한 방식으로 그린다. 〈canvas〉 요소를 사용하는 이유는 다음과 같다.

- **호환성** : D3로 최신 브라우저를 대상으로 코딩한다면 이 점은 신경 쓰지 않을 것이다.
- **정적 이미지 생성** : 〈canvas〉로 시각화한 데이터를 섬네일이나 갤러리 뷰에 사용할 스냅샷으로 저장할 수 있다(8장에서 자세히 다룬다).
- **대량 데이터** : SVG는 DOM에서 개별 요소를 생성하며 이벤트나 스타일을 추가하는 데 아주 좋은 방법 이지만, 브라우저에 상당한 부담을 줘 느려질 수 있다(11장에서 자세히 설명한다).
- **WebGL** : 〈canvas〉 요소는 WebGL을 사용할 수 있으므로 3D 객체도 생성할 수 있다. SVG로 지구 본이나 다면체 같은 3D 객체를 만들 수도 있다. 이 내용은 7장에서 지리 공간 정보 시각화를 설명할 때 간 단히 살펴본다.

〈circle〉, 〈rect〉, 〈line〉, 〈polygon〉 요소

SVG는 앞에서 본 범용 d 속성보다 다루기 쉽도록 각기 크기와 위치 속성을 가진 일련의 공통 된 도형을 제공한다. 속성은 사용할 요소에 따라 다르다. 〈rect〉는 x와 y 속성으로 도형의 왼쪽 꼭대기 위치를, height와 width 속성으로 높이와 너비를 결정한다. 〈circle〉 요소는 cx와 cy 속성이 원의 중점을, r 속성이 원의 반경을 결정한다. 〈line〉 요소는 x1과 y1 속성이 시작점의 위치를, x2와 y2 속성이 종점의 위치를 정의한다. 〈ellipse〉 요소도 이와 비슷하게 간단한 도형을 정의하며, 〈polygon〉 요소는 시계 방향으로 진행하며 다각형의 각 꼭지점의 XY 좌표를 points라는 속성에 갖고 있다.

각 속성은 크기, 형태, 위치를 조정하려 손으로 HTML을 편집할 수 있다. 요소 인스펙터를 열고 〈rect〉를 클릭한 후 [그림 1.18]에서 보는 것처럼 width와 height 속성을 각기 25로 변경해보자. 〈rect〉 요소의 높이와 너비 속성을 변경하면 그 요소의 모습이 바뀐다. 요소를 조사해보면 스트로크 폭을 추가해 요소의 크기를 계산함을 알 수 있다.

그림 1.18 요소 인스펙터로 요소 모양 변경 [6]

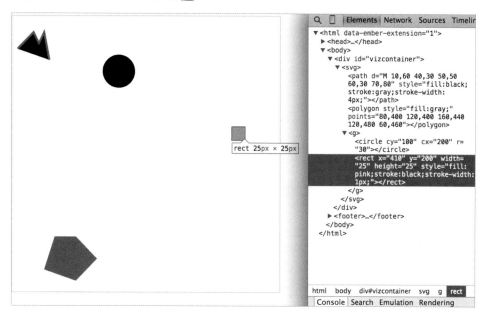

----

6 [그림 1.18]과 같이 제목에 아이콘으로 표시된 그림은 https://goo.gl/XKfvZ6에서 온라인으로 확인할 수 있다.

단, 조사한 요소의 실제 크기는 27px x 27px임에 주의하라. 1px 스트로크는 도형의 바깥쪽에 그려지기 때문이다. 규칙을 알고 나면 당연한 결과지만, stroke-width를 2px로 변경해도 여전히 27px x 27px이 된다. [그림 1.19]에서 같은 25px x 25px 〈rect〉 요소에 스트로크를 no, 1px, 2px, 3px, 4px, 5px로 설정했을 때의 모습을 보자. 반^{half} px로 레티나 화면에 그렸지만 두 번째와 세 번째 사각형은 27px x 27px, 네 번째와 다섯 번째 사각형은 29px x 29px로 너비와 높이가 동일하다. 스트로크가 테두리의 안팎으로 고르게 그려지기 때문이다. 아주 중요한 것은 아니지만 나중에 도형을 그릴 때 기억해두길 바란다.

그림 1.19 스트로크 두께에 따른 사각형의 너비와 높이

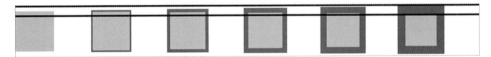

이제 SVG 〈square〉가 없는 이유는 알 것이다. 스타일을 변경해 어떤 도형이든 색상, 스트로크, 투명도를 바꿀 수 있다. fill은 도형을 채울 색상을 결정하고, stroke, stroke-width, stroke-dasharray는 테두리를 결정한다.

직사각형의 스타일 파라미터를 다음과 같이 변경하라.

```
"fill:purple;stroke-width:5px;stroke:cornflowerblue;"
```

축하한다! 방금 여러분은 보기 흉하지만, 복잡하고 모호한 현상을 이용해 시각화하는 데 성공했다.

⟨text⟩ 요소

SVG는 도형뿐만 아니라 텍스트를 작성하는 기능도 제공한다. SVG 텍스트는 HTML 요소에서 볼 수 있는 포맷을 지원하지 않으므로 주로 레이블에 사용된다. 기본적인 포맷 기능이 필요하면 ⟨text⟩ 요소 안에 ⟨tspan⟩ 요소를 넣어서 구현한다.

⟨g⟩ 요소

그룹 요소인 ⟨g⟩는 시각적으로 표현되지 않으며 공간을 차지하지 않는다는 점에서 지금까지 설명한 SVG 요소들과 다르다. 대신 요소들을 논리적으로 그룹화한다. 많은 도형과 텍스트로 구성된 그래프 객체를 생성할 때는 ⟨g⟩ 요소를 상당히 많이 사용한다. 예를 들어 원 위에 레이블을 놓고 원과 레이블을 동시에 움직이고자 한다면 다음과 같이 ⟨g⟩ 요소 안에 넣는 편이 좋다.

```
<g>
  <circle r="2"/>
  <text>This circle's Label</text>
</g>
```

영역 안에서 ⟨g⟩ 요소를 이리저리 움직이려면 ⟨g⟩의 transform 속성만 조정하면 된다. transform을 사용하려면 도형을 변환하는 방법을 구조화된 방식으로 기술해야 하므로 단순히 x나 y 속성을 변경하는 방법보다 다소 어렵게 느껴질 수 있다. 이 구조화된 기술 방법 중 하나인 translate()는 요소를 XY 좌표쌍으로 이동하려면 translate(x, y) 형태로 값을 지정한다. 따라서 ⟨g⟩ 요소를 오른쪽으로 100px, 아래쪽으로 50px 이동하고자 한다면 transform 속성을 transform="translate(100, 50)"으로 설정하면 된다. transform 속성은 scale() 설정을 받아 도형의 크기도 변경할 수 있다. [그림 1.20]을 보면 앞 예제를 수정해 이런 설정이 어떻게 작동하는지 알 수 있다. 모든 SVG 요소가 transform 속성에 의해 영향을 받지만 위치를 조정할 방법이 필요한 ⟨g⟩ 요소를 이용할 때 특히 눈에 띈다. 자식 요소들은 부모인 ⟨g⟩ 요소의 위치를 기준으로 상대 위치에 그리므로, transform 속성의 scale() 설정은 모든 자식 요소의 크기와 위치의 배율에 영향을 미친다.

그림 1.20 ⟨g⟩ 요소의 transform 속성 설정

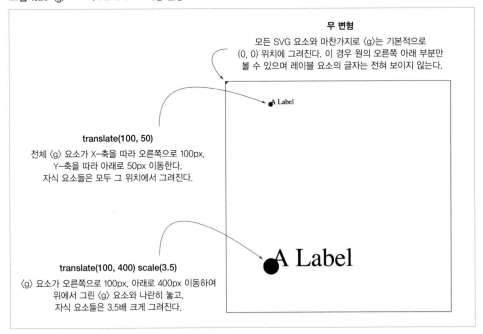

리스트 1.3 SVG 요소의 그룹화

```
⟨g⟩
  ⟨circle r="2"/⟩
  ⟨text⟩This circle's Label⟨/text⟩
⟨/g⟩
⟨g transform="translate(100, 50)"⟩
  ⟨circle r="2" /⟩
  ⟨text⟩This circle's Label⟨/text⟩
⟨/g⟩
⟨g transform="translate(100, 400) scale(3.5)"⟩
  ⟨circle r="2"/⟩
  ⟨text⟩This circle's Label⟨/text⟩
⟨/g⟩
```

⟨path⟩ 요소

path는 d 속성이 결정하는 도형의 영역이다. 도형은 열리거나 닫힐 수 있는데, 종점이 시작점에 연결되면 닫힌 도형, 그렇지 않으면 열린 도형이다. 경로가 열려있는지는 d 속성을 정의하는 텍스트 문자열의 마지막에 Z 문자가 있는지 여부로 판단한다. 열린 도형과 닫힌 도형 모두 채울 수 있다. [리스트 1.4]에서 정의한 도형은 [그림 1.21]과 같이 나타난다.

리스트 1.4 SVG 경로 채움과 닫힘

```
<path style="fill:none;stroke:gray;stroke-width:4px;"
    d="M 10,60 40,30 50,50 60,30 70,80" transform="translate(0, 0)" />
<path style="fill:black;stroke:gray;stroke-width:4px;"
    d="M 10,60 40,30 50,50 60,30 70,80" transform="translate(0, 100)" />
<path style="fill:none;stroke:gray;stroke-width:4px;"
    d="M 10,60 40,30 50,50 60,30 70,80Z" transform="translate(0, 200)" />
<path style="fill:black;stroke:gray;stroke-width:4px;"
    d="M 10,60 40,30 50,50 60,30 70,80Z" transform="translate(0, 300)" />
```

그림 1.21 SVG 요소의 채움과 닫힘

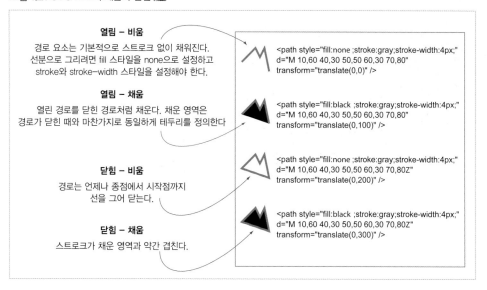

열림 – 비움
경로 요소는 기본적으로 스트로크 없이 채워진다. 선분으로 그리려면 fill 스타일을 none으로 설정하고 stroke와 stroke–width 스타일을 설정해야 한다.

```
<path style="fill:none ;stroke:gray;stroke-width:4px;"
d="M 10,60 40,30 50,50 60,30 70,80"
transform="translate(0,0)" />
```

열림 – 채움
열린 경로를 닫힌 경로처럼 채운다. 채운 영역은 경로가 닫힌 때와 마찬가지로 동일하게 테두리를 정의한다

```
<path style="fill:black ;stroke:gray;stroke-width:4px;"
d="M 10,60 40,30 50,50 60,30 70,80"
transform="translate(0,100)" />
```

닫힘 – 비움
경로는 언제나 종점에서 시작점까지 선을 그어 닫는다.

```
<path style="fill:none ;stroke:gray;stroke-width:4px;"
d="M 10,60 40,30 50,50 60,30 70,80Z"
transform="translate(0,200)" />
```

닫힘 – 채움
스트로크가 채운 영역과 약간 겹친다.

```
<path style="fill:black ;stroke:gray;stroke-width:4px;"
d="M 10,60 40,30 50,50 60,30 70,80Z"
transform="translate(0,300)" />
```

때로는 SVG 요소의 d 속성을 직접 작성하고 싶을 때도 있겠지만 SVG는 주로 다음 세 가지 방법 중 하나로 생성한다.

- 원, 직사각형, 다각형 등 기본 도형을 이용한다.
- 어도비 일러스트레이터나 잉크스케이프 등의 벡터 그래픽 편집기로 그린다.
- 직접 만든 생성자나 D3에 내장된 생성자에 파라미터를 입력해 그린다.

이 책에서는 주로 D3로 SVG를 생성하는 방법을 설명한다. 하지만 외부 애플리케이션이나 다른 라이브러리로 SVG를 생성한 후 D3로 조작하는 방법도 무시할 수 없다(외부에서 생성한 SVG를 가져와 사용하는 방법은 3장에서 설명한다).

1.3.4 CSS

CSS는 DOM에 있는 요소들의 스타일을 지정하는 데 사용된다. 스타일시트는 별도의 .css 파일로 만들어 HTML 페이지 안에 포함하거나 HTML 페이지 안에서 직접 지정할 수 있다. 스타일시트는 ID, 클래스, 혹은 요소 유형의 모습을 결정한다. 스타일을 정의하는 데 사용하는 용어는 CSS 셀렉터selector라고 부르며 d3.select() 구문에서 사용하는 셀렉터와 형태가 동일하다. 예를 들어 d3.select("#someElement").style("opacity", .5)는 요소의 불투명도를 50%로 설정한다. 이제 d3ia.html 파일을 수정해 [리스트 1.5]와 같이 스타일시트를 포함해보자.

리스트 1.5 스타일시트가 있는 웹 페이지 예

```
<!doctype html>
<html>
<script src="d3.v3.min.js" type="text/JavaScript"></script>
<style>
.inactive, .tentative {
  stroke: darkgray;
  stroke-width: 2px;
  stroke-dasharray: 5 5;
}

.tentative {
  opacity: .5;
}

.active {
  stroke: black;
  stroke-width: 4px;
```

```
    stroke-dasharray: 1;
  }

  circle {
    fill: red;
  }

  rect {
    fill: darkgray;
  }
</style>
<body>
  <div id="infovizDiv">
    <svg style="width:500px;height:500px;border:1px lightgray solid;">
      <path d="M 10,60 40,30 50,50 60,30 70,80" />
      <polygon class="inactive" points="80,400 120,400 160,440 120,480 60,460" />
      <g>
        <circle class="active tentative" cy="100" cx="200" r="30"/>
        <rect class="active" x="410" y="200" width="100" height="50" />
      </g>
    </svg>
  </div>
</body>
</html>
```

스타일은 누적 적용되므로 [그림 1.22]와 같이 개발자 도구에서 요소를 확인해보면, 스타일시
트에서 형에 적용된 fill 스타일 속성과 '.active' 클래스에 적용된 stroke 속성이 모두 적용되어
있다는 것을 알 수 있다.

그림 1.22 콘솔에서 조사한 SVG 사각형

스타일시트는 요소의 상태도 언급할 수 있다. 예를 들어 :hover 셀렉터를 사용하면 요소 위에 마우스 포인터가 올려져 있을 때 모습을 변경할 수 있다. 다른 복잡한 CSS 셀렉터에 관해서는 이 주제를 다루는 전문적인 책을 참조하라. 이 책에서는 요소를 선택하고 스타일을 변경하려 CSS 클래스와 ID를 사용하는 데 중점을 둔다. 변경될 스타일을 정의한 CSS 클래스로 요소의 클래스를 변경하면 가장 효과적으로 스타일을 변경할 수 있다. 요소의 클래스도 하나의 속성이 므로 요소를 선택해 클래스를 변경할 수 있다.

[그림 1.23]에 보이는 원의 fill값은 스타일시트에 있는 〈circle〉 형에 정의된 값에 의해, opacity값은 tentative 클래스에 의해, stroke값은 active 클래스에 의해 설정된다. tentative 클래스에 정의된 stroke값은 나중에 정의된 active 클래스로 덮어쓴다.

그림 1.23 콘솔에서 확인한 SVG 원의 속성

[리스트 1.5]에서 도형에 서로 다른 스타일을 적용하는 tentative, active, inactive 클래스는 서로 겹치는 부분이 있다([그림 1.23]에서 강조된 원 참조). 어떤 요소에 이 중 단 하나의 클래스만 할당하려는 경우 다음과 같이 요소의 class 속성을 완전히 덮어쓰면 된다.

```
d3.select("circle").attr("class", "tentative");
```

예상한 대로 이 코드를 실행한 결과는 [그림 1.24]와 같다. 이 코드는 모든 원의 class 속성을 설정한 값으로 바꾼다. 요소에 active와 tentative 클래스를 함께 적용하거나 inactive와 tentative 클래스를 함께 적용하는 등 하나의 요소에 여러 클래스를 동시에 적용할 수 있다.

그림 1.24 자신의 스타일과 tentative 클래스를 적용해 만든 원

이제 페이지를 다시 로딩한 후에, 요소에 클래스를 추가하거나 삭제할 수 있는 d3.classed() 헬퍼 함수를 사용해보자.

```
d3.select("circle").classed("active", true);
```

classed() 함수로 다른 속성은 놔두고 지정한 클래스만 추가하거나 제거할 수 있다. 서로 충돌하는 스타일을 적용한 클래스 두 개를 적용한 결과를 볼 수 있다. 여기에서는 active 클래스를 스타일시트의 뒷부분에서 정의하므로 active 클래스는 tentative 클래스가 정의한 스타일을 덮어쓴다. 그리고 더 구체적인 규칙이 범용 규칙에 우선한다는 점을 기억하자. CSS에 관해서는 할 말이 많지만 이 책에서는 더 다루지 않는다.

클래스를 스타일시트에 정의하고 요소의 클래스 소속에 따라 모습을 변경하면 코드를 읽고 유지 보수하기 좋다. 일련의 요소들을 특정 집합의 값으로 설정해 모습을 변경하려 스타일을 사용하게 된다. 예를 들어 요소에 바인딩된 데이터값의 범위에 따라 특정 색상으로 채우도록 할 수 있다. 나중에 바인딩된 데이터를 처리할 때 이 기능을 어떻게 활용하는지 알 수 있을 것이다. 그러나 인라인 스타일은 스타일시트에 정의된 전통적인 클래스와 상태를 사용할 수 없을 때만 사용해야 한다는 점을 염두에 두자.

1.3.5 자바스크립트

자바스크립트로 구현한 많은 정보 시각화 라이브러리와 마찬가지로 D3도 웹 페이지 요소를 생성하고 변경하는 과정을 추상화하는 함수를 제공한다. 그리고 SVG 요소를 생성하고 갱신하는 작업을 재사용하고 유지 보수하기 좋도록 데이터와 웹 페이지 요소를 연결하는 메커니즘도 제공한다. 이 메커니즘은 문단과 ⟨div⟩ 요소처럼 전통적인 HTML 요소에도 적용할 수 있다.

결국 D3로 작성된 웹 애플리케이션은 jQuery 같은 라이브러리에 의존하지 않고도 사용자가 기대하는 UI 기능의 대부분을 구현할 수 있다. 최신 자바스크립트는 jQuery에서 제공하던 기능을 내장하고 있기 때문이다. 스택오버플로우에 나오는 질문과 답을 보다 보면 자바스크립트 개발자가 되려면 jQuery 개발자가 돼야 할 것 같은 생각이 들지만, D3의 핵심 기능을 지원하지 않는 브라우저를 지원하거나 jQuery를 써야 하는 플러그인을 이용하는 경우가 아니라면 자바스크립트만으로도 같은 기능을 쉽게 구현할 수 있다.

D3로 자바스크립트 프로그래밍할 때는 메서드 체이닝method chaining과 배열을 잘 알고 있어야 한다.

메서드 체이닝

자바스크립트로 작성된 다른 예제와 마찬가지로 D3 예제는 메서드 체이닝을 상당히 많이 사용한다. 메서드 체이닝은 하나의 객체에 연속적으로 메서드를 호출하는 것을 말하며, 각 메서드가 실행된 후 객체 자신을 반환해야 체이닝할 수 있다. 가령 파티에서 누군가와 얘기를 하면서 다른 사람에 관해 물어보는 다음의 대화를 생각해보자.

"저 여자 이름이 뭐죠?"

"린제이입니다."

"어디서 근무하나요?"

"테슬라에서 근무해요."

"어디에 살죠?"

"쿠퍼티노에 삽니다."

"자녀가 있나요?"

"네, 딸이 하나 있어요."

"이름은 뭔가요?"

이 대화에서 마지막 질문은 린제이의 딸에 관한 질문이지만 나머지 질문은 모두 린제이에 관한 질문이다. 굳이 그 사람을 가리키지 않고도 문맥으로 파악할 수 있다. 프로그래밍 언어에서의 메서드 체이닝도 마찬가지다. 함수의 게터^{getter}나 세터^{setter} 메서드를 사용하는 한 같은 객체를 반환하며, 새로운 무언가를 생성할 때는 생성된 함수를 반환한다. 메서드 체이닝은 D3 예제에서 엄청 많이 사용하며, 다음과 같이 코드를 한 줄에 작성하거나 여러 줄에 걸쳐 포맷된 형태로 작성한다(기능적으로는 동일하다).

```
d3.selectAll("div").data(someData).enter().append("div").html("Wow")
  .append("span").html("Even More Wow").style("font-weight", "900");
```

앞의 코드는 다음 코드와 동일하다. 단지 줄을 넘겨 각 줄에서 메서드 하나만 호출하도록 모양을 바꿨을 뿐이다(자바스크립트는 빈칸을 무시한다).

```
// 모든 div 요소 셀렉션을 반환
d3.selectAll("div")
  // 반환된 셀렉션에 data() 메서드를 호출하고 셀렉션을 반환
  .data(someData)
```

```
// 반환된 셀렉션에 enter() 메서드를 호출하고 셀렉션을 반환
.enter()
// 반환된 셀렉션에 append() 메서드를 호출하고 셀렉션을 반환
.append("div")
// 반환된 셀렉션에 html() 메서드를 호출하고 셀렉션을 반환
.html("Wow")
// 반환된 셀렉션에 append() 메서드를 호출하고 셀렉션을 반환
.append("span")
// 반환된 셀렉션에 html() 메서드를 호출하고 셀렉션을 반환
.html("Even More Wow")
// 반환된 셀렉션에 style() 메서드를 호출하고 셀렉션을 반환
.style("font-weight", "900");
```

앞에서 작성한 코드는 메서드를 한 번씩 호출하도록 다음과 같이 변경할 수도 있다. 아마 메서드 체이닝을 모르는 개발자는 다음과 같이 작성할 것이다.

```
var selection = d3.selectAll("div");
selection = selection.data(someData);
selection = selection.enter();
selection = selection.append("div");
selection = selection.html("Wow");
selection = selection.append("span");
selection = selection.html("Even More Wow");
selection = selection.style("font-weight", "900");
```

콘솔에서 코드를 실행할 때 이렇게 메서드 하나씩 실행되는 모습을 볼 수 있을 것이다. 이 코드에서 data() 메서드를 처음으로 사용했는데, data() 메서드는 select() 메서드와 함께 D3에서 아주 중요한 메서드다. data() 메서드는 셀렉션에 있는 각 요소를 배열에 있는 각 항목에 바인딩한다. 배열 항목 수가 요소의 개수보다 많다면 enter() 메서드로 남은 항목을 어떻게 할 것인지 정의할 수 있다. 앞 예제에서는 〈body〉 안에 있는 〈div〉 요소를 모두 선택하고 나서, enter() 메서드로 배열 항목 수가 요소의 개수보다 많으면 〈div〉 요소를 새로 추가하라고 명령했다. 현재 d3ia.html 페이지에는 〈div〉 요소가 하나 있으므로 항목이 두 개 이상인 배열을 바인딩하면 D3는 배열에 있는 여분의 값에 대한 〈div〉 요소를 만들어 셀렉션에 추가한다.

enter()의 반대격인 exit() 메서드는 배열 항목 수가 요소 개수보다 적은 경우 어떻게 할지 정의한다. 셀렉션과 바인딩이 작동하는 방법은 나중에 설명하기로 하고 일단 지금은 예제 코드를 실행해보자.

이 예제에서는 배열에 있는 데이터는 놔두고 배열의 크기에 기반해 요소를 만든다(배열 항목 하나마다 〈div〉 요소 하나를 만든다). 이 예제에서는 HTML 파일 안에 〈div〉 요소가 이미 검은색 테두리를 가졌다고 가정한다(그림 1.25). 예제에 사용할 HTML은 다음과 같다.

```html
<!doctype html>
<html>
  <script src="d3.v3.min.js" type="text/JavaScript"></script>
<style>
#borderdiv {
  width: 200px;
  height: 50px;
  border: 1px solid gray;
}
</style>
<body>
  <div id="borderdiv"></div>
</body>
</html>
```

콘솔창에서는 다음 코드와 같이 먼저 someData 배열을 정의하고 앞에서 예로 든 메서드를 호출한다.

```javascript
var someData = ["filler", "filler", "filler", "filler"];
d3.select("body").selectAll("div")
  .data(someData)
  .enter()
  .append("div")
  .html("Wow")
  .append("span")
  .html("Even More Wow")
  .style("font-weight", "900");
```

[그림 1.25]에서 보듯이 텍스트 세 줄이 추가됐다. 배열 항목이 네 개인데 단지 세 개의 줄만 있으니 당황스러울 수도 있다. 데이터가 페이지에 있는 〈div〉 요소에 바인딩되긴 했지만 내용을 변경하는 행동은 enter() 메서드 다음에 나온다. 즉, DOM에 새로 들어가기enter 위해 생성된 〈div〉 요소에만 적용된 것이다.

그림 1.25 enter() 메서드로 추가할 요소 정의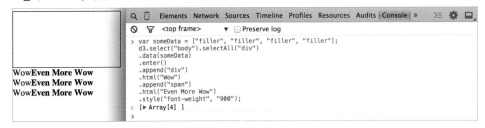

[그림 1.26]에서 보는 것처럼 DOM을 조사해보면 enter() 이후에 연결된 메서드들이 앞에서 설명한 것처럼 작동했음을 알 수 있다. 〈div〉가 추가되고 HTML 콘텐츠가 "Wow"로 설정된다. 다른 스타일을 가진 〈span〉 요소가 〈div〉에 추가되고 HTML 콘텐츠가 "Even More Wow"로 설정됐다. 메서드 체이닝으로 할 수 있는 일이 많지만 먼저 바인딩하는 배열 객체를 알아보자.

그림 1.26 콘솔에서 조사한 추가 DOM 요소

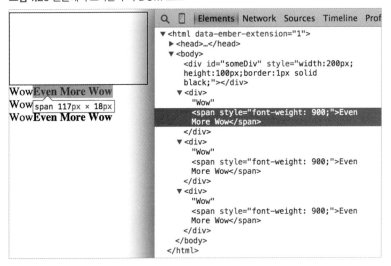

배열과 배열 메서드

D3는 배열이 전부라고 해도 과언이 아닐 정도로 배열을 많이 사용한다. 따라서 배열의 구조가 어떠한지 데이터에 바인딩하려고 배열을 준비할 때 사용할 수 있는 방법은 무엇이 있는지 알아두어야 한다. 다음은 문자열과 숫자 리터럴의 배열이다.

```
someNumbers = [17, 82, 9, 500, 40];
someColors = ["blue", "red", "chartreuse", "orange"];
```

그리고 다음은 JSON 객체의 배열이다. D3로 작업을 하다 보면 점점 더 많이 접하게 된다.

```
somePeople = [{name: "Peter", age: 27},
              {name: "Sulayman", age: 24},
              {name: "K.C.", age: 49}];
```

배열 메서드 중 filter() 메서드는 제공된 조건을 만족하는 요소들로 구성된 배열을 반환한다. 예를 들어 someNumbers 배열에서 40 이상의 값으로 구성된 배열을 만들려면 다음과 같이 호출한다.

```
someNumbers.filter(function(el) {return el >= 40});
```

마찬가지로 someColors에서 이름이 다섯 글자 미만인 색상의 배열을 만들려면 다음과 같이 호출한다.

```
someColors.filter(function(el) {return el.length < 5});
```

filter() 메서드는 하나의 함수를 인자로 받아, 배열을 반복하면서 각 항목을 인자로 전달해 함수를 실행한다. 함수는 인자 하나를 받는데, 여기에서는 파라미터명이 el이다. 함수는 el값을 조사해 결과를 반환한다. 함수가 true를 반환하면 그 항목은 생성될 배열에 추가된다.

[그림 1.27]에서 볼 수 있는 것처럼 filter() 메서드가 인자로 받은 함수는 참이나 거짓을 반환해 조건을 만족하는 항목들만 담은 배열을 새로 만든다. 콘솔에서 자바스크립트를 실행하면 코드를 테스트할 수 있다. 여기에서는 항목이 3개 있는 smallerNumbers라는 배열을 만들어 셀렉션에 바인딩한다.

그림 1.27 자바스크립트에서 입력한 코드 테스트

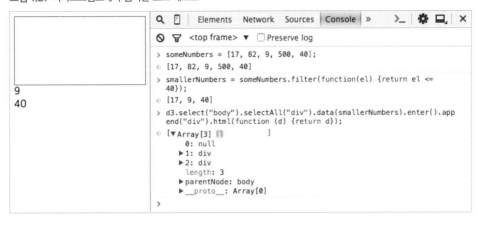

[그림 1.27]의 콘솔에서 입력한 코드를 살펴보자.

```
smallerNumbers = someNumbers.filter(
  function(el) {return el <= 40});
d3.select("body").selectAll("div")
  .data(smallerNumbers)
  .enter()
  .append("div")
  .html(function (d) {return d});
```

이 코드에서는 3개의 항목을 가진 smallerNumbers에서 두 개의 ⟨div⟩ 요소를 생성한다
(⟨div⟩ 요소가 이미 하나 있으므로 enter() 함수에 의해 새로 추가된 두 개의 항목을 반환
한다). 이 두 개의 ⟨div⟩ 요소는 html() 메서드로 값을 설정한다. html() 메서드는 익명 함
수(D3에서는 종종 '접근자accessor'라고도 부른다)를 인자로 받는 경우 함수를 호출해 반환
된 값으로 셀렉션 항목의 값을 설정한다. 익명 함수는 html() 메서드 외에 style(), attr(),
property() 메서드 등 셀렉션이 제공하는 메서드 안에서 호출돼 데이터를 바인딩하는 데 널
리 사용된다. D3 예제 코드에서는 다음과 같은 함수 호출을 아주 많이 볼 수 있다.

```
.style("background", function(d,i) {return d})
.attr("cx", function(d,i) {return i})
.html(function(d,i) {return d})
```

이때 호출되는 익명 함수는 첫 번째 인자로 해당 요소에 바인딩된 데이터(아무 이름이나 사용

할 수 있지만 통상적으로 d를 사용한다)를, 두 번째 인자로 요소에 바인딩된 값의 인덱스(일반적으로 i를 사용한다)를 받는다. 처음에는 다소 어색해 보일 수도 있지만 다양한 예제에 계속 사용해보면 점점 익숙해질 것이다.

자바스크립트의 배열은 다양한 메서드를 제공하므로 여기에서 설명하는 것보다 훨씬 더 많은 일을 할 수 있다. 하지만 자세한 설명은 다른 자바스크립트 책을 참고하라. 이제 작업할 데이터의 종류를 살펴보자.

1.4 데이터 표준

데이터를 출력하는 기법의 표준화는 데이터를 포맷하는 기법의 표준화와 서로 영향을 주고받아왔다. 데이터는 목적에 따라 다양하게 포맷될 수 있지만, 크게 표 데이터, 내포된 데이터, 네트워크 데이터, 지리 데이터, 원시 데이터, 객체로 분류할 수 있다.

1.4.1 표 데이터

표 데이터는 스프레드시트에서의 행과 열이나 데이터베이스의 테이블과 같은 형태로 나타난다. D3로 구현하다 보면 결국 객체의 배열을 만들게 되지만 데이터를 테이블 형태로 가져오기가 더 쉽고 효율적인 경우가 많다. 쉼표, 탭, 세미콜론, 세로 막대(|)를 구분 기호로 사용할 수 있다. 예를 들어 이름, 나이, 연봉이 들어 있는 사용자 정보 스프레드시트를 생각해보자. 구분 기호로 이 스프레드시트를 내보내기하면 [표 1.1]과 같이 만들 수 있다.

표 1.1 두 사람의 이름, 나이, 연봉을 쉼표, 공백, 세로 막대로 구분한 데이터

name,age,salary	name age salary	name|age|salary
Sal,34,50000	Sal 34 50000	Sal|34|50000
Nan,22,75000	Nan 22 75000	Nan|22|75000

D3는 테이블 데이터를 가져오려고 d3.csv(), d3.tsv(), d3.dsv() 메서드를 제공한다. d3.csv() 메서드는 쉼표로 구분한 값CSV, Comma-Separated Value, d3.tsv() 메서드는 탭으로 구분한

값, d3.dsv() 메서드는 사용자가 정의한 구분 기호를 사용한 값을 읽을 수 있다. 이 책의 여러 곳에서 이 메서드를 사용하는 예를 볼 수 있다.

1.4.2 내포된 데이터

내포된 데이터nested data는 객체가 다른 객체의 자식으로 존재하는 것을 말하며 이는 상당히 보편적이다. D3의 여러 직관적인 레이아웃은 내포된 데이터에 기반을 두고 있으며 [그림 1.28]에 있는 트리 구조, 혹은 원이나 사각형에 내포된 형태로 표현된다. 내포된 데이터는 객체 간의 부모/자식 관계를 나타낸다. 일반적으로 각 객체는 일련의 자식 객체를 가졌으며 계통도 등의 다양한 형태로 표현된다. 각 객체는 단 하나의 부모만 가졌다. 데이터를 이런 포맷으로 출력하지 않고 구조화하려 약간의 스크립트를 사용해야 하는 경우가 가끔 있다. 하지만 이런 표현법으로 얻게 되는 융통성을 고려하면 그만한 수고를 들일 가치가 있다. 5장에서 여러 D3 레이아웃을 살펴볼 때 계층 구조 데이터를 자세히 설명하겠다.

그림 1.28 내포된 데이터의 표현 예

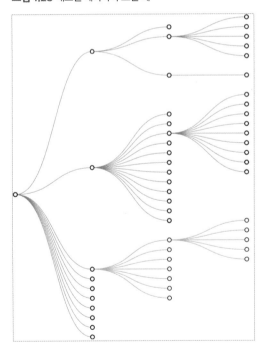

1.4.3 네트워크 데이터

네트워크는 어디에서든 볼 수 있다. 소셜 네트워크 인맥, 네트워크 데이터 전송, 플로차트 등 네트워크는 복잡한 시스템을 이해하는 강력한 방법이다. 네트워크는 [그림 1.29]처럼 노드와 링크로 구성된 다이어그램으로 종종 표현된다. 네트워크 데이터는 객체 그리고 객체 간의 연결로 구성된다. 일반적으로 객체는 노드로, 연결은 선으로 나타낸다. 네트워크는 종종 [그림 1.29]처럼 힘-방향force-directed 알고리즘으로 그리는데, 연결된 노드를 서로 끌어당기는 방식으로 네트워크를 배열한다. 지리 데이터와 마찬가지로 네트워크 데이터도 많은 표준이 있지만, 이 책에서는 노드/엣지 리스트node/edge list와 연결된 배열connected array, 두 가지 형태를 주로 살펴본다. 그리고 네트워크 데이터는 Gephi[7] 등에서 무료로 제공하는 네트워크 분석 도구를 이용하면 이러한 데이터형으로 쉽게 변환시킬 수 있다. 네트워크 데이터와 네트워크 데이터 표준은 6장에서 네트워크 시각화를 설명할 때 자세히 설명한다.

그림 1.29 연결된 네트워크 데이터의 예

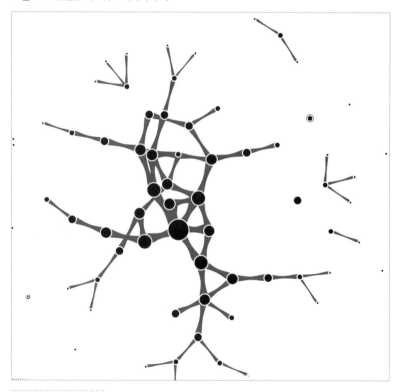

---

7 http://gephi.org/

1.4.4 지리 데이터

지리 데이터는 위치를 점이나 도형으로 표현하며 [그림 1.30]의 미국 지도처럼 오늘날 웹에서 볼 수 있는 다양한 온라인 지도를 만드는 데 사용한다. 지리 데이터는 미국의 주 등 객체의 공간 도형을 저장한다. 이 그림에서 각각의 주는 자신의 모양을 나타내는 값의 배열로 표현된다. 지리 데이터는 도시를 나타내는 점, 도로를 나타내는 선 등으로 구성되기도 한다. 인기 있는 웹 지도 서비스들이 많이 있으므로 어떤 프로젝트에서든 공개된 엄청난 양의 지리 데이터에 쉽게 접근할 수 있다. 지리 데이터 표준이 몇 가지 있지만 이 책에서는 GeoJSON과 TopoJSON, 두 표준을 중심으로 살펴본다. 지리 정보는 다양한 포맷으로 제공되지만 Quantum GIS와 같은 무료 소프트웨어를 이용하면 웹에서 쉽게 생성할 수 있는 포맷으로 변환할 수 있다. 지리 데이터는 7장에서 자세히 설명한다.

그림 1.30 지리 데이터의 표현 예

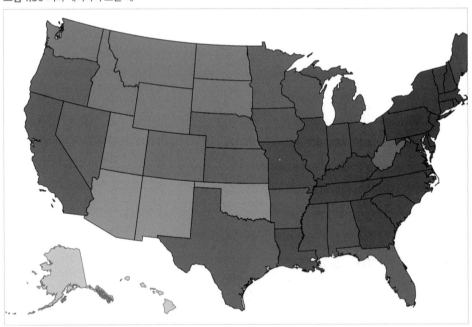

1.4.5 원시 데이터

2장에서 설명하겠지만 그림, 텍스트, 모든 것이 데이터다. 일반적으로 정보 시각화에서는 데이터를 표현하려고 색상과 크기로 인코딩한 도형을 사용하지만 D3에서는 종종 선형 설명 텍스트 linear narrative text, 그림, 동영상으로 표현하기도 한다. 복잡한 시스템을 사용자에게 쉽게 설명하는 애플리케이션을 구현하는 경우에는 수치나 범주 데이터를 조작함으로써 정보를 임의로 축소하기도 한다. 텍스트와 그림을 처리할 때 사용하는 레이아웃과 포맷(일반적으로 구형 웹 제작 방식과 관련이 깊다)은 D3에서 제공한다. 이 책에서 전체적으로 다루지만 특히 8장에서 심도 있게 다룬다.

1.4.6 객체

D3에서 사용하는 데이터는 리터럴과 객체, 두 가지 유형이다. "Apple", "beer" 등 문자열 리터럴이나 64273, 5.44 등 숫자 리터럴은 간단하다. 자바스크립트 객체 표기법(JSON)으로 표현하는 자바스크립트 객체는 간단하지는 않지만 데이터 시각화를 세련되게 만들려면 잘 알고 있어야 한다.

예를 들어 보험 데이터베이스에 들어 있는 개인 정보로 구성된 데이터셋이 있는데, 나이가 몇인지, 직업이 있는지, 이름은 무엇인지, 혹시 자녀가 있는지 등을 알고 싶다고 가정하자. 데이터베이스에 있는 개인 정보를 나타내는 JSON 객체는 다음과 같이 표현될 것이다.

```
{name: "철수", age: 55, employed: true, childrenNames: ["미숙", "영희"]}
```

객체 하나는 중괄호({})로 에워싸여 있으며 문자열, 숫자, 배열, 불린형, 혹은 또 다른 객체를 값으로 가진 속성들을 가졌다. 객체는 변수에 할당해 다음과 같이 속성명으로 속성에 접근할 수 있다.

```
var person = {name: "철수",
              age: 55,
              employed: true,
              childrenNames: ["미숙", "영희"]};
person.name // 철수
person["name"] // 철수
person.name = "철호" // 이름을 철호로 설정한다.
person["name"] = "철호" // 이름을 철호로 설정한다.
person.age < 65 // true
person.childrenNames // ["미숙", "영희"]
```

```
person.childrenNames[0] // "미숙"
```

여러 객체를 배열에 저장해 d3.select() 구문으로 요소와 연결시킬 수 있다. 그리고 다음과 같이 for 루프로 배열에 들어 있는 객체들을 반복할 수 있다.

```
for (x in person) {console.log(x); console.log(person[x]);}
```

이 코드는 person[x]로 객체의 속성값을 모두 출력한다. 루프 안에 있는 x는 person 객체의 각 속성을 나타내며, 루프를 반복하면서 name, age 등 속성을 가리킨다.

데이터가 JSON 포맷으로 저장돼 있으면 d3.json() 메서드로 가져올 수 있다(나중에 자주 보게 될 것이다). 그리고 d3.csv() 메서드를 사용하면 D3는 데이터를 JSON의 배열로 가져온다. 객체는 나중에 사용하면서 자세히 살펴본다.

1.5 D3로 표현된 정보 시각화 표준들

오늘날만큼 정보 시각화가 인기를 끌었던 적이 없다. 풍부한 지도, 차트, 시스템, 데이터셋의 복잡한 표현은 전문적인 분야뿐만 아니라 우리의 엔터테인먼트와 일상적인 생활에도 존재한다. 이렇게 시각화가 인기를 끌면서 시각적 기법으로 데이터와 정보를 표현하는 클래스를 가진 다양한 라이브러리뿐만 아니라 가독성을 향상하는 미학적 규칙들이 등장했다. 일반인, 학자, 의사결정자 할 것 없이 여러분이 개발할 서비스의 사용자는 한때 엄청나게 추상적이며 복잡한 데이터 표현 동향이라고 생각했던 것들에 이미 익숙해져 버렸다. 그래서 D3 같은 라이브러리는 데이터 과학자뿐만 아니라 기자, 예술가, 학자, IT 전문가, 심지어 인터넷 동호회에서도 인기를 누리고 있다.

그러나 선택할 수 있는 것이 많다는 것은 무시무시해 보일 수도 있다. 정보 시각화는 데이터셋을 수정해 스트림그래프, 트리맵, 히스토그램 등으로 쉽게 나타내는 것임으로, 내용보다 외형이 중요하다고 생각하는 경향이 있다. 다행히도 시스템에 따라, 데이터의 종류에 따라 어떤 차트와 기법을 사용해야 할지 결정하는 규칙들이 정해져 있다. 이 책에서 규칙들을 모두 설명하지는 못하지만 더 복잡한 정보 시각화를 구현할 때 고려해야 하는 규칙들을 간략히 알아본다.

색상과 레이아웃을 혁신적으로 사용하려고 D3를 사용하는 개발자도 있긴 하지만 대부분 실용적인 측면에서 데이터를 시각적으로 표현하고자 한다. D3는 이처럼 성숙한 정보 시각화 환경에서 개발됐기에 개발자가 색상이나 축보다 인터페이스와 디자인에 더 신경 쓸 수 있도록 해주는 헬퍼 함수를 많이 가졌다.

그러나 정보를 제대로 시각화하려면 무엇보다도 할 것과 하지 말아야 할 것을 구분해야 한다. 이 구분 능력을 키우려면 기성 디자이너와 정보 시각화 담당자들의 작업을 검토하고, 처리해야 할 데이터는 물론이고 작업 결과를 사용할 사람들을 명확히 이해해야 한다. 이 문제를 다루는 책들은 많지만 기초를 다지기에 다음과 같은 책들이 좋다고 생각한다.

- 에드워드 터프티(Edward Tufte), 『The Visual Display of Quantitative Information』(Graphics Pr, 2001), 『Envisioning Information』(Graphics Pr, 1990)
- 이사벨 메이렐리스(Isabel Meirelles), 『Designing for Information』(Rockport Publishers, 2013)
- 크리스천 스와인하트(Christian Swinehart), 『Pattern Recognition』(http://samizdat.cc/projects/thesis/book%20o3.pdf)

데이터 시각화를 공부할 때 이 책들만 교재로 사용하라는 의미는 아니다. 다만 내가 데이터 시각화를 처음 공부할 때 많은 도움이 됐던 책이라 소개한 것이다. 여러분은 데이터 시각화를 공부하며 사용자의 구미를 당기는 최신 기법의 핵심을 찾아내고 그것을 확실히 파악해야 한다. 무언가 의문이 생기면 단순화해서 보자. 스트림그래프보다는 히스토그램이, 힘-방향 그래프보다는 계통도 같은 계층 구조 네트워크 레이아웃으로 표현하는 편이 더 나은 경우도 종종 있다. 데이터를 시각적으로 복잡하게 표현할수록 흥미로워지지만 사용자가 자칫 데이터보다 그래프의 미적인 측면에 몰입할 수 있다.

정보 시각화 도움말 : 아끼는 것을 희생하라

작가들에게 하는 조언을 정보 시각화 분야의 사람들에게도 적용할 수 있다. 바로 '아끼는 것을 희생하라(Kill your darlings)'는 말이다. 작가가 어떤 장면이나 주인공에게 반할 수 있는 것처럼 여러분도 상당히 세련되거나 멋부린 그래픽에 매료될 수 있다. 멋진 차트나 애니메이션에 몰입하다 보면 데이터에 숨어 있는 구조와 패턴을 전달하려는 목적을 흐리게 할 수 있다. 여러분이 만든 가장 애착이 가는 부분이 억울하게도 여러분이 생각한 것만큼 유용하지 않다거나 정보 전달력이 없다는 호된 비평을 받지 않도록 주의하라.

데이터 시각화 책을 읽을 때 주의할 점은 이런 책들이 종종 정적인 차트에 집중하는 경우가 있다는 점이다. D3는 정적인 시각화는 물론이고 대화형의 동적인 시각화를 만들어낸다. 1장을 마치기 전에 동적인 데이터 시각화를 구현해볼 것이다. D3로 대화형 차트를 만드는 일은 엄청나게 쉽다. 대화형 기법을 약간 적용하면 시각화 결과의 가독성이 커질 뿐만 아니라 훨씬 더 흥미로워진다. 그저 간단한 마우스오버 이벤트나 클릭 확대 정도일 뿐이라도 사용자는 단순히 보는 것이 아니라 탐구한다는 생각을 갖게 돼 정적인 페이지보다 정보 시각화에 훨씬 더 끌린다. 그러나 무작정 상호작용 기능을 추가할 수 있는 것은 아니며 인터페이스 디자인과 사용자 경험 원리를 어느 정도 공부해야 한다. 이 원리는 9장과 12장에서 자세히 설명한다.

1.6 처음 만들어보는 D3 앱

1장에서 지금까지 다양한 코드를 d3ia.html에 추가하면서 이 코드가 미치는 영향을 살펴봤다. 하지만 여러분이 D3로 작업할 때 집중해야 하는 원리에 집중할 수 있도록 코드를 자세히 설명하지 않았다. 요소를 생성하고 변경하도록 D3로 처음부터 새로 앱을 만드는 일은 간단하다. 지금까지의 코드를 모두 하나로 모아 이 코드가 어떻게 작동하는지 살펴보자. 먼저 스타일이나 〈div〉 요소를 하나도 정의하지 않은 텅 빈 HTML 페이지를 만들어보자(내려받은 파일 중 List_01_06.html).

리스트 1.6 간단한 웹 페이지

```
<!doctype html>
<html>
  <head>
    <script src="d3.v3.min.js" type="text/JavaScript"></script>
  </head>
<body>
</body>
</html>
```

1.6.1 〈div〉를 추가한 Hello World

D3를 하나의 추상 계층으로 사용해 전통적인 콘텐츠를 페이지에 추가할 수 있다. 자바스크립트를 .html 파일이나 자체 .js 파일에 넣을 수 있지만, 코드를 콘솔에서 입력해 어떻게 작동하는지 살펴보자. 레이아웃과 인터페이스를 위한 명령은 나중에 자세히 설명한다. 먼저 List_01_06.html 파일을 브라우저에 로딩한 후 [리스트 1.7] 코드를 콘솔창에서 작성해 웹 페이지에 출력해보자.

리스트 1.7 스타일과 HTML 콘텐츠를 설정하려 **d3.select** 사용하기

```
d3.select("body").append("div")
  .style("border", "1px black solid")
  .html("hello world");
```

그러고 나서 다음과 같이 스타일을 변경하고 on() 메서드를 포함하도록 페이지 요소를 조정해 상호작용성을 줄 수 있다.

리스트 1.8 속성과 이벤트 리스너를 설정하려 **d3.select** 사용하기

```
d3.select("div")
  .style("background-color", "pink")
  .style("font-size", "24px")
  .attr("id", "newDiv")
  .attr("class", "d3div")
  .on("click", function() {console.log("You clicked a div")});
```

on() 메서드를 이용하면 현재 선택한 일련의 요소와 관련한 이벤트 리스너[event listener]를 만들 수 있다. 그러면 마우스오버[mouseover], 마우스아웃[mouseout] 등 요소에 발생할 수 있는 다양한 이벤트를 받아서 처리할 수 있다. 이제 〈div〉 요소를 클릭하면 [그림 1.31]에서 보는 것처럼 콘솔에 출력되는 메시지를 볼 수 있다. console.log()를 이용하면 이벤트가 제대로 발생하는지 확인할 수 있다. 이 코드에서는 〈div〉를 만들어 on() 메서드로 이벤트 리스너를 할당한다. 이제 〈div〉 요소를 클릭하면 이벤트가 발생하고 콘솔에 메시지가 나타난다.

그림 1.31 이벤트 리스너를 동적으로 추가해 콘솔에 메시지를 출력하는 예

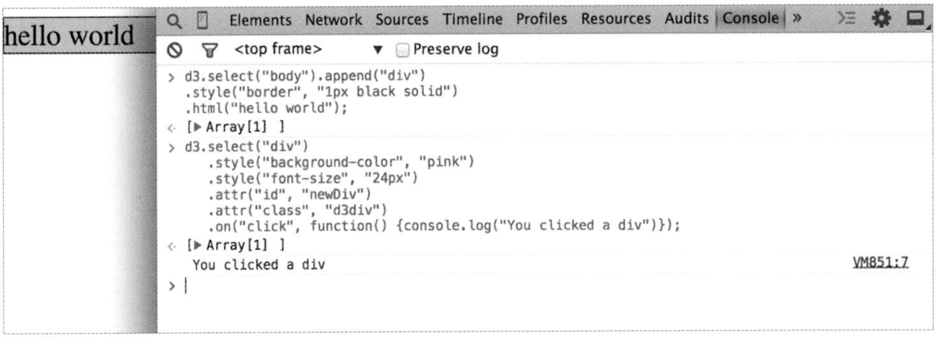

1.6.2 원을 추가한 Hello World

여러분은 웹 페이지에 ⟨div⟩ 요소를 추가하는 방법을 배우는 것이 아니라 선이나 원 같은 그래픽 처리를 하고 싶어 이 책을 선택했을 것이다. D3로 페이지에 도형을 추가하려면 페이지의 DOM 어딘가에 SVG 요소가 있어야 한다. HTML을 작성할 때 정의하거나 여러분이 배운 D3 구문으로 SVG 요소를 페이지에 추가할 수 있다.

```
d3.select("body").append("svg");
```

다음과 같이 d3ia.html 페이지를 수정해 SVG 요소를 페이지에 정적으로 넣어 저장한다(내려받은 파일 중 List_01_09.html).

리스트 1.9 SVG 영역을 가진 간단한 웹 페이지

```
<!doctype html>
<html>
  <head>
    <script src="d3.v3.min.js" type="text/JavaScript"></script>
  </head>
<body>
  <div id="vizcontainer">
    <svg style="width:500px;height:500px;border:1px lightgray solid;" />
  </div>
</body>
</html>
```

페이지에 SVG 요소가 만들어진 후에는 1.6.1절에서 설명한 select()와 append() 메서드로
⟨div⟩ 요소에 다양한 도형을 추가할 수 있다. List_01_09.html 파일을 브라우저에 로딩한 후
[리스트 1.10] 코드를 콘솔창에서 실행해보자.

리스트 1.10 select()와 append()로 선과 원 만들기

```
d3.select("svg")
  .append("line")
  .attr("x1", 20)
  .attr("y1", 20)
  .attr("x2",400)
  .attr("y2",400)
  .style("stroke", "black")
  .style("stroke-width","2px");

d3.select("svg")
  .append("text")
  .attr("x",20)
  .attr("y",20)
  .text("HELLO");

d3.select("svg")
  .append("circle")
  .attr("r", 20)
  .attr("cx",20)
  .attr("cy",20)
  .style("fill","red");

d3.select("svg")
  .append("circle")
  .attr("r", 100)
  .attr("cx",400)
  .attr("cy",400)
  .style("fill","lightblue");

d3.select("svg")
  .append("text")
  .attr("x",400)
  .attr("y",400)
  .text("WORLD");
```

[그림 1.32]에서 보는 것처럼 명령을 실행한 순서에 따라 원은 선 앞에 그려지고 텍스트는 원의 앞이나 뒤에 그려진다. SVG 안에서의 그리기 명령이 DOM 순서에 기반을 두고 있기 때문이다. 나중에 이 순서를 조정하는 방법을 설명한다.

그림 1.32 콘솔에서 [리스트 1.10] 코드를 실행한 모습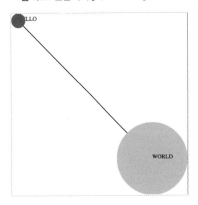

1.6.3 D3와의 대화

"Hello World" 출력하기는 너무 흔하므로 우리는 이 메시지가 이벤트에 반응하도록 만들어보자. 먼저 브라우저에서 List_01_09.html 파일을 다시 로딩하고 콘솔에 [리스트 1.11]의 명령을 입력해 큰 원과 작은 원을 추가하는데, 이번에는 텍스트를 추가할 때 style("opacity") 설정으로 텍스트가 보이지 않게 한다. 그리고 각 텍스트 요소에 attr("id") 설정으로 작은 원 부근에 있는 텍스트의 id 속성을 "a", 큰 원 부근에 있는 텍스트의 id 속성을 "b"로 설정한다.

리스트 1.11 ID와 투명도를 가진 SVG 요소

```
d3.select("svg")
  .append("circle")
  .attr("r", 20)
  .attr("cx", 20)
  .attr("cy", 20)
  .style("fill", "red");

d3.select("svg")
  .append("text")
  .attr("id", "a")
```

```
    .attr("x", 20)
    .attr("y", 20)
    .style("opacity", 0)
    .text("HELLO WORLD");

d3.select("svg")
    .append("circle")
    .attr("r", 100)
    .attr("cx", 400)
    .attr("cy", 400)
    .style("fill", "lightblue");

d3.select("svg")
    .append("text")
    .attr("id", "b")
    .attr("x", 400)
    .attr("y", 400)
    .style("opacity", 0)
    .text("Uh, hi.");
```

두 개의 원이 보이지만 텍스트는 보이지 않는다. 이제 다음 명령을 콘솔에 입력해 transition()
과 delay() 메서드로 텍스트가 보이도록 만들어보자. 명령이 모두 실행되면 결국 [그림 1.33]
과 같은 상태가 된다.

```
d3.select("#a").transition().delay(1000).style("opacity", 1);
d3.select("#b").transition().delay(3000).style("opacity", .75);
```

그림 1.33 전환을 지연하면서 속성이나 스타일을 적용하는 예

축하한다! 여러분은 처음으로 동적인 데이터 시각화를 구현했다. transition() 메서드는 전환을 바로 실행하지 않고 부드럽게 이루어지게 한다. delay() 메서드로 밀리초 단위의 시간을 지정하면 delay() 메서드 뒤에 체이닝된 메서드를 지정한 시간 이후에 실행한다.

더 멋진 효과는 나중에 시도하기로 하고, 마치기 전에 또 다른 transition() 설정 하나만 더 사용해보자. 스타일이나 속성을 바꾸기 전에 duration() 메서드로 변화를 적용하는 시간을 지정할 수 있다. 다음 코드를 실행하면 [그림 1.34]에서 보는 것처럼 브라우저 화면 안에서 두 원을 화살표 방향으로 이동시킨다. 전환 작동을 위치에 연결하면 지정한 시간 동안 도형이 새로운 위치로 이동한다. 두 원 모두 y값을 두 원의 중간 위치로 설정했으므로 첫 번째 원은 Y-축을 따라 아래로, 두 번째 원은 위로 이동한다.

```
d3.selectAll("circle").transition().duration(2000).attr("cy", 200);
```

그림 1.34 전환 작동을 위치에 연결해 두 원이 화살표 방향으로 움직이는 예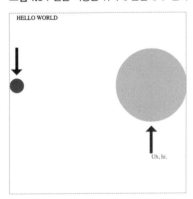

실행해보면 알 수 있는 것처럼 duration() 메서드는 설정을 지정한 시간(이것도 밀리초 단위로 지정한다) 동안 조정한다는 것을 알 수 있다.

이로써 D3가 작동하는 방법, 설계된 방식의 기본을 알아봤으며 이 개념들은 이후에 데이터를 표현하고 조작하는 더욱 정교한 방법들을 배우는 동안 계속 등장한다.

1.7 마치며

이번 장에서는 다음 내용을 설명하면서 개발자가 최신 브라우저용 웹 애플리케이션을 개발하는 데 D3가 얼마나 잘 맞는지 간략히 살펴봤다.

- D3로 생성할 수 있는 데이터 시각화 예제
- 데이터에서 출발해 데이터 시각화와 상호작용성으로 가는 방법을 보여주는 지도 및 각 장에서 설명하는 부분
- DOM, SVG, CSS 개요
- 페이지에 요소를 생성하고 변경하는 데이터 바인딩과 셀렉션
- 데이터 시각화를 기획하고 생성할 때 만나게 되는 데이터의 종류 개요
- D3 전환을 이용한 간단한 애니메이션

D3.js는 수천 개의 자바스크립트 라이브러리 중 하나일 뿐이지만 웹 페이지가 할 수 있는 일에 거는 기대가 어떻게 바뀌었는지 잘 보여준다. 처음에는 일회성 데이터 시각화를 구현하는 데 사용하지만 D3에는 이보다 훨씬 더 강력한 기능이 많다. 이제부터 매력적이고 감동적인 데이터 주도 문서를 생성하는 데 D3를 사용하는 다양한 기법을 살펴보자.

정보 시각화 데이터 흐름

- 다양한 포맷의 외부 파일에서 데이터 로딩하기
- D3 스케일 이용하기
- 분석하거나 출력하려 데이터 포맷하기
- 데이터 속성에 기초한 시각적 속성을 가진 그래프 그리기
- 그래프의 모습을 움직이고 변화주기

온라인에서 볼 수 있는 간단한 데모는 종종 1장에서 본 예제처럼 자바스크립트로 정의한 배열에 들어 있는 데이터를 보여준다. 그러나 실제로 작업할 때는 데이터에 기초해 웹 요소를 생성하기 전에 API나 데이터베이스로부터 데이터를 가져와 로딩하고 포맷팅해서 변환하는 것이 일반적이다.

2장에서는 데이터를 가져와 적절한 형태로 변환하는 과정을 설명하고 D3로 작업할 때 늘 다루게 될 기본적인 구조체를 알아본다. 외부 소스에서 데이터를 로딩해, 포맷팅하고, 그 데이터를 [그림 2.1]에 있는 그래프와 같이 표현한다. 데이터 바인딩이 작동하는 방식은 [그림 2.1]의 왼쪽과 같다. 2.2절에서는 외부에서 데이터를 가져와 막대 그래프([그림 2.1] 오른쪽)를 만들고, 2.3.3절에서는 레이블을 붙인 산포도([그림 2.1] 가운데)를 만든다.

그림 2.1 2장에서 구현할 예제

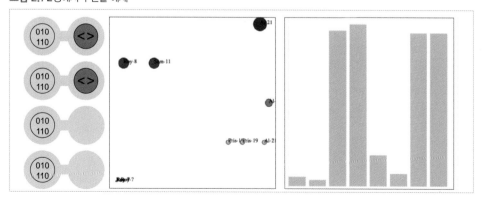

2.1 데이터 다루기

2장에서는 이미 생성된 작은 데이터셋 두 개로 [그림 2.2]의 다섯 단계를 진행한다. 이 과정을 거치며 D3로 데이터 시각화하는 데 수행해야 할 모든 단계를 간략히 살펴본다. 데이터셋 하나에는 몇몇 도시와 그 지리적 위치, 인구가 들어 있다. 다른 데이터셋에는 누가 트윗하고 누가 여기에 반응했는지 가상의 트윗 데이터가 들어 있다. 실제로 데이터 시각화 작업을 할 때 이런 형태의 데이터를 받게 된다. 여러분은 어느 트윗이 영향을 크게 미치는지, 혹은 어느 도시가 자연 재해에 취약한지 알아내야 한다. 2장에서는 D3로 데이터를 측정하는 다양한 방법을 살펴보고 이 방법으로 어떻게 차트를 생성하는지 배운다.

그림 2.2 데이터 시각화 절차

실제로 도시가 수백 개, 트윗이 수천 개 들어 있는 훨씬 더 큰 데이터셋으로 작업할 때도 2장에서 설명하는 원리를 동일하게 적용할 수 있다. 2장에서는 복잡한 데이터를 시각화하는 특정 기법보다 D3로 데이터를 시각화할 때 따라야 하는 주요 과정을 중심으로 살펴본다.

2.1.1 데이터 로딩

[그림 2.3]의 첫 번째 단계는 데이터를 로딩하는 단계를 말한다. 1장에서 간략히 설명한 것처럼 우리가 사용하는 데이터는 일반적으로 다양한 표준의 포맷으로 이루어져 있다. 어디서 가져오든 데이터는 XML, CSV, JSON 포맷인 문서일 것이다. D3는 이러한 데이터를 가져와 사용할 수 있는 메서드를 여러 개 제공한다. 여러 포맷의 차이는 궁극적으로 데이터를 어떻게 모델링하느냐 하는 것이다. CSV로 표현할 수 없는 내포된 관계를 JSON과 XML로는 표현할 수 있다. 그리고 d3.csv()와 d3.json() 메서드는 JSON 객체의 배열을 생성하지만, d3.xml() 메서드는 이와 다른 방식으로 접근해야 하는 XML 문서를 생성한다.

그림 2.3 데이터 로딩 단계

그림 2.3 데이터 로딩 단계

파일 포맷

D3는 우리가 주로 맞닥뜨리는 파일의 포맷에 따라 총 5개의 메서드를 제공한다. d3.text(), d3.xml(), d3.json(), d3.csv(), d3.html() 중에서 우리는 주로 d3.csv()와 d3.json() 을 이용할 것이다. 3장에서는 d3.html() 메서드로 복잡한 DOM 요소들을 생성한다. 데이터 를 다루는 방법에 따라 d3.xml()이나 d3.text() 메서드가 더 유용하다고 생각할 수도 있다. JSON보다 XML에 더 익숙하다면 d3.xml()과 이에 관련한 데이터 메서드를 사용하는 편이 좋을 수도 있다. 텍스트 문자열을 사용하는 방법을 선호한다면 d3.text() 메서드로 데이터를 가져오고 또 다른 라이브러리를 사용할 수도 있다.

d3.csv()와 d3.json()은 다음과 같이 모두 로딩할 파일의 경로와 콜백 함수를 인자로 받 는다.

```
d3.csv("cities.csv",function(error,data) {console.log(error,data)});
```

error 변수는 선택적이므로 콜백 함수 안에서 변수를 하나만 정의하면 다음과 같이 데이터만 인자로 받는다.

```
d3.csv("cities.csv",function(d) {console.log(d)});
```

콜백 함수에서 가장 먼저 데이터에 접근하며, 이 데이터를 다른 곳에서도 사용하려면 받은 데 이터를 전역 변수에 할당해야 한다. 먼저 데이터 파일이 필요하다. 2장에서는 [리스트 2.1]과 [리스트 2.2]에 있는 파일을 사용한다. [리스트 2.1]은 도시 정보를 담고 있는 CSV 파일이고, [리스트 2.2]는 트윗 정보를 담고 있는 JSON 파일이다.

리스트 2.1 cities.csv 파일 내용

```
"label","population","country","x","y"
```

```
"San Francisco", 750000,"USA",122,-37
"Fresno", 500000,"USA",119,-36
"Lahore",12500000,"Pakistan",74,31
"Karachi",13000000,"Pakistan",67,24
"Rome",2500000,"Italy",12,41
"Naples",1000000,"Italy",14,40
"Rio",12300000,"Brazil",-43,-22
"Sao Paolo",12300000,"Brazil",-46,-23
```

리스트 2.2 tweets.json 파일 내용

```
{
"tweets": [
  {"user": "Al", "content": "I really love seafood.",
   "timestamp": " Mon Dec 23 2013 21:30 GMT-0800 (PST)",
   "retweets": ["Raj","Pris","Roy"], "favorites": ["Sam"]},
  {"user": "Al", "content": "I take that back, this doesn't taste so good.",
   "timestamp": "Mon Dec 23 2013 21:55 GMT-0800 (PST)",
   "retweets": ["Roy"], "favorites": []},
  {"user": "Al",
   "content": "From now on, I'm only eating cheese sandwiches.",
   "timestamp": "Mon Dec 23 2013 22:22 GMT-0800 (PST)",
   "retweets": [],"favorites": ["Roy","Sam"]},
  {"user": "Roy", "content": "Great workout!",
   "timestamp": " Mon Dec 23 2013 7:20 GMT-0800 (PST)",
   "retweets": [],"favorites": []},
  {"user": "Roy", "content": "Spectacular oatmeal!",
   "timestamp": " Mon Dec 23 2013 7:23 GMT-0800 (PST)",
   "retweets: [],"favorites": []},
  {"user": "Roy", "content": "Amazing traffic!",
   "timestamp": " Mon Dec 23 2013 7:47  GMT-0800 (PST)",
   "retweets": [],"favorites": []},
  {"user": "Roy", "content": "Just got a ticket for texting and driving!",
   "timestamp": " Mon Dec 23 2013 8:05 GMT-0800 (PST)",
   "retweets": [],"favorites": ["Sam", "Sally", "Pris"]},
  {"user": "Pris", "content": "Going to have some boiled eggs.",
   "timestamp": " Mon Dec 23 2013 18:23 GMT-0800 (PST)",
   "retweets": [],"favorites": ["Sally"]},
  {"user": "Pris", "content": "Maybe practice some gymnastics.",
   "timestamp": " Mon Dec 23 2013 19:47  GMT-0800 (PST)",
   "retweets": [],"favorites": ["Sally"]},
  {"user": "Sam", "content": "@Roy Let's get lunch",
```

```
    "timestamp": " Mon Dec 23 2013 11:05 GMT-0800 (PST)",
    "retweets": ["Pris"], "favorites": ["Sally", "Pris"]}
  ]
  }
```

이 파일들은 다음과 같이 데이터 포맷에 맞는 메서드를 호출해 데이터를 로딩한다.[1]

```
d3.csv("cities.csv",function(data) {console.log(data)});
//콘솔에 "Object {tweets: Array[10]}" 메시지 출력
d3.json("tweets.json",function(data) {console.log(data)});
```

두 경우 모두 데이터 파일의 내용은 JSON 객체의 배열로 로딩된다. tweets.json의 경우 배열이 data.tweets에, cities.csv의 경우 배열이 data에 저장된다. d3.json()을 이용하면 CSV 파일이 제공할 수 없는 객체와 속성을 담은 JSON 포맷으로 된 파일을 로딩할 수 있다. CSV 파일을 로딩하면 배열 객체를 반환하며, 이 코드에서는 data 변수에 이 배열이 저장된다. JSON 파일을 로딩하면 여러 이름-값 쌍을 담고 있는 객체를 반환한다. 이 코드에서는 이름-값 쌍을 가진 객체 tweets: [Array of Data]가 data 변수에 할당된다. 그러므로 로딩된 배열을 참조할 때 cities.csv의 경우 바로 data로 참조할 수 있지만 tweets.json의 경우 data.tweets로 참조해야 한다.

d3.csv()와 d3.json() 메서드 모두 비동기식으로 실행되므로 요청한 후 파일이 로딩되기 전에 메서드를 반환한다. 따라서 다른 메서드에 비해 시간이 오래 걸리는 파일 로딩 연산의 경우 다른 코드가 실행될 때 파일이 완전히 로딩되지 않은 상태일 수 있다. 데이터가 로딩되기 전에 그 데이터를 필요로 하는 코드를 실행하면 오류가 발생한다.

비동기식 로딩에 의해 발생하는 문제는 두 가지 방식으로 피할 수 있다. 먼저 다음과 같이 데이터 로딩 함수 안에 데이터 처리 함수를 두는 방법이 있다.

```
d3.csv("somefiles.csv", function(data) {doSomethingWithData(data)});
```

아니면 queue.js(7장)와 같은 헬퍼 라이브러리로 파일 로딩이 완료될 때 이벤트를 발생시킬 수 있다. queue.js를 사용하는 방법은 나중에 설명한다.

---

[1] 역자주_로컬에 있는 html 파일을 브라우저의 파일 열기 명령으로 열었을 때는 csv()나 json() 등의 메시지가 제대로 작동하지 않는다. html 파일과 해당 파일은 HTTP 프로토콜로 웹 서버에 연결해야 제대로 작동한다.

d3.csv() 메서드에는 외부 파일 대신 일련의 텍스트 블록에 사용할 수 있는 parse() 메서드가 있다. 데이터를 가져오는 과정을 직접 제어하려면 데이터 송신과 수신을 섬세하게 제어할 수 있는 d3.xhr() 메서드를 참조하라.

2.1.2 데이터 포맷팅

데이터셋을 로딩한 후에는 데이터의 속성으로 그래픽 요소의 색상, 크기, 위치를 직접 설정하는 메서드를 정의해야 한다. 예를 들어 CSV 파일에 들어 있는 도시를 원으로 출력하고자 할 때는 인구에 따라 크기를 정하고 지리적 좌표에 해당하는 곳에 그 원을 놓을 수 있을 것이다. 도시의 경우 오랫동안 널리 사용한 표현 방법이 있지만, 트윗의 경우는 그렇지 않다. 하나의 트윗을 그래프 기호로 표현하고자 할 때, 크기는 어떻게 할지, 어느 곳에 놓을지 다양한 방법이 있을 것이다. 이런 내용을 결정할 때는 시각화할 데이터의 형태를 잘 알고 있어야 한다. 프로그래밍 언어에서는 다양한 데이터형을 정의하고 있지만 여기에서는 데이터를 정량적, 기하학적, 범주, 위상, 날짜/시간, 원시 데이터로 생각하는 것이 도움이 된다.

정량적 데이터

수치화되거나 정량화된 데이터는 데이터 시각화에서 가장 흔히 볼 수 있는 형태다. 정량적 데이터는 크기, 위치, 색상으로 표현할 수 있다. 일반적으로 정량적 데이터는 2.1.3절에서 설명하는 것처럼 d3.scale() 메서드로 스케일scale을 정의하거나 수치를 그룹화하는 분위quantile 등의 기법으로 범주 데이터로 변환함으로써 정규화normalization해야 한다.

그림 2.4 데이터 포맷팅

우리가 사용하는 데이터셋 중 cities.csv에는 이미 정량적 데이터로서 인구 수가 들어 있다. tweets.json 데이터셋에는 정량적 데이터가 없는 것처럼 보인다. 2.1.3절에서는 비수치형 데이터를 정량적으로 변환하는 방법을 설명한다.

범주 데이터

범주 데이터는 불연속 그룹으로 분류되는데 일반적으로 국적이나 성별처럼 문자열로 표현하며 종종 도형이나 색상으로도 표현한다. 속성에 따라 그룹화된 요소의 패턴을 알아내려 각 범주를 서로 잘 구분되는 색상이나 도형에 대응하는 식이다.

tweets 데이터셋에서는 사용자 데이터라는 형태로 범주를 설정할 수 있다. 트윗한 사용자에 따라 트윗의 색상을 정하는 것은 쉽게 생각할 수 있을 것이다. 범주 데이터를 유도하는 방법은 나중에 설명한다.

위상 데이터

위상 데이터는 데이터 간의 관계를 나타내는데, 일종의 위치 데이터라고 할 수 있다. 족보에서 두 사람 간의 관계나 역에서 상점까지의 거리 등은 두 객체 간의 관계를 정의하는 방법이다. 위상 속성은 고유한 ID값을 뜻하는 텍스트나 다른 객체를 가리키는 포인터로 표현할 수 있다. 2장 뒷부분에서는 내포된 계층 구조 형태로 위상 데이터를 생성한다.

cities 데이터셋에는 위상 데이터가 없는 것 같지만, 예를 들어 샌프란시스코 같은 도시를 참조틀로 지정함으로써 쉽게 생성할 수 있다. 그러고 나서 샌프란시스코까지의 거리를 나타내는 distance-to-San-Francisco 척도를 생성하면 위상 데이터를 만들 수 있다. tweets 데이터셋에는 favorites와 retweets 배열에 위상 요소가 있으며, 이 위상 요소가 소셜 네트워크의 기반이 된다.

기하학적 데이터

기하학적 데이터는 주로 나라, 강, 도시, 도로 등 지리 데이터의 경계나 노선과 관련이 깊다. 그리고 원하는 벡터 아이콘을 그리는 SVG 코드, 도형의 형태를 규정하는 텍스트, 혹은 도형의 크기를 나타내는 수치형 값이 될 수도 있다. 당연히 기하학적 데이터는 도형과 크기로 주로 표현하지만 면적과 테두리를 측정한 정량적인 데이터 등 다른 데이터로 변환할 수도 있다.

cities 데이터셋은 지도 위에 점을 찍을 수 있도록 위도와 경도 좌표의 형태로 된 기하학적 데이터가 들어 있다. 그러나 tweets 데이터셋에는 바로 접근할 수 있는 기하학적 데이터가 없다.

날짜/시간 데이터

날짜와 시각은 연월일 숫자 혹은 복잡한 계산을 위해 특별한 날짜 형식으로 표현할 수 있다. ISO 8601이 가장 널리 사용하는 형식이며, 2.1.4절에서 설명하는 것처럼 ISO 8601 형식인 문자열은 자바스크립트에서 쉽게 Date 데이터형으로 변환할 수 있다. 날짜와 시각을 이용한 작업을 자주하는데, 다행히도 자바스크립트에 내장된 함수와 D3에서 제공하는 헬퍼 함수 몇 가지를 사용하면 측정하고 표현하기 까다로운 데이터도 처리할 수 있다.

cities 데이터셋에는 시간 데이터가 없지만 특정 도시나 국가의 시간 데이터를 구하기는 어렵지 않다. 이렇듯 데이터셋을 쉽게 확장할 수 있는 경우에는 현재 프로젝트 범위 측면에서 데이터를 확장하는 것이 타당한지 검토해야 한다. 이와 반대로 tweets 데이터셋에는 RFC 2822 형식(ISO 8601 형식과 함께 자바스크립트가 지원하는 형식이다)의 데이터가 들어 있으므로 자바스크립트에서 쉽게 Date 데이터형으로 변환할 수 있다.

원시 데이터

일반적으로 텍스트와 그림은 원시 형태로서, 구조를 갖추고 있지 않은 데이터다. 원시 데이터는 측정이나 정교한 텍스트, 그림 분석 기법으로 시각화하기 좋은 속성을 유도할 수 있다. 원시 데이터는 변형하지 않은 채로 레이블이나 스니펫snippet[2] 등 그림 요소의 콘텐츠 필드에 사용한다.

cities 데이터셋의 경우 레이블에 도시명을 사용하는 것이 좋다. 그렇다면 tweets 데이터셋의 경우에는 어떤 것을 레이블로 사용하는 것이 좋을까? 5장에서 구현하는 것처럼 전체 트윗 내용을 사용할 수도 있지만, 원시 데이터를 사용할 때는 내용을 효율적으로 요약하고 측정하는 방법을 생각해내는 것이 가장 어렵고도 중요하다.

2.1.3 데이터 변환

여러 형식의 데이터를 처리할 때는 데이터의 형을 표현하기 좋은 다른 형으로 바꾸는 편이 좋다. 데이터는 다양한 방식으로 변환할 수 있는데, 다음 소절에서 설명하는 것처럼 캐스팅, 정규화, 비닝(그룹화), 내포 등이 있다.

---

2 역자주_웹 페이지에서 추출한 작은 텍스트 모음

캐스팅 : 데이터 형변환

프로그래밍 언어(여기에서는 자바스크립트)의 관점에서 하나의 데이터형에서 다른 데이터형으로 변환하는 것을 데이터 캐스팅이라고 한다. 날짜, 정수형, 실수형, 배열에 상관 없이 데이터는 문자열형으로 로딩하는 것이 보통이다. 그러나 자바스크립트에서 제공하는 Date 클래스의 메서드를 이용하려면 tweets 데이터셋에서 날짜를 Date 형으로 변환해야 한다. 다음의 예와 같이 데이터의 형을 변환하는 자바스크립트 함수에 익숙해져야 한다.

```
// 문자열 "77"을 정수형 77로 변환
parseInt("77");
// 문자열 "3.14"를 소숫점이 있는 숫자 3.14로 변환
parseFloat("3.14");
// RFC 2822 형식의 문자열을 Date 형으로 변환
Date.parse("Sun, 22 Dec 2013 08:00:00 GMT");
// 쉼표로 구분된 문자열을 배열로 변환
// 엄밀히 말해 데이터 형변환은 아니지만 데이터의 형이 변한다.
text = "alpha,beta,gamma"; text.split(",");
```

> **NOTE_** 자바스크립트에서 동치 연산자(==)로 비교할 때는 기본적으로 형을 변환하지만 엄격한 동치 연산자(===)로 비교할 때는 형을 변환하지 않는다. 따라서 가끔 형변환 없이 코드가 작동할 수 있지만 예상한 형이 아닌 경우에 문제가 발생할 수 있다. 배열을 정렬할 때 자바스크립트가 숫자를 문자열로서 비교하는 경우처럼 말이다.

정규화 : 스케일과 규모 변경

수치형 데이터가 화면의 위치나 크기에 바로 대응되는 경우는 거의 없다. 일반적으로 d3.scale() 메서드로 데이터를 화면에 표기할 수 있도록 정규화한다. 먼저 d3.scale().linear() 스케일을 살펴보자. 이 메서드는 하나의 범위에 있는 값을 다른 범위의 값으로 선형 대응시킨다. 스케일은 각기 배열로 설정되는 도메인domain과 레인지range를 가졌다. 도메인은 변환 전 값의 범위를, 레인지는 변환 후 값의 범위를 지정한다.[3] 예를 들어 cities 데이터셋에서 population 속성의 최솟값과 최댓값을 500px 크기의 화면에 나타낼 수 있는 값으로 변환할 수 있다.

[그림 2.5]와 다음 코드를 보면 500,000에서 13,000,000까지의 도메인이 0에서 500까지의

---

3 역자주_도메인과 레인지는 함수에서의 정의역과 치역으로 생각할 수 있다.

레인지에 선형으로 대응하는 것을 볼 수 있다.

그림 2.5 수치형 값을 다른 범위의 수치형으로 매핑하는 스케일

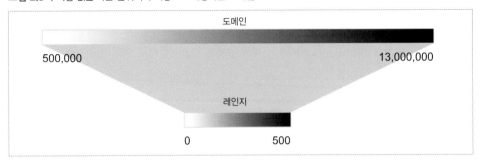

스케일 객체를 생성하고 도메인값과 레인지값을 설정하면 다음과 같이 대응하는 값을 생성할 수 있다.

```
var newRamp = d3.scale.linear().domain([500000,13000000]).range([0,500]);
// 인구 백만 명의 나라를 20px에 놓도록 20을 반환한다.
newRamp(1000000);
// 340을 반환한다.
newRamp(9000000);
// invert() 메서드는 역변환한다. 이 경우 8,325,000을 반환한다.
newRamp.invert(313);
```

레인지 필드에는 CSS 색상명, RGB 색상, 혹은 16진수 색상 코드로 색상 그레이디언트^{color ramp}를 생성할 수도 있다. 그러면 [그림 2.6]에서 보는 것처럼 일련의 수치형 값을 도메인에 정의된 범위의 색상으로 선형 대응시킬 수 있다.

그림 2.6 수치형 값을 색상 범위로 매핑하는 스케일(별지 I 참조)

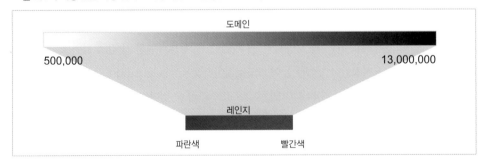

이 색상 그레이디언트를 생성하는 코드는 range 배열에 색상이 들어간다는 것을 제외하고는 앞의 코드와 동일하다.

```
var newRamp = d3.scale.linear().domain([500000,13000000]).range(["blue","red"]);
// "#0a00f5"을 반환하므로 인구 백만의 도시는 진한 자주색이 된다.
newRamp(1000000);
// "#ad0052" 반환
newRamp(9000000);
// invert() 메서드는 숫자값에만 사용할 수 있으므로 이 경우 NaN이 반환된다.
newRamp.invert("#ad0052");
```

데이터셋에 따라 데이터를 대응하려고 d3.scale.log(), d3.scale.pow(), d3.scale. ordinal() 등의 메서드를 사용할 수도 있다. 나중에 다양한 종류의 데이터셋을 다루면서 이런 메서드를 사용하는 예를 살펴볼 것이다. 그리고 2장 뒷부분에서 다룰 Date 데이터형에서는 d3.time.scale() 선형 스케일을 사용한다.

비닝 : 데이터 분류

일련의 범위에 있는 값으로 그룹화함으로써 정량적 데이터를 범주로 분류하는 것도 유용하다. 배열을 같은 크기의 부분으로 나누어 변윗값quantile을 사용할 수도 있다. D3에서 변윗값 스케일은 d3.scale.quantile()이라고 부르며 다른 스케일과 동일하게 설정한다. 부분의 개수와 각 부분의 레이블은 range() 메서드로 설정한다. 여타 스케일과 달리 domain()에 들어 있는 값의 개수와 range()에 들어 있는 값의 개수가 달라도 오류가 발생하지 않는다. 도메인에 있는 값들을 더 적은 수의 레인지에 있는 값으로 자동으로 정렬해 비닝binning하기 때문이다('빈bin'은 '상자에 담는다'는 뜻이다).

domain() 메서드를 호출할 때 숫자 배열을 오름차순으로 정렬하고 적절한 지점을 기준으로 나누어 범주를 생성한다. 변윗값 스케일에 전달된 숫자들은 모두 이 분할점을 기준으로 설정한 범주 중 하나를 반환한다.

```
var sampleArray = [423,124,66,424,58,10,900,44,1];
var qScale = d3.scale.quantile().domain(sampleArray).range([0,1,2]);
qScale(423);    // 2 반환
qScale(70);     // 0 반환
qScale(10000);  // 2 반환
```

그림 2.7 일련의 빈으로 분류하는 변윗값 스케일

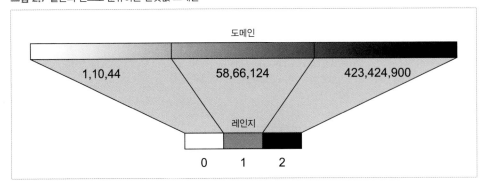

[그림 2.7]의 레인지값은 고정돼 있으며 특정 CSS 클래스, 색상, 혹은 다른 어떤 값이라도 받을 수 있다.

```
var qScaleName = d3.scale.quantile().domain(sampleArray)
                                    .range(["small","medium","large"]);

qScaleName(68); // "medium" 반환
qScaleName(20); // "small" 반환
qScaleName(10000); // "large" 반환
```

내포

데이터의 계층 구조 표현은 가계도처럼 전통적으로 명확한 계층을 나타내는 데이터뿐만 아니라 다양하게 사용할 수 있다. 4장과 5장에서 계층 구조 데이터 표현을 자세히 설명하겠지만, 이번 장에서는 d3.nest()라는 내포 함수를 사용한다.

내포는 데이터에 공통된 속성으로 데이터를 불연속적인 범주에 분류할 수 있다는 생각에서 출발한다. 예를 들어 포스팅한 사용자에 따라 트윗을 그룹화하려면 다음과 같이 작성할 수 있다.

```
d3.json("tweets.json",function(data) {
  var tweetData = data.tweets;
  var nestedTweets = d3.nest()
                      .key(function(el) {return el.user})
                      .entries(tweetData);
});
```

[그림 2.8]에서 보는 것처럼 이 nest() 함수는 user 속성값을 키로 갖는 객체의 배열을 새로 생성한다.

그림 2.8 key 속성을 가진 객체의 배열을 만드는 d3.nest() 메서드

```
nestedTweets
[▼Object 🔢                  , ▼Object 🔢                  , ▼Object 🔢                  , ▼Object 🔢
   key: "Al"                     key: "Roy"                    key: "Pris"                   key: "Sam"
 ▼values: Array[3]            ▼values: Array[4]            ▼values: Array[2]            ▼values: Array[1]
   ▶0: Object                   ▶0: Object                   ▶0: Object                   ▶0: Object
   ▶1: Object                   ▶1: Object                   ▶1: Object                     length: 1
   ▶2: Object                   ▶2: Object                     length: 2                  ▶__proto__: Arra
     length: 3                   ▶3: Object                  ▶__proto__: Array[0]          ▶__proto__: Object
   ▶__proto__: Array[0]           length: 4                  ▶__proto__: Object
   ▶__proto__: Object          ▶__proto__: Array[0]
                                 ▶__proto__: Object
```

이제 데이터를 로딩해 접근할 수 있는 형으로 변환했으므로 데이터를 측정해 패턴을 조사해보자. [그림 2.9]의 세 번째 단계인 측정이다.

그림 2.9 데이터의 측정

2.1.4 데이터 측정

데이터 배열을 로딩한 후에는 먼저 데이터를 측정하고 정렬해야 한다. 속성의 최솟값, 최댓값, 이름뿐만 아니라 특정 속성값의 분산을 알아내는 일은 특히 중요하다. D3는 데이터를 이해하는 데 도움이 되는 배열 메서드들을 제공한다.

D3에서는 일반적으로 배열에 들어 있는 데이터의 특정 속성의 상댓값에 따라 크기와 위치를 정한다. 따라서 배열 안에 있는 값의 분산을 판단하는 방법에 익숙해져야 한다. 더 복잡하고 풍부한 데이터가 들어 있는 JSON 객체 배열을 이용하기 전에, 먼저 다음과 같이 숫자로 구성된 배열로 여러 메서드 사용법을 알아보자.

```
var testArray = [88,10000,1,75,12,35];
```

거의 모든 D3 측정 함수는 패턴이 같다. 먼저 배열하거나 측정하려는 값에 접근자를 지정해야

한다. 지금의 경우 객체가 아니라 단순한 숫자의 배열을 이용하므로 접근자는 그저 요소 자체를 가리키면 된다.

```
// 배열에서의 최솟값인 1을 반환한다.
d3.min(testArray, function (el) {return el});
// 배열에서의 최댓값인 10,000을 반환한다.
d3.max(testArray, function (el) {return el});
// 배열의 평균값인 1701.8333333333335를 반환한다.
d3.mean(testArray, function (el) {return el});
```

조금 더 복잡한 JSON 객체 배열을 이용한다면 측정할 속성을 지정해야 한다. 예를 들어 cities 데이터셋의 JSON 객체 배열을 이용하는 경우 인구의 최솟값, 최댓값, 평균값을 유도할 필요가 있다.

```
d3.csv("cities.csv", function(data) {
    // 배열에 있는 각 객체의 population 속성의 최솟값인 500,000을 반환한다.
    d3.min(data, function (el) {return +el.population});
    // 배열에 있는 각 객체의 population 속성의 최댓값인 13,000,000을 반환한다.
    d3.max(data, function (el) {return +el.population});
    // 배열에 있는 각 객체의 population 속성의 평균값인 6,856,250을 반환한다.
    d3.mean(data, function (el) {return +el.population});
});
```

최솟값과 최댓값은 자주 사용하므로 d3.extent() 편의 메서드가 제공된다. d3.extent()를 사용하면 d3.min()과 d3.max()를 하나의 배열에 넣어 반환한다.

```
d3.extent(data, function (el) {return +el.population}); // [500000, 13000000]을 반환
```

자바스크립트에서는 문자열과 배열이 length() 메서드를 제공하므로 텍스트와 같은 비수치형 데이터도 측정할 수 있다. 위상 데이터를 사용할 때는 구심성이나 군집도 등 네트워크 구조를 측정할 수 있는 더욱 풍부한 메커니즘이 필요하다. 기하학적 데이터를 다룰 때는 도형의 면적과 둘레를 수학적으로 계산할 수 있지만, 도형의 모양이 복잡해지면 계산하기 어려워진다.

이제 데이터를 로딩하고 포맷팅한 후 데이터를 측정했으므로, 데이터 시각화를 생성할 수 있다. 데이터 시각화를 생성하려면 셀렉션과 셀렉션이 제공하는 메서드를 사용해야 하는데, 자세한 것은 다음 절에서 설명한다.

2.2 데이터 바인딩

1장에서 데이터 바인딩을 간단히 알아봤지만, 여기에서는 조금 더 파고들어 요소를 생성하고 ([그림 2.10]의 네 번째 단계) 생성한 요소를 변경하기 위해 셀렉션이 데이터 바인딩을 사용하는 방법을 살펴본다.

첫 번째 예는 cities 데이터셋을 활용해 간단한 숫자 배열뿐만 아니라 도시 데이터를 처리하는 과정을 알아보고, tweets 데이터셋으로 조금 더 재미있는 작업을 해본다.

그림 2.10 데이터의 바인딩을 통한 차트 생성

2.2.1 셀렉션과 바인딩

D3에서는 셀렉션으로 웹 페이지의 구조와 모습을 바꾼다. 셀렉션은 하나 이상의 DOM 요소로 구성되며 연관된 데이터를 가질 수도 있다. 셀렉션을 이용하면 요소를 생성하거나 삭제할 수 있으며 스타일과 내용을 바꿀 수 있다. d3.select()로 DOM 요소를 변경하는 방법은 이미 알아봤으니, 여기에서는 데이터에 기초해 데이터를 생성하거나 삭제하는 방법을 알아본다. 예를 들어 cities.csv를 데이터 소스로 사용하려면 cities.csv 파일을 로딩하고 콜백 함수에서 다음과 같은 코드(Fig_02_11.html)로 페이지 안에 일련의 〈div〉 요소를 생성한다.

```
d3.csv("cities.csv",function(error,data) {dataViz(data);});
function dataViz(incomingData) {
    // 〈body〉 안에 "cities" 클래스에 속한 〈div〉 요소가 없으므로 빈 셀렉션이다.
    d3.select("body").selectAll("div.cities")
        // 데이터를 셀렉션에 바인딩한다.
        .data(incomingData)
        // 셀렉션 안에 있는 DOM 요소보다 데이터가 더 많을 때 어떻게 대응할지 정의한다.
        .enter()
        // 현재 셀렉션 안에 요소를 생성한다.
        .append("div")
        // 새로 생성된 요소의 클래스를 설정하다.
        .attr("class","cities")
```

```
    // 생성된 <div> 요소의 내용을 설정한다.
    .html(function(d,i) { return d.label; });
}
```

생성한 결과는 [그림 2.11]과 같다. 셀렉션이 cities.csv 데이터를 웹 페이지에 바인딩하면, "cities" 클래스에 속하며 cities.csv 안의 데이터를 가진 <div> 요소가 8개 만들어진다.

그림 2.11 cities.csv 데이터로 바인딩해 생성한 웹 페이지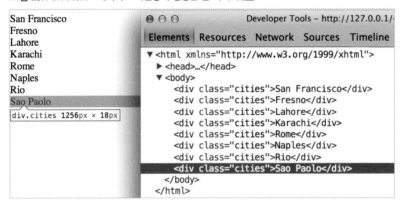

이 책에서는 계속 이와 같은 셀렉션과 바인딩 절차를 따른다. 요소 하나를 선택하고 나서 그 밑에 있는 요소들을 선택하면 하위 셀렉션이 생성되는데, 하위 셀렉션은 나중에 자세히 설명한다. 먼저 이 예제 코드의 각 부분을 자세히 살펴보자.

d3.selectAll( )

셀렉션은 언제나 DOM 요소에 해당하는 CSS 식별자로 d3.select()나 d3.selectAll()를 호출하면서 시작한다. 식별자에 대응하는 요소가 없는 경우도 있는데, 이때 생성되는 빈 셀렉션에는 보통 enter() 메서드로 페이지 안에 들어갈 요소를 생성한다. 특정 DOM 요소 안에 자식 요소들을 생성하거나 수정할 방법을 지정하려면 셀렉션 안에서 다시 셀렉션을 생성한다. 하위 셀렉션은 부모 요소를 자동으로 생성하지 않으므로, 부모 요소가 이미 존재하고 있거나 append() 메서드로 부모 요소를 생성해야 한다.

data( )

이 메서드는 선택한 DOM 요소와 배열을 연결시킨다. 데이터셋에 들어 있는 각 도시는 셀렉션 안의 DOM 요소에 연결되며, 연결된 데이터는 요소의 data 속성에 저장된다. 다음과 같이 자바스크립트로 각 데이터에 직접 접근할 수 있다.

```
// San Francisco를 나타내는 객체에 대한 포인터를 반환한다.
document.getElementsByClassName("cities")[0].__data__
```

2장 뒷부분에서는 D3로 이 값을 더 정교하게 사용하는 예를 살펴본다.

enter( )와 exit( )

데이터를 셀렉션에 바인딩할 때 데이터값의 개수가 DOM 요소 수보다 많거나 적을 수 있다. 데이터가 DOM 요소 수보다 많으면 enter( ) 메서드를 호출해 셀렉션에 해당 요소가 없는 값을 어떻게 처리해야 할지 정의한다. 이 예제의 경우 "div.cities"에 해당하는 DOM 요소는 하나도 없고 incomingData 배열에는 8개의 데이터가 있으므로, enter( )가 8번 호출된다. 데이터의 개수가 DOM 요소 수보다 적으면 exit( ) 메서드를 호출하며, 데이터 개수와 DOM 요소 수가 같으면 exit( )와 enter( ) 둘 다 호출하지 않는다.

append( )와 insert( )

대부분 DOM 요소 수보다 데이터가 많으므로, 요소를 DOM에 추가하는 것이 보통이다. append( ) 메서드로 요소를 정의하고 추가할 수 있다. 이 예제에서는 〈div〉 요소를 추가하지만, 2장 뒷부분에서는 SVG 요소를 추가하고, 다른 장에서는 테이블과 버튼 등 HTML에서 지원하는 다양한 요소를 추가한다. insert( ) 메서드는 append( ) 메서드와 비슷하지만 요소를 추가할 위치를 지정할 수 있다. 셀렉션에 바로 append( ) 메서드나 insert( ) 메서드를 호출할 수도 있으며, 이때 지정한 요소를 셀렉션에 있는 각 DOM 요소에 모두 추가한다.

attr( )

이제는 D3 구문으로 스타일과 속성을 바꾸는 일에 익숙해졌을 것이다. 그러나 정의한 함수를 페이지에 추가할 요소 모두에 적용한다는 점에 주의해야 한다. 이 예제 코드에서 생성하는 모든

〈div〉 요소는 class="cities" 속성을 갖는다. 셀렉션이 "div.cities"를 참조하고 있더라도 〈div〉 요소를 새로 생성해 추가할 때는 일일이 속성을 "cities"로 설정해야 한다는 점에 주의한다.

html( )

전통적인 DOM 요소의 콘텐츠는 html( ) 메서드로 설정한다. 다음 절에서는 특정 DOM 요소에 바인딩된 데이터에 기초해 콘텐츠를 설정하는 방법을 알아본다.

2.2.2 인라인 함수로 데이터 접근하기

앞에서 구현한 예제를 실행해보면 셀렉션에 바인딩된 데이터 배열에서 유도한 각기 다른 콘텐츠가 〈div〉 요소들에 설정된 것을 볼 수 있다. 이것은 셀렉션에 인라인 익명 함수를 사용했기 때문이다. 이 익명 함수는 배열 인덱스와 데이터 자체를 받는데, 이 두 인자는 데이터를 시각화하는 데 아주 중요하다. 예제 대부분에서 데이터를 받는 인자는 d, 배열 인덱스는 i로 표시하지만, 다른 이름도 얼마든지 사용할 수 있다.

데이터로 간단한 데이터 시각화 예를 직접 만들어보면 이해하기 쉬울 것이다. 1장에서 생성한 DOM 요소와 스타일을 최소한으로만 갖춘 d3ia.html을 계속 사용하겠다. 범주에 따라 나눈 수치 데이터를 가장 간단히 효과적으로 표현할 수 있는 것은 아마도 히스토그램이나 막대 그래프일 것이다. 일단 복잡한 데이터셋은 사용하지 않고 다음과 같이 간단한 숫자 배열로 시작해보자.

```
[15, 50, 22, 8, 100, 10]
```

이 배열을 셀렉션에 바인딩하면 이 값으로 사각형(막대 그래프에 들어가는 막대 하나)의 높이를 결정할 수 있다. 막대 그래프를 그릴 공간에 맞춰 너비를 결정해야 하는데, 우선 10px로 설정해보자.[4]

```
d3.select("svg")
  .selectAll("rect")
```

---

4 역자주_ 다음 코드에서는 〈svg〉 요소를 선택해 처리하는데, 아직 d3ia.html에는 〈svg〉 요소가 들어 있지 않다. 다음 코드를 추가하기 전에, 예제로 제공된 Fig_02_12.html을 참조해 html 파일 안에 〈svg〉 요소를 하나 추가하라.

```
.data([15, 50, 22, 8, 100, 10])
.enter()
.append("rect")
// 사각형의 너비를 고정된 값으로 설정한다.
.attr("width", 10)
// 높이를 각 요소에 연결된 데이터값과 동일하게 설정한다.
.attr("height", function(d) {return d;});
```

2.2.1절에서 레이블이 붙은 〈div〉 요소를 생성하려 배열에 있는 label값을 사용할 때 객체의 label 속성을 참조했다. 그러나 여기에서는 여러 줄의 문자열로 구성된 배열을 사용해야 하므로 사각형의 높이를 결정하려면 배열 안에 있는 값을 직접 접근하려고 인라인 함수를 사용한다.

그런데 [그림 2.12]에 보이는 결과는 예상한 것만큼 멋지지 않다. SVG는 스트로크 없이 검은색을 채우는 것이 도형의 기본 설정이므로, 도형이 겹치면서 구분하기 어렵기 때문이다.

그림 2.12 기본 설정으로 생성한 막대 그래프 🖼

모든 사각형이 같은 X와 Y 위치에 있으므로 서로 겹친다. 사각형의 채움색("fill")과 테두리("stroke"와 "stroke-width")가 다르면 윤곽선을 보기 더 쉬울 것이다. 다음과 같이 코드를 변경하면 [그림 2.13]에서 보는 것처럼 불투명도("opacity")를 조정해 사각형을 약간 투명하게 만들 수도 있다.

```
d3.select("svg")
  .selectAll("rect")
  .data([15, 50, 22, 8, 100, 10])
  .enter()
  .append("rect")
  .attr("width", 10)
  .attr("height", function(d) {return d;})
```

```
.style("fill", "blue")
.style("stroke", "red")
.style("stroke-width", "1px")
.style("opacity", .25);
```

그림 2.13 채움색, 스트로크, 불투명도 설정을 변경한 막대 그래프

아마도 인라인 함수의 두 번째 인자(보통 i로 표기한다)를 사용할 방법이 없을까 하는 생각이 들지 모르겠다. 배열 인덱스는 시각적 요소의 위치를 결정하는 데 사용할 수도 있다. 각 사각형의 인덱스 i에 사각형의 너비를 곱해 이를 X 좌표로 활용하면 조금 더 막대 그래프 모양에 가까워진다.

```
d3.select("svg")
  .selectAll("rect")
  .data([15, 50, 22, 8, 100, 10])
  .enter()
  .append("rect")
  .attr("width", 10)
  .attr("height", function(d) {return d;})
  .style("fill", "blue")
  .style("stroke", "red")
  .style("stroke-width", "1px")
  .style("opacity", .25)
  .attr("x", function(d,i) {return i * 10});
```

SVG는 우리가 지정한 곳을 기준으로 오른쪽, 아래쪽으로 사각형을 그리므로 [그림 2.14]에서 보는 것처럼 막대 그래프가 위에서 아래로 그려진다.

그림 2.14 위에서 아래로 그린 막대 그래프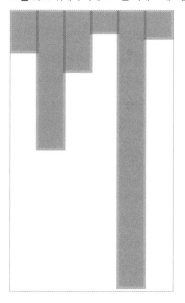

이 문제를 해결하려면 각 사각형의 Y 위치를 높이에 대응해 움직여야 한다. 사각형의 최대 높이가 100이므로, Y 위치를 그림 영역의 꼭대기에서의 거리로 측정하면, 즉 y 속성을 100 − 높이로 설정하면 [그림 2.15]와 같은 결과를 볼 수 있다.

```
d3.select("svg")
  .selectAll("rect")
  .data([15, 50, 22, 8, 100, 10])
  .enter()
  .append("rect")
  .attr("width", 10)
  .attr("height", function(d) {return d;})
  .style("fill", "blue")
  .style("stroke", "red")
  .style("stroke-width", "1px")
  .style("opacity", .25)
  .attr("x", function(d,i) {return i * 10;})
  .attr("y", function(d) {return 100 - d;});
```

그림 2.15 아래에서 위로 향하는 것처럼 보이는 막대 그래프

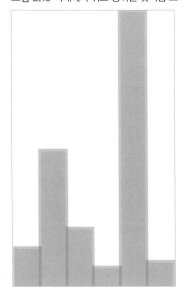

2.2.3 스케일 통합

〈svg〉 요소의 높이가 사각형의 높이에 직접 대응하는 값으로 구성된 배열로 작업하는 경우에는 이렇게 그래프를 만드는 것도 나쁘지는 않다. 그러나 실제 데이터로 작업하다 보면 데이터 값의 편차가 심해서 그리려는 도형의 크기에 값을 직접 대응시킬 수 없는 경우가 많다. 앞에서 작성한 코드는 다음과 같은 값의 배열을 제대로 처리하지 못한다.

```
[14, 68, 24500, 430, 19, 1000, 5555]
```

다음 코드를 실행한 [그림 2.16]을 보면 얼마나 엉망이 되는지 알 수 있다.

```
d3.select("svg")
  .selectAll("rect")
  .data([14, 68, 24500, 430, 19, 1000, 5555])
  .enter()
  .append("rect")
  .attr("width", 10)
  .attr("height", function(d) {return d})
  .style("fill", "blue")
```

```
      .style("stroke", "red")
      .style("stroke-width", "1px")
      .style("opacity", .25)
      .attr("x", function(d,i) {return i * 10;})
      .attr("y", function(d) {return 100 - d;});
```

그림 2.16 영역을 벗어난 막대 그래프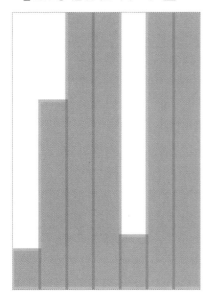

Y 오프셋을 최댓값과 동일하게 설정해도 결과는 더 나아지지 않는다.

```
d3.select("svg")
  .selectAll("rect")
  .data([14, 68, 24500, 430, 19, 1000, 5555])
  .enter()
  .append("rect")
  .attr("width", 10)
  .attr("height", function(d) {return d})
  .style("fill", "blue")
  .style("stroke", "red")
  .style("stroke-width", "1px")
  .style("opacity", .25)
  .attr("x", function(d,i) {return i * 10;})
  .attr("y", function(d) {return 24500 - d;});
```

군이 그림으로 보여줄 필요도 없다. SVG 그림 영역에는 단 하나의 수직 막대만 그려질 뿐이다. 이럴 때는 D3의 스케일 함수로 출력값을 정규화하는 편이 좋다. 이 막대 그래프에서는 비교적 간단한 d3.scale.linear() 메서드를 사용할 것이다. D3 스케일에는 domain()과 range()라는 중요한 메서드가 있다. 이 메서드 모두 배열을 인자로 받으며 두 메서드에 같은 길이의 배열을 전달해야 올바른 결과가 나온다. domain()은 입력값의 범위를, range()는 매핑한 결괏값의 범위를 지정하는데, 사용해보면 상당히 타당성이 있다. 먼저 Y-축 스케일을 다음과 같이 만들어보자.

```
var yScale = d3.scale.linear().domain([0,24500]).range([0,100]);
yScale(0); // 0을 반환한다.
yScale(100); // 0.40816326530612246을 반환한다.
yScale(24000); // 97.95918367346938을 반환한다.
```

실행해보면 알 수 있듯이 yScale()은 화면에 출력하기에 적절한 값으로 매핑해준다. 그러고 나서 yScale값을 사각형의 높이와 Y 위치로 지정하면 [그림 2.17]처럼 더 읽기 좋은 그래프가 나온다.

```
var yScale = d3.scale.linear().domain([0,24500]).range([0,100]);
d3.select("svg")
  .selectAll("rect")
  .data([14, 68, 24500, 430, 19, 1000, 5555])
  .enter()
  .append("rect")
  .attr("width", 10)
  .attr("height", function(d) {return yScale(d);})
  .style("fill", "blue")
  .style("stroke", "red")
  .style("stroke-width", "1px")
  .style("opacity", .25)
  .attr("x", function(d,i) {return i * 10;})
  .attr("y", function(d) {return 100 - yScale(d);});
```

그림 2.17 선형 스케일로 그린 막대 그래프

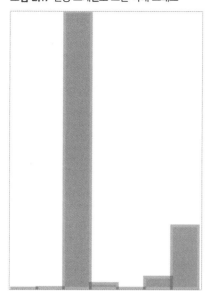

이렇게 편차가 심한 값을 사용할 때는 다중선형polylinear 스케일을 사용하는 편이 더 좋다. 다중선형 스케일은 도메인과 레인지에 여러 지점을 설정하는 선형 스케일이다. 현재 데이터셋은 1에서 100까지의 값에 관계가 있지만, 100에서 1,000까지의 값에서도 어떤 의미가 있고 때때로 아주 큰 값이 나온다고 생각해보자. 이런 경우에는 다음과 같이 다중선형 스케일을 설정할 수 있다.

```
var yScale = d3.scale.linear().domain([0,100,1000,24500]).range([0,50,75,100]);
```

이 스케일로 막대 그래프를 그리면 [그림 2.18]과 같이 출력된다.

그림 2.18 다중선형 스케일로 그린 막대 그래프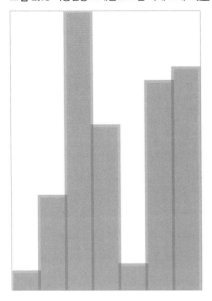

값이 잘려나갈 수도 있지만 데이터점^{datapoint}이 얼마나 큰지 정확히 표현하는 것이 필요하지 않은 경우도 있다. 예를 들어 데이터점이 설문조사 응답자 수를 나타내며, 500 이상 응답을 받은 설문조사의 경우 성공했다고 판단한다고 가정해보자. 다음과 같이 0에서 500까지의 데이터 범위를 0에서 100 수준까지의 스케일에 강조해 표현하고 싶을 것이다.

```
var yScale = d3.scale.linear().domain([0,100,500]).range([0,50,100]);
```

이렇게 하면 500이 넘는 값들을 최대 100 높이의 막대에 그리기 충분할 것이라고 생각할 수 있다. 하지만 D3의 기본 스케일은 우리가 원하는 대로 작동하지 않는다. 이 스케일로 그래프를 그리면 [그림 2.19]와 같이 출력된다.

그림 2.19 선형 스케일로 그린 막대 그래프

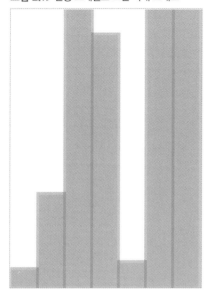

값이 500이 넘는 값의 막대 꼭대기에 테두리가 없으므로 사각형이 여전히 그림 영역 밖으로 벗어난다. 다음과 같이 500이 넘는 값을 스케일 함수에 넣어보면 이 문제를 확인할 수 있다.

```
yScale(1000); // 162.5를 반환한다.
```

D3 스케일은 기본적으로 도메인의 최댓값보다 큰 값이나 최솟값보다 작은 값을 추정한다. 최댓값보다 큰 값이나 최솟값보다 작은 값을 추정하지 않으려면 다음과 같이 스케일의 clamp() 메서드를 사용해야 한다.

```
var yScale = d3.scale.linear().domain([0,100,500]).range([0,50,100]).clamp(true);
```

이 스케일로 그래프를 그리면 [그림 2.20]과 같이 도메인의 최댓값보다 큰 값을 100으로 매핑한다.

그림 2.20 clamp( ) 메서드를 true로 설정해 그린 막대 그래프

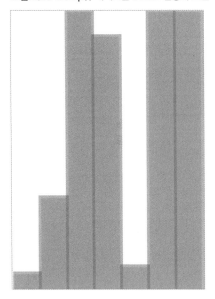

다음과 같이 500보다 큰 값을 yScale( )에 적용해보면 확인할 수 있다.

```
yScale(1000); // 100을 반환한다.
```

데이터 시각화에서 스케일 함수는 요소의 위치, 크기, 색상을 결정하는 데 아주 중요하다. 2장의 뒷부분과 이 책의 나머지 부분에서 보듯이 D3에서 스케일을 사용할 때는 기본적으로 이와 같은 수정 과정을 거친다.

2.3 데이터 표현 스타일, 속성, 콘텐츠

이제 cities와 tweets 데이터셋, 그리고 지금까지 배운 기법을 적용해 또 다른 막대 그래프를 만들어 보자. 막대 그래프를 만든 후에는 tweets 데이터셋을 간단히 데이터 시각화하는 데 필요한 조금 더 복잡한 기법을 알아본다. 그러면서 요소에 바인딩된 데이터에 기초해 스타일과 속성을 설정하는 방법을 익히고 데이터의 변화에 따라 D3가 어떻게 요소를 생성, 삭제, 변경하는지 살펴본다.

2.3.1 로딩된 데이터로부터의 시각화

cities.csv 데이터에 기반을 둔 막대 그래프는 간단하다. [리스트 2.3]에서 보듯이 d3.max()
메서드로 population 속성의 최댓값에 기초한 스케일만 있으면 되기 때문이다. [그림 2.21]의
막대 그래프는 cities 데이터셋의 population 속성의 값이 어떻게 분산돼 있는지 잘 보여준다.

리스트 2.3 데이터를 로딩, 형변환, 측정하고 막대 그래프로 출력

```
d3.csv("cities.csv",function(error,data) {dataViz(data);});

function dataViz(incomingData) {

  var maxPopulation = d3.max(incomingData, function(el) {
      // population값을 정수로 변환한다.
      return parseInt(el.population);
});
  var yScale = d3.scale.linear().domain([0,maxPopulation]).range([0,460]);
  d3.select("svg").attr("style","height: 480px; width: 600px;");
  d3.select("svg")
    .selectAll("rect")
    .data(incomingData)
    .enter()
    .append("rect")
    .attr("width", 50)
    .attr("height", function(d) {return yScale(parseInt(d.population));})
    .attr("x", function(d,i) {return i * 60;})
    .attr("y", function(d) {return 480 - yScale(parseInt(d.population));})
    .style("fill", "blue")
    .style("stroke", "red")
    .style("stroke-width", "1px")
    .style("opacity", .25);
}
```

그림 2.21 막대 그래프로 그린 cities.csv 데이터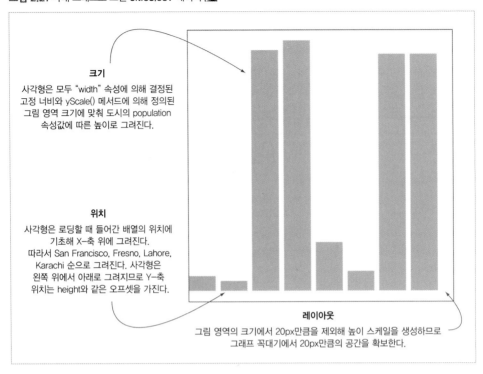

크기

사각형은 모두 "width" 속성에 의해 결정된
고정 너비와 yScale() 메서드에 의해 정의된
그림 영역 크기에 맞춰 도시의 population
속성값에 따른 높이로 그려진다.

위치

사각형은 로딩할 때 들어간 배열의 위치에
기초해 X-축 위에 그려진다.
따라서 San Francisco, Fresno, Lahore,
Karachi 순으로 그려진다. 사각형은
왼쪽 위에서 아래로 그려지므로 Y-축
위치는 height와 같은 오프셋을 가진다.

레이아웃

그림 영역의 크기에서 20px만큼을 제외해 높이 스케일을 생성하므로
그래프 꼭대기에서 20px만큼의 공간을 확보한다.

tweets 데이터셋으로 막대 그래프를 그리려면 약간 더 변경해야 한다. [리스트 2.4]에서 보는
것처럼 d3.nest() 메서드로 포스팅한 사람별로 트윗을 모으고 나서 이 배열의 길이로 트윗 횟
수를 계산한다([그림 2.22] 참조).

리스트 2.4 데이터를 로딩, 내포, 측정, 표현

```
// 데이터 배열이 있는 data.tweets를 지정한다.
d3.json("tweets.json",function(error,data) {dataViz(data.tweets)});

function dataViz(incomingData) {

  var nestedTweets = d3.nest()
    .key(function (el) {return el.user;})
    .entries(incomingData);

  nestedTweets.forEach(function (el) {
    // 새로운 속성을 만들어 트윗 횟수를 저장한다.
    el.numTweets = el.values.length;
```

```
    })

    var maxTweets = d3.max(nestedTweets, function(el) {return el.numTweets;});

    var yScale = d3.scale.linear().domain([0,maxTweets]).range([0,100]);

    d3.select("svg")
      .selectAll("rect")
      .data(nestedTweets)
      .enter()
      .append("rect")
      .attr("width", 50)
      .attr("height", function(d) {return yScale(d.numTweets);})
      .attr("x", function(d,i) {return i * 60;})
      .attr("y", function(d) {return 100 - yScale(d.numTweets);})
      .style("fill", "blue")
      .style("stroke", "red")
      .style("stroke-width", "1px")
      .style("opacity", .25);
}
```

그림 2.22 데이터를 내포해 만든 계층 데이터로부터 생성한 막대 그래프

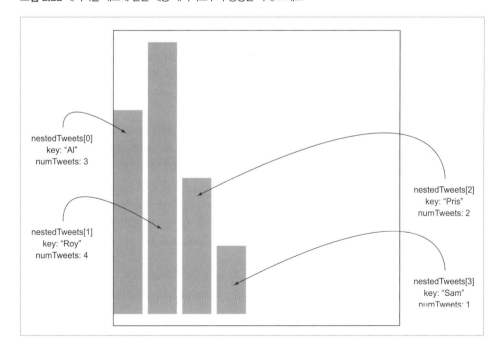

2.3.2 채널 설정

지금까지 데이터 양에 따른 사각형의 높이 하나만을 사용했다. 정량적 데이터 하나만 사용하는 경우에는 이 정도로 충분하다. 이러한 이유로 막대 그래프는 인기가 많다. 그러나 지방별 인구 통계 데이터나 환자의 의료 데이터 등 대부분 다변량multivariate 데이터를 사용한다.

'다변량'이란 각각의 데이터점이 여러 데이터 특성을 가졌음을 의미한다. 예를 들어 의료 기록은 0에서 100까지의 점수 하나로 표현하지 않는 대신 건강한 정도를 나타내는 여러 척도로 구성한다. 이런 다변량 데이터를 처리하는 경우에는 하나의 도형으로 여러 데이터점을 표현할 수 있는 기법을 개발해야 한다. 도형 하나가 데이터를 시각적으로 표현하는 방법을 전문 용어로 채널channel이라고 하며, 사용하는 데이터에 따라 시각적으로 잘 표현할 수 있는 채널이 따로 있다.

정보 시각화 용어 : 채널

그래프로 데이터를 표현할 때는 사용하는 데이터를 가장 잘 표현하는 시각적 방법이 무엇인지 고민해야 한다. 전체 화면뿐만 아니라 각각의 그래프 객체는 정보를 시각적으로 전달하는 컴포넌트 채널로 나눌 수 있다. 채널에는 높이, 너비, 면적, 색상, 위치, 모양 등이 있어 다양한 정보를 표현하는 데 잘 맞는다. 어떤 데이터를 어떤 방법으로 표현할지 고민하지 않으면, 예를 들어 원의 크기로 양을 표현할 때 원의 반지름과 양을 직접 연결하면, 그래프를 보는 사람들은 어리둥절해질 것이다. 사람들은 대부분 원의 반지름보다는 면적을 양과 연결해 생각하기 때문이다. 또한, 채널은 여러 차원의 정보를 나타내므로 단순히 일반적인 색상을 사용하는 대신 색상hue, 채도saturation, 명도value로 표현하는 기법을 활용할 수도 있다.

다중 채널을 사용할 때는 너무 많은 채널은 피하고 데이터를 표현하기에 가장 적합한 채널들만 사용해야 한다. 예를 들어 막대 그래프를 그릴 때 막대를 사각형 모양 하나만 사용하고 있다면, 색상으로 범주를 나타내고, 명도(밝기)로 양을 나타낼 수 있다.

다시 tweets.json 데이터로 돌아가보자. 그래프에 사용할 데이터가 많지 않지만 측정하고 표현할 요소에 따라 몇 가지 방법을 생각해볼 수 있다. 관심글 담기(favorites)한 트윗이나 리트윗(retweets)한 트윗은 그렇지 않은 트윗보다 중요한 트윗으로 생각할 수 있으므로 이 횟수로 트윗의 영향력을 측정한다고 가정하자. 이번에는 막대 그래프 대신 산포도를 이용하고 X-축에는 배열 인덱스 대신 트윗 시각을 이용한다. 특정 시각에 포스팅한 트윗을 관심글로 담거

나 리트윗하는 경향이 크다는 사실을 잘 알기 때문이다. 트윗의 영향력에 기초해 트윗의 Y-축 위치를 정한다. 이제 데이터를 가져와 함수에 전달하는 과정에는 익숙해졌으니, 지금부터는 [리스트 2.5]의 dataViz()를 위주로 살펴본다.

리스트 2.5 산포도 생성

```
function dataViz(incomingData) {
  incomingData.forEach(function (el) {
    // favorites와 retweets의 합계를 구해 영향력 점수를 생성한다.
    el.impact = el.favorites.length + el.retweets.length;
    // ISO 8906 표준에 따르는 문자열을 Date 형으로 변환한다.
    el.tweetTime = new Date(el.timestamp);
  })

  var maxImpact = d3.max(incomingData, function(el) {return el.impact;});
  // 스케일로 사용하려 최초 시각과 최종 시각을 반환한다.
  var startEnd = d3.extent(incomingData, function(el) {return el.tweetTime;});

  // startEnd는 배열이다.
  var timeRamp = d3.time.scale().domain(startEnd).range([20,480]);
  var yScale = d3.scale.linear().domain([0,maxImpact]).range([0,460]);
  var radiusScale = d3.scale.linear()
                      .domain([0,maxImpact]).range([1,20]);
  // 영향력을 흰색과 진한 빨간색 사이의 색으로 대응하는 스케일을 생성한다.
  var colorScale = d3.scale.linear()
                      .domain([0,maxImpact]).range(["white","#990000"]);

  d3.select("svg")
    .selectAll("circle")
    .data(incomingData)
    .enter()
    .append("circle")
    // 크기, 색상, 수직 위치는 모두 영향력에 기반을 둔다.
    .attr("r", function(d) {return radiusScale(d.impact);})
    .attr("cx", function(d,i) {return timeRamp(d.tweetTime);})
    .attr("cy", function(d) {return 480 - yScale(d.impact);})
    .style("fill", function(d) {return colorScale(d.impact);})
    .style("stroke", "black")
    .style("stroke-width", "1px");
};
```

[그림 2.23]에서 보는 것처럼 각 트윗은 시각과 영향력에 따라 가로, 세로 위치가 정해진다. 트윗을 나타내는 원의 X-축 위치는 트윗한 시각, Y-축 위치는 영향력 점수(관심글로 담은 수와 리트윗한 수의 합계)로 표현한다. 영향력이 같고 비슷한 시각에 포스팅한 두 트윗이 화면 왼쪽 아래에 나타난다. 원의 크기와 색상도 영향력 점수를 이용하고, 각 원은 영향력이 클수록 더 크고 진한 색으로 표현한다. 나중에 위치, 크기, 색상을 각기 다른 데이터 속성을 표현하는 데 사용할 수도 있지만, 여기에서는 모두 트윗 영향력을 나타내는 데 이용한다.

그림 2.23 영향력에 따라 크기와 색상을 달리 표현한 트윗

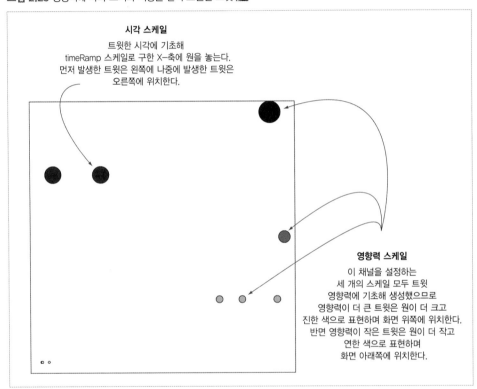

2.3.3 enter(), update(), exit()

이미 enter() 메서드를 여러 번 사용해봤다. 이제 이 메서드와 exit() 메서드를 자세히 살펴보자. 이 두 메서드는 셀렉션에 들어 있는 DOM 요소와 셀렉션에 바인딩할 데이터의 수가 일치하지 않을 때 작동한다. [그림 2.24]에서 보는 것처럼 데이터가 DOM 요소보다 많으면

enter() 메서드가, 적으면 exit() 메서드가 실행된다. selection.enter() 메서드에서는 사용할 데이터에 기초해 새로운 요소를 생성하는 방법을 정의하고, selection.exit() 메서드에서는 데이터를 갖지 못하는 기존 요소를 어떻게 삭제할지 정의한다. 나중에 예제를 통해 살펴보겠지만, selection.update() 메서드는 그림 요소를 생성했던 함수를 데이터에 다시 적용한다.

그림 2.24 enter()와 exit()

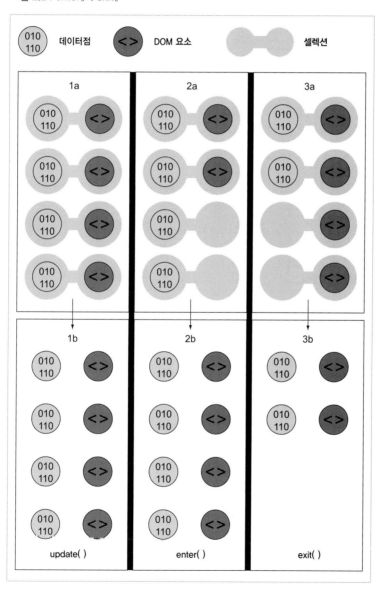

enter()나 exit() 이벤트가 발생하면 자식 요소에 적용하는 액션이 일어난다. 이 과정은 특히 append() 메서드로 요소를 추가할 수 있는 enter() 이벤트에서 유용하다. 추가할 요소가 변수로 선언됐고 자식 요소에서 다루기 쉬운 요소(예를 들면 ⟨g⟩ 요소)로 돼 있다면 자식 요소를 얼마든지 추가할 수 있다. SVG 요소의 경우 ⟨svg⟩, ⟨g⟩, ⟨text⟩만 자식 요소를 가질 수 있지만, D3로 전통적인 DOM 요소를 조작하는 경우에는 이 방법으로 ⟨div⟩ 요소에 ⟨p⟩ 요소를 추가할 수도 있다.

예를 들어 새로 측정한 영향력에 기초해 막대 그래프를 생성하고 각 막대에는 레이블을 붙인다고 가정하자. 초기 셀렉션에 있는 ⟨svg⟩ 요소에 도형 대신 ⟨g⟩ 요소를 추가해야 한다. 데이터가 이 요소에 바인딩돼 있으므로 자식 요소를 추가할 때와 똑같은 구문을 사용할 수 있다. ⟨g⟩ 요소를 사용하고 있으므로 transform 속성으로 위치를 설정해야 한다. 자식 요소를 append() 메서드에 추가하고 tweetG라는 변수에 할당하면, tweetG 변수는 d3.select("svg").selectAll("g")를 나타내므로 다시 selectAll() 메서드로 셀렉션을 만들 필요가 없다.

[리스트 2.6]에서는 앞에서 살펴본 예제와 같은 스케일로 원의 크기와 위치를 구한다.

리스트 2.6 ⟨g⟩ 요소에 레이블 생성

```
var tweetG = d3.select("svg").selectAll("g")
                .data(incomingData)
                .enter()
                .append("g")
                .attr("transform", function(d) {
                    // ⟨g⟩는 구조화된 문자열의 형태를 가진 변환을 요구한다.
                    return "translate(" +
                        timeRamp(d.tweetTime) + "," + (480 - yScale(d.impact))
                        + ")";
                });

tweetG.append("circle")
        .attr("r", function(d) {return radiusScale(d.impact);})
        .style("fill", "#990000")
        .style("stroke", "black")
        .style("stroke-width", "1px");

// 레이블을 읽기 좋게 만드는 데 getHours() 메서드를 사용한다.
tweetG.append("text")
        .text(function(d) {return d.user + "-" + d.tweetTime.getHours();});
```

[그림 2.25]를 보면 코드의 실행 결과와 설명을 볼 수 있다. cx와 cy 속성을 변경해 원의 위치를 지정한 것과 마찬가지로 translate()로도 위치를 변경할 수 있다. 하지만 〈text〉 요소를 레이블에 사용한 것처럼 이제는 다른 SVG 요소를 추가할 수 있다. 원과 이에 연결된 레이블을 하나로 묶은 〈g〉 요소가 각각의 트윗을 나타낸다. [그림 2.25]의 왼쪽 아래를 보면 Roy가 아침 7시에 포스팅한 트윗들은 너무 가까이 있어 레이블을 붙이기 어렵다.

그림 2.25 각 트윗에 사용자명과 시각을 레이블로 붙인 산포도 📈

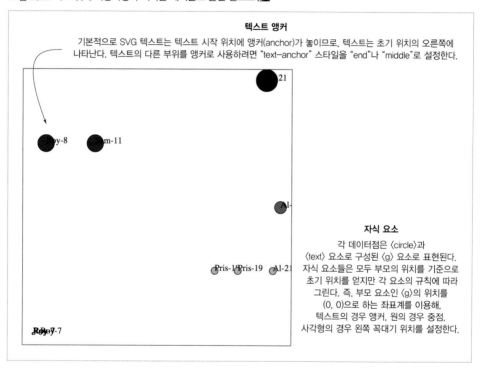

왼쪽 아래에 있는 레이블은 읽기 어렵지만 나머지 레이블들은 괜찮다. 레이블을 더 읽기 좋게 만드는 방법은 나중에 다시 설명한다. text(function(d) {return d.user + "-" + d.tweetTime.getHours()})와 같이, 인라인 함수는 트윗 사용자명, 대시(-), 트윗 시각을 문자열로 만들어 레이블로 설정한다. 하위 요소는 부모의 데이터 함수를 상속하므로 이 함수들은 모두 같은 데이터 요소를 가리킨다. 데이터 요소 중 하나가 배열이라면 이 배열을 자식 요소에 대한 셀렉션으로 바인딩할 수 있다. 자식 요소에 대한 바인딩은 3장과 이 책의 뒷부분에서 다시 다룬다.

exit( )

enter( ) 메서드에 append( ) 메서드를 사용하는 것처럼 exit( ) 메서드에는 remove( ) 메서드를 사용할 수 있다. exit( ) 메서드를 사용해보려면 DOM 안에 이미 요소들이 있어야 하는데, 이 요소는 HTML에 직접 넣거나 D3로 추가할 수 있다. 여기에서는 [리스트 2.6] 코드를 실행해 이미 요소를 생성했다고 가정하고 exit( ) 메서드를 테스트해보자. style( )과 attr( ) 메서드를 호출하지 않으면 배열의 내용이 바뀌어도 DOM 요소의 스타일과 속성이 바뀌지 않는다. DOM 안에 있는 기존 ⟨g⟩ 요소에 배열이 바인딩돼 있다면 다음 코드와 같이 remove( ) 메서드로 요소를 삭제할 수 있다.

```
d3.selectAll("g").data([1,2,3,4]).exit().remove();
```

이 코드에서는 배열에 값이 4개 있으므로, ⟨g⟩ 요소에서 이들 4개 요소를 제외한 나머지 요소들을 제거한다. D3 코드에서 enter( )와 exit( ) 메서드의 작동을 설명할 때는 보통 이 코드처럼 전혀 다른 형의 배열을 셀렉션으로 바인딩하지 않는다. 대신 초기 데이터 항목에서 사용자의 처리 결과를 반영해 변경된 배열을 다시 바인딩한다. 이런 예제는 3장에서 다시 살펴본다. 여기에서는 데이터, 셀렉션, DOM 요소 간의 차이를 이해하는 것이 중요하다. DOM 요소에 바인딩된 데이터를 덮어썼으므로 tweets.csv에 들어 있는 풍부한 정보를 담고 있던 데이터는 그저 하나의 숫자로 바뀐다. 화면에는 바인딩한 배열 크기를 반영해 화면 요소의 개수만 줄어든다. D3에서는 데이터가 바뀐다고 해서 바뀐 데이터가 자동으로 화면에 반영되지 않으며, 직접 화면을 갱신하는 기능을 구현해야 한다. 번거로울 것 같지만 이와 같은 작동 방식 덕분에 훨씬 더 큰 융통성을 발휘할 수 있다. 화면 갱신은 나중에 다시 설명한다.

update( )

다음 코드와 같이 ⟨g⟩ 그룹 안에 있는 각각의 ⟨text⟩ 요소를 새로 바인딩된 데이터로 갱신하면 화면 요소가 변경된다.

```
d3.selectAll("g").select("text").text(function(d) {return d});
```

기존의 긴 레이블을 바인딩된 숫자로 변경해 화면을 갱신하면 [그림 2.26]과 같다. ⟨g⟩ 요소 4개만 남아 있으며, 각 요소는 새로 생성된 배열의 데이터값 4개에 대응해 ⟨text⟩ 레이블이 배열의 값에 대응하도록 재설정한다. 그러나 〈g〉 요소를 조사해보면 D3가 바인딩된 데이터를 저장하는 __data__ 속성은 시각화 초기에 바인딩된 JSON 객체를 아직 가지고 있는 자식 요소인 〈circle〉의 값과 다르다는 것을 알 수 있다.

그림 2.26 화면 요소를 갱신한 후 데이터 조사

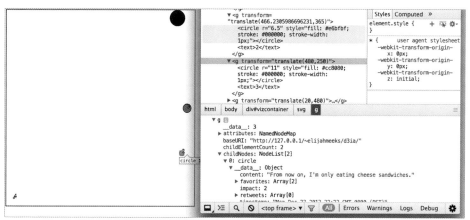

이 예제에서는 자식 요소에 대한 데이터 바인딩을 다시 초기화하려고 부모 요소에 대해 selectAll()한 후 자식 요소에 대한 하위 셀렉션 요소를 만들어야 했다. 자식 요소를 사용하는 셀렉션에 데이터를 새로 바인딩하려면 이런 과정을 따라야 한다. 다음 코드를 실행해보면 〈circle〉 요소를 갱신하지 않았으므로 각 요소에는 여전히 예전 데이터가 바인딩돼 있음을 알 수 있다.

```
// 새로 바인딩된 배열에서 가져온 값을 반환한다.
d3.selectAll("g").each(function(d) {console.log(d)});
// 하위 셀렉션을 사용했으므로 새로 바인딩된 배열에서 가져온 값을 반환한다.
d3.selectAll("text").each(function(d) {console.log(d)});
// 하위 셀렉션으로 덮어쓰도록 지정하지 않았으므로
// 기존 tweetData 배열에서 가져온 값을 반환한다.
d3.selectAll("circle").each(function(d) {console.log(d)});
```

exit() 메서드는 이렇게 완전히 다른 값인 새로운 배열에 바인딩하는 데 사용하려는 것이 아니다. 대신 셀렉션에 바인딩된 배열을 통해 요소를 제거해 페이지를 갱신하려는 것이다. 요소를 제거하려면 data() 메서드가 데이터를 셀렉션에 어떻게 바인딩할지 지정해야 한다. 기본적으로 data()는 해당 데이터값이 배열에서 어디에 위치하는가에 기초해 바인딩한다. 즉, 앞의 코드에서 처음 4개 요소는 그대로 유지돼 새로운 데이터에 바인딩되며, 나머지는 exit() 메서드에 따른다. 그러나 일반적으로 배열 위치보다는 데이터 객체 자체의 값 등 어떤 의미 있는 것을 바인딩 키로 사용해야 한다. 키는 문자열이나 숫자를 요구하므로 JSON.stringify()를 호출하지 않고 JSON 객체에 전달하면 자바스크립트는 객체를 그저 "[object object]"로 간주해 하나의 고유한 값을 반환할 뿐이다. 바인딩 키를 직접 설정하려면 [리스트 2.7]과 같이 data() 메서드의 두 번째 인자에 D3에서 자주 사용되는 인라인 함수 구문을 사용해야 한다.

리스트 2.7 데이터 바인딩 키값 설정

```
function dataViz(incomingData) {

  incomingData.forEach(function(el) {
    el.impact = el.favorites.length + el.retweets.length;
    el.tweetTime = new Date(el.timestamp);
  })

  var maxImpact = d3.max(incomingData, function(el) {
    return el.impact
  });

  var startEnd = d3.extent(incomingData, function(el) {
    return el.tweetTime
  });

  var timeRamp = d3.time.scale().domain(startEnd).range([ 50, 450 ]);
  var yScale = d3.scale.linear().domain([ 0, maxImpact ]).range([ 0, 460 ]);
  var radiusScale = d3.scale.linear().domain([ 0, maxImpact ]).range([ 1, 20 ]);

  d3.select("svg").selectAll("circle")
    .data(incomingData, function(d) {
      // key 등 고유한 속성은 어떤 것이든 사용할 수 있지만
      // 고유한 값이 없다면 객체 전체를 사용해도 된다.
      // 물론 객체 전체를 사용하려면 먼저 객체를 문자열화해야 한다.
      return JSON.stringify(d) })
    .enter()
    .append("circle")
    .attr("r", function(d) {
      return radiusScale(d.impact)})
    .attr("cx", function(d, i) {
      return timeRamp(d.tweetTime)})
    .attr("cy", function(d) {
```

```
      return 480 - yScale(d.impact)})
    .style("fill", "#990000")
    .style("stroke", "black")
    .style("stroke-width", "1px");
}
```

결국 같은 설정을 가진 초기 산포도와 같은 시각적 결과가 나온다. 하지만 이제는 데이터에
사용한 배열에 필터를 적용하고, 필터링된 결과를 셀렉션에 바인딩하고 나서 exit() 메서드
를 사용한다. [그림 2.27]을 보면 인기 없고 리트윗되지 않은 트윗에 해당하는 요소가 모두
제거됐다.

```
var filteredData = incomingData.filter(
  function(el) {return el.impact > 0}
);

d3.selectAll("circle")
  .data(filteredData, function(d) {return JSON.stringify(d)})
  .exit()
  .remove();
```

그림 2.27 영향력이 없는 트윗을 제거한 산포도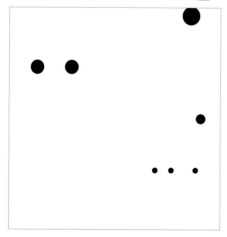

객체의 데이터를 변경하면 문자열로 변경한 객체를 사용하는 방법이 제대로 작동하지 않는다.
이제 원래 바인딩했던 문자열과 일치하지 않기 때문이다. 데이터를 상당히 많이 변경해 화면을
갱신하려면 바인딩 키에 사용할 객체를 식별할 고유한 ID가 필요하다.

2.4 마치며

이번 장에서는 D3로 데이터 시각화할 때의 핵심적인 절차를 자세히 살펴봤다.

- CSV나 JSON 포맷인 외부 파일에서 데이터 로딩하기
- D3 스케일과 자바스크립트 내장 함수로 데이터를 포맷하고 변환하기
- 시각화에 사용할 값을 만드는 데 데이터 측정하기
- 데이터의 속성에 기초해 그래프를 생성하는 데 데이터 바인딩하기
- ⟨g⟩ 요소로 여러 도형으로 구성된 복잡한 그래픽 객체를 생성하는 데 하위 셀렉션 사용하기
- 셀렉션에 enter( )와 exit( ) 메서드로 요소를 생성, 변경, 삭제하기

D3로 작성하는 코드 대부분은 이번 장에서 설명한 내용을 변형하거나 더욱 정교하게 만든 것
이다. 다음 장에서는 D3 프로젝트를 성공적으로 이끄는 데 필요한 설계 세부사항을 집중적으
로 살펴보고 D3에서 상호작용성과 애니메이션을 구현하고 미리 생성된 콘텐츠를 사용하는 방
법을 알아본다.

CHAPTER 3

데이터 주도 설계와 상호작용성

- 그래픽 요소에 상호작용성 추가하기
- 색상을 효과적으로 이용하기
- 전통적인 HTML을 로딩해 팝업으로 사용하기
- 외부 SVG 아이콘을 로딩해 차트에 넣기

데이터 시각화 프레임워크는 다른 웹 개발과 별개로 존재해 왔다. 플래시나 자바를 웹 페이지에 넣는 경우에는 ⟨div⟩ 요소가 충분히 큰지, 크기를 변경할 수 있는지만 고민하면 됐다. 그러나 D3가 이 모든 것을 바꿔 놨다. 데이터 시각화와 전통적인 웹 요소를 통합해 디자인할 수 있게 한 것이다.

D3를 사용하면 기존 HTML 콘텐츠에 대한 CSS 설정을 그대로 이용해 스타일을 설정할 수 있다. 스타일을 쉽게 관리하고 룩앤필을 일관되게 유지할 수 있다. 전통적인 웹 페이지 요소에 사용하던 스타일시트 클래스를 D3로 생성한 요소에도 동일하게 적용하고, D3로 생성한 그래픽 요소에 색상과 상호작용성을 신중히 적용하면 된다.

이번 장에서는 시각적 디자인뿐만 아니라 상호작용성, 프로젝트 아키텍처, 미리 생성한 콘텐츠의 통합을 모두 다룬다. 특히 D3와 흔히 함께 사용하는 라이브러리를 알아보고 다른 도구로 생성한 HTML과 SVG 리소스를 통합하는 등 D3와 다른 개발 기법을 연결하는 방법을 자세히 알아본다. 구체적으로는 외부 그림 파일을 가져와 아이콘으로 사용하는 방법(3.3.1절), 전환 애니메이션(3.2.2절), 다른 색상을 사용하는 방법(3.2.4절), 외부 파일에서 HTML을 로딩해 갱신하는 방법(3.3.2절)을 다룬다.

[그림 3.1]은 2010년 월드컵 통계 데이터로 디자인 전문가들이 데이터를 간단히 시각화한 것이다. 이 장에서 수많은 디자인 원리를 다 다룰 수는 없지만, [그림 3.1]과 같은 모범 사례를 따라 하면서 D3의 기능을 사용하는 방법을 자세히 살펴보겠다.

그림 3.1 3장에서 구현할 예제

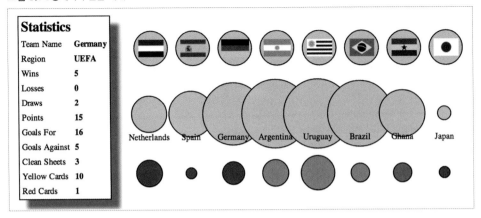

3.1 프로젝트 아키텍처

정보를 흥미롭게 보여주는 웹 페이지를 하나만 생성할 때는 파일들을 어디에 둬야 할지 너무 많이 생각할 필요가 없다. 그러나 다양한 상태를 보여주고 여러 부분에서 상호작용성을 제공하는 앱을 만든다면 필요한 리소스를 찾아내고 이에 따라 프로젝트를 기획해야 한다.

3.1.1 데이터

데이터는 서버 API를 통해 동적, 정적인 파일로 제공한다. 서버 API를 통해 동적으로 데이터를 가져오는 경우에도 여전히 정적인 파일을 사용할 수 있다. 지도를 만드는 경우가 대표적인 예다. 나라의 지도 등 기반 데이터 계층은 정적 파일에서 가져오고 트윗이 생성된 장소 등 동적 데이터 계층은 서버에서 가져온다. 3장에서는 2010년 월드컵 통계 데이터를 담은 worldcup. csv 파일을 사용한다.

```
"team","region","win","loss","draw","points","gf","ga","cs","yc","rc"
"Netherlands","UEFA",6,0,1,18,12,6,2,23,1
"Spain","UEFA",6,0,1,18,8,2,5,8,0
"Germany","UEFA",5,0,2,15,16,5,3,10,1
"Argentina","CONMEBOL",4,0,1,12,10,6,2,8,0
"Uruguay","CONMEBOL",3,2,2,11,11,8,3,13,2
```

```
"Brazil","CONMEBOL",3,1,1,10,9,4,2,9,2
"Ghana","CAF",2,2,1,8,5,4,1,12,0
"Japan","AFC",2,1,1,7,4,2,2,4,0
```

각 팀마다 아주 많은 데이터가 있다. 9개의 데이터점(여기에 레이블 추가)을 모두 시각적 요소로 인코딩한 그래픽 객체를 사용할 수도 있지만 대화형의 동적 기법으로 이 데이터에 접근하도록 만 들 것이다.

3.1.2 리소스

손으로 그린 SVG와 HTML 컴포넌트 등 미리 생성한 콘텐츠는 외부 파일로 제공하므로 외부 파일을 로딩하는 방법을 알아야 한다. 외부 파일을 로딩하는 방법은 이번 장 뒷부분에서 다시 설명한다. 각 외부 파일에는 페이지에 추가할 도형이나 전통적인 DOM 요소를 그리는 코드 가 충분히 들어 있다. 리소스 폴더는 미리 생성한 콘텐츠를 로딩하는 부분을 다루는 3.3.2절과 3.3.3절에서 다시 설명한다.

3.1.3 그림

나중에, 데이터셋에 들어 있는 각 팀의 국기를 표현하는 데 PNG[Portable Network Graphics] 파일을 사용 할 것이다. PNG 파일명을 팀명과 동일하게 사용하므로 D3에서 그림을 더욱 쉽게 사용할 수 있다. 일반적으로, 모든 디지털 파일은 코드로 구성되지만 그림은 근본적으로 다르다고 여긴 다. 그러나 SVG를 그림처럼 다루는 데 익숙해지면 이 차이점은 없어진다. 그저 그림으로 사용 할 SVG 파일은 그림 파일 디렉터리에 넣고, 코드로 사용할 SVG 파일은 리소스 디렉터리에 넣 으면 된다.

3.1.4 스타일시트

이번 장에서 CSS를 많이 다루지는 않지만 CSS 컴파일러로 CSS 변수를 지원하고 고급 기능 을 사용할 수 있다는 점은 알고 있어야 한다. [리스트 3.1]에는 앞으로 다룰 SVG 요소의 다양 한 상태에 대한 클래스가 들어 있다. SVG 텍스트 요소가 폰트를 사용하는 구문은 전통적인

DOM 요소가 폰트를 사용하는 구문과 다르다.

리스트 3.1 d3ia.css

```css
text {
    font-size: 10px;
}

g > text.active {
    font-size: 30px;
}
circle {
    fill: pink;
    stroke: black;
    stroke-width: 1px;
}
circle.active {
    fill: red;
}
circle.inactive {
    fill: gray;
}
```

3.1.5 외부 라이브러리

이번 장에서 다룰 예제는 D3 라이브러리의 압축 버전인 d3.min.js 외에 .js 파일을 두 개 더 사용한다. 첫 번째로, soccerviz.js는 이번 장에서 구현하는 코드를 저장한다. 두 번째로, colorbrewer.js[1]는 D3에서 번들로도 제공하며 색상 팔레트를 제공한다.

[리스트 3.2]를 보면 d3ia_2.html은 이 두 파일을 깔끔하게 참조한다.

리스트 3.2 d3ia_2.html

```html
<html>
<head>
    <title>D3 in Action Examples</title>
```

---

1 http://colorbrewer.org

```
  <meta charset="utf-8" />
  <link type="text/css" rel="stylesheet" href="d3ia.css" />
</head>
<script src="d3.v3.min.js" type="text/javascript"></script>
<script src="colorbrewer.js" type="text/javascript"></script>
<script src="soccerviz.js" type="text/javascript"></script>
<body onload="createSoccerViz()">
  <div id="viz">
    <svg style="width:500px;height:500px;border:1px lightgray solid;" />
  </div>
  <div id="controls" />
</body>
</html>
```

〈body〉 안에는 〈div〉 요소가 2개 있는데, 하나는 ID가 viz, 다른 하나는 ID가 controls
다. 그리고 〈body〉 요소는 soccerviz.js에 정의된 createSoccerViz() 함수를 실행하도록
onload 속성이 정의돼 있다. 이 함수는 데이터를 로딩하고 바인딩한 후 각 팀에 대해 분홍색
원을 만들어 레이블을 붙인다. [그림 3.2]에서 보는 것처럼 아직 특이한 것이 많지 않지만 이제
시작일 뿐이다.

리스트 3.3 soccerviz.js

```
function createSoccerViz() {
  // 데이터를 로딩하고 로딩된 데이터로 overallTeamViz() 함수를 호출한다.
  d3.csv("worldcup.csv", function(data) {
    overallTeamViz(data);
  })

  function overallTeamViz(incomingData) {
    // 팀별로 〈g〉를 만들어 레이블을 붙인다. 나중에 더 많은 요소를 추가한다.
    d3.select("svg")
      .append("g")
      .attr("id", "teamsG")
      .attr("transform", "translate(50,300)")
      .selectAll("g")
      .data(incomingData)
      .enter()
      // 〈svg〉 요소에 〈g〉 그룹을 추가하고 자신의 콘텐츠를 중앙으로 이동시킨다.
      .append("q")
      .attr("class", "overallG")
```

```
        .attr("transform",
            function (d,i) {return "translate(" + (i * 50) + ", 0)"});

   // d3.selectAll()를 매번 다시 입력할 필요가 없도록 셀렉션을 변수에 할당한다.
    var teamG = d3.selectAll("g.overallG");
    teamG
      .append("circle")
      .attr("r", 20)
      .style("fill", "pink")
      .style("stroke", "black")
      .style("stroke-width", "1px");

    teamG
      .append("text")
      .style("text-anchor", "middle")
      .attr("y", 30)
      .style("font-size", "10px")
      .text(function(d) {return d.team;});
   }
  }
```

그림 3.2 2010년 월드컵 통계 CSV에서 생성한 원과 레이블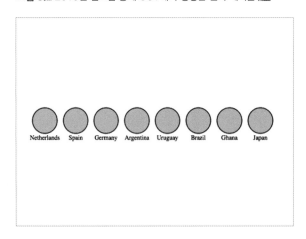

애플리케이션을 D3만으로 작성할 수도 있지만 대규모 프로젝트에서는 종종 외부 라이브러리를 사용해야 한다. 여기에서는 colorbrewer.js라는 외부 라이브러리를 사용하는데, 그리 어려운 일은 아니다. colorbrewer 라이브러리는 색상 배열로서 정보 시각화와 지도 제작에 유용한 라이브러리다. 3.3.2절에서 이 라이브러리를 사용한다.

3.2 대화형 스타일과 DOM

크고 복잡한 데이터셋을 다루는 사용자를 위해서는 정보를 대화형으로 시각화해야 한다. 사용자의 동작을 기반으로 작동을 정의하는 이벤트를 사용하는 것은 D3 프로젝트에 상호작용성을 불어넣는 핵심이다. 요소를 상호작용형으로 만드는 방법을 익힌 후에는 D3 전환을 배워야 한다. 전환을 이용하면 색상이나 크기에 애니메이션 효과를 주면서 변환할 수 있다. 이 기술들을 갖춘 후에는 그래프를 제대로 그릴 수 있도록 DOM 안에 있는 요소의 위치를 변경하는 방법을 배운다. 마지막으로 색상을 자세히 살펴본다. 색상은 마우스오버 등 사용자의 동작에 대한 반응으로 종종 사용한다.

3.2.1 이벤트

먼저 데이터에 따라 그래프의 모습을 변경하는 버튼을 추가해 기존 시각화 코드를 갱신해보자. 전통적인 웹 개발 방식대로 HTML에 직접 버튼을 넣고 버튼에 함수를 연결할 수도 있지만, D3로 데이터의 속성을 찾아내고 조사해 버튼을 동적으로 생성할 수도 있다. 이렇게 구현하면 데이터가 커질 때도 코드를 변경하지 않고 사용할 수 있으며, 데이터셋에 속성을 추가하면 필요한 버튼이 자동으로 생성된다.

```
var dataKeys = d3.keys(incomingData[0]).filter(function(el) {
                return el != "team" && el != "region";
            });

// 수치형 데이터에 기초해 버튼을 생성하므로
// 문자형인 team과 region을 제외한 모든 속성을 가져온다.
d3.select("#controls").selectAll("button.teams")
  .data(dataKeys).enter()
  .append("button")
  // 각 버튼에 click 이벤트 처리기를 추가한다.
  // 콜백 메서드를 생성할 때 바인딩된 데이터에 접근할 수 있다.
  .on("click", buttonClick)
  // dataKeys는 속성명의 배열로 구성되므로 d는 속성명에 해당하며,
  // 속성명으로 버튼 제목을 설정할 수 있다.
  .html(function(d) {return d;});

// 각 버튼을 클릭했을 때 호출하는 함수로서,
// 바인딩된 데이터가 첫 번째 인자로 자동 전달된다.
```

```
function buttonClick(datapoint) {
  var maxValue = d3.max(incomingData, function(d) {
              return parseFloat(d[datapoint]);
          });

  var radiusScale = d3.scale.linear()
                  .domain([ 0, maxValue ]).range([ 2, 20 ]);

  d3.selectAll("g.overallG").select("circle")
    .attr("r", function(d) {
              return radiusScale(d[datapoint]);
    });
};
```

배열에 있는 객체 중 하나를 d3.keys()에 전달한다. d3.keys() 함수는 객체의 속성명들을 하나의 배열로 반환한다. 앞의 예제 코드는 이 배열에서 "team"과 "region" 속성을 걸러낸다. 이 속성은 비수치형 데이터를 가졌으므로 여기에서 정의하는 buttonClick 기능에 맞지 않기 때문이다. 물론 더 크거나 더 복잡한 대형 시스템에서는 이렇게 직접 나열하는 방법 외에 더욱 엄격하게 속성을 지정하는 방법이 필요할 것이다. 다른 방법은 나중에 더욱 복잡한 데이터셋을 다룰 때 알아보겠다. 이 코드에서는 걸러낸 배열을 셀렉션에 바인딩해 남아 있는 모든 속성에 대해 버튼을 생성하고 속성명을 버튼 레이블로 지정한다. 각 숫자 속성에 대한 버튼이 viz 〈div〉 뒤의 controls 〈div〉 요소에 추가됐다. 버튼을 클릭하면 buttonClick() 함수를 실행한다(그림 3.3).

그림 3.3 모든 수치형 데이터에 대한 버튼을 추가한 차트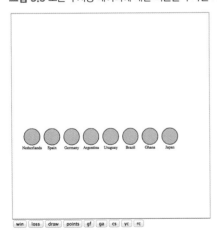

on() 메서드는 전통적인 HTML 마우스 이벤트를 감싸는 래퍼^{wrapper}로서, "click", "mouseover", "mouseout" 등의 이벤트를 받는다. attr("onclick", "console.log('click')")처럼 attr() 메서드로도 같은 이벤트에 접근할 수 있지만 이때는 전통적인 HTML을 사용할 때와 동일하게 문자열을 전달한다. D3에서 on() 메서드를 사용하는 데는 특별한 이유가 있다. on() 메서드는 우리가 스타일이나 속성을 설정하는 데 사용해온 인라인 익명 함수와 같은 형식으로, 바인딩된 데이터를 함수에 자동으로 전달하기 때문이다.

데이터 속성에 기초해 버튼을 생성하고 버튼에 바인딩된 속성에 기초해 데이터를 자동으로 측정할 수 있다. 그러고 나서 팀을 나타내는 원의 크기를 조정해 각각의 범주에서 높은 값과 낮은 값을 표현할 수 있다. 현재 buttonClick() 함수는 해당 속성값에 따라 원의 크기를 조정한다. 각 데이터점의 ga 속성에 들어 있는 득점 골 수가 원의 반지름에 반영된다(그림 3.4).

그림 3.4 득점 골 수에 따라 원의 크기를 변경한 차트

on() 메서드로 어느 객체에든 이벤트를 연결할 수 있으므로, 원에 상호작용성을 추가해 어떤 팀끼리 같은 FIFA 지역에 속해 있는지 표시하게 만들어보자.

```
teamG.on("mouseover", highlightRegion);

function highlightRegion(d) {
  d3.selectAll("g.overallG").select("circle")
    .style("fill", function(p) {
                return p.region == d.region ? "red" : "gray";
    });
};
```

여기에서는 인자명으로 d를 사용했는데, D3 기능 예제를 인터넷에서 찾아보면 d 인자를 자주 볼 수 있다. 그래서 충돌을 피하려고 인라인 함수의 인자명을 p로 변경했다. 여기에서는 삼항 연산자를 사용했는데, 셀렉션에 있는 각 요소와 마우스 포인터가 올려져 있는 요소가 같은 지역에 있는지 여부를 반환해 [그림 3.5]처럼 실행한다. 현재의 highlightRegion() 함수는 인

자로 받은 팀과 같은 지역에 속한 요소를 선택해 빨간색(여기에서는 진한 회색), 나머지 지역의 요소는 회색으로 칠한다.

그림 3.5 마우스 포인터가 올라간 팀과 동일 지역에 속한 팀을 표현

mouseout 이벤트가 발생할 때, 즉 마우스가 벗어났을 때 원의 색상을 원래 색상인 분홍색으로 돌려 놓는 방법은 다음과 같이 간단하다.

```
teamG.on("mouseout", function() {
    d3.selectAll("g.overallG").select("circle").style("fill", "pink");
});
```

커스텀 이벤트를 처리하려면 d3.dispath() 메서드를 사용하는데, 그 방법은 9장에서 확인하겠다.

3.2.2 그래픽 전환

그래픽 요소가 많고 상호작용성이 높은 웹 페이지를 만들 때, 그래픽 전환의 느낌이 거슬리지 않게 만드는 것은 어려운 일이다. 크기나 색상을 바로 바꿔버리면 어색할 뿐만 아니라 우리가 전달하려는 정보를 사용자가 제대로 이해하지 못한다. 이 부분을 부드럽게 처리하려면 1장 마지막 부분에서 잠깐 봤던 전환을 이용한다.

전환은 셀렉션에 정의하며 delay() 메서드로 일정 시간 후에 발생하도록 설정하거나 duration() 메서드로 일정 시간 발생하도록 설정할 수 있다. buttonClick() 함수에서는 다음과 같이 간단히 전환을 구현할 수 있다.

```
d3.selectAll("g.overallG").select("circle").transition().duration(1000)
    .attr("r", function(d) {
            return radiusScale(d[datapoint]);
    });
```

이제 버튼을 클릭하면 원이 애니메이션되면서 크기가 변한다. 이것은 단지 보여주기 위한 것만은 아니다. 새로운 데이터를 인코딩하고 두 데이터점 간의 변화를, 애니메이션을 통해 보여주는 것이다. 애니메이션을 제공하지 않았을 때, 사용자는 독일 팀의 추첨 순위와 우승 횟수에서 차이가 있었는지 기억하고 있어야 한다. 하지만 애니메이션을 제공하여 원이 커지거나 작아지면 사용자가 두 데이터점 간의 차이를 쉽게 파악할 수 있다.

delay() 메서드로 전환할 때의 시작 시각을 늦출 수도 있다. duration() 메서드와 마찬가지로 delay() 메서드는 전환하기 전의 시간을 밀리초(ms) 단위로 설정한다. 사용자의 조작으로 이벤트가 발생한 후 약간 지연 시간을 두면 사용자가 읽을 준비할 시간을 주므로 정보 시각화의 가독성을 높여준다. 하지만 너무 많이 지연하면 사용자가 웹 성능이 떨어지는 것으로 오해할 수 있으니 주의해야 한다.

그 밖에 애니메이션 시작을 지연하는 이유는 어떤 것이 있을까? 약간 지연하여 시작하면 시각적 요소가 처음 등장할 때 주의를 끌 수도 있다. 요소가 화면에 나타날 때 고동치는 듯하게 만들면 사용자는 이 요소가 동적인 객체임을 깨닫고 클릭 등 동작을 시도한다. 애니메이션 지속 시간과 마찬가지로 지연 시간은 각 요소에 바인딩된 데이터에 기초해 동적으로 설정할 수 있다.

지연 시간을 다른 기능과 연결해 전환 효과를 연쇄적으로 적용시킬 수도 있다. 연쇄 전환은 여러 전환을 차례차례 설정해 하나의 전환이 끝난 후 다른 전환이 시작하게 한다. 다음과 같이 〈circle〉 요소를 〈g〉 요소에 붙이도록 overallTeamViz() 함수를 수정하면 [그림 3.6]처럼 원이 과장된 크기로 커졌다가 바인딩된 데이터셋에 정의한 크기로 줄어들도록 전환 효과를 구현할 수 있다.

```
teamG
  .append("circle")
  .attr("r", 0)
  .transition()
  .delay(function(d,i) {return i * 100})
  .duration(500)
  .attr("r", 40)
  .transition()
  .duration(500)
  .attr("r", 20);
```

그림 3.6 커졌다 줄어드는 전환 효과의 구현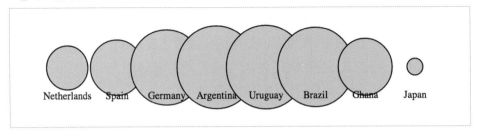

첫 번째 전환이 끝난 후 두 번째 전환이 일어나도록 연쇄 전환을 구현하므로 맥박이 뛰는듯한 애니메이션을 볼 수 있다. 원의 반지름이 0에서 시작하므로 처음에는 원이 보이지 않는다. 배열 인덱스 i에 0.1초(100ms)를 곱한 시간만큼 각 요소를 지연하고 난 후, 원의 반지름을 40px까지 커지게 만든다. 원이 커진 후에는 두 번째 전환을 이용해 20px로 줄인다. 캡처한 화면으로 보여주기는 어렵지만 이렇게 하면 원이 차례대로 맥박이 뛰는 것처럼 나온다.

3.2.3 DOM 조작

시각적 요소와 버튼이 결국에는 DOM 안에 모두 존재하므로 D3와 자바스크립트 내장 함수로 요소에 접근해 사용하는 방법을 알아야 한다.

D3 셀렉션이 아주 강력하긴 하지만 때로는 데이터에 바인딩된 DOM 요소에 하나씩 접근할 필요가 있다. DOM 요소는 자바스크립트가 제공하는 풍부한 내장 함수를 사용할 수 있다. 셀렉션 안에 있는 DOM 요소에 직접 접근하려면 다음 두 방법 중 하나를 사용한다.

- 인라인 함수에서 this 이용
- node() 메서드 이용

인라인 함수는 바인딩된 데이터와 배열 인덱스뿐만 아니라 DOM 요소에도 항상 접근할 수 있다. 이때 DOM 요소는 this로 접근할 수 있다. 셀렉션 안의 각 요소에 같은 코드를 실행하는 each() 메서드를 사용하면 this의 사용법을 알 수 있다. 다음과 같이 원 하나에 대한 셀렉션을 만들고 each() 메서드로 d, i, this에 어떤 값이 들어 있는지 콘솔에 출력해보자(그림 3.7).

```
d3.select("circle").each(function(d,i) {
    console.log(d); console.log(i); console.log(this);
});
```

그림 3.7 선택한 요소를 콘솔에서 each() 메서드로 조사

```
> d3.select("circle").each(function(d,i) {console.log(d);console.log(i);console.log(this)})
  ▶ Object {team: "Netherlands", region: "UEFA", win: "6", loss: "0", draw: "1"…}
  0
  <circle r="20" style="fill: #ffc0cb; stroke: #000000; stroke-width: 1px;"></circle>
```

결과를 살펴보면, 첫 번째 항목 d는 원에 바인딩된 데이터로, 여기에서는 네덜란드 팀을 나타내는 JSON 객체다. 두 번째 항목 i는 요소들을 생성하는 데 사용한 객체의 배열 인덱스로, 여기에서는 0이다. 즉 incomingData[0]은 네덜란드 팀에 해당하는 JSON 객체를 가리킨다. 마지막으로 출력된 것은 this로, 〈circle〉 DOM 요소 자체를 가리킨다.

다음과 같이 셀렉션의 node() 메서드로도 DOM 요소에 접근할 수 있다(그림 3.8).

```
d3.select("circle").node();
```

그림 3.8 node() 메서드로 조사

```
d3.select("circle").node()
<circle r="20" style="fill: #ffc0cb; stroke: #000000; stroke-width: 1px;"></circle>
```

[그림 3.8]에서 사용한 방법처럼 DOM 요소에 바로 접근하면 자바스크립트의 내장 기능으로 〈path〉 요소의 길이를 구하거나 요소를 복사하는 등 작업을 수행할 수 있다. 특히 SVG를 사용할 때 노드에 내장된 기능을 이용하면 요소를 자식 요소에 다시 추가할 수 있다. SVG에는 Z-레벨이 없으므로 요소를 그리는 순서가 DOM 순서에 의해 결정된다는 점에 주의하라. 상호작용할 수 있는 요소가 상호작용할 수 없는 요소의 뒤에 가려지는 것은 바람직한 현상이 아니므로 요소를 그리는 순서가 중요하다. 이런 문제의 예를 보려면 다음과 같이 highlightRegion() 함수를 수정해보자. 다음과 같이 수정하면 요소 위에 마우스 포인터가 올라갈 때 레이블의 크기를 키운다.

```
function highlightRegion2(d,i) {
  d3.select(this).select("text").classed("active", true).attr("y", 10);
  d3.selectAll("g.overallG").select("circle").each(function(p,i) {
    // 마우스 포인터가 올라간 〈g〉 요소의 "active" 클래스를 활성화하면
    // CSS에 정의된 "g > text.active" 규칙이 적용돼
    // 해당 〈g〉 요소 안에 들어 있는 텍스트의 폰트가 커진다.
    p.region == d.region ?
      d3.select(this).classed("active",true)
```

```
      : d3.select(this).classed("inactive",true);
  });
};
```

애니메이션이 추가됐으므로 mouseout 이벤트를 처리하는 함수인 unHighlight()도 수정해
야 한다.

```
teamG.on("mouseout", unHighlight)

function unHighlight() {
  d3.selectAll("g.overallG").select("circle").attr("class", "");
  d3.selectAll("g.overallG").select("text")
    .classed("active", false).attr("y", 30);
};
```

[그림 3.9]처럼 Germany가 Argentina 앞에 있는 DOM 요소에 추가됐다. Germany에 연
결된 요소의 크기를 키워도 텍스트가 여전히 Argentina 요소의 뒤에 있으므로 혼란스럽고 시
각 효과의 완성도가 떨어진다.

그림 3.9 〈text〉 요소를 부모 〈g〉 요소와 같은 DOM 수준에서 그린 모습

애니메이션하는 동안 노드를 부모 〈g〉 요소에 붙이면 [그림 3.10]과 같이 애니메이션되는 레이
블이 다른 요소보다 앞에 나타난다. 여기에서는 Germany에 대한 〈g〉 요소를 〈svg〉 요소에
다시 추가하면 DOM 영역의 끝부분으로 이동하므로 다른 〈g〉 요소보다 앞에 그린다.

```
function highlightRegion2(d,i) {
  d3.select(this).select("text").classed("highlight", true).attr("y", 10);
  d3.selectAll("g.overallG").select("circle")
    .each(function(p, i) {
        p.region == d.region ?
          d3.select(this).classed("active", true)
          : d3.select(this).classed("inactive", true);
```

```
  });
  this.parentElement.appendChild(this);
};
```

그림 3.10 〈g〉 요소를 〈svg〉 요소에 다시 추가

이 예제에서 mouseout 이벤트를 〈g〉 요소에 붙이는 이유가 잘 이해되지 않을 수도 있다. 〈g〉 요소에는 원뿐만 아니라 텍스트도 들어 있기 때문이다. 결국 원이나 텍스트에서 마우스가 벗어 나면 이벤트가 발생한다. 텍스트가 커지면 옆에 있는 원과 겹치므로 mouseout 이벤트가 발 생하지 않을 수 있다. 이벤트 전달에 관해서는 나중에 다시 설명하지만, 다음과 같이 요소의 "pointer-events" 스타일 프로퍼티를 "none"으로 설정하면 마우스 이벤트를 간단히 비활성 화할 수 있다.

```
teamG.select("text").style("pointer-events","none");
```

3.2.4 현명한 색상 선택법

색상은 하찮은 주제로 생각할 수 있다. 하지만 데이터를 그림으로 표현할 때 색상 선택은 아주 중요하다. 인지과학과 디자인 분야에서 색상의 이용을 많이 연구하고 있어 색상과 관련해서는 자료가 무척 많다. 그러나 여기에서는 색상 그레이디언트gradient 안에서의 색상 혼합, 범주 데이 터에서 구분이 쉬운 색상의 사용, 색맹의 접근성을 고려한 디자인 등 핵심적인 주제 몇 가지만 을 다룬다.

정보 시각화 용어 : 색 이론

예술가, 학자, 심리학자는 색상 이용에 대해 수 세기 동안 연구해왔다. 조셉 알버스Josef Albers는 현대 정보 시각화의 선구자인 에드워드 터프티 등에게 영향을 미친 인물로, 시각 영역에서는 1 더하기 1이 3이 될 수 있음을 지적했다. 색상에 관한 연구를 색 이론이라고 하며, 색 이론에서는 어떤 색상과 모양을 다른 것 옆에 두면 광학적 영향으로 망막 잔상색accidental color은 물론 동시 대비simultaneous contrast와 연속 대비successive contrast 현상이 일어날 수 있다는 것을 증명했다.

시각화할 때 색상을 가장 조화롭게 배치하려면 색상hue, 명도value, 채도intensity, 온도temperature 등을 연구할 필요가 있다. 레오나르도 다 빈치Leonardo da Vinci는 색상을 눈이 구분해내는 심리적인 기본 요소로 분류했다. 하지만 최신 색상 이론은 물리학의 여러 현상처럼 아이작 뉴턴Isaac Newton에게서 비롯한다. 1666년 뉴턴은 프리즘으로 햇빛이 분리된다는 것을 관찰하고 이것을 색상 스펙트럼이라고 불렀다. 또한 일곱 개의 색상으로 구성된 색원color circle을 고안했는데, 이것은 색상과 색상의 관계를 구성하는 시각화 연구에 영향을 미쳤다. 거의 한 세기가 지난 후 르 블롱J. C. Le Blon은 원색(빨강, 노랑, 파랑)과 2가지 원색을 혼합한 2차색(초록, 보라, 주황)을 발견했다. 색상 병치의 영향을 강조했던 조셉 알버스 등 현대 색상 이론가의 연구는 인쇄물과 웹에서의 색상 표현에 영향을 미쳤다.

일반적으로 웹에서 색상은 빨간색, 녹색, 파란색을 16진수, RGB, CSS 색상명 중 하나로 표현한다. 16진수와 RGB는 색상에서 빨간색, 녹색, 파란색의 수준을 같은 정보로 나타낸다. CSS 색상명은 140개의 색상에 관한 고유 명칭을 사용한다[2]. 예를 들어 빨간색은 다음 중 하나로 표현할 수 있다.

```
"rgb(255,0,0)" // RGB, 즉 빨간색, 녹색, 파란색으로 인코딩
"#ff0000" // 16진수로 포맷
"red" // CSS3 웹 색상명
```

D3는 색상을 이용할 수 있도록 몇 가지 헬퍼 함수를 제공한다. d3.rgb()는 데이터 시각화에서 유용하고 다양한 기능을 갖춘 색상 객체를 생성한다. d3.rgb()를 사용하려면 원하는 색상의 빨간색, 녹색, 파란색 값을 지정해야 한다.

2 http://en.wikipedia.org/wiki/Web_colors#X11_color_names 참조

```
teamColor = d3.rgb("red");
teamColor = d3.rgb("#ff0000");
teamColor = d3.rgb("rgb(255,0,0)");
teamColor = d3.rgb(255,0,0);
```

d3.rgb 객체에는 darker()와 brighter()라는 유용한 메서드가 있다. 이름에서 알 수 있다시피 darker()는 현재 색상보다 진한 색을, brighter()는 현재 색상보다 연한 색을 반환한다. 이제 기존 코드에서 빨간색과 회색으로 표현하던 방법 대신, 동일 지역에 있는 팀은 진한 색으로, 다른 지역에 있는 팀은 연한 색으로 표현하도록 다음과 같이 코드를 수정해보자.

```
function highlightRegion2(d,i) {
  var teamColor = d3.rgb("pink");
  d3.select(this).select("text").classed("highlight", true).attr("y", 10);
  d3.selectAll("g.overallG").select("circle")
    .style("fill", function(p) {return p.region == d.region ?
              teamColor.darker(.75) : teamColor.brighter(.5)});
  this.parentElement.appendChild(this);
}
```

이때 색상을 얼마나 어둡거나 밝게 할지 채도를 설정할 수 있다. [그림 3.11]에서는 색상을 강조하는 동안 팔레트를 유지하며 진한 색은 앞으로 나오고, 연한 색은 뒤로 들어가는 느낌을 준다. 불행히도 인라인 스타일을 사용하도록 코드를 변경했으므로 CSS로 스타일을 설정할 수는 없다. 일반적으로 원하면 언제든지 CSS를 사용할 수 있지만, D3 함수로 동적으로 색상이나 투명도를 변경하려면 인라인 스타일을 사용해야 한다.

그림 3.11 같은 지역 팀을 진한 색으로 표현

색상을 여러 방식으로 표현할 수 있지만 여기에서는 HSL 색상 모델만 다룬다. HSL은 색상^{hue}, 채도^{saturation}, 밝기^{lightness}의 약자다. d3.hsl() 메서드는 d3.rgb()와 같은 방식으로 HSL 색상 객체를 생성한다. HSL을 이용하면 D3 함수로 분홍색을 진하게 만들 때나 색상 그레이디언트

또는 혼합 색상을 만들 때, 우중충한 색상이 나오는 것을 피할 수 있다.

색상 혼합

2장에서는 데이터점을 표현하는 색상 스펙트럼을 생성해 수치형 데이터를 색상 그레이디언트에 매핑했다. 하지만 이 그레이디언트로 생성하여 보간된interpolated 색상들은 그리 보기 좋지 않았다. 사실 노란색을 포함한 그레이디언트는 값을 보간하면 우중충하고 구분하기 어려운 색이 나온다. 이 문제가 심각한 것이 아니라고 생각할 수도 있다. 하지만 색상 그레이디언트가 보간해 만든 색상이 사용자가 예상한 색상과 다르다면 사용자에게 정보를 제대로 전달하지 못한다. 이제 색상 그레이디언트를 buttonClick 함수에 추가해 반지름이 나타내는 정보와 같은 정보 (득점수)를 표현해보자.

```
// 이 색상 그레이디언트는 2장에서 원의 반지름을 구하는 데 사용한 스케일과 같은 범위를 갖는다.
var ybRamp = d3.scale.linear()
  .domain([0,maxValue]).range(["yellow", "blue"]);
```

아마도 [그림 3.12]을 노란색에서 녹색, 파란색으로 이어지는 색상으로 예상했을 것이다. 그러나 스케일의 기본 보간자interpolator는 빨간색, 녹색, 파란색 채널을 그저 숫자로 처리한다.

그림 3.12 기본 보간자로 만든 우중충한 중간색(별지 I 참조)

```
// 스케일의 기본 보간법이 마음에 들지 않을 때는 직접 지정한다.
// 특히 RGB값을 보간하는 방법 이외의 방법으로
// 색상 스케일을 생성하고자 할 때는 직접 지정해야 한다.
var ybRamp = d3.scale.linear()
  .interpolate(d3.interpolateHsl)
  .domain([0,maxValue]).range(["yellow", "blue"]);
```

그림 3.13 HSL 보간자로 만든 중간색(별지 I 참조)

D3에서는 그 밖에도 HCL과 LAB 색상 모델을 지원하는데, 파란색과 노란색의 중간 색상을 만들어내는 방식이 다르다. 먼저 HCL 그레이디언트는 색상hue, 농도chroma, 휘도luminance에 기초해 중간색을 보간한다. 다음 코드와 같이 HCL 보간자로 노란색과 파란색을 보간하면 [그림 3.14]와 같은 색상이 나온다.

```
var ybRamp = d3.scale.linear()
    .interpolate(d3.interpolateHcl)
    .domain([0,maxValue]).range(["yellow", "blue"]);
```

그림 3.14 HCL 보간자로 만든 중간색(별지 I 참조)

마지막으로 LAB 그레이디언트는 L과 A, B에 기초해 중간색을 보간한다. LAB에서 L은 밝기light를 의미하고, A, B는 색의 대응 공간color opponent space을 의미한다. 다음 코드와 같이 LAB 보간자로 노란색과 파란색을 보간하면 [그림 3.15]처럼 또 다른 색상들이 나온다.

```
var ybRamp = d3.scale.linear()
    .interpolate(d3.interpolateLab)
    .domain([0,maxValue]).range(["yellow", "blue"]);
```

그림 3.15 LAB 보간자로 만든 중간색(별지 I 참조)

일반적으로 RGB로 보간한 색상은 그레이디언트를 여러 단계로 나누지 않는 한 우중충한 회색이 된다. 여러 색상 그레이디언트를 직접 만들어보거나 HSL로 색상이나 채도를 강조하는 그레이디언트만을 사용하는 것도 좋다. 아니면 전문가가 만든 색상 그레이디언트가 D3에 내장돼 있으므로 내장된 함수를 사용하는 것도 좋다. 이제 내장된 그레이디언트 함수를 알아보자.

잘 구분되는 색상

우리는 종종 색상 그레이디언트를 만들어 수치형 요소를 색상에 매핑시킨다. 이럴 때는 이런 용도에 맞춰 제공되는 D3 이산 색상 스케일을 사용하는 편이 좋다. 이 스케일은 인기가 많아서 같은 색상 팔레트를 사용한 D3 예제가 많다. 이 스케일을 사용하려면 먼저 범줏값을 특정 색상에 매핑하는 d3.scale.category10이라는 새로운 스케일을 사용해야 한다. 이 스케일은 도메인이 이미 10가지 눈에 띄는 색상으로 정의돼 있으므로 도메인을 변경할 수 없는 정량화 스케일처럼 작동한다. 그 대신 이 색상들에 매핑하고자 하는 값들로 구성된 스케일을 만든다.

여기에서는 2010년 월드컵 최종 8개 팀으로 구성된 데이터셋을 4개의 지역으로 나눠 표현하려고 한다. 각 지역을 서로 다른 색상으로 표현하려 하므로 각 지역을 배열에 담아 스케일을 생성해야 한다.

```
function buttonClick(datapoint) {
  var maxValue = d3.max(incomingData, function(el) {
        return parseFloat(el[datapoint]);
    });

  var tenColorScale = d3.scale.category10(
        ["UEFA", "CONMEBOL", "CAF", "AFC"]);

  var radiusScale = d3.scale.linear().domain([0,maxValue]).range([2,20]);
  d3.selectAll("g.overallG").select("circle").transition().duration(1000)
    .style("fill", function(p) {return tenColorScale(p.region)})
    .attr("r", function(p) {return radiusScale(p[datapoint ])});
};
```

D3에서 category10 스케일을 적용하면 각 범주에 뚜렷히 구분되는 색상을 할당한다. 여기에서는 데이터셋에 있는 4개의 지역에 색상을 할당했다. 버튼 중 하나를 클릭하면 이 스케일이 적용된 것을 볼 수 있다. [그림 3.16]처럼 원의 크기는 기존과 동일하지만 각 팀에 적용된 색상

들은 눈에 잘 띄게 됐다.

그림 3.16 category10 스케일로 색상 할당(별지Ⅱ 참조)

수치 데이터에 관한 색상 그레이디언트

그 밖에 신시아 브루어^{Cynthia Brewer}에 기초한 색상 체계를 사용하는 방법도 있다. 신시아는 지도 제작에서 색상을 효과적으로 사용하는 방법을 이끌어왔다. d3js.org에서는 지도를 쉽게 제작할 수 있도록 colorbrewer.js와 colorbrewer.css를 제공한다. colorbrewer.js에서 정의한 각 배열은 브루어의 색상 체계와 대응한다. 예를 들어 빨간색 스케일은 다음과 같이 정의한다.

```
Reds: {
3: ["#fee0d2","#fc9272","#de2d26"],
4: ["#fee5d9","#fcae91","#fb6a4a","#cb181d"],
5: ["#fee5d9","#fcae91","#fb6a4a","#de2d26","#a50f15"],
6: ["#fee5d9","#fcbba1","#fc9272","#fb6a4a","#de2d26","#a50f15"],
7: ["#fee5d9","#fcbba1","#fc9272","#fb6a4a","#ef3b2c","#cb181d","#99000d"],
8: ["#fff5f0","#fee0d2","#fcbba1","#fc9272",
     "#fb6a4a","#ef3b2c","#cb181d","#99000d"],
9: ["#fff5f0","#fee0d2","#fcbba1","#fc9272","#fb6a4a",
     "#ef3b2c","#cb181d","#a50f15","#67000d"]
}
```

이 빨간색 스펙트럼에서 구분한 색상을 사용하면 요소를 쉽게 구분할 수 있다. 이제 다시 한 번 지역별 원의 색상을 바꿔보자. 이번에는 buttonClick() 함수로 크기에 따라 색상을 설정한다. colorbrewer는 이산 스케일이지만 범주로 분류되는 정량적 데이터에 맞게 설계됐으므로 2장에서 이미 본 quantize 스케일을 사용해야 한다. 즉, colorbrewer는 수치형 데이터를 위해 만들어졌지만, 이때 수치형 데이터는 범위로 분류된 데이터여야 한다. 예를 들어, 인구 조사할 때 사람의 나이를 18세에서 35세, 36세에서 50세, 51세에서 65세, 65세 이상으로 나누는 것처럼 말이나.

```
// 새로운 buttonClick() 함수는 시각화할 원을 세 개의 범주로 분류해 색상을 할당한다.
function buttonClick(datapoint) {
  var maxValue = d3.max(incomingData, function(el) {
                    return parseFloat(el[datapoint]);
    });
  // quantize 스케일은 수치형 데이터를 최대 3개의 범주로 분류한다.
  // colorbrewer.Reds[3]가 세 개의 값으로 구성된 배열이므로
  // 데이터셋은 세 개의 범주로 분류되고 각 범주에는 서로 다른 빨간색을 할당한다.
  var colorQuantize = d3.scale.quantize()
    .domain([0,maxValue]).range(colorbrewer.Reds[3]);
  var radiusScale = d3.scale.linear()
    .domain([0,maxValue]).range([2,20]);
  d3.selectAll("g.overallG").select("circle").transition().duration(1000)
    .style("fill", function(p) {
        return colorQuantize(p[datapoint]);
    }).attr("r", function(p) {
        return radiusScale(p[datapoint]);
    });
};
```

quantize 스케일에 동적으로 결합된 colorbrewer.js를 사용하면 매우 편리한 점이 있다. 예를 들어 colorbrewer.Reds[3](그림 3.17)을 colorbrewer.Reds[5]로 배열 항목 수를 조정하면 수치형 데이터를 다섯 개의 색상으로 표현한다.

```
function buttonClick(datapoint) {
  var maxValue = d3.max(incomingData, function(el) {
        return parseFloat(el[datapoint]);
    });
  var colorQuantize = d3.scale.quantize()
        .domain([0,maxValue]).range(colorbrewer.Reds[3]);
  var radiusScale = d3.scale.linear()
        .domain([0,maxValue]).range([2,20]);

  d3.selectAll("g.overallG").select("circle").transition()
    .duration(1000).style("fill", function(p) {
        return colorQuantize(p[datapoint]);
    }).attr("r", function(p) {
        return radiusScale(p[datapoint]);
    });
};
```

그림 3.17 3단계 빨간색 colorbrewer 스케일로 정의한 경우(별지 II 참조)

색상은 중요하다. 색상으로 인하여 웹이 다르게 보일 수도 있기 때문이다. 예를 들어, colorbrewer 스케일 대부분은 색맹 관련 문제를 가장 중요한 접근성 문제로 여기고 있다. 색상의 이용과 배치가 복잡한 문제이긴 하지만 그동안 똑똑한 사람들이 색상에 대해 많이 연구해 왔다. 그리고 D3는 이런 연구의 결과를 활용하고 있다.

3.3 미리 생성한 콘텐츠

셀렉션을 내포하고 추가하는 D3 구문만으로 HTML 요소를 모두 만드는 것은 재미도 없고 현명한 일도 아니다. 게다가 HTML, SVG, 정적 이미지를 생성할 수 있는 도구들이 많이 있다. DOM 조작과 정보 시각화 작업에 D3를 사용한다고 해서 이 모든 생태계를 무시하는 것은 어리석은 짓이다. 다행히도 그림, HTML 조각, 미리 생성한 SVG 등 외부에서 생성한 리소스를 로딩해 그래프 요소에 연결하는 작업은 아주 간단하고 쉽다.

3.3.1 그림

1장에서 GIF를 언급했다. GIF가 다시 인기를 얻고 있지만 대화형 웹 사이트에서는 그다지 쓸모가 없다. 그렇다고 해서 그림을 모두 없애라는 이야기는 아니다. 데이터 시각화에 그림을 추가하면 사이트가 상당히 향상된다는 것을 알게 될 것이다. SVG에서 그림 요소는 〈image〉 태그로 표현하며 디렉터리에 존재하는 경우 xlink:href 속성으로 소스를 정의한다.

이 책의 예제에서는 나라별 팀의 깃발을 PNG 포맷으로 images 디렉터리에 넣어 놓았다. 이 그림을 데이터 시각화에 추가하려면 팀 데이터가 바인딩된 〈g〉 요소를 선택해 SVG 그림을 추가하면 된다.

그림이 제대로 보이게 하려면 append() 대신 insert()를 사용해야 한다. insert() 메서드를 호출하면 텍스트 요소 앞에 그림을 넣으라고 D3에게 알려주기 때문이다. 그러면 새로 추가된 그림 뒤에 그리는 레이블이 보이지 않게 된다. 그림 파일명이 각 데이터점에 있는 팀명과 동일하므로 인라인 함수 안에서 디렉터리명, 팀명, 파일 확장명을 연결해 파일명을 지정할 수 있다. SVG 그림은 높이와 너비에 대한 기본 설정이 없으므로 그림의 높이와 너비를 지정해야 화면에 제대로 표시된다. 그리고 SVG 그림은 수작업으로 설정해야 중앙에 배치할 수 있다.

여기에서 x와 y 속성은 height와 width 속성값을 2로 나누어 마이너스 부호를 붙였다. 이렇게 하면 [그림 3.18]과 같이 그림이 각 원의 중앙에 위치하게 된다.

```
d3.selectAll("g.overallG").insert("image", "text")
  .attr("xlink:href", function(d) {
      return "images/" + d.team + ".png";
  })
  .attr("width", "45px").attr("height", "20px")
  .attr("x", "-22").attr("y", "-10");
```

그림 3.18 원의 중앙에 국기를 넣은 모습

그림 크기 변경을 버튼 이벤트에 연결할 수도 있지만, 래스터 그래픽은 확대하면 문제가 생기므로 고정된 크기로 사용하는 편이 좋다.

3.3.2 HTML 조각

이번 장에서는 버튼에 D3 데이터 바인딩으로 전통적인 DOM 요소를 생성해왔다. 실행 중 폼이나 테이블 등 복잡한 HTML 객체를 만들려면 D3의 셀렉션과 추가 패턴을 사용할 수 있다. 그러나 HTML을 만드는 데는 더 좋은 도구가 많으며, 이런 도구로 생성한 HTML 컴포넌트를 웹 애플리케이션에 통합하고자 하는 디자이너나 다른 개발자와 공동 개발하는 경우도 생길 것이다. 가령 팀에 연결된 숫자를 입력할 수 있는 모달 다이얼로그modal dialog를 만드는 경우를 생각해보자. 팀에 관한 통계 데이터를 보려면 각 팀을 클릭했을 때 팝업되는 다이얼로그를 만드는 방법이 좋을 것이다. 이때 모달 다이얼로그를 만들며, 모달 다이얼로그는 어떤 요소를 클릭했을 때 화면 위에 '뜨는' 영역을 말한다. [리스트 3.4]와 같이 테이블을 생성하는 HTML만 작성해 별도의 파일에 저장할 수 있다.

리스트 3.4 modal.html

```
<table>
  <tr>
    <th>Statistics</th>
  </tr>
  <tr><td>Team Name</td><td class="data"></td></tr>
```

---

3 역자주_실사 느낌을 주는 아이콘이나 그래픽

```
<tr><td>Region</td><td class="data"></td></tr>
<tr><td>Wins</td><td class="data"></td></tr>
<tr><td>Losses</td><td class="data"></td></tr>
<tr><td>Draws</td><td class="data"></td></tr>
<tr><td>Points</td><td class="data"></td></tr>
<tr><td>Goals For</td><td class="data"></td></tr>
<tr><td>Goals Against</td><td class="data"></td></tr>
<tr><td>Clean Sheets</td><td class="data"></td></tr>
<tr><td>Yellow Cards</td><td class="data"></td></tr>
<tr><td>Red Cards</td><td class="data"></td></tr>
</table>
```

이제 테이블과 테이블 안에 들어가는 〈div〉 요소에 대한 CSS 규칙을 추가한다. [리스트 3.5]에서 보는 것처럼 이 요소는 전통적인 DOM 요소이므로 position과 z-index CSS 스타일을 사용할 수 있다.

리스트 3.5 d3ia.css 수정

```
#modal {
  position:fixed;
  left:150px;
  top:20px;
  z-index:1;
  background: white;
  border: 1px black solid;
  box-shadow: 10px 10px 5px #888888;
}
tr {
  border: 1px gray solid;
}
td {
  font-size: 10px;
}
td.data {
  font-weight: 900;
}
```

이제 테이블 정의를 끝냈으므로 html() 메서드로 HTML 코드를 로딩해 "modal" ID를 갖는 〈div〉 요소를 생성하는 함수와 클릭 리스너, 그리고 다이얼로그 내용을 채우는 함수를 추가하면 된다.

```
// CSS에 정의된 ID를 갖는 <div> 요소를 새로 만들고
// modal.html에서 읽은 HTML 내용으로 채운다.
d3.text("resources/modal.html", function(data) {
    d3.select("body").append("div").attr("id", "modal").html(data);
  });


teamG.on("click", teamClick);

// td.data 요소를 선택하고 클릭한 팀의 값으로 갱신한다.
function teamClick(d) {
  d3.selectAll("td.data").data(d3.values(d))
    .html(function(p) {
        return p
    });
};
```

페이지를 다시 로딩하면 결과를 바로 확인할 수 있다. modal.html에 정의된 테이블에 있는 <div> 요소들이 생성되고, 팀을 클릭하면 클릭한 팀에 바인딩된 데이터에서 값을 가져와 <div> 요소를 추가한다. 모달 다이얼로그는 CSS에 정의된 스타일에 기초해 스타일을 설정하며, modal.html에서 HTML 데이터를 로딩하고 새로 생성된 <div>에 콘텐츠를 추가해 생성된다(그림 3.19).

그림 3.19 클릭된 팀의 상세 정보를 보여주는 모달 다이어그램

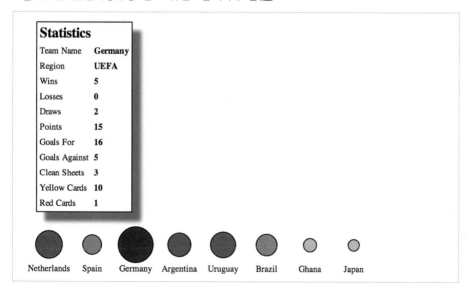

여기에서는 d3.text() 메서드를 사용했는데, HTML을 이용할 때는 텍스트 형태로 원시 HTML 코드를 읽고 선택한 요소의 html() 메서드를 사용하는 방법이 더 편하기 때문이다. d3.html()을 사용하면 더 정교하게 조작할 수 있는 HTML 노드가 생성되는데, 이 내용은 미리 생성한 SVG를 이용할 때 다시 설명한다.

3.3.3 외부 SVG 파일

SVG를 사용한 지도 꽤 오래됐으므로 어도비 일러스트레이터나 오픈소스 도구인 잉크스케이프 같은 강력한 SVG 그리기 도구들이 있다. 여러분이 만든 페이지에 아이콘, 인터페이스 요소, 기타 컴포넌트를 추가하려 외부 SVG 파일을 추가하고 싶을 것이다. 아이콘에 관심이 있다면 수많은 SVG 아이콘을 저장하고 있는 더 나운The Noun 프로젝트[4]를 참조하라. [그림 3.20]에 나온 축구공은 제임스 자미슬라이언스키James Zamyslianskyj가 공개한 것이며, 이외에도 많은 아이콘을 볼 수 있다[5].

그림 3.20 SVG로 생성한 축구공 아이콘

----

4 http://thenounproject.com/
5 http://thenounproject.com/term/football/1907/

더 나운 프로젝트에서는 SVG나 PNG 포맷으로 아이콘을 내려받을 수 있다. 앞에서 그림을 참조하는 방법을 설명했는데, SVG도 마찬가지로 SVG 파일에 있는 〈image〉 요소의 xlink:href 속성을 참조해 동일하게 사용할 수 있다. 게다가 SVG를 DOM 안에 바로 로딩하면 D3로 브라우저에서 생성한 여느 SVG 요소와 동일하게 조작할 수 있다.

예를 들어 단순한 원을 축구공으로 바꾸기로 결정했는데 색상이나 모양을 수정하고 싶다면 형태가 고정된 그림은 사용할 수 없다. 이런 경우에는 적절한 축구공 아이콘을 찾아서 내려받아야 한다. 더 나운 프로젝트에서 아이콘을 내려받으려면 더 나운 프로젝트 계정을 만들어야 한다. 원작자를 적절히 표시하면 무료로 사용할 수 있지만 원작자를 표시하지 않으려면 사용료를 지불해야 한다. 어디에서 아이콘을 가져오든 우리가 구현한 데이터 시각화에 사용하려면 약간은 수정해야 한다. 이 예제에 넣을 축구공 아이콘의 경우 조금 더 작게 만들고 아이콘의 중심을 그림 영역의 원점(0, 0)으로 설정해야 한다. 원본 아이콘을 어떻게 만들고 저장했는지에 따라 이런 준비 과정은 달라진다.

앞에서 사용한 모달 다이얼로그의 경우 modal.html에 있는 코드를 모두 가져와야 하므로 d3.text()로 가져와 셀렉션의 html() 메서드로 HTML을 그대로 집어넣었다. 하지만 SVG의 경우(특히 인터넷에서 내려받은 경우) 문서 안에 불필요한 설정이 자질구레하게 들어 있다. 이 경우에는 문서 안에 자체적인 〈svg〉와 〈g〉 요소들이 있으므로 다른 요소를 더 추가할 필요 없이 그림 요소만 이용하고 싶을 것이다. 우리가 내려받은 축구공은 〈path〉 요소만 필요하다. d3.html()로 파일을 로딩하면 문서 안에 DOM 노드로 들어가므로 D3 셀렉션 구문으로 내부에 접근해 들여다볼 수 있다. d3.html()은 파일을 로딩하는 다른 메서드와 동일하게 로딩할 파일명과 콜백 함수를 인자로 전달하면 된다. 다음 코드를 실행하면 [그림 3.21]과 같은 결과를 출력한다.

```
d3.html("resources/icon.svg", function(data) {console.log(data);});
```

그림 3.21 불필요한 데이터가 너무 많은 SVG 이미지

원하지 않는 것

```
d3.html("resources/icon_1907.svg", function(data) {console.log(data)})
▶ Object {header: function, mimeType: function, responseType: function, response: function, get: function…}
▼#document-fragment
    <!--?xml version="1.0" encoding="UTF-8" standalone="no"?-->
  ▼<svg xmlns:dc="http://purl.org/dc/elements/1.1/" xmlns:cc="http://creativecommons.org/ns#" xmlns:rdf=
    "http://www.w3.org/1999/02/22-rdf-syntax-ns#" xmlns:svg="http://www.w3.org/2000/svg" xmlns="http://
    www.w3.org/2000/svg" xmlns:sodipodi="http://sodipodi.sourceforge.net/DTD/sodipodi-0.dtd" xmlns:inkscape=
    "http://www.inkscape.org/namespaces/inkscape" version="1.1" id="Layer_1" x="0px" y="0px" width="100px"
    height="100px" viewBox="0 0 100 100" enable-background="new 0 0 100 100" xml:space="preserve"
    inkscape:version="0.48.2 r9819" sodipodi:docname="icon_1907.svg">
    ▶<metadata id="metadata73">…</metadata>
    ▶<defs id="defs71">…</defs>
     <sodipodi:namedview pagecolor="#ffffff" bordercolor="#666666" borderopacity="1" objecttolerance="10"
    gridtolerance="10" guidetolerance="10" inkscape:pageopacity="0" inkscape:pageshadow="2"
    inkscape:window-width="640" inkscape:window-height="480" id="namedview69" showgrid="false"
    inkscape:zoom="2.36" inkscape:cx="50" inkscape:cy="50" inkscape:window-x="0" inkscape:window-y="0"
    inkscape:window-maximized="0" inkscape:current-layer="Layer_1"></sodipodi:namedview>
     <path style="fill-rule:evenodd" inkscape:connector-curvature="0" id="path5" d="m
    -3.1794292,-0.14033159 c -1.445234,-0.432404 -2.9165745,-0.838956 -4.5159127,-1.11750901
    -0.3325407,-1.082785 -0.5479824,-2.1754549 -0.670404,-3.4430128 -0.038273,-0.4030028
    -0.1287581,-0.9289341 -0.044609,-1.2969593 0.11938,-0.5213691 1.3017751,-1.636597 1.6989483,-2.0119726
    0.7728022,-0.7307277 1.4472617,-1.0977391 2.2365389,-1.4307867 0.5936054,-0.2509263 2.0094374,-7.604e-
    4 2.7272394,0.1789434 0.770521,0.1926303 1.434081,0.4972903 1.966856,0.8496009 0.211387,1.0277839
    0.342172,2.102965 0.49222099,3.2638159 0.04537,0.3548452 0.187054,0.8338863 0.133574,1.1180159
    -0.06641,0.3561126 -0.69448299,0.6970175 -1.02829099,0.9836817 -1.057945,0.9078966 -2.123242,1.9285836
    -2.9961608,2.90618261 z" clip-rule="evenodd"></path>
     <path style="fill:#000000" inkscape:connector-curvature="0" id="path7" d="m -3.1786689,-0.13754359
    -0.00152,-2.53e-4 c -1.3752795,-0.411367 -2.8739937,-0.831606 -4.515153,-1.11750901
    -0.3386237,-1.0977396 -0.5520378,-2.1919302 -0.6726852,-3.4452943 -0.00735,-0.078066
    -0.016082,-0.1612011 -0.026613,-0.246364 -0.0493 -0.3538314 -0.086177 -0.7545531 -0.018249 -1.0513558
```

원하는 것

SVG를 로딩한 후에는 empty() 메서드로 경로 요소만 쉽게 빼낼 수 있다. empty() 메서드는 셀렉션에 남은 요소가 없는지 검사하는 메서드로, 셀렉션 안에 요소가 없으면 true를 반환한다. 따라서 while 루프 안에서 empty() 조건이 참이 될 때까지 로딩한 데이터의 경로 데이터를 주 〈svg〉 요소로 모두 옮기면 된다.

```
d3.html("resources/icon.svg", loadSVG);

// 데이터 로딩이 완료된 후 loadSVG() 함수에 전달된다.
function loadSVG(svgData) {
  while(!d3.select(svgData).selectAll("path").empty()) {
    d3.select("svg").node().appendChild(
        d3.select(svgData).select("path").node());
  }
  d3.selectAll("path").attr("transform", "translate(50,50)");
};
```

경로에 transform 속성을 설정하는 부분에 주의하여 그림의 오른쪽 상단이 잘리지 않도록 한다. 이제 〈svg〉 그림 영역의 꼭대기에 축구공을 잘 볼 수 있다. 데이터를 로딩한다고 해서 자동으로 DOM에 들어가는 것은 아니므로 d3.select("svg")는 페이지의 주 〈svg〉 요소를 선택한다.

때로는 이런 형태의 while 루프도 필요하지만 일반적으로는 셀렉션의 each() 메서드가 가장 효율적이다. each() 메서드는 셀렉션의 모든 요소에 같은 코드를 실행한다. 이 경우 〈svg〉 그림 영역을 선택하고 여기에 경로 요소를 추가하고자 하므로, 다음과 같이 구현하는 편이 좋다.

```
function loadSVG(svgData) {
    d3.select(svgData).selectAll("path").each(function() {
        d3.select("svg").node().appendChild(this);
    });
    d3.selectAll("path").attr("transform", "translate(50,50)");
};
```

이제 [그림 3.22]에서 보는 것처럼 〈svg〉 그림 영역의 왼쪽 꼭대기에 축구공을 볼 수 있다.

그림 3.22 축구공 아이콘을 〈svg〉 그림 영역 안에 추가

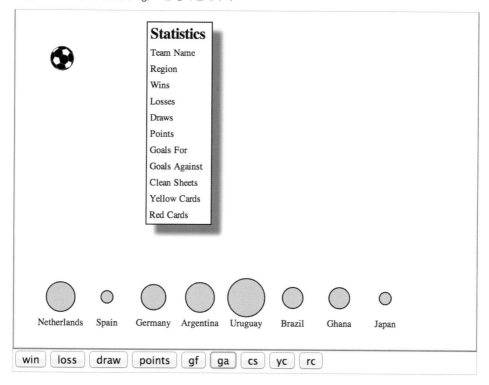

개별 노드를 로딩된 문서 밖으로 빼낸 경우에는 이런 방식으로 외부 데이터 소스에서 요소를 로딩하는 방법이 유용하다. 하지만 이미 로딩된 SVG 요소를 데이터에 바인딩하고 싶을 때

는 안 해도 되는 일을 하는 셈이다. 그리고 modal.html의 내용을 채울 때 〈div〉 요소를 사용한 것과는 달리, 로딩된 SVG 요소의 텍스트를 〈g〉 요소의 html() 메서드로 설정할 수 없다. SVG에는 innerHTML 프로퍼티가 없으므로, html() 메서드가 SVG 요소 셀렉션에 영향을 주지 않기 때문이다. 대신 다음과 같이 경로를 복사해 팀을 나타내는 각각의 〈g〉 요소에 경로를 추가해야 한다.

```
d3.html("resources/icon_1907.svg", loadSVG);

function loadSVG(svgData) {
  d3.selectAll("g").each(function() {
      var gParent = this;
      d3.select(svgData).selectAll("path").each(function() {
          gParent.appendChild(this.cloneNode(true))
        });
    });
};
```

cloneNode()와 appendChild() 메서드가 작동하는 방식을 생각해보기 전까지는 각각의 〈g〉 요소를 선택해 로딩된 〈path〉 요소를 선택하는 방식이 뒤떨어졌다고 생각할 수 있다. 각각의 〈g〉 요소를 가져와 로딩된 아이콘의 〈path〉 복제 과정을 거쳐야 하므로 결국 내포된 each() 메서드를 사용하는 것이다(DOM 안에 있는 각각의 〈g〉 요소에서 한 번, 아이콘의 〈path〉 요소에 대해서 또 한 번). gParent를 실제 〈g〉 노드(this 변수)로 설정하면 각 경로의 복제된 버전을 순서대로 추가할 수 있다. 그러면 [그림 3.23]과 같이 각 팀에 축구공을 달 수 있다.

그림 3.23 각 〈g〉 요소에 복제된 축구공 경로를 추가

이번 절 첫 번째 예제에서 〈image〉 구문으로 원의 중앙에 국기를 넣었던 것과 같은 방법으로 축구공의 경로를 추가할 수도 있다. 하지만 여기에서는 SVG 요소를 복제하여 각기 그룹에 추가했다. 이제 여느 요소와 마찬가지로 스타일을 설정할 수 있다. 각 공마다 국가색을 사용할 수도 있지만 여기에서는 빨간색으로 만드는 과정까지만 하겠다(그림 3.24).

```
d3.selectAll("path").style("fill", "darkred")
   .style("stroke", "black").style("stroke-width", "1px");
```

그림 3.24 D3로 fill과 stroke를 설정(별지 Ⅱ 참조)

이 방법을 사용하면 D3.insert() 메서드로 레이블이나 다른 시각적 요소 뒤에 요소를 놓을 수 없다. 이 문제를 해결하려면 적절한 순서로 놓인 ⟨g⟩ 요소에 아이콘을 추가하거나 이번 장 앞에서 설명한 것처럼 parentNode()와 appendChild() 메서드로 DOM 요소 안에서 경로를 이동시킬 수 있다.

그리고 이 방법은 selection#append 구문이 아니라 cloneNode() 메서드로 경로를 추가하는 방법이므로 바인딩된 데이터가 없다. 1장에서 데이터를 다시 바인딩하는 방법을 설명했다. ⟨g⟩ 요소를 선택하고 나서 ⟨path⟩ 요소를 선택하면 데이터를 다시 바인딩한다. 그러나 ⟨g⟩ 요소 밑에 아주 많은 ⟨path⟩ 요소가 있고 selectAll() 메서드는 데이터를 다시 바인딩하지 않으므로 부모 ⟨g⟩ 요소의 데이터를 이런 방식으로 로딩된 자식 ⟨path⟩ 요소에 다시 바인딩하려면 약간 더 복잡하다. 먼저 ⟨g⟩ 요소를 모두 선택하고, ⟨g⟩ 요소 밑에 있는 모든 경로 요소를 선택하는 데 each() 메서드를 사용한다. 그러고 나서 datum() 메서드로 ⟨g⟩ 요소에 있는 데이터를 각각의 ⟨path⟩에 따로 바인딩한다. datum() 메서드는 어떤 것일까? 데이텀datum이라는 단어는 데이터의 단수형을 말한다. 즉, 데이터 하나만을 요소에 바인딩할 때 datum() 메서드를 사용한다. 이 과정은 변수에 들어 있는 변수를 래핑wrapping해 data() 메서드로 바인딩하는 과정이라고 생각할 수 있다. 이 과정을 마치고 나면 앞에서 만든 스케일을 털어내고 새로운 ⟨path⟩ 요소에 적용할 수 있다. 어떻게 실행되는지 알아보려면 콘솔에서 다음 코드를 실행해 보자. [그림 3.25]와 같이 실행되는 것을 볼 수 있다.

```
d3.selectAll("g.overallG").each(function(d) {
    d3.select(this).selectAll("path").datum(d)
});
```

```
var tenColorScale = d3.scale
                    .category10(["UEFA", "CONMEBOL", "CAF", "AFC"]);

d3.selectAll("path").style("fill", function(p) {
    return tenColorScale(p.region)
}).style("stroke", "black").style("stroke-width", "2px");
```

그림 3.25 부모 요소에서 데이터를 가져와 색상 적용(별지II 참조)

지금까지 데이터 주도 아이콘을 만드는 방법을 알아봤다. 유용하게 사용할 수 있을 것이다.

3.4 마치며

이번 장에서는 색상 함수, SVG, HTML 등 외부 콘텐츠를 로딩하는 방법 등 D3 튜토리얼에서 잘 설명하지 않는 메서드와 기능을 살펴봤다. 그리고 마우스 이벤트에 전환 애니메이션을 연결하는 등 D3에서 널리 사용하는 기능을 설명했다. 구체적으로 다음과 같은 내용을 알아봤다.

- 프로젝트 파일 구조를 기획하고 D3 코드를 전통적인 웹 개발 환경에 넣기
- D3 애플리케이션을 개발할 때 알아두면 좋은 외부 라이브러리 살펴보기
- 변화와 상호작용성을 강조하려 전환과 애니메이션 이용하기
- 버튼과 그래픽 요소에 마우스 이벤트를 처리하는 리스너 생성하기
- 범주와 수치 데이터에 대해 색상을 효율적으로 이용하는 법, 색상에 대한 다양한 보간법 알아보기
- 셀렉션 안에 있는 DOM 요소 직접 접근하기
- 그림, HTML 조각, 외부 SVG 파일 등 외부 리소스 로딩하기

D3는 대화형 웹 페이지에 기대하는 거의 모든 요구사항을 처리할 수 있는 강력한 라이브러리다. 하지만 HTML5의 핵심 기능과 필요에 따라 언제 다른 라이브러리를 사용해야 할지 아는 것도 중요하다.

이제부터 D3의 기본 기능에서 더 나아가 완전히 작동하는 차트와 차트 요소를 만들 수 있는 고차원적인 기능을 알아볼 것이다. 4장에서는 데이터를 바탕으로 SVG 선과 영역을 생성하는 방법을 알아보고 차트에 사용하려 미리 포맷된 축 요소도 설명한다. 그리고 데이터로 복잡한 다중 부분 그래픽 객체를 생성하는 방법을 자세히 알아보고 이 기법으로 복잡한 정보 시각화 예제를 구현해본다.

Part II

정보 시각화의 핵심

2부에서는 웹에서 흔히 볼 수 있는 다양한 데이터 시각화를 구현하는 데 D3가 제공하는 레이아웃, 컴포넌트, 행동 객체, 컨트롤을 자세히 살펴본다. 4장에서는 선과 영역 그래프를 생성하는 방법을 배우고 D3 축을 적용해 그래프를 읽기 좋게 만든다. 그리고 한꺼번에 여러 데이터 변수를 표현하는 복잡한 박스 플롯을 만드는 방법을 설명한다. 5장에서는 간단한 파이 차트부터 색다른 생키 다이어그램에 이르기까지 7가지 D3 레이아웃을 살펴보고 각각의 레이아웃을 구현하는 방법을 설명한다. 6장에서는 네트워크 구조를 표현하는 방법을 집중적으로 알아보면서 다이어그램, 인접 행렬, 힘-방향 레이아웃으로 데이터를 시각화하는 방법을 살펴본다. 그리고 SVG 마커 등 새로운 기법도 소개한다. 7장에서도 한 가지 주제를 집중적으로 살펴보는데, 지리 공간 데이터를 자세히 살펴보고 다양한 지도를 생성하는 데 D3에서 제공하는 멋진 기능을 설명한다. 8장에서는 주제를 바꿔 D3의 데이터 바인딩으로 전통적인 DOM 요소를 생성하는 방법을 알아보고 스프레드시트나 간단한 그림 갤러리를 만들어본다. 이 주제 모두에 관심이 있을 수도 있고 이 중에서 하나만 깊이 파고 싶을 수도 있을 것이다. 2부에서는 표준 도표 라이브러리와 애플리케이션에서 제공하지 않는 고급 데이터 시각화 기법으로 어떤 데이터라도 표현할 수 있는 방법을 알려준다.

Part II

정보 시각화의 핵심

차트 컴포넌트

• 축 컴포넌트의 생성과 포맷

• 차트의 선과 영역 생성기 사용법

• SVG 요소의 다중 형으로 구성된 복잡한 도형 생성

D3는 엄청 많은 그래프 예제를 제공하며, 깃허브^{GitHub}는 예제의 산실이다. 구현에 사용된 데이터에 여러분의 데이터를 넣을 수 있도록 포맷하는 것도 쉽다. 자, 이 그래프들을 보라! 마찬가지로 D3에는 적절히 포맷된 데이터셋으로 정교하게 데이터를 시각화하는 레이아웃들이 있다. 기본 레이아웃을 사용하면 파이 차트는 물론이고 더욱 멋진 차트도 만들 수 있다. 하지만 기본 레이아웃을 사용하기 전에 차트를 구성하는 전형적인 요소를 생성하는 방법을 배우고, 그 과정에서 [그림 4.1]에 나온 도표들을 만들어볼 것이다. 레이블이 붙은 축, 선 등 D3로 생성하는 차트에 널리 들어가는 요소들을 주로 살펴본다. 그리고 차트 생성에 밀접히 연관된 포맷팅, 데이터 모델링, 분석 기법도 간략히 알아본다.

그림 4.1 선 그래프, 박스 플롯, 스트림그래프

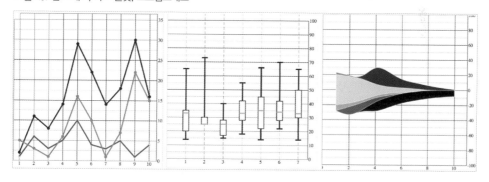

2장에서 산포도와 막대 그래프를 만들어봤으니 그래프를 처음 접하는 것은 아니다. 4장에서는

컴포넌트와 생성기를 설명한다. 축axis과 같은 D3 컴포넌트로 축에 필요한 모든 화면 요소를 그릴 수 있다. d3.svg.line()등의 생성기generator는 여러 점에 걸친 직선이나 곡선을 그릴 수 있다.

4장에서는 먼저 선 그래프를 생성하고 산포도에 축을 추가하는 방법을 보여주며 4장을 마칠 때는 스트림그래프streamgraph라는 단순하지만 멋진 그래프를 만들게 될 것이다. D3 생성기와 컴포넌트의 작동 방식을 이해하면 다른 사람이 만들어 온라인에 게시한 차트(대부분 다른 차트를 개선한 차트다)보다 멋진 차트를 만들 수 있다.

차트[1]는 그림으로 데이터를 2차원 평면에 배치한 것을 말한다. 배열에 들어 있는 개별값이나 객체인 데이터점에는 범주, 정량적, 위상적, 비구조 데이터가 들어 있다.

4장에서는 [그림 4.1]에 나온 차트를 생성하는 데 여러 데이터셋을 사용한다. 데이터셋 하나로 여러 차트를 만드는 것이 더 도움이 된다고 생각할 수 있지만 아무리 좋은 망치라도 톱질을 할 수 없듯이 데이터셋마다 잘 맞는 차트가 따로 있다.

4.1 차트의 기본 원리

모든 차트는 표현할 데이터셋에 있는 원시 데이터를 직접 그리거나, 원시 데이터에서 유도된 데이터를 그리는 여러 화면 요소로 구성돼 있다. 화면 요소에는 원이나 사각형 등 기본 도형도 있지만 4장 뒷부분에서 살펴볼 박스 플롯처럼 여러 부분으로 구성된 복잡한 화면 객체도 있다. 혹은 축이나 레이블처럼 보조적인 요소들도 있다. D3에서 제공하는 이런 요소들 모두 앞 장에서 설명한 일반적인 절차를 따라 구현하지만, 차트에 들어갈 화면 요소를 생성하는 데 D3에서 제공하는 다양한 기법의 차이를 이해하는 것이 중요하다.

데이터 바인딩으로 간단하거나 복잡한 요소를 생성하는 방법은 이미 배웠다. 그리고 데이터를 측정하고 화면에 맞게 변환하는 방법도 배웠다. 이 두 가지 기능과 함께 [그림 4.2]에서 볼 수 있는 것처럼 D3가 제공하는 기능은 크게 생성기, 컴포넌트, 레이아웃의 3가지로 분류할 수 있다. 생성기와 컴포넌트는 4장에서, 레이아웃은 5장에서 설명한다.

---

1 컴퓨터 과학 분야에서 '그래프'라는 용어는 '네트워크'의 뜻으로 쓰이는 경우도 많으므로 나는 그래프 대신 차트라는 용어를 선호한다.

그림 4.2 D3가 제공하는 기능의 3대 유형 : 생성기, 컴포넌트, 레이아웃

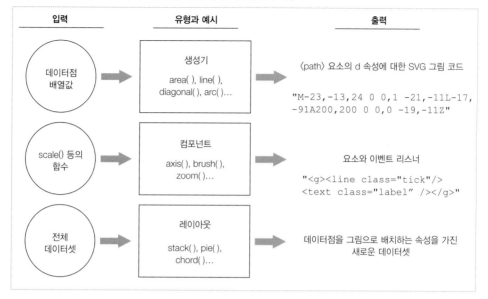

4.1.1 생성기

D3 생성기는 데이터를 입력받고 이 데이터에 기초한 화면 객체를 생성하는 데 필요한 SVG 그림 코드를 반환한다. 예를 들어 점으로 구성된 배열이 있고, 한 점에서 다른 점으로 선을 그리는 경우나 다각형 또는 영역으로 변환하려는 경우에 D3 메서드로 이 과정을 쉽게 처리할 수 있다. 생성기들은 〈path〉 요소의 d 속성을 작성하는 데 필요한 과정을 추상화함으로써 복잡한 SVG 〈path〉 요소의 생성 과정을 단순하게 만들어준다.

이번 장에서는 d3.svg.line()과 d3.svg.area() 메서드를 살펴보겠다. 5장에서는 파이 차트의 한 조각을 생성하는 데 사용하는 d3.svg.arc() 메서드를 살펴보고, 계통도에서 연결하는 곡선을 생성하는 데 사용하는 d3.svg.diagonal()도 설명한다.

4.1.2 컴포넌트

〈path〉 요소에 들어가는 d 속성 문자열을 생성하는 생성기와 대조적으로 컴포넌트는 특정 차트 컴포넌트를 그리는 데 필요한 일련의 화면 객체를 생성한다. D3에서 가장 많이 사용하는 컴포넌트는 d3.svg.axis로서 함수에 사용한 스케일과 설정에 기초해 축을 그리는 데 필요한 수 많은 〈line〉, 〈path〉, 〈g〉, 〈text〉 요소를 생성한다. d3.svg.brush라는 컴포넌트는 브러시 셀렉터에 필요한 화면 요소를 모두 생성한다. D3.svg.brush는 잠시 후에 살펴보겠다.

4.1.3 레이아웃

생성기나 컴포넌트와 대조적으로 D3 레이아웃은 파이 차트 레이아웃처럼 상당히 간단할 수도 있고, 힘-방향 네트워크 레이아웃처럼 복잡할 수도 있다. 레이아웃은 일련의 데이터, 그리고 생성기로 구성된 배열을 입력받아 특정 위치와 크기로 그리는 데 필요한 데이터 속성을 동적 혹은 정적으로 추가한다. 5장에서는 간단한 레이아웃을 살펴보고, 6장에서는 힘-방향 네트워크 레이아웃 등 네트워크 레이아웃을 살펴본다.

4.2 축 생성

1장과 2장에서 사용해본 산포도는 데이터를 표현하는 데 간단하면서도 상당히 효과적인 차트 기법이다. 차트 대부분에서 X-축은 시각을, Y-축은 양을 나타낸다. 예를 들어 2장에서는 X-축을 따라 트윗한 시각, Y-축을 따라 영향력을 나타내도록 트윗을 위치시켰다. 이와는 대조적으로 산포도는 데이터점의 양적인 데이터에 의해 결정되는 XY 위치에 따라 단 하나의 기호를 올려놓는다. 예를 들어 Y-축에는 관심글 담기 횟수, X-축에는 리트윗된 횟수에 기초해 위치를 정할 수 있다. 산포도는 과학 분야에서 흔히 볼 수 있으며, 의료 서비스의 비용과 품질을 비교하는 기사 그 밖에 언론 매체 등에서 점점 더 많이 사용하고 있다.

4.2.1 데이터 표시

산포도를 그리려면 다차원 데이터가 필요하다. 각 데이터점에는 연결된 데이터가 하나 이상 있어야 하며, 특히 산포도의 경우에는 데이터가 수치형이어야 한다. 산포도는 두 개의 수치로 구성된 데이터의 배열만 있으면 된다.

다음 산포도 데이터는 배열의 각 객체가 어떤 사람의 친구 수와 연봉으로 구성돼 있다. 이 데이터로 산포도를 그리면 고액 연봉이 친구 수와 어떤 관계가 있는지 알 수 있다.

```
var scatterData = [{friends: 5, salary: 22000},
  {friends: 3, salary: 18000}, {friends: 10, salary: 88000},
  {friends: 0, salary: 180000}, {friends: 27, salary: 56000},
  {friends: 8, salary: 74000}];
```

환율에 따라 이 연봉 금액의 숫자가 너무 크거나 작다고 생각할 수도 있지만 외국 환율로 표현했다고 생각하자.

먼저 배열 인덱스와 친구 수로 산포도를 만들어보자. 지금까지 여러 번 해봤으니 원으로 데이터를 표현하는 코드가 그리 어렵지 않게 느껴질 것이다.

```
d3.select("svg").selectAll("circle")
  .data(scatterData).enter()
  .append("circle").attr("r", 5).attr("cx", function(d,i) {
          return i * 10;
  }).attr("cy", function(d) {
          return d.friends;
  });
```

cy 위치에 d.friends를 지정함으로써 friends 속성값에 따라 원이 더 아래쪽에 놓이게 된다. 차트에서 아래쪽으로 내려갈수록 친구가 더 많음을 나타낸다. 배열 인덱스로 원을 왼쪽에서부터 오른쪽으로 놓는 방법은 2장에서 이미 설명했다. 하지만 [그림 4.3]은 그다지 산포도처럼 보이지는 않는다.

그림 4.3 배열 인덱스와 친구 수로 표현한 산포도

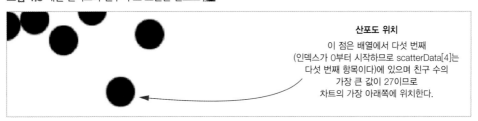

산포도 위치
이 점은 배열에서 다섯 번째
(인덱스가 0부터 시작하므로 scatterData[4]는
다섯 번째 항목이다)에 있으며 친구 수의
가장 큰 값이 27이므로
차트의 가장 아래쪽에 위치한다.

이제 스케일을 만들어 SVG 영역 안에 차트가 잘 보이도록 만들어보자.

```
var xExtent = d3.extent(scatterData, function(d) {
```

```
                    return d.salary;
              });
var yExtent = d3.extent(scatterData, function(d) {
                        return d.friends;
              });

var xScale = d3.scale.linear().domain(xExtent).range([0,500]);
var yScale = d3.scale.linear().domain(yExtent).range([0,500]);

d3.select("svg").selectAll("circle")
  .data(scatterData).enter().append("circle")
  .attr("r", 5).attr("cx", function(d) {
              return xScale(d.salary);
  }).attr("cy", function(d) {
              return yScale(d.friends);
  });
```

[그림 4.4]는 이 코드를 실행한 모습이다. 이제 제대로 된 산포도를 보여준다. 점별로 X-축은 연봉을, Y-축은 친구 수를 나타낸다. 오른쪽에 있을수록 연봉이 높고, 아래쪽에 가까울수록 친구가 많음을 나타내지만 레이블이 없어 이 점의 의미가 명확하지 않다. 이제 레이블을 추가해보자.

그림 4.4 레이블 없이 연봉과 친구 수를 표현한 산포도

[그림 4.4]는 다른 차트와 마찬가지로 요소의 위치가 무엇을 의미하는지 명확하게 알 수 없으

므로 사실 쓸모가 없다. 잘 포맷된 축 레이블을 사용하면 의미를 명확히 전달할 수 있다. 데이터를 바인딩하고 요소를 추가해 선, 눈금(축을 따라 동일 거리를 나타내는 짧은 선), 레이블을 축에 추가할 수도 있다. D3에서는 데이터를 표현하는 데 사용한 스케일에 기초해 이런 요소들을 쉽게 생성해주는 d3.svg.axis() 메서드를 제공한다. axis 객체를 생성한 후에 축을 어떻게 보여줄지 정의하면 된다. 그리고 나서 이런 화면 요소를 그릴 곳을 나타내는 〈g〉 요소를 선택하고, 셀렉션의 call() 메서드를 호출하면 축을 그릴 수 있다.

```
var yAxis = d3.svg.axis().scale(yScale).orient("right");
d3.select("svg").append("g").attr("id", "yAxisG").call(yAxis);

var xAxis = d3.svg.axis().scale(xScale).orient("bottom");
d3.select("svg").append("g").attr("id", "xAxisG").call(xAxis);
// 셀렉션의 call() 메서드는 메서드 체인이 속한 객체와 함께 함수를 호출하므로,
// 이 코드는 다음 코드와 동일하다.
// xAxis(d3.select("svg").append("g").attr("id", "xAxisG"));
```

[그림 4.5]에서는 레이블이 붙은 두 축으로 원의 XY 위치를 더 쉽게 알아볼 수 있다. 레이블은 각 축을 생성하는 데 사용한 스케일에서 나오며, 이 차트를 이해하기 더 좋게 만들어준다.

그림 4.5 축과 레이블을 추가한 산포도

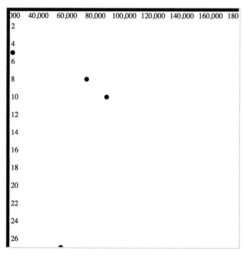

하지만 축을 나타내는 선이 두꺼워서 축과 축 위의 점 하나가 겹친다. 3장에서 설명한 대로 경로는 기본적으로 검은색으로 채워진다. 두 축의 도메인 경로를 "none"으로 설정해 채움 스타

일을 설정하면 화면을 조금 더 보기 좋게 만들 수 있다. 이렇게 하면 눈금에 기본 stroke 스타일을 적용하지 않으므로 화면에 눈금이 나타나지 않는다.

[그림 4.6]을 보면 눈금이 보이지 않는 이유와 축 도메인에 검은색 영역이 두꺼운 이유를 알 수 있다. d3.svg.axis()를 호출하면 ❶ 축의 길이와 같은 크기의 ⟨path.domain⟩, ❷ 각 눈금의 ⟨line⟩과 ⟨text⟩ 요소를 담고 있는 ⟨g.tick.major⟩, ❸ (D3 버전 3.2나 이전 버전에서 사용됐으며, 지금은 잘 쓰지 않는 tickSubdivide() 메서드를 사용한 경우) 작은 눈금마다 생기는 ⟨line.tick.minor⟩요소들이 생성된다. 이 요소들의 부모인 ⟨g⟩ 요소는 화면에는 보이지 않는다. [그림 4.6]의 경우 ❶번 영역이 검은색으로 채워져 있으며 모든 선이 스트로크를 갖고 있지 않다. 이 방식이 SVG가 ⟨line⟩과 ⟨path⟩ 요소를 그리는 기본 설정이기 때문이다. 축을 개선하려면 스타일을 적절히 설정해야 한다.

그림 4.6 축의 구성 요소

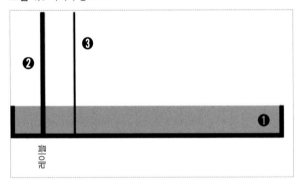

4.2.2 축의 스타일 설정

이 요소들은 axis() 메서드로 생성한 표준 SVG 요소들이며 처음 생성할 때는 다른 요소들과 비슷한 스타일로 설정돼 있다.

납득되지는 않겠지만 SVG는 CSS와 짝을 이루어 사용하도록 설계돼 있으므로 요소들에는 '도움이 되는' 스타일이 할당돼 있지 않다. 그렇지 않다면 CSS로 스타일을 덮어쓰려 고생해야 할 것이다. 여기에서는 d3.select()와 style() 메서드로 ⟨path.domain⟩ 요소의 fill 속성값을 "none"으로 변경하고 ⟨line⟩의 stroke값을 "black"으로 설정한다.

```
// 축이 두 개 있으므로 selectAll() 메서드로 각 축마다 스타일을 적용한다.
d3.selectAll("path.domain").style("fill", "none").style("stroke", "black");

// 나중에는 line.tick을 조금 더 구체적인 값으로 지정하고 싶을 것이다.
// 우리가 사용할 것들은 축에 사용된 선들보다 많기 때문이다.
d3.selectAll("line").style("stroke", "black");
```

[그림 4.7]을 보면 〈path.domain〉의 눈금과 스트로크, 그리고 축에 가려졌던 데이터점도 보인다.

그림 4.7 축의 스타일을 변경한 산포도

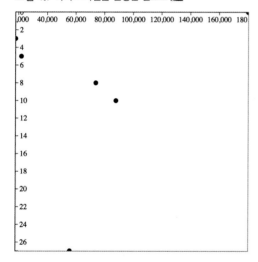

Y-축을 orient("left")로 설정하거나 X-축을 orient("top")으로 설정하면 레이블과 눈금을 볼 수 없다. 앞에서 사각형으로 설명했던 것처럼 이 요소들이 그림 영역 밖에 그려지기 때문이다. 축의 상위 〈g〉 요소에 attr("translate") 메서드를 호출하면, 요소를 그릴 때 혹은 그린 후에 축을 이동할 수 있다. 따라서 요소를 그림 영역에 추가할 때 요소에 ID를 할당하는 일이 중요하다. 다음과 같이 실행하면 X-축을 그림 영역 바닥으로 옮길 수 있다.

```
d3.selectAll("#xAxisG").attr("transform","translate(0,500)");
```

수정한 코드는 다음과 같다. 여기에서는 tickSize() 메서드로 눈금 선을 변경하고, ticks() 메서드로 눈금의 개수를 직접 설정한다.

```
var scatterData = [{friends: 5, salary: 22000},
        {friends: 3, salary: 18000}, {friends: 10, salary: 88000},
        {friends: 0, salary: 180000}, {friends: 27, salary: 56000},
        {friends: 8, salary: 74000}];

// 데이터셋 안에 있는 값들을 그림 영역에 매핑하려 한 쌍의 스케일을 생성한다.
var xScale = d3.scale.linear().domain([0,180000]).range([0,500]);
var yScale = d3.scale.linear().domain([0,27]).range([0,500]);

// 메서드 체이닝으로 축을 생성하고
// 방향, 눈금 크기, 눈금 개수를 명시적으로 설정한다.
xAxis = d3.svg.axis().scale(xScale)
        .orient("bottom").tickSize(500).ticks(4);
d3.select("svg").append("g").attr("id", "xAxisG").call(xAxis);

yAxis = d3.svg.axis().scale(yScale)
        .orient("right").ticks(16).tickSize(500);

// <svg> 그림 영역에 <g> 요소를 추가하고,
// <g> 요소에서 axis()를 호출해 축을 그리는 데 필요한 요소들을 생성한다.
d3.select("svg").append("g").attr("id", "yAxisG").call(yAxis);

d3.select("svg").selectAll("circle")
   .data(scatterData).enter()
   .append("circle").attr("r", 5)
   .attr("cx", function(d) {return xScale(d.salary);})
   .attr("cy", function(d) {return yScale(d.friends);});
```

이 코드를 실행하면 [그림 4.8]처럼 화면에서 아무것도 알아볼 수 없다. 축의 눈금 크기를 그림 영역의 크기로 설정하면 〈path.domain〉도 그림 영역의 크기로 설정되고 경로가 기본적으로 검은색으로 채워지기 때문이다.

그림 4.8 축을 잘못 설정한 산포도

이제 [그림 4.8]에 나타난 커다랗고 검은 사각형을 살펴보자. "xAxisG"라는 아이디로 생성된 ⟨g⟩ 요소는 선과 텍스트로 구성된 ⟨g⟩ 요소들을 하위에 가졌다.

```
<g class="tick major" transform="translate(0,0)" style="opacity: 1;">
  <line x2="6" y2="0"></line>
  <text x="9" y="0" dy=".32em" style="text-anchor: start;">0</text>
</g>
```

클래스를 지정해 ⟨g⟩ 요소를 생성했으므로 CSS로 자식 요소들(선과 레이블)의 스타일을 지정하거나 D3에서 셀렉션을 만들 수 있다. 눈금을 레이블에 일치하게 하고 축을 제대로 출력하려면 요소를 선택해 스타일을 변경해야 한다. 왜 그럴까? 선, 레이블과 마찬가지로 axis 코드가 축 요소를 포함한 영역 전체를 덮도록 ⟨path.domain⟩ 요소를 그렸기 때문이다. 이 도메인 요소를 "fill:none"으로 설정하지 않으면 그림 영역을 가득 덮는 커다랗고 검은 사각형을 그린다.

예제 코드를 보다 보면 눈금 선의 길이를 음수로 설정해 시각적으로 약간 다른 스타일을 구현한 예도 볼 수 있을 것이다. 축을 정상적으로 만들려면 d3.select()로 인라인 스타일을 필요한 요소에 모두 적용할 수도 있다. 하지만 CSS를 사용하는 편이 좋다. CSS를 사용하면 유지 보수하기 더 쉽고 자바스크립트를 실행해 스타일을 설정할 필요가 없기 때문이다. axis()로 생성한 요소에 대응하는 CSS 스타일시트는 [리스트 4.1]과 같다.

리스트 4.1 ch4stylesheet.css

```
<style>
/* 이 스타일은 "g.major > line"으로 참조해야 했던
   major 선을 포함한 모든 선에 적용된다. */
line {
  shape-rendering: crispEdges;
  stroke: #000;
}

path.domain {
  fill: none;
  stroke: black;
}
</style>
```

CSS 파일을 변경하고 코드를 다시 실행하면 [그림 4.9]처럼 차트를 읽기가 약간 더 수월해진다. 〈path.domain〉 요소의 fill 속성을 "none"으로 설정했고 CSS 설정을 눈금의 〈line〉 요소에 적용하므로 두 축에 기초해 가는 격자를 그렸다.

그림 4.9 스타일을 변경한 산포도

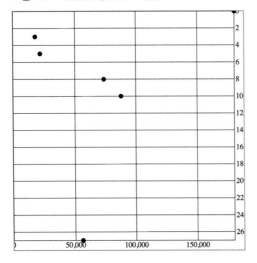

[그림 4.9]에서 axis() 메서드로 생성된 요소들을 살펴보고 [그림 4.10]에서 CSS 클래스들이 어떻게 그 요소들에 연결됐는지 확인해보자. DOM을 보면 눈금 〈line〉 요소들과 레이블에 대한 〈text〉 요소가 어떻게 눈금 개수의 〈g.tick.major〉 요소에 대응되는지 알 수 있다.

그림 4.10 개선된 격자의 DOM

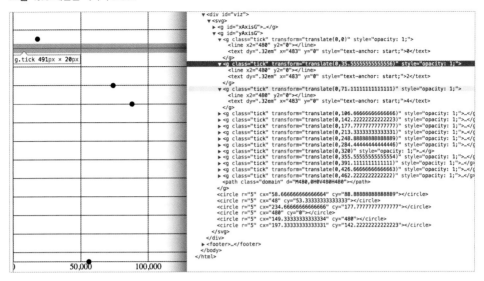

더욱 복잡한 정보 시각화 작업을 하다 보면 스타일시트에서 참조되는 클래스를 가진 요소를 직접 만드는 일에 익숙해진다. 그리고 D3 컴포넌트가 DOM의 어디에 요소를 생성하는지, 제대로 스타일을 적용하도록 하려면 어떻게 클래스를 할당하는지 알게 된다.

4.3 복잡한 화면 객체

사용자 실태 인구 조사나 통계 데이터 등 데이터에서 분포 측면이 중요한 경우처럼 원이나 사각형으로 데이터를 표현하기 어려운 데이터셋도 있다. 데이터의 분포가 정보를 시각화하면서 사라지거나 표준 편차 등 평균으로는 설명할 수 없는 대학교 1학년 수준의 통계학 용어에 대한 참조만 적혀 있는 경우들이 간혹 있다. 주가 변동 등 분포 데이터를 표현하는 데는 전통적인 산포도보다 박스 플롯boxplot이 상당히 유용하다. 박스 플롯은 도형 안에 분포를 표현하는 데 복잡한 그림을 사용한다. [그림 4.11]에서 보는 것처럼 박스 플롯 안에 있는 박스는 일반적으로 다음과 같이 다섯 가지 요소로 구성된다.

- 최댓값
- 제3사분위수 등 해당 분포에서 높은 값
- 중앙값이나 평균값

- 제1사분위수 등 해당 분포에서 낮은 값

- 최솟값

박스 플롯은 전처리된 사분위수^{quartile}를 사용하지만, d3.scale.quartile()을 이용하면 데이터셋으로부터 원하는 값을 쉽게 생성할 수 있다.

그림 4.11 박스 플롯의 구성 요소

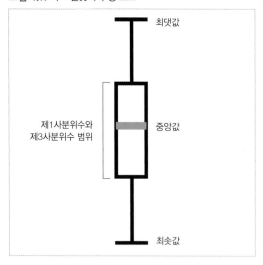

잠시 시간을 내어 [그림 4.11]의 그림에 들어가는 정보의 양을 알아보자. 중앙값은 회색 선으로 표현한다. 직사각형은 주류 데이터를 나타내는 범위에 들어가는 데이터의 범위를 나타낸다. 사각형의 위와 아래에 있는 선은 최댓값과 최솟값이다. 데이터점에 평균값이나 중앙값만 매핑하면 회색 선을 제외한 나머지 정보는 모두 사라진다.

박스 플롯을 제대로 만들려면 해당 영역에서 흥미롭게 변화하는 일련의 데이터셋이 필요하다. 예를 들어 (사장님께 이 정보를 보고한다든지 아니면 다른 목적으로) 우리 웹 사이트에 방문하는 등록 사용자(이하 방문자) 수를 요일별로 표시해 주 단위로 비교하는 경우를 생각해보자. 등록 정보로 방문자의 나이를 알 수 있으므로 이 데이터에 기초해 사분위수를 유도한다. 엑셀, 파이썬, 혹은 d3.scale.quartile()로 계산하거나 데이터셋에 포함돼 있을 수도 있다. 데이터를 이용하다 보면 사분위수 등 일반적인 통계 정보를 접하게 되며 이런 정보를 차트에 표현해야 하는 일이 자주 있으므로 이 예제에 너무 당황하지 말라. 여기에서는 CSV 포맷 정보를 사용한다.

[리스트 4.2]는 요일별로 방문자 수와 방문자 나이의 사분위수를 가진 데이터다.

리스트 4.2 boxplot.csv

```
day,min,max,median,q1,q3,number
1,14,65,33,20,35,22
2,25,73,25,25,30,170
3,15,40,25,17,28,185
4,18,55,33,28,42,135
5,14,66,35,22,45,150
6,22,70,34,28,42,170
7,14,65,33,30,50,28
```

[그림 4.12]처럼 나이의 중앙값을 산포도로 표현하면 일주일 내내 방문자의 변동이 그리 많지 않다. 요일별로 방문자 나이의 중앙값을 산포도로 그려 이 차트를 만들었다. 그리고 Y-축을 뒤집었는데, 이렇게 하는 것이 더 타당하다.

리스트 4.3 평균 나이의 산포도

```
d3.csv("boxplot.csv", scatterplot)

function scatterplot(data) {
  xScale = d3.scale.linear().domain([1,8]).range([20,470]);
  // 스케일을 뒤집었으므로 높은 값이 위에, 낮은 값이 아래에 놓인다.
  yScale = d3.scale.linear().domain([0,100]).range([480,20]);

  yAxis = d3.svg.axis()
          .scale(yScale)
          .orient("right")
          .ticks(8)
          .tickSize(-470);

  // 축을 담고 있는 <g>의 위치를 조정한다.
  d3.select("svg").append("g")
    .attr("transform", "translate(470,0)")
    .attr("id", "yAxisG")
    .call(yAxis);

  xAxis = d3.svg.axis()
          .scale(xScale)
          .orient("bottom")
          .tickSize(-470)
          // 숫자로 표현된 요일에 대응하도록 눈금값을 구체적으로 지정한다.
```

```
        .tickValues([1,2,3,4,5,6,7]);

    d3.select("svg").append("g")
      .attr("transform", "translate(0,480)")
      .attr("id", "xAxisG")
      .call(xAxis);

    d3.select("svg").selectAll("circle.median")
      .data(data)
      .enter()
      .append("circle")
      .attr("class", "tweets")
      .attr("r", 5)
      .attr("cx", function(d) {return xScale(d.day)})
      .attr("cy", function(d) {return yScale(d.median)})
      .style("fill", "darkgray");
    }
```

그림 4.12 요일별(X-축) 방문자 나이의 중앙값(Y-축)을 표현한 산포도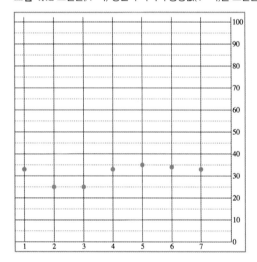

그렇지만 이 데이터를 제대로 보여주려면 박스 플롯을 만들어야 한다. 박스 플롯을 만드는 작업은 산포도와 비슷하지만 각 데이터점에 원을 붙이는 대신 ⟨g⟩ 요소를 붙인다. ⟨g⟩ 요소에는 레이블이나 차트에 중요한 정보를 적용할 수 있으므로 언제나 ⟨g⟩ 요소를 사용하는 편이 좋다. 하지만 ⟨g⟩ 요소를 그림 영역에 놓을 때는 transform 속성을 사용해야 한다. ⟨g⟩에 추가한 요소들은 자기 부모의 위치를 기준으로 하는 좌표를 갖는다. 자식 요소에 x와 y 속성을 적용할 때, 부모인 〈g〉 요소를 기준으로 상대 좌표를 설정해야 한다.

〈g〉 요소를 모두 선택하고 자식 요소를 한 번에 하나씩 추가했던 앞 장의 방식과 달리, 여기에서는 셀렉션의 각 요소에 같은 코드를 수행하도록 하는 each() 메서드로 새로운 요소를 생성한다. D3의 모든 셀렉션 메서드와 마찬가지로 each() 메서드는 바인딩된 데이터, 배열 인덱스, DOM 요소에 접근할 수 있다.

1장에서는 이런 작업을 수행하는 데 selectAll() 메서드를 호출해 〈g〉 요소들을 선택하고 바로 〈circle〉과 〈text〉 요소들을 추가했다. 1장에서 사용한 방식이 깔끔하지만, each() 메서드를 선호하는 경우, 각 데이터 요소에 복잡한 연산을 수행하는 경우, 조건을 더 조사해 추가할 자식 요소를 변경하려는 경우에는 each() 메서드를 사용하는 편이 좋다.

[리스트 4.4]는 자식 요소를 추가하는 데 each() 메서드를 사용하는 방법을 잘 보여준다. 여기에서는 [리스트 4.3]에서 만든 스케일을 이용하며 이미 그린 원 위에 사각형을 그린다.

리스트 4.4 초기 박스 플롯 코드

```
d3.select("svg").selectAll("g.box")
  .data(data).enter()
  .append("g")
  .attr("class", "box")
  .attr("transform", function(d) {
      return "translate(" + xScale(d.day) +"," + yScale(d.median) + ")";
  }).each(function(d,i) {
      // each() 메서드 안에 있으므로
      // this로 여기에 새로운 자식 요소를 추가한다.
      d3.select(this)
        .append("rect")
        .attr("width", 20)
        // each() 메서드에 전달한 익명 함수에 d와 i 인자가 선언돼 있으므로,
        // d 인자로 원래 요소에 바인딩된 데이터에 접근한다.
        .attr("height", yScale(d.q1) - yScale(d.q3));
  });
```

방문자 나이의 분포를 알려주는 [그림 4.13]의 사각형은 오른쪽으로 치우쳐 있을 뿐만 아니라 값도 잘못돼 있다. 예를 들어 7번째 요일의 범위가 30에서 50까지여야 하는데, 차트에서는 13에서 32까지로 나타난다. SVG가 사각형을 그리는 방식 때문에 이런 문제가 생긴 것이다.

〈rect〉 요소는 방문자 나이의 제1사분위수와 제3사분위수의 범위를 스케일해 보여준다. 사각형은 각 〈g〉 요소 안에서 나이의 중앙값을 나타내는 회색 〈circle〉 요소 앞에 놓인다. SVG 관례에 따라 〈g〉 요소의 아래 오른쪽으로 그려진다.

그림 4.13 잘못 그려진 박스 플롯

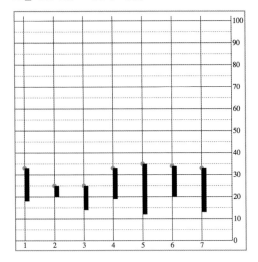

방문자 나이 분포를 제대로 보여주려면 다음과 같이 코드를 수정해야 한다.

```
...
.each(function(d,i) {
  d3.select(this)
    .append("rect")
    .attr("width", 20)
    // 직사각형을 수평으로 중간에 놓으려 너비의 절반만큼 왼쪽으로 옮긴다.
    .attr("x", -10)
    // 사각형의 높이는 q1과 q3의 차이와 같으므로,
    // 사각형의 세로 위치를 중앙값과 높은 값(q3)의 차이만큼 위로 올린다.
    .attr("y", yScale(d.q3) - yScale(d.median))
    .attr("height", yScale(d.q1) - yScale(d.q3))
    .style("fill", "white")
    .style("stroke", "black");
});
```

[그림 4.14]를 보자. 이제는 〈rect〉 요소가 제대로 놓여 사각형의 위와 아래가 각 요일의 방문자 나이의 제1사분위수와 제3사분위수에 대응한다. 제1사분위수와 중앙값이 같은 두 번째 요

일(회색 원의 절반이 사각형 아래쪽으로 삐져나온다)을 제외하고는 모든 원이 가려진다.

그림 4.14 제대로 그린 박스 플롯

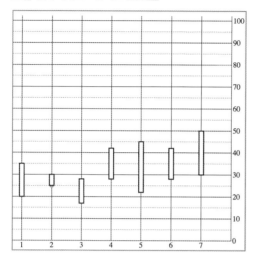

[그림 4.14]에서 차트를 생성하는 데 사용했던 같은 기법으로 each() 메서드 안에 코드를 추가해 박스 플롯의 나머지 요소도 만들어보자(박스 플롯 구조는 [그림 4.15]의 설명을 참조하라). 이 코드는 데이터 바인딩하면서 생성된 부모 ⟨g⟩ 요소들을 모두 선택해 박스 플롯을 만드는 데 필요한 도형들을 추가한다. 특히 ⟨g⟩의 자식 요소들을 그리려 상대 위치를 설정하는 방법에 주의해서 보자. 모든 자식 요소에는 부모 ⟨g⟩ 요소 위치가 원점이므로 ⟨line.max⟩, ⟨rect.distribution⟩, ⟨line.range⟩는 모두 원점의 왼쪽 위에 오는 반면, ⟨line.min⟩은 중앙 아래에 놓이고, ⟨line.median⟩의 y값은 0이다. 중심을 중앙값으로 설정했기 때문이다.

리스트 4.5 자식 요소 다섯 개를 그리는 박스 플롯의 each() 메서드

```
...
.each(function(d,i) {
  // 최솟값에서 최댓값으로 선을 그린다.
  d3.select(this)
    .append("line")
    .attr("class", "range")
    .attr("x1", 0)
    .attr("x2", 0)
    .attr("y1", yScale(d.max)   yScale(d.median))
    .attr("y2", yScale(d.min) - yScale(d.median))
```

```
  .style("stroke", "black")
  .style("stroke-width", "4px");

// 최소-최대선의 꼭대기에 가로로 놓인 선
d3.select(this)
  .append("line")
  .attr("class", "max")
  .attr("x1", -10)
  .attr("x2", 10)
  .attr("y1", yScale(d.max) - yScale(d.median))
  .attr("y2", yScale(d.max) - yScale(d.median))

// 최소-최대선의 바닥에 가로로 놓인 선
d3.select(this)
  .append("line")
  .attr("class", "min")
  .attr("x1", -10)
  .attr("x2", 10)
  .attr("y1", yScale(d.min) - yScale(d.median))
  .attr("y2", yScale(d.min) - yScale(d.median))
  .style("stroke", "black")
  .style("stroke-width", "4px");

// 사각형의 중심이 중앙값에 놓이도록 위치를 조절한다.
d3.select(this)
  .append("rect")
  .attr("class", "range")
  .attr("width", 20)
  .attr("x", -10)
  .attr("y", yScale(d.q3) - yScale(d.median))
  .attr("height", yScale(d.q1) - yScale(d.q3))
  .style("fill", "white")
  .style("stroke", "black")
  .style("stroke-width", "2px");

// 부모 요소인 <g> 요소의 중심이 중앙값에 놓여 있으므로,
// 중앙값 선은 이동할 필요가 없다.
d3.select(this)
  .append("line")
  .attr("x1", -10)
  .attr("x2", 10)
  .attr("y1", 0)
  .attr("y2", 0)
  .style("stroke", "darkgray")
```

```
        .style("stroke-width", "4px");

    });
```

그림 4.15 D3에서 박스 플롯을 그리는 방법

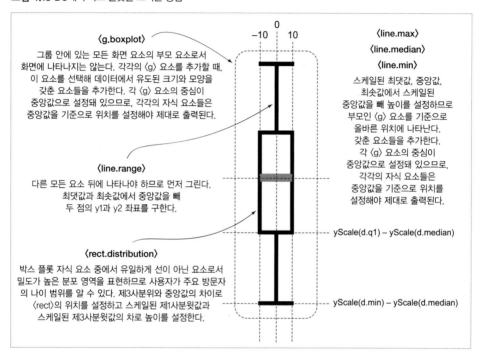

[리스트 4.6]은 박스 플롯의 박스들이 어느 요일에 연관된 것인지 알려주려 X-축에 눈금과 레이블을 표시한다. 여기에서는 앞에서 이미 봤던 tickValues() 메서드를 사용한다. 그리고 axis() 메서드를 호출할 때 사용한 조정값과 같은 크기의 음수로 tickSize()를 설정한다.

리스트 4.6 tickValues()로 축 추가

```
var xAxis = d3.svg.axis().scale(xScale).orient("bottom")
            // tickSize()를 음수로 호출하면 선을 축의 위로 그린다.
            // axis()를 호출할 때 같은 값으로 위치를 조정해야 한다.
            .tickSize(-470)
            // tickValues() 메서드로 구체적인 값을 설정하면
            // 이 값에 해당하는 값들민 축에 표시힌다.
            // 기본적으로 생성된 눈금을 사용하지 않을 때 유용하다.
```

```
                .tickValues([1,2,3,4,5,6,7]);

  // 음수로 설정한 tickSize()에 맞춰 축을 설정한다.
  d3.select("svg").append("g")
    .attr("transform", "translate(0,470)")
    .attr("id", "xAxisG").call(xAxis);

  // 사용자의 주의를 혼란스럽게 만들 수 있으므로 가장자리 눈금을 감춘다.
  d3.select("#xAxisG > path.domain").style("display", "none");
```

이와 같이 코드를 모두 수정하고 나면, 원 대신 분포를 잘 보여주려 설계된 정교한 화면 요소로 각 데이터점을 표현하는 차트가 만들어진다.

[그림 4.16]의 박스 플롯은 방문자 나이의 중앙값뿐만 아니라 최솟값, 최댓값, 주요 방문자의 나이 분포를 보여준다. 이 도표를 보면 방문자의 나이 통계를 명확하고 깔끔하게 볼 수 있다. 여기에 방문자 수는 포함되지 않지만 색상으로 보여주거나, 박스 플롯을 클릭할 때 보여주거나, 방문자 수에 따라 박스 플롯의 너비를 두껍게 만들 수도 있다.

그림 4.16 박스 플롯 최종 버전

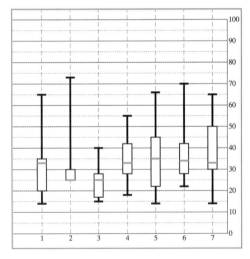

박스 플롯을 살펴본 이유는 선과 사각형을 사용해 여러 부분으로 구성된 객체를 만드는 방법을 알 수 있기 때문이었다. 그런데 이와 같이 분포 정보를 시각화하면 어떤 점이 좋을까? 데이터에 대한 요약 정보를 그림으로 축약한다는 점이다. 이 예제의 경우 "수요일에 방문자의 나이는 대부분 18살에서 25살 사이이며, 가장 나이가 많은 사람은 40살, 가장 어린 사람은 15살,

나이의 중앙값은 25살"이라는 정보를 표현한다. 그리고 그림을 보면서 "어떤 날의 방문자 나이 중앙값이 다른 날의 주요 방문자 층에 속하는지" 눈으로 간단히 확인할 수 있다.

박스 플롯은 여기서 설명을 마치고, 이제부터 다른 종류의 복잡한 화면 객체인 '보간된 선 _{interpolated line}'을 알아보자.

4.4 선 그래프와 보간법

선 그래프는 점과 점을 연결해 그려서 만든다. 점을 연결하는 선과 선에 의해 구분된 안쪽과 바깥쪽 영역은 데이터에 대한 이야기를 전해 준다. 엄밀히 말해 선 그래프는 정적 데이터 시각화지만, 변화(특히 시간이 지남에 따른)를 표현하기도 한다.

여기에서 사용할 데이터셋은 [리스트 4.7]과 같으며, 시간의 경과에 따른 변화를 잘 보여준다. 트위터 계정이 있고 트윗, 관심글 담기, 리트윗을 추적해 소셜 미디어에 가장 많이 반응하는 시각이 언제인지 찾아내려 한다고 생각해보자. 이런 데이터는 JSON 포맷으로 된 데이터셋을 사용하겠지만, 먼저 CSV 파일을 사용해보자. 이런 종류의 데이터에는 CSV 포맷이 가장 효율적이기 때문이다.

리스트 4.7 tweetdata.csv

```
day,tweets,retweets,favorites
1,1,2,5
2,6,11,3
3,3,0,1
4,5,2,6
5,10,29,16
6,4,22,10
7,3,14,1
8,5,7,7
9,1,35,22
10,4,16,15
```

먼저 2장에서 했던 것처럼 d3.csv() 메서드로 이 CSV 파일을 가져와 각 데이터점에 대한 원을 생성한다. 각각의 데이터에 대해 day 속성이 x 위치를 결정하고, 트윗, 리트윗 등 다른 데이터점이 y 위치를 결정한다. 그림 영역 안에 차트가 들어가도록 일반적인 x와 y 스케일을 생성한다. 그리고 결과를 틀 안에 넣어서 볼 수 있도록 두 개의 축을 만든다. 여기에서는 서로 다른 색상으로 표현해 세 가지 데이터를 구분한다.

리스트 4.8 tweetdata로부터 산포도를 그리기 위한 콜백 함수

```
d3.csv("tweetdata.csv", lineChart);

function lineChart(data) {

    // 늘 해온 것처럼, 여백을 넣어 스케일을 만든다.
    xScale = d3.scale.linear().domain([1,10.5]).range([20,480]);
    yScale = d3.scale.linear().domain([0,35]).range([480,20]);

    // 날짜를 표현하도록 X-축의 눈금을 설정한다.
    xAxis = d3.svg.axis()
            .scale(xScale)
            .orient("bottom")
            .tickSize(480)
            .tickValues([1,2,3,4,5,6,7,8,9,10]);

    d3.select("svg").append("g").attr("id", "xAxisG").call(xAxis);

    yAxis = d3.svg.axis()
            .scale(yScale)
            .orient("right")
            .ticks(10)
            .tickSize(480);

    d3.select("svg").append("g").attr("id", "yAxisG").call(yAxis);

    // 다음에 나오는 세 줄의 코드는 같은 데이터셋을 사용하지만,
    // y 위치가 각기 트윗, 리트윗, 관심글 담기 횟수를 나타낸다.
    d3.select("svg").selectAll("circle.tweets")
        .data(data)
        .enter()
        .append("circle")
        .attr("class", "tweets")
        .attr("r", 5)
        .attr("cx", function(d) {return xScale(d.day)})
        .attr("cy", function(d) {return yScale(d.tweets)})
        .style("fill", "black");
```

```
d3.select("svg").selectAll("circle.retweets")
  .data(data)
  .enter()
  .append("circle")
  .attr("class", "retweets")
  .attr("r", 5)
  .attr("cx", function(d) {return xScale(d.day)})
  .attr("cy", function(d) {return yScale(d.retweets)})
  .style("fill", "lightgray");

d3.select("svg").selectAll("circle.favorites")
  .data(data)
  .enter()
  .append("circle")
  .attr("class", "favorites")
  .attr("r", 5)
  .attr("cx", function(d) {return xScale(d.day)})
  .attr("cy", function(d) {return yScale(d.favorites)})
  .style("fill", "gray");
};
```

이 코드를 실행하면 [그림 4.17]처럼 트윗 횟수는 회색, 리트윗 횟수는 진한 회색, 관심글 담기 횟수는 검은색으로 표현한다. 앞에서 정의한 CSS 규칙을 활용하고 있지만 내용을 파악하기 어렵다.

그림 4.17 트위터에서 10일간의 활동에 대한 데이터점을 보여주는 산포도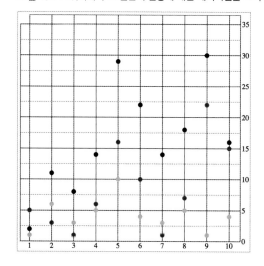

4.4.1 점으로 선 그리기

같은 범주의 점을 연결하는 선을 그리면 트윗, 리트윗, 관심글 담기한 수를 비교할 수 있다. 먼저 d3.svg.line() 메서드로 트윗에 대한 선을 그려보자. 선 생성기는 점 배열을 입력받으므로 각 점의 좌표로 구성된 값을 생성기에 전달해야 한다. 기본적으로 선 생성기는 x값 배열과 y값 배열, 두 개를 인자로 받는다. 현재 x값은 활동 날짜, y값은 활동량에 기반을 두고 있으므로 이 값을 그대로 사용할 수 없다.

선 생성기의 x() 접근자 메서드는 스케일된 날짯값을 가리키고, y() 접근자 메서드는 활동량을 스케일한 값을 가리켜야 한다. line() 메서드 자체는 tweetdata.csv에서 로딩된 데이터셋 전체를 받지만, 데이터셋에 있는 점들을 연결하는 데 필요한 SVG 그림 코드를 반환한다. 선을 세 개 만들려면 각기 약간 다른 생성기로 데이터셋을 세 번 사용해야 한다. 생성기 함수를 작성해 선을 그리려 데이터에 접근하는 방법을 정의해야 할 뿐만 아니라, 〈path〉 요소를 그림 영역에 추가하고 경로의 d 속성을 생성기로 설정해야 한다(리스트 4.9).

리스트 4.9 콜백 함수 안에 새로 만든 선 생성기 코드

```
var tweetLine = d3.svg.line()
    // 데이터에 대한 접근자를 정의한다.
    // 여기에서는 날짜 속성을 가져와 xScale()에 전달한다.
    .x(function(d) {
        return xScale(d.day);
    })
    // 이와 동일하게 트윗 횟수를 처리한다.
    .y(function(d) {
        return yScale(d.tweets);
    });

// tweetdata로 로딩된 생성기가 추가한 경로를 그린다.
d3.select("svg")
    .append("path")
    .attr("d", tweetLine(data))
    .attr("fill", "none")
    .attr("stroke", "darkred")
    .attr("stroke-width", 2);
```

이미 그린 원 위에 선을 그리므로, 선 생성기는 [그림 4.18]과 같은 선을 만든다. 선 생성기는

전체 데이터셋을 받아 선을 그리는데, 그림 영역 위 각 점의 (x, y) 좌표는 자신의 접근자에 기초한다. 선을 구성하는 각각의 점은 날짜별 활동에 대응되는데, 그림 영역을 생성하려고 만든 스케일을 그대로 사용한다.

그림 4.18 트윗 횟수를 선으로 연결한 차트

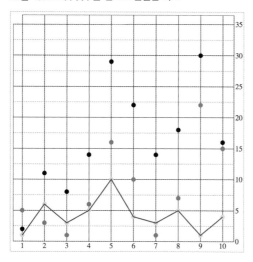

4.4.2 다중 생성기로 여러 선 그리기

[리스트 4.10]과 같이 데이터셋 안에 있는 데이터 유형별로 선 생성기를 만들어 각 경로를 호출하면 날짜별로 각 데이터의 변화를 볼 수 있다(그림 4.19).

리스트 4.10 각 tweetdata에 대한 선 생성기

```
// 선 생성기 하나만 정의하고, 각각의 선을 그릴 때
// y() 접근자 메서드만 변경하면 더 효율적으로 구현할 수 있지만,
// 이와 같이 따로 정의하면 각 선을 그리는 코드를 알아보기 쉽다.
var tweetLine = d3.svg.line()
  .x(function(d) {
      return xScale(d.day)
  })
  .y(function(d) {
      return yScale(d.tweets)
  });
```

```
// 세 개의 행에서 y() 접근자만 다른 것을 알 수 있다.
var retweetLine = d3.svg.line()
  .x(function(d) {
      return xScale(d.day)
  })
  .y(function(d) {
      return yScale(d.retweets)
  });

var favLine = d3.svg.line()
  .x(function(d) {
      return xScale(d.day);
  })
  .y(function(d) {
      return yScale(d.favorites);
  });

// 새로운 <path> 요소는 각기 자신에 대응되는 생성기를 호출한다.
d3.select("svg")
  .append("path")
  .attr("d", tweetLine(data))
  .attr("fill", "none")
  .attr("stroke", "darkred")
  .attr("stroke-width", 2);

d3.select("svg")
  .append("path")
  .attr("d", retweetLine(data))
  .attr("fill", "none")
  .attr("stroke", "gray")
  .attr("stroke-width", 3);

d3.select("svg")
  .append("path")
  .attr("d", favLine(data))
  .attr("fill", "none")
  .attr("stroke", "black")
  .attr("stroke-width", 2);
```

그림 4.19 선 생성기 세 개로 그린 선 그래프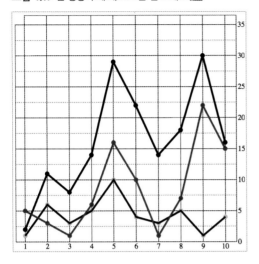

4.4.3 선 보간법

D3에는 선을 그리는 데 사용하는 여러 보간법을 제공하므로, 데이터를 더욱 정확히 표현할 수 있다. tweetdata의 경우 각각의 데이터점이 모든 데이터를 정확히 나타내므로 [그림 4.19]에서와 같이 기본적으로 제공하는 '선형' 기법이 적절하다. 하지만 데이터에 따라 [그림 4.20]처럼 다른 보간법으로 선을 그릴 수도 있다. 다음 코드는 같은 데이터셋을 사용하지만, d3.svg.line() 생성기에 다른 보간법을 적용한다. 연한 회색 선(두 곡선 중 위쪽)은 basis, 진한 회색 선(두 곡선 중 아래쪽)은 step, 빨간색 선은 cardinal 보간법을 적용했다.

```
// 선 생성기를 만들고 나서 호출하기 전에 이 코드를 추가하거나,
// 생성기를 정의할 때 interpolate() 메서드를 호출해 보간법을 변경할 수 있다.
tweetLine.interpolate("cardinal");
retweetLine.interpolate("basis");
favLine.interpolate("step-before");
```

그림 4.20 여러 보간법 비교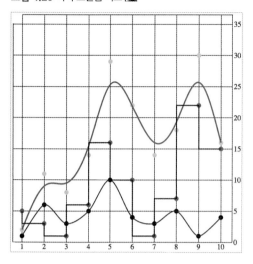

가장 좋은 보간법은?

보간법은 데이터 표현을 조정한다. 여기에 있는 코드로 실험해 보간법 설정에 따라서 정보를 어떻게 다르게 보여주는지 확인해보자. 데이터는 여러 방식으로 시각화할 수 있는데, 프로그래밍 관점에서는 모두 올바른 코드지만, 시각화된 정보가 현상을 정확히 반영하는지 확인하는 것은 여러분의 몫이다.

데이터 시각화는 통계적인 원리를 시각적으로 보여주는 것이므로 통계학을 잘못 적용하면 그 영향을 그대로 받는다. 특히 선 보간법은 투박해 보이는 선을 부드럽고 '자연스럽게' 바꿔주지만 잘못 사용하기 쉽다.

4.5 복잡한 접근자 메서드

지금까지 만든 차트는 모두 점에 기초해 생성했다. 산포도는 격자 위에 놓인 점들이고, 박스 플롯은 점 대신 복잡한 화면 객체로 구성하고, 선 그래프는 선을 그리기 위한 기반으로 점을 이용한다.

지금까지는 전통적인 스프레드시트에서 쉽게 생성할 수 있는 비교적 차분한 정보 시각화를 다뤘다. 하지만 그저 엑셀 차트나 만들자고 정보 시각화에 뛰어든 것은 아닐 것이다. 아름다운 데이터로 사용자의 환심을 사고, 말로 표현하기 힘든 아름다운 작업으로 상을 받고, 시시각각 변화하는 표현으로 깊은 감명을 주고 싶을 것이다. [그림 4.21]에 나온 스트림그래프[2]는 정말 아름답지 않은가?

그림 4.21 필자가 구현한 스트림그래프

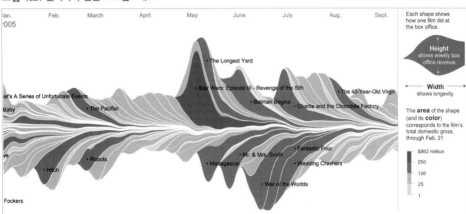

스트림그래프는 박스 플롯처럼 변이와 변화를 표현하는 고상한 정보 시각화 기법이다. 코드 구현에 들어가기 전에는 만들기 어려워 보일 수도 있다. 궁극적으로 스트림그래프는 누적 차트 stacked chart라고 할 수 있다. 계층들이 함께 성장하며 중앙에 가까이 있는 계층의 위아래 영역으로 다른 계층의 영역을 조정한다. 그래프를 이해하는 방법은 나중에 설명하겠지만, 먼저 이런 그래프를 어떻게 만드는지 알아보자.

여기에서 스트림그래프를 살펴보는 이유는 지금까지 살펴본 그래프와 본질적으로 그다지 다르지 않기 때문이다. 스트림그래프는 일종의 누적 차트라고 할 수 있다. 이 그래프를 생성하는 방법을 알아보면서 d3.svg.area()라는 생성기를 더욱 잘 알 수 있다.

먼저 스트림그래프로 시각화하기 좋은 데이터가 필요하다. 여기에서는 뉴욕 타임즈에 나왔던 [그림 4.21]의 그래프에 사용했던 데이터와 비슷하게 9일 동안 영화 6편이 벌어들인 총매출액 데이터를 이용한다. 따라서 각 데이터점에는 일별로 영화 6편의 매출액이 들어 있다.

---

2 뉴욕 타임즈, 2008년 2월 23일, http://mng.bz/rV7M

리스트 4.11 movies.csv

```
day,movie1,movie2,movie3,movie4,movie5,movie6
1,20,8,3,0,0,0
2,18,5,1,13,0,0
3,14,3,1,10,0,0
4,7,3,0,5,27,15
5,4,3,0,2,20,14
6,3,1,0,0,10,13
7,2,0,0,0,8,12
8,0,0,0,0,6,11
9,0,0,0,0,3,9
10,0,0,0,0,1,8
```

스트림그래프를 생성하려면 선을 그릴 때 데이터에 접근해 생성기에 전달하는 방식을 더욱 정교하게 만들어야 한다. 이전 예제에서는 데이터셋 하나에 서로 다른 생성기를 세 개 만들었지만 이 방식은 효율적이지 않다. 그리고 이전 예제에서는 선을 그리는 단순한 함수를 사용했지만 스트림그래프를 그리려면 더 좋은 방법이 필요하다. 스트림그래프를 그리고 싶지 않더라도(여러 가지 이유가 있을 수 있는데, 이는 이번 절 뒷부분에서 생각해본다), [리스트 4.11]을 살펴볼 때 D3의 선 생성기와 영역 생성기에서 접근자를 사용하는 방법을 신중하게 생각해야 한다.

리스트 4.12 movies.csv를 선 그래프로 그리는 콜백 함수

```
var xScale = d3.scale.linear().domain([ 1, 8 ]).range([ 20, 470 ]);
var yScale = d3.scale.linear().domain([ 0, 100 ]).range([ 480, 20 ]);

for (x in data[0]) {
  // for 루프로 데이터 속성을 반복한다.
  // 여기에서 x는 데이터 열의 명칭("day", "movie1", "movie2" 등)이며,
  // 이 이름이 데이터에 있으므로 동적으로 생성기를 만들어 호출할 수 있다.
  if (x != "day") {
    // 각 영화마다 생성기 객체를 만든다.
    var movieArea = d3.svg.line()
                    // 모든 선은 날짜를 x값으로 사용한다.
                    .x(function(d) {
                        return xScale(d.day);
                    })
                    // 데이터셋에서 해당 영화의 y값을 가져오려면
                    // 선 생성기의 y() 접근자를 동적으로 설정한다.
                    .y(function(d) {
```

```
                    return yScale(d[x]);
                })
            .interpolate("cardinal");

    d3.select("svg")
        .append("path")
        .style("id", x + "Area")
        .attr("d", movieArea(data))
        .attr("fill", "none")
        .attr("stroke", "black")
        .attr("stroke-width", 3)
        .style("opacity", .75);
    };
};
```

선을 그리는 [리스트 4.12]는 [그림 4.22]와 같이 혼란스러운 선 그래프를 그린다. 각 영화의
매출액 그래프를 별도의 선으로 그렸다. 카디널cardinal 보간법이 곡선에 어떤 영향을 미치는지
주의해서 보자. 일부 구간에서는 금액이 음수가 됐다.

그림 4.22 카디널 보간법으로 영화별 매출액을 나타낸 그래프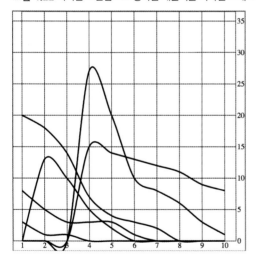

1장에서 배운 것처럼 SVG에서 선lines과 채워진 영역filled areas은 거의 동일하다. 단지 그리
는 코드 제일 뒤에 "Z"를 추가하거나 도형에 "fill" 스타일이 있으면 닫힌 도형이 된다. D3는
d3.svg.line() 생성기로 선을 그리고, d3.svg.area() 생성기로 영역을 그린다. 두 생성기 모
두 ⟨path⟩ 요소를 생성하지만, d3.svg.area()는 경로의 아래 영역을 막아 영역을 만드는 헬

퍼 함수를 제공한다. 영역을 만들려면 [리스트 4.13]에서 보는 것처럼 y0() 접근자를 제공해야 한다. y0() 접근자는 y() 접근자와 비슷하지만 영역의 아래쪽 모습을 결정한다.

[리스트 4.13]과 [그림 4.23]을 확인하여 d3.svg.area()가 어떻게 작동하는지 알아보자. 선생성기 대신 영역 생성기를 사용한다. 그리고 꼭대기의 반대쪽을 영역의 바닥으로 정의하여 거울에 비친 모습의 영역 차트를 만든다. 각 차트가 어떻게 겹치는지 알 수 있도록 차트를 반투명 채움 스타일로 설정했다.

리스트 4.13 영역 접근자

```
for (x in data[0]) {
  if (x != "day") {
    var movieArea = d3.svg.area()
                      .x(function(d) {
                            return xScale(d.day);
                      })
                      .y(function(d) {
                            return yScale(d[x]);
                      })
                      // 이 접근자는 경로의 바닥이 어디인지 정의한다.
                      // 이 경우 꼭대깃값의 음수를 바닥으로 정의했으므로,
                      // X-축을 기준으로 대칭된 도형이 된다.
                      .y0(function(d) {
                            return yScale(-d[x]);
                      })
                      .interpolate("cardinal");

    d3.select("svg")
      .append("path")
      .style("id", x + "Area")
      .attr("d", movieArea(data))
      .attr("fill", "darkgray")
      .attr("stroke", "lightgray")
      .attr("stroke-width", 2)
      .style("opacity", .5);
  };
};
```

그림 4.23 영역 생성기로 각 영화의 매출액을 표현한 차트

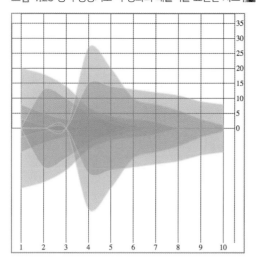

채워진 영역은 언제나 d3.svg.area()로 그려야 할까?

그렇지 않다. 예상과는 달리, 채워진 영역을 그리려면 d3.svg.line() 메서드를 사용해야 한다. 다만 채워진 영역을 그리려면, 생성한 d 속성의 뒤에 "Z"를 붙여 경로가 닫혀 있음을 나타내야 한다.

열린 경로	닫힌 경로로 변경	설명
```\nmovieArea = d3.svg.line()\n .x(function(d) {\n return xScale(d.day) })\n .y(function(d) {\n return yScale(d[x])\n })\n .interpolate("cardinal");\n```		선이든 도형이든, 채우든 채우지 않든, 언제나 선을 그리는 생성기를 만든다.
```\nd3.select("svg")\n .append("path")\n .attr("d", movieArea(data))\n .attr("fill", "none")\n .attr("stroke", "black")\n .attr("stroke-width", 3);\n```	```\nd3.select("svg")\n .append("path")\n .attr("d", movieArea(data)\n +"Z")\n .attr("fill", "none")\n .attr("stroke", "black")\n .attr("stroke-width", 3);\n```	생성기를 호출할 때, 〈path〉 요소를 추가한다. 〈path〉 요소의 d 속성에 생성기가 만든 문자열을 넣고 그 뒤에 "Z" 문자를 추가하면 닫힌 도형이 된다.

SVG 〈path〉 요소 d
속성의 마지막에 "Z"
를 추가하면, 시작점
과 끝점을 연결하는
선을 그린다.

```
d3.select("svg")
  .append("path")
  .attr("d", movieArea(data)
  .attr("fill", "none")
  .attr("stroke", "black")
  .attr("stroke-width", 3);
```

```
d3.select("svg")
  .append("path")
  .attr("d", movieArea(data)
                      + "Z")
  .attr("fill", "gray")
  .attr("stroke", "black")
  .attr("stroke-width", 3);
```

경로를 닫는 것으로
만 영역을 채울 수 있
다고 생각하기 쉽지
만 "Z"로 경로를 닫지
않더라도 영역을 채
울 수 있다.

경로를 닫은 경우와
닫지 않은 경우, 경로
의 채워진 영역은 언
제나 동일하다.

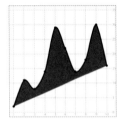

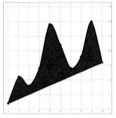

경로를 닫든 닫지 않든, 영역을 채우든 채우지 않든, 도형과 선을 그릴 때는 대부분 d3.svg. line()을 사용한다. 그러나 다른 도형의 꼭대기를 바닥으로 삼아 누적된 도형을 그릴 때는 d3.svg.area()를 사용해야 한다. d3.svg.area()는 누적 영역 차트나 스트림그래프처럼 데이터 의 대역을 그리기에 적절하다.

[그림 4.23]은 d3.svg.area()의 y0() 메서드를 정의해 생성한 대칭 경로를 채워서 그렸다. 이 방식을 이용해야 누적 차트를 그릴 수 있다. 그렇지만 경로 영역이 데이터 영역의 두 배가 되므로 지금 표현된 데이터가 정확하지 않다는 점에 주의한다. 하나의 영역을 다른 영역 위에 그려야 하므로 y0() 접근자는 이전에 그린 영역의 꼭대기를 현재 영역의 바닥으로 설정하는 복잡한 함수가 된다. D3는 stack()이라는 누적 메서드를 제공하는데, 이 메서드는 나중에 살 펴보고 일단 [리스트 4.14]와 같이 코드를 작성한다.

```javascript
// 영화 6편에 해당하는 색상 그레이디언트를 만든다.
var fillScale = d3.scale.linear()
                    .domain([0,5])
                    .range(["lightgray","black"]);
// for 루프를 한 번 돌 때마다 영화 하나를 처리하며,
// n을 증가시켜서 해당 색상 그레이디언트를 사용한다.
// 서수(ordinal) 스케일을 만들어 각 영화에 색상을 할당할 수도 있다.
var n = 0;
for (x in data[0]) {
  // 각 객체의 "day"값은 x 좌표를 제공하므로, "day"값에는 선을 그리지 않는다.
  if (x != "day") {
    // d3.svg.area() 생성기는 "day"값을 x 좌표로 사용하지만,
    // 해당 객체까지 누적된 값을 y 좌표로 사용한다.
    var movieArea = d3.svg.area()
                        .x(function(d) {
                            return xScale(d.day)
                        })
                        .y(function(d) {
                            return yScale(simpleStacking(d,x))
                        })
                        .y0(function(d) {
                            return yScale(simpleStacking(d,x) - d[x]);
                        })
                        .interpolate("basis")

    // 현재의 생성기로 경로를 그린다.
    // "day"를 제외한 속성마다 하나씩 만들어진다.
    // 영역을 그릴 속성에 기초해 고유한 ID를 부여하고,
    // 앞에서 만든 색상 그레이디언트에 기초해 영역을 채운다.
    d3.select("svg")
      .append("path")
      .style("id", x + "Area")
      .attr("d", movieArea(data))
      .attr("fill", fillScale(n))
      .attr("stroke", "none")
      .attr("stroke-width", 2)
      .style("opacity", .5);

    // 루프를 마치고, 객체에 있는 다음 속성으로 넘어가고,
    // n을 다음 영역의 색상으로 설정한다.
    n++;
  };
```

```
};

// 이 함수는 바인딩된 데이터(해당 날짜의 영화별 매출액)와
// 속성명(영화 제목)을 인자로 받아,
// 데이터에 루프를 반복해 현재 속성까지의 합계를 구한다.
// 결국 처음 영화부터 우리가 지정한 영화까지의 매출액 합계를 구하는 것이다.
function simpleStacking(incomingData, incomingAttribute) {
  var newHeight = 0;
  for (x in incomingData) {
    if (x != "day") {
      newHeight += parseInt(incomingData[x]);
      if (x == incomingAttribute) {
        break;
      }
    }
  }
  return newHeight;
};
```

각 영역의 높이는 영화 한 편이 그날 벌어들인 매출액을 나타내며, 각 영역의 밑은 그날 다른 영화들이 벌어들인 매출액의 합계를 나타낸다.

[그림 4.24]의 누적 차트는 이미 복잡하다. 이 차트를 스트림그래프로 만들려면 누적된 영역이 교차해야 한다. 이렇게 만들려면 [리스트 4.15]와 같이 누적 함수가 더 복잡해져야 한다.

그림 4.24 영화별 매출액을 누적해 그린 차트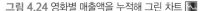

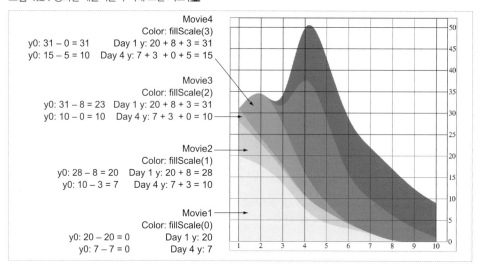

```
...
var movieArea = d3.svg.area().x(function(d) {
                        return xScale(d.day)
                })
                // 생성기에 사용할 접근자는 얼마든지 복잡하게 만들 수 있다.
                .y(function(d) {
                    return yScale(alternatingStacking(d,x,"top"))
                })
                .y0(function(d) {
                    return yScale(alternatingStacking(d,x,"bottom"));
                }).interpolate("basis");
...

// 차트로 표현할 데이터(incommingData 인자)가 필요하며,
// 영역의 꼭대기를 그리는지 바닥을 그리는지 알아야 한다.
// 스트림그래프에서는 위아래를 번갈아 그린다.
function alternatingStacking(incomingData,incomingAttribute,topBottom){
  var newHeight = 0;
  var skip = true;

  for (x in incomingData) {
    // "day"는 x 위치이므로, 처리하지 않는다.
    if (x != "day") {
      // 첫 번째 영화(중앙에 위치)는 무시하고,
      // 위아래로 번갈아 출력하므로 하나 건너 하나씩 무시한다.
      if (x == "movie1" || skip == false) {
        newHeight += parseInt(incomingData[x]);
        // 기준선이 되는 영화에 도달하면 멈춘다.
        if (x == incomingAttribute) {
          break;
        }
        if (skip == false) {
          skip = true;
        } else {
          n%2 == 0 ? skip = false : skip = true;
        }
      } else {
        skip = false;
      }
    }
  }
  // 스트림그래프에서 아래쪽 영역의 높이는 음수고, 위쪽 영역의 높이는 양수다.
```

```
    if(topBottom == "bottom") {
      newHeight = -newHeight;
    }
    if (n > 1 && n%2 == 1 && topBottom == "bottom") {
      newHeight = 0;
    }
    if (n > 1 && n%2 == 0 && topBottom == "top") {
      newHeight = 0;
    }
    return newHeight;
  };
```

[그림 4.25]에 나온 스트림그래프는 문제가 약간 있지만, 여기에서는 수정하지 않는다. 한 가지 문제점은 첫 번째 영화의 높이를 두 배로 나타내 과장한 것이다. 필요하다면 누적 함수를 수정해 첫 번째 영역의 값을 반으로 줄이면 간단히 해결할 수 있다. 그려진 면적이 실제 데이터값과 다르지만, 데이터 시각화는 실제 값이 아니라 보여주고자 하는 측면을 부각하기 위한 것이므로, 반드시 문제라고는 할 수 없다.

그림 4.25 날짜별로 영화의 누적된 매출액을 보여주는 스트림그래프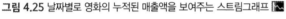

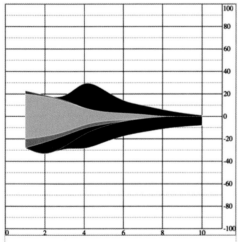

이번 절은 이상하다고 생각할 정도의 데이터 시각화를 구현하려 복잡한 접근자 메서드를 처음부터 만드는 데 주안점을 두고 있다. 이 데이터를 실제 데이터라고 가정하고, 데이터를 누가 봐도 멋지게 시각화하는 방법이 효율적인가 분석해보자. 이렇게 누계를 보여주는 것이 단순한 누적 막대 차트나 선 그래프보다 더 좋은 방법일까?

그 답은 차트에서 설명하려는 내용의 규모에 따라 달라질 것이다. 영화 총매출액의 전반적인 변동 패턴이나 영화 간의 상호 영향(예를 들어, 장기간 고수익을 낸 영화가 다른 영화의 개봉에 영향을 미치는지 등)을 찾아내는 경우라면 이 그래프가 유용할 것이다. 복잡해 보이는 차트로 사용자에게 감동을 주려는 경우에도 유용할 것이다. 그렇지 않은 경우라면 더 단순한 차트가 나을 것이다. 그러나 시각적으로 감동이 덜한 차트를 만드는 경우에도 이번 절에서 사용한 기법을 사용해야 한다.

4.6 마치며

이번 장에서는 차트를 생성할 때 필요한 기본 지식을 살펴봤다.

- 셀렉션과 바인딩 과정에 생성기와 컴포넌트의 통합
- X-축, Y-축 등 차트 요소를 생성하려는 D3 컴포넌트와 축 컴포넌트
- D3 생성기로 데이터점으로부터 선이나 영역 등 화면 요소 보간
- each( ) 메서드로 바인딩된 데이터셋에 기초해 그릴 수 있는 자식 도형을 생성할 수 있는 〈g〉 요소를 사용하는 복잡한 SVG 객체의 생성
- 박스 플롯을 이용한 다차원 데이터의 표현
- 스트림그래프처럼 복잡한 차트를 구현하려 지금까지 배운 지식을 종합(이런 복잡한 차트는 사용자가 데이터를 제대로 파악하기 어려울 수도 있다.)

이런 기술과 기법은 다음 장에서 설명할 D3 레이아웃을 이해하는 데 도움이 된다. 시각적 수준, 기능적 수준, 데이터 수준에서 데이터를 표현할 수 있는 여러 기법은 근본적으로 유사하므로, D3로 구현할 수 있는 시각화 기법은 엄청나게 많다. 차트가 작동하는 방식과 차트를 결합해 상호작용성을 높이고 내용을 풍부하게 만드는 방법을 알면 데이터에 맞는 차트를 선택해 적용할 수 있다.

CHAPTER 5

레이아웃

- 히스토그램과 파이 차트 레이아웃
- 간단한 트위닝
- 트리, 서클 팩, 스택 레이아웃
- 생키 다이어그램과 워드 클라우드

D3에는 일반적인 차트 기법으로 표현할 수 있도록 데이터 포맷 작업을 도와주는 레이아웃^{layout} 함수가 여럿 있다. 5장에서는 레이아웃 기능을 전체적으로 이해하려 파이 차트(5.2.3절), 서클 팩(5.3절), 트리(5.4절), 스택(5.5절), 생키 레이아웃(5.6.1절) 등을 살펴보겠다. D3의 레이아웃 구조를 다루는 방법을 설명한 후 이 레이아웃 일부를 데이터에 적용해본다(그림 5.1). 그리고 원호를 애니메이션하는 트위닝^{tweening}도 설명한다.

그림 5.1 5장에서 구현할 차트

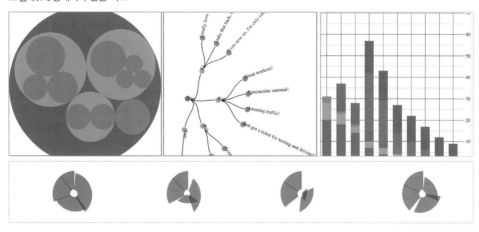

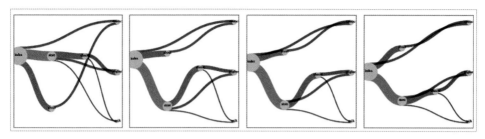

5장에서 설명할 예제에서 보듯이 데이터셋이 레이아웃과 연결된 경우에 각 객체는 데이터를 그릴 수 있는 속성을 담고 있다. 레이아웃은 데이터를 직접 그리지 않으며, 컴포넌트처럼 호출하지 않는다. 또한, 생성기와 달리 그림을 그리는 코드 안에서 참조하지 않는다. 레이아웃은 데이터를 이미 선택한 형식으로 출력할 수 있게 포맷하는 처리 과정으로 생각하는 편이 좋다. 변경된 데이터를 그래픽 객체에 다시 바인딩하고 나서는 2장에서 설명한 것처럼 D3가 제공하는 enter()/update()/exit() 구문으로 레이아웃을 갱신할 수 있다. 여기에 애니메이션 전환을 결합하면 대화형의 동적 차트를 만들 수 있다.

5장에서는 히스토그램, 파이 차트, 서클 패킹, 트리 등 널리 사용하는 레이아웃을 구현해보면서 레이아웃의 구조를 살펴본다. 코드chord 등 특이한 레이아웃도 같은 원리이므로 기본 원리를 알고 나면 이해하기 쉬울 것이다.

먼저 앞서 사용해본 히스토그램을 알아보자. 히스토그램 등의 차트는 차트 생성 과정을 추상화하는 데 도움을 주는 고유한 레이아웃이 있다.

5.1 히스토그램

레이아웃이 필요한 차트를 살펴보기 전에 우선 레이아웃 없이 쉽게 생성할 수 있는 차트를 살펴보자. 2장에서는 d3.nest()로 트위터 데이터에 기초한 막대 그래프를 만들었다. 그런데 D3에는 d3.layout.histogram()이라는 메서드가 있다. d3.layout.histogram()은 값을 자동으로 채우고 우리가 정의한 스케일에 기초해 막대 그래프를 그리는 데 필요한 설정을 만들어주는 메서드다.

D3를 처음 사용하는 개발자들은 〈div〉 요소 안에 막대 그래프를 만들어주는 d3.layout. histogram() 등의 함수를 찾아내고 나면 D3를 그저 하나의 차트 라이브러리라고 생각하기

쉽다. 하지만 D3 레이아웃이 바로 차트가 되는 것은 아니다. 레이아웃은 차트를 만드는 데 필요한 설정을 생성하는 것이다. 차트를 만들려면 약간 더 작업해야 하지만 그 덕분에 다른 라이브러리에는 없는 다이어그램과 차트를 만들 수 있는 엄청난 융통성을 발휘한다(이번 장과 다음 장의 설명을 보면 이해할 수 있을 것이다).

[리스트 5.1]의 코드는 히스토그램 레이아웃을 생성하고 스케일에 연결한다. 이 코드를 보면 상호작용성으로 원래 레이아웃을 조정하고 데이터를 다시 바인딩해 달라진 모습을 보여주는 예제 코드도 들어 있다.

리스트 5.1 히스토그램 코드

```
d3.json("tweets.json", function(error, data) { histogram(data.tweets) });

function histogram(tweetsData) {

  var xScale = d3.scale.linear().domain([ 0, 5 ]).range([ 0, 500 ]);
  var yScale = d3.scale.linear().domain([ 0, 10 ]).range([ 400, 0 ]);

  var xAxis = d3.svg.axis().scale(xScale).ticks(5).orient("bottom");

  // 레이아웃 함수를 새로 생성한다.
  var histoChart = d3.layout.histogram();

  // 히스토그램이 분류할 값을 결정한다.
  histoChart.bins([ 0, 1, 2, 3, 4, 5 ]).value(function(d) {
    // 데이터 점에서 레이아웃이 분류할 값
    return d.favorites.length;
  });

  // 데이터를 포맷한다.
  histoData = histoChart(tweetsData);

  d3.select("svg").selectAll("rect").data(histoData).enter()
    .append("rect").attr("x", function(d) {
      return xScale(d.x);
    }).attr("y", function(d) {
      return yScale(d.y);
    }).attr("width", xScale(histoData[0].dx) - 2)
    .attr("height", function(d) {
      // 포맷된 데이터로 막대를 그린다.
      return 400 - yScale(d.y);
```

```
    }).on("click", retweets);

d3.select("svg").append("g").attr("class", "x axis")
  .attr("transform", "translate(0,400)").call(xAxis);

// 막대 아래 중앙에 축 레이블을 놓는다.
d3.select("g.axis").selectAll("text").attr("dx", 50);

function retweets() {
  histoChart.value(function(d) {
      // 측정하고 있는 값을 변경한다.
      return d.retweets.length;
  });

  histoData = histoChart(tweetsData);

  // 새로운 데이터를 바인딩하고 다시 그린다.
  d3.selectAll("rect").data(histoData)
    .transition().duration(500).attr("x", function(d) {
        return xScale(d.x)
    }).attr("y", function(d) {
        return yScale(d.y)
    }).attr("height", function(d) {
        return 400 - yScale(d.y);
    });
  };
};
```

[그림 5.2]의 왼쪽은 관심글 담기 횟수를 보여준다. 이때 막대 중 하나를 클릭하면 [그림 5.2]의 오른쪽처럼 리트윗 횟수를 보여주도록 변경한다.

그림 5.2 클릭 후 리트윗 횟수를 보여주도록 변경한 모습

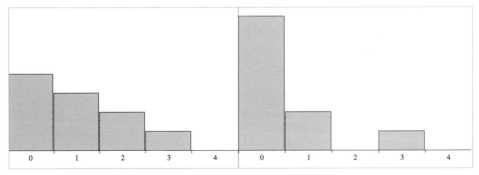

여기에서는 [그림 5.2]에 있는 차트를 생성하는 데 히스토그램을 사용하는 과정은 따라 하지 않아도 된다. 이번 장에서는 더 많은 차트를 보게 될 것인데 레이아웃에 대한 다음과 같은 원리에 주의하라.

- 4장 앞부분에서 설명한 것처럼 레이아웃은 데이터를 출력할 수 있도록 포맷한다.
- 레이아웃의 도움을 받지 않고 원시 데이터에서 막대 그래프를 생성할 때 사용한 스케일과 컴포넌트는 레이아웃을 사용할 때도 필요하다.
- 히스토그램은 자연수뿐만 아니라 스케일에 들어가는 범윗값도 자동으로 저장한다.
- 다른 차원의 데이터로 차트를 동적으로 변경하더라도 원래 차트를 제거할 필요는 없다. 레이아웃으로 데이터를 다시 포맷하고 원래 요소에 다시 바인딩하면 된다(전환을 이용하면 금상첨화다).

이 원리는 다음 절에서 파이 차트를 보면서 다시 자세히 설명한다.

5.2 파이 차트

D3에서 제공하는 레이아웃 중에는 [그림 5.3]에 사용한 파이 레이아웃이 가장 간단할 것이다. [그림 5.3]의 아래 오른쪽과 같은 전통적인 파이 차트는 부채꼴로 비율을 표현한다. 파이 차트를 약간 수정하면 [그림 5.3]의 위처럼 링 차트라고도 하는 도넛 차트나 아래 왼쪽과 같이 분리된 파이 차트를 만들 수 있다. 다른 레이아웃과 마찬가지로, 파이 레이아웃을 생성하고 변수에 할당하고 객체와 함수로 사용할 수 있다.

그림 5.3 전통적인 파이 차트(아래 오른쪽)와 변형 파이 차트

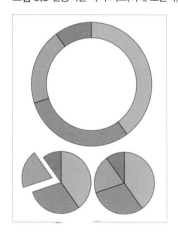

데이터 원천을 변경할 때 자연스럽게 전환하도록 트위닝하는 방법도 살펴본다. 파이 레이아웃을 생성한 후 값이 저장된 배열(데이터셋)을 전달하면 레이아웃은 파이 차트를 그리는 각 값의 시작 각과 종료 각을 계산한다.

다음 코드를 콘솔에서 실행해보면, 숫자 배열을 데이터셋으로 사용해 레이아웃에 전달하더라도 파이 레이아웃은 어떤 그래프도 그리지 않고 [그림 5.4]와 같이 반응한다.

```
var pieChart = d3.layout.pie();
var yourPie = pieChart([1,1,2]);
```

이 pieChart() 함수는 세 개의 객체를 가진 배열을 생성한다. [그림 5.4]를 보면 배열 [1, 1, 2]에 적용된 파이 레이아웃은 시작 각(startAngle), 종료 각(endAngle), 데이터셋에 대응되는 값(value)뿐만 아니라 원래 데이터(data)도 가진 객체를 생성한다. 데이터의 startAngle과 endAngle이 첫 번째는 0과 pi, 두 번째는 pi와 1.5 pi, 마지막은 1.5 pi와 2 pi이다. 하지만 이 값 자체는 그림도 아니고, 선 또는 영역 생성기가 만든 SVG 그림 코드도 아니다.

그림 5.4 파이 차트 레이아웃으로 생성한 객체 배열을 콘솔에서 분석한 모습

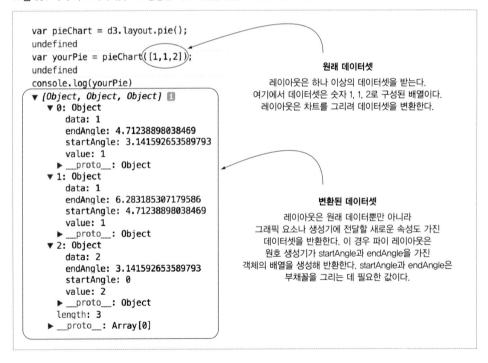

5.2.1 파이 레이아웃 그리기

이 설정들은 생성기에 전달해 파이 차트의 각 부분을 생성한다. 이때 사용하는 생성기는 d3.svg.arc()로서, 4장에서 사용했던 생성기와 마찬가지로 객체를 생성해야 한다. 이 객체에는 여러 설정이 있지만 이번 예제에서는 원호의 반지름을 동적이나 정적으로 설정할 수 있는 outerRadius() 메서드만 사용하면 된다.

```
var newArc = d3.svg.arc();
// 원호의 반지름을 100px로 설정한다.
newArc.outerRadius(100);
// 이 원호를 그리는 데 필요한 <path> 요소의 d 속성을 다음과 같이 반환한다:
// "M6.123031769111886e-15,100A100,100 0 0,1 -100,1.2246063538223773e-14L0,0Z"
console.log(newArc(yourPie[0]));
```

원호 생성기가 어떻게 작동하는지 어떻게 데이터를 이용하는지 알게 됐으니, 파이 레이아웃에 의해 생성된 데이터를 바인딩해 <path> 요소에 전달함으로써 파이 차트를 그리면 된다. 파이 레이아웃은 원과 같은 방식으로 원점을 설정한다. 그림 영역의 중앙에 그리려면 <path> 요소를 가진 <g> 요소를 새로 만들면 그림 영역의 중앙에 위치시킬 수 있다.

```
d3.select("svg")
    // 새로운 <g> 요소를 추가해 그림 영역의 중앙에 위치시켜
    // 결과를 더 보기 좋게 만든다.
    .append("g")
    .attr("transform","translate(250,250)")
    .selectAll("path")
    // 원래 배열이나 파이 레이아웃 자체가 아니라,
    // 파이 레이아웃으로 생성된 배열을 바인딩한다.
    .data(yourPie)
    .enter()
    .append("path")
    // 배열에 기초해 생성된 각 경로는 newArc() 함수에 전달해야 한다.
    // newArc()는 객체의 startAngle과 endAngle 속성을 보고 적절히 SVG 그림 코드를 생성한다.
    .attr("d", newArc)
    .style("fill", "blue")
    .style("opacity", .5)
    .style("stroke", "black")
    .style("stroke-width", "2px");
```

이 코드로 생성한 파이 차트는 [그림 5.5]와 같다.

그림 5.5 원을 세 개의 파이로 나눈 파이 차트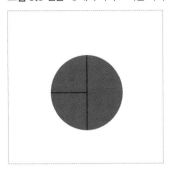

모든 레이아웃이 그렇듯이 단순한 숫자 배열 대신 JSON 객체를 이용하면 파이 차트 레이아웃
도 점점 더 복잡해진다. 이제 2장에서 사용했던 tweets.json을 가져오자. nest()메서드로 이
데이터셋을 그룹화하고 측정해 트윗 배열에서 계산된 트윗 수를 가진 트윗 사용자 배열로 변환
할 수 있다.

```
var nestedTweets = d3.nest()
                      .key(function (el) {
                          return el.user;
                      })
                      .entries(incData);

nestedTweets.forEach(function (el) {
  el.numTweets = el.values.length;
  // 전체 트윗에서 favorites 배열 길이의 합을 구해 관심글 담기 횟수의 전체 합계를 구한다.
  el.numFavorites = d3.sum(el.values, function (d) {
      return d.favorites.length;
  });
  // 이와 마찬가지로 전체 리트윗 횟수의 전체 합계를 구한다.
  el.numRetweets = d3.sum(el.values, function (d) {
      return d.retweets.length;
  });
});
```

5.2.2 링 차트 생성하기

[그림 5.4]에서 설명한 배열처럼 pieChart(nestedTweets)를 실행하면 오류가 발생한다. 파이 조각의 크기를 정하는 데 사용해야 할 숫자가 numTweets 속성에 들어 있다는 것을 모르기 때문이다. 파이 레이아웃은 물론 다른 레이아웃도 대부분, 접근자 메서드를 정의해 필요한 값들을 어디에서 구해야 하는지 정의할 수 있다. nestedTweets의 경우, pieChart.value()가 현재 데이터셋의 numTweets 속성을 가리키도록 정의한다. 이때 원호 생성기의 innerRadius()의 값을 설정하면 파이 차트 대신 도넛 차트를 생성할 수 있다. 다음과 같이 변경하면 파이 차트 생성 코드를 그대로 이용해 [그림 5.6]과 같은 도넛 차트를 만들 수 있다.

```
pieChart.value(function(d) {
                return d.numTweets;
        });
newArc.innerRadius(20)
yourPie = pieChart(nestedTweets);
```

[그림 5.6]은 nestedTweets 데이터셋에 들어 있는 사용자 4명의 트윗 횟수를 보여준다.

그림 5.6 사용자 4명의 트윗 횟수를 보여주는 도넛 차트

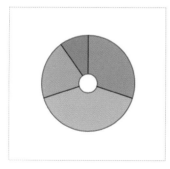

5.2.3 전환

nestedTweets을 보면 전체 트윗 횟수를 구하고 d3.sum()으로 리트윗 횟수(retweets)의 합계와 관심글 담기 횟수(favorites)의 합계를 구했다. 이 합계로 트윗 횟수뿐만 아니라 종류에 따라 파이 조각을 보여주도록 파이 차트를 조정할 수 있다. D3에서는 차트를 갱신하려 레이

아웃을 사용한다. 차트를 갱신하려면 데이터나 레이아웃을 변경하고 나서 기존 그래픽 요소에 데이터를 다시 바인딩하면 된다.

전환 애니메이션을 사용하면 파이 차트가 한 형태에서 다른 형태로 변하는 것을 볼 수 있다. 다음 코드를 실행하면, 먼저 트윗 횟수에서 관심글 담기 횟수로 파이 차트를 변경한다. 그다음으로 리트윗 횟수에 대한 파이 차트를 보여준다. 다시 말해, 코드를 실행하면 [그림 5.7]과 같은 파이 차트를 보여주는 것이다. [그림 5.7]의 왼쪽 파이 차트는 관심글 담기 횟수를 보여주며, 오른쪽 파이 차트는 리트윗 횟수를 보여준다.

```
pieChart.value(function(d) {
        return d.numFavorites
});

d3.selectAll("path").data(pieChart(nestedTweets))
   .transition().duration(1000).attr("d", newArc);

pieChart.value(function(d) {return d.numRetweets});

d3.selectAll("path").data(pieChart(nestedTweets))
   .transition().duration(1000).attr("d", newArc);
```

그림 5.7 관심글 담기 횟수와 리트윗 횟수를 보여주는 파이 차트

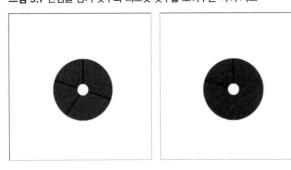

우리가 원하는 결과이기는 하지만 전환하는 과정이 많이 아쉽다. [그림 5.8]은 트윗 횟수를 보여주는 파이 차트에서 관심글 담기 횟수를 보여주는 파이 차트로 전환하는 과정을 캡처한 것이다. 코드를 직접 실행해보면 알겠지만 파이 차트의 화면 전환이 자연스럽지 않고 화면도 상당히 많이 왜곡된다. 이 전환 화면을 보면 데이터 바인딩에 키값을 할당하고 그래픽 전환에 트위닝을 사용해야 함을 알 수 있다.

그림 5.8 트윗 횟수에서 관심글 담기 횟수로 전환하는 과정

앞에서도 설명한 것처럼 데이터를 바인딩하는 기본 키가 배열 인덱스이므로 전환이 자연스럽지 않다. 파이 레이아웃은 데이터를 측정할 때 조금 더 보기 좋은 차트를 만들려고 데이터를 큰 값부터 작은 값순으로 정렬한다. 그런데 레이아웃을 다시 호출하면 데이터셋을 다시 정렬하게 된다. 데이터셋을 재정렬해 데이터 객체가 파이 차트의 다른 부위에 바인딩되므로 차트를 전환할 때 [그림 5.8]처럼 뒤틀리게 된다. 이런 문제가 일어나지 않게 하려면 다음과 같이 정렬 기능을 비활성화해야 한다.

```
pieChart.sort(null);
```

이제 레이아웃을 다시 호출해도 객체의 위치가 바뀌지 않으므로 numTweets에서 numRetweets로 부드럽게 화면이 전환된다. 그렇지만 전환 과정을 자세히 살펴보면 원이 약간 틀어지는 것을 볼 수 있을 것이다. 기본적인 transition() 메서드가 원호를 잘 처리하지 못하기 때문이다. 이 메서드는 원호의 각을 전환하는 것이 아니라 각각의 부채꼴을 하나의 기하학적 도형으로 간주해 처리한다.

이러한 문제는 numTweets나 numRetweets 파이 차트에서 numFavorites 파이 차트로 전환할 때 더욱 잘 드러난다. 데이터셋 객체 중 어떤 것은 속성값이 0이고 어떤 것은 그 크기가 엄청 변하기 때문이다. 이 문제를 해결하고 파이 차트를 보기 좋게 전환하려면 코드를 수정해야 한다. 생성된 요소에 키값을 사용하는 방법과 exit(), update() 메서드를 사용하는 방법은 이미 사용해봤다. 파이 차트를 시각적으로 조금 더 부드럽게 전환하려면 원호의 확대/축소 방법을 정의하는 트윈tween을 포함해 전환을 확장해야 한다.

리스트 5.2 파이 레이아웃을 개선한 바인딩과 전환

```
// 그림 원호에 대한 값을 정외하는 함수를 갱신힌디.
```

```
pieChart.value(function(d) {
                return d.numRetweets;
            });

// 배열 전체가 아니라 값이 있는 객체만 바인딩한다.
d3.selectAll("path").data(pieChart(nestedTweets.filter(function(d) {
                                return d.numRetweets > 0;

                            })),
                            // 사용자 ID를 키값으로 사용한다.
                            // 이 값을 초기 enter() 메서드에 사용해야 한다.
                            function (d) {
                                return d.data.key;
                            }
    )
    .exit()
    // 데이터가 없는 요소들을 제거한다.
    .remove();

d3.selectAll("path").data(pieChart(nestedTweets.filter(function(d) {
                                return d.numRetweets > 0;
                            })),
                            function (d) {
                                return d.data.key}
    )
    .transition()
    .duration(1000)
    // 트위닝 함수로 d 속성을 설정한다.
    .attrTween("d", arcTween);

function arcTween(a) {
    var i = d3.interpolate(this._current, a);
    this._current = i(0);
    return function(t) {
        // 원호의 모양을 계산해 원호를 트위닝하는 원호 생성기를 사용한다.
        return newArc(i(t));
    };
}
```

[리스트 5.2]에 나온 코드를 실행하면 파이 차트가 원호를 깔끔하게 전환하거나 데이터가 없는
경우 제거한다. attrTween과 styleTween은 물론 이징^{easing} 등 전환에 관련한 속성은 나중에
다시 살펴본다.

각 파이 조각 ⟨path⟩ 요소에 레이블을 붙이거나 값이나 범주에 따라 다른 색상을 적용하거나 상호작용성을 부여할 수도 있다. 하지만 이번 장에서는 전반적인 레이아웃을 살펴보고 있으므로, 파이 차트를 더 멋지게 만들어보는 것은 생략하고 서클 팩 레이아웃을 알아보자.

5.3 서클 팩 레이아웃

계층 구조 데이터는 모든 레이아웃에 잘 맞는다. 그중 인기 있는 것이 [그림 5.9]에서 보는 서클 팩이다. 이 그림은 보스톡의 예제[1]에서 발췌한 것이다. 팩 레이아웃은 내포된 데이터를 표현할 때 유용하며, [그림 5.9]의 위 그림처럼 데이터를 나란히 표현하거나 아래 그림처럼 계층 구조로 표현할 수 있다. 각 객체가 자신의 부모 객체 안에 놓이므로, 계층 구조 관계를 쉽게 알 수 있다. 다른 모든 레이아웃과 마찬가지로 팩 레이아웃은 데이터가 어떤 기본적인 틀에 맞춰 구성돼 있다고 가정한다. 구체적으로 팩 레이아웃은 자식 요소들이 children 속성에 배열로 저장된 JSON 객체를 받는다. 웹에 구현한 레이아웃 예제를 보면, 데이터는 일반적으로 원하는 포맷에 맞춰 정의돼 있다. 우리 예제의 경우 트윗 데이터를 다음과 같은 포맷으로 정의한다.

```
{id: "All Tweets", children: [
  {id: "Al's Tweets", children: [{id: "tweet1"}, {id: "tweet2"}]},
  {id: "Roy's Tweets", children: [{id: "tweet1"}, {id: "tweet2"}]}
  ...
```

그림 5.9 서클 팩 차트의 예

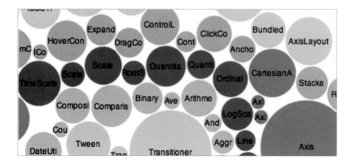

---

1 https://github.com/mbostock/d3/wiki/Pack-Layout

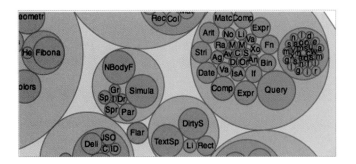

레이아웃의 접근자 메서드를 우리 데이터에 맞춰 조정하는 방법에 익숙해지는 편이 좋다. 데이터를 포맷할 필요가 없어지기 때문이다. 하지만 서클 팩을 제대로 구현하려면 여전히 루트 노드(앞에 나온 예제 데이터에서 "All Tweets"에 해당하는 부분)를 만들어야 한다. 여기에서는 자식 요소들을 values 속성에 담고 있는 nestedTweets 데이터는 그대로 두고 children() 접근자 메서드를 수정해 접근한다.

다음 코드에서는 [그림 5.10]과 같이 표현하려 원의 크기를 결정하는 value() 설정이 고정된 값을 반환하도록 오버라이드한다. 각 트윗은 녹색 원(A)으로 표현하고, 사용자를 나타내는 주황색 원(B) 안에 들어간다. 사용자는 모두 '루트 노드'를 나타내는 파란색 원(C) 안에 들어간다.

리스트 5.3 내포된 트윗 데이터를 서클 팩으로 표현

```
var nestedTweets = d3.nest().key(function (el) {
                              return el.user;
                    }).entries(incData);

// d3.nest()가 생성한 배열을 최상위 수준인 '루트' 객체 안에 넣는다.
var packableTweets = {id: "All Tweets", values: nestedTweets};
// 색상 스케일을 만들어 서클 팩 안의 원을 수준에 따라 다른 색으로 설정한다.
var depthScale = d3.scale.category10([0,1,2]);

var packChart = d3.layout.pack();

// 서클 팩의 크기를 그림 영역으로 설정한다.
packChart.size([500,500])
        // d3.nest()로 생성한 데이터에 맞게 자식 요소에 접근하는 접근자가
        // values 속성을 읽어오도록 설정한다.
        .children(function(d) {
            return d.values;
        })
```

```
            //
            // 단말 노드의 크기를 결정할 때 1을 반환하는 함수를 생성한다.
            .value(function(d) {
                return 1;
            });

    d3.select("svg")
        .selectAll("circle")
        // packableTweets를 변환하는 packChart()가 반환한 값으로 바인딩한다.
        .data(packChart(packableTweets))
        .enter()
        .append("circle")
        // 반지름과 xy 좌표는 모두 팩 레이아웃이 계산한다.
        .attr("r", function(d) {return d.r;})
        .attr("cx", function(d) {return d.x;})
        .attr("cy", function(d) {return d.y;})
        // 깊이에 따라 다른 색상으로 채울 수 있게 각 노드에 depth 속성을 전달한다.
        .style("fill", function(d) {return depthScale(d.depth);})
        .style("stroke", "black")
        .style("stroke", "2px");
```

그림 5.10 트윗 사용자별 트윗을 표현한 서클 팩(별지 III 참조)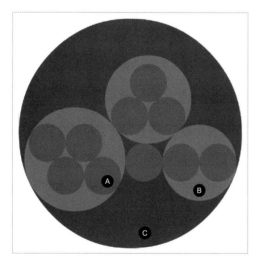

사용자인 Sam(부모 노드)이 트윗(자식 노드)을 하나만 포스팅한 경우를 생각해보자. 이 경우 부모 노드의 크기가 자식 노드의 크기와 같다. 이렇게 되면 사용자인 Sam을 나타내는 주황색 원이 드윗을 나타내는 초록색 원에 가려져 보이지 않는다. 이 문제를 해결하려면 계층의 깊이에 따라 원의 반지름을 수정하면 된다. 예를 들어 다음과 같이 각 노드의 반지름을 depth값에 따라 계산해 줄이면 [그림 5.11]과 같이 실행된다.

```
.attr("r", function(d) {return d.r - (d.depth * 10)})
```

그림 5.11 계층의 깊이에 따라 반지름을 줄이도록 설정한 서클 팩(별지Ⅲ 참조)

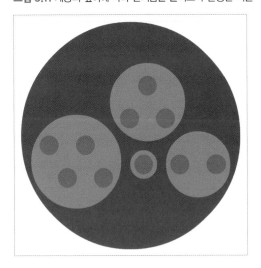

지금은 그저 깊이에 10을 곱하는 방식을 사용했으나 실제 프로젝트에서 [그림 5.11]처럼 폭을 줄이려면 이 방식보다 더 정교한 방식을 사용해야 한다. 이와 같은 고정폭 방식은 데이터셋의 계층 구조 깊이가 커지거나 서클 팩 안에 원이 많아질 때 모양이 좋지 않다. 이 데이터셋에서 계층이 하나나 두 개 더 있었다면 고정폭 방식으로는 반지름이 음수인 원도 생길 것이다. 이러한 문제 없이 폭을 설정하려면 d3.scale.linear() 등의 메서드를 사용해야 한다. 또는 팩 레이아웃의 padding() 메서드로 동일 수준에 있는 다른 원과의 거리를 조정할 수 있다.

앞에서 value() 설정은 자세히 설명하지 않았다. 단말 노드에 사용할 어떤 수치형 척도가 있다면 그 척도로 value()값을 설정함으로써 부모 노드의 크기에 영향을 줄 수 있다. 여기에서는 단말 노드(트윗)의 크기를 관심글 담기 횟수와 리트윗 횟수에 기초해 설정할 수 있다(4장에서 사용한 '영향력'과 같은 값이다). 다음과 같이 value()를 설정하면 [그림 5.12]처럼 영향력에 따라 다른 크기로 그려진다.

```
// 관심글 담기나 리트윗하지 않은 트윗도
// 반지름이 0보다 커야 화면에 출력되므로 1을 더한다.
.value(function(d) {return d.retweets.length + d.favorites.length + 1})
```

그림 5.12 노드의 영향력에 따라 단말 노드의 크기를 설정한 서클 팩(별지Ⅲ 참조)

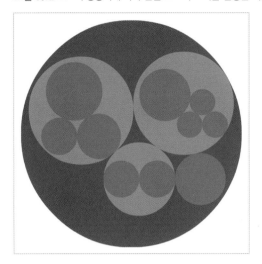

생성기와 컴포넌트처럼 레이아웃에도 메서드 체이닝을 적용할 수 있다. 설정과 데이터가 체인으로 길게 연결된 예도 많다. 파이 차트와 마찬가지로 노드에 상호작용성을 적용하거나 색상을 조정할 수 있지만 이번 장에서는 레이아웃 관련 전반적인 구조만 다룬다.

서클 팩은 트리맵^{treemap}이라는 계층 구조 레이아웃과 상당히 비슷하다. 트리맵은 사각형으로 구성하므로 공간을 효율적으로 사용할 수 있지만 읽기는 더 어렵다. 다음 절에서는 또 다른 계층 구조 레이아웃으로, 데이터의 계층 구조 관계를 명시적으로 보여주는 '계통도^{dendrogram}'를 살펴본다.

5.4 트리

계층 구조는 가계도와 같은 형태로도 보여줄 수 있다. 계통도에서는 부모 노드가 자식 노드에 직접 연결된다. [그림 5.13]의 트리 레이아웃은 보스톡의 예제에서 발췌했다. 트리 레이아웃도 계층 구조 관계를 표현하는 데 유용한 기법으로서, 수직([그림 5.13] 위), 수평([그림 5.13] 중간), 방사형([그림 5.13] 아래)으로 표현한다.

그림 5.13 트리 레이아웃의 예

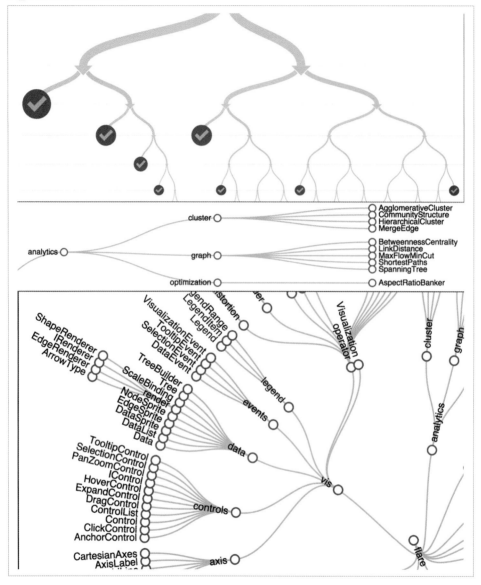

계통도를 뜻하는 dendrogram에서 dendro는 나무를 의미하며, D3에서는 d3.layout.

tree() 레이아웃을 제공한다. 설정하는 과정은 팩 레이아웃과 거의 같지만 노드를 연결하는 선을 그리는 데 두 점 사이를 곡선으로 연결하는 d3.svg.diagonal() 생성기가 필요하다는 점이 다르다(리스트 5.4).

리스트 5.4 계통도를 그리기 위한 콜백 함수

```
var treeChart = d3.layout.tree();
treeChart.size([500,500])
          .children(function(d) {return d.values});

// 기본값을 가진 사선 생성기를 만든다.
var linkGenerator = d3.svg.diagonal();

d3.select("svg")
  .append("g")
  // 이 요소들을 모두 담을 부모 요소로서 <g#treeG>를 만든다.
  .attr("id", "treeG")
  // 레이블을 붙일 수 있도록 <g> 요소를 만든다.
  .selectAll("g")
  // 앞 예제에서 사용했던 packableTweets를 사용한다.
  .data(treeChart(packableTweets))
  .enter()
  .append("g")
  .attr("class", "node")
  // 팩 레이아웃과 마찬가지로 트리 레이아웃도 각 노드의 XY 좌표를 계산한다.
  .attr("transform", function(d) {
      return "translate(" +d.x+","+d.y+")"
  });

d3.selectAll("g.node")
  // 노드를 나타내는 작은 원.
  // 서클 팩에서 사용한 것과 같은 스케일로 색상을 칠한다.
  .append("circle")
  .attr("r", 10)
  // 앞 예제에서 사용했던 depthScale을 사용한다.
  .style("fill", function(d) {return depthScale(d.depth)})
  .style("stroke", "white")
  .style("stroke-width", "2px");

d3.selectAll("g.node")
  .append("text")
  // 각 노드에 사용할 텍스트 레이블,
```

```
    // id, key, content 등 노드에 있는 어떤 속성이라도 사용할 수 있다.
    .text(function(d) {return d.id || d.key || d.content})

d3.select("#treeG").selectAll("path")
    // 레이아웃의 links() 함수는 노드 간에 연결선을 그리는 데
    // 사용할 수 있는 연결선 배열을 생성한다.
    .data(treeChart.links(treeChart(packableTweets)))
    .enter().insert("path","g")
    // 다른 생성기와 마찬가지로 계통도 생성기도 경로를 생성한다.
    .attr("d", linkGenerator)
    .style("fill", "none")
    .style("stroke", "black")
    .style("stroke-width", "2px");
```

이 코드를 실행한 결과는 [그림 5.14]와 같다. 레벨 0인 루트 노드(사용자를 담으려고 만든 노드)는 파란색, 레벨 1 노드(사용자를 나타내는 노드)는 주황색, 레벨 2인 단말 노드(트윗을 나타내는 노드)는 녹색으로 표현돼 있다. 그렇지만 이 계통도는 수직으로 놓여 있어 약간 읽기 어렵다.

그림 5.14 tweets.json의 데이터를 수직으로 놓은 계통도(별지IV 참조)

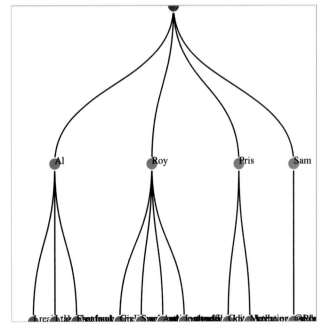

차트를 왼쪽으로 돌려 수평으로 놓으려면 다음 코드처럼 x와 y 좌표를 서로 바꿔 〈g〉 요소의 위치를 설정하면 된다. 그리고 사선 생성기의 projection() 메서드를 설정해 선을 수평 방향으로 만들어야 한다.

```
linkGenerator.projection(function (d) {return [d.y, d.x]})
...
    .append("g")
...
    .attr("transform", function(d) {return "translate(" +d.y+","+d.x+")"});
```

이렇게 수정한 [그림 5.15]는 텍스트가 그림 영역 하단에 겹쳐 있지 않으므로 읽기에 더 수월하다. 그렇지만 아직도 그림 영역 밖으로 나가 있는 부분이 있다. 루트 노드와 단말 노드는 반밖에 보이지 않으며 단말 노드의 레이블은 전혀 볼 수 없다.

그림 5.15 수평으로 배치하도록 수정한 계통도

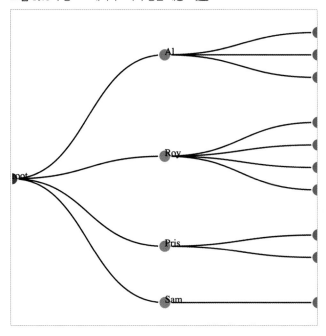

2장에서 했던 것처럼 레이아웃의 가로와 세로에 가장자리를 만들 수도 있다. 아니면 3장 축구 데이터에서 했던 것처럼 노드를 클릭할 때 각 노드에 대한 정보를 보여주는 상자를 만들 수도 있다. 하지만 사용자가 그림 영역을 위아래, 좌우로 드래그해서 네이터를 살펴볼 수 있게 하는 것이 더 좋을 것 같다.

사용자가 드래그할 수 있도록 만들려 이벤트 리스너를 생성하는 d3.behavior.zoom()을 사용한다. 작동하는 것은 컴포넌트와 똑같지만 그래픽 객체 대신 이벤트(여기에서는 드래그, 마우스 휠, 더블 클릭 이벤트)를 생성한다. 그런 다음 그래픽 요소를 작동하는 요소에 이벤트를 연결한다. 이벤트와 관련해 확대 객체는 translate()와 scale()값을 조정해 전형적인 마우스 동작과 같은 결과를 가져온다. 이렇게 변경한 값을 이용하면 사용자의 상호작용에 대응해 그래픽 요소의 위치를 조정할 수 있다. 다른 컴포넌트와 마찬가지로 zoom 컴포넌트는 이 이벤트가 연결된 요소에 의해 호출돼야 한다. 일반적으로 zoom 컴포넌트는 기반 요소인 〈svg〉에서 호출하는데, 그러면 그림 영역에 있는 어떤 요소에서도 클릭 이벤트를 발생시킬 수 있다. zoom 컴포넌트를 생성할 때는 확대 시작(zoomstart), 확대(zoom), 확대 종료(zoomend) 이벤트가 발생할 때 호출할 함수를 정의한다. 확대는 사용자가 마우스를 드래그하는 동안 계속 발생하므로 리소스를 많이 사용하는 작업은 확대 이벤트의 시작과 끝에서만 하는 편이 좋다. 7장에서 확대 기능을 상당히 많이 사용하는 지리 공간 지도 제작을 살펴볼 것인데, 그때 스케일과 함께 정교한 확대 전략을 알아보겠다.

다른 컴포넌트와 마찬가지로 zoom 컴포넌트를 실행하려면 객체를 새로 만들고, 그에 필요한 속성을 모두 설정해야 한다. 여기에서는 zoom 이벤트가 발생하면 zoomed() 함수를 호출하는 기본 zoom 컴포넌트를 사용한다. zoomed() 함수는 차트를 담고 있는 〈g〉 요소의 위치를 변경하고 사용자가 차트를 드래그할 수 있게 한다.

```
// zoom 컴포넌트를 새로 생성한다.
treeZoom = d3.behavior.zoom();
// zoom 이벤트를 zoomed() 함수에 연결한다.
treeZoom.on("zoom", zoomed);
// SVG 그림 영역과 함께 zoom 컴포넌트를 호출한다.
d3.select("svg").call(treeZoom);

function zoomed() {
    // 먼저 zoom 컴포넌트의 translate 속성을 가져온다.
    var zoomTranslate = treeZoom.translate();
    // zoom 컴포넌트의 translate 설정과 동일하게 〈g〉 요소를 갱신하면
    // 〈g〉 요소와 〈g〉 요소의 모든 자식 요소는 위치가 바뀐다.
    d3.select("g.treeG").attr("transform",
        "translate("+zoomTranslate[0]+","+zoomTranslate[1]+")")
};
```

이제 전체 차트를 드래그해 상하좌우로 패닝panning할 수 있다. [그림 5.16]을 보면 차트를 왼쪽으로 드래그해 트윗에 담긴 텍스트를 읽을 수 있다. 확대와 패닝은 차트를 개선할 수 있는 강력한 상호작용성을 제공한다. zoom이라고 부르는 컴포넌트를 사용하면서 확대와 축소를 다루지 않는 점이 이상할 수도 있을 것이다. 지도를 다룰 때는 확대가 필요한 반면 이런 차트에서는 패닝을 훨씬 더 많이 사용한다.

그림 5.16 계통도를 왼쪽으로 드래그해 트윗 레이블이 나타난 모습

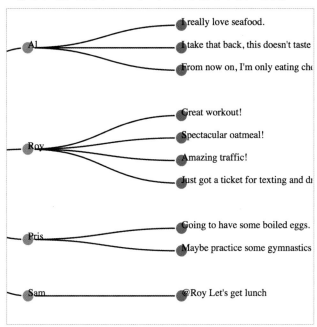

트리를 위에서 아래로, 혹은 왼쪽에서 오른쪽으로 그리는 방법 외에 다른 방법도 있다. 각 노드의 위치에 각도를 적용하고 방사형radial 레이아웃에 생성한 사선 생성기의 하위 클래스를 사용하면 트리 다이어그램을 방사형으로 그릴 수 있다.

```
var linkGenerator = d3.svg.diagonal.radial()
    .projection(function(d) { return [d.y, d.x / 180 * Math.PI]; });
```

D3에서 제공하는 방사형 트리는 size 속성으로 최대 반경을 결정한다. 〈circle〉 요소와 마찬가지로 원점에서부터 차트를 그리므로, 이 코드가 제대로 작동하려면 차트의 크기를 다음과 같이 줄여야 한다.

```
treeChart.size([200,200])
```

이와 같이 수정한 후에는 회전을 고려해 다음과 같이 노드의 위치를 조정한다.

```
.attr("transform", function(d) { return "rotate(" + (d.x - 90) +
    ")translate(" + d.y + ")"; })
```

이렇게 변경한 후의 차트는 [그림 5.17]과 같다. 〈g〉 요소가 회전했으므로 자식 요소인 〈text〉도 동일하게 회전한다.

그림 5.17 방사형으로 만든 계통도

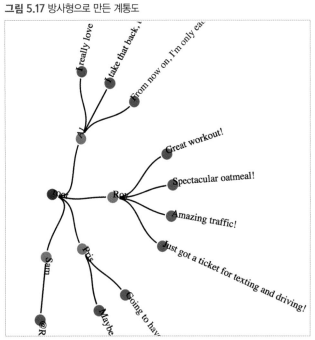

계통도는 정보를 표현하는 범용 방식이다. 일반적으로 계층 구조가 아니라고 생각했던 정보나 메뉴도 계통도로 만들 수 있다. [그림 5.18]은 워드 트리를 생성하는 데 D3의 계통도 기능을 사용한 제이슨 데이비스Jason Davies의 작품이다[2].

---

2 http://www.jasondavies.com/wordtree/

그림 5.18 계통도로 만든 워드 트리

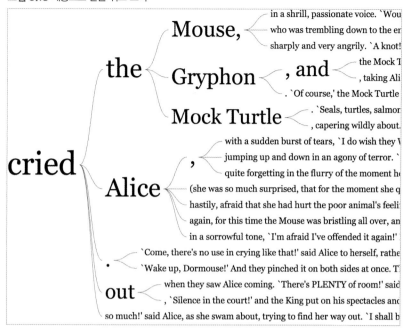

계층 구조는 보편적이며 사용자가 이해하기 쉽다. 이 구조를 사용하면 서클 팩 레이아웃에서 내포 관계나 계통도에서 부모와 자식 요소 간 연결처럼 데이터 간의 계층 구조적인 성격을 잘 볼 수 있다.

5.5 스택 레이아웃

4장에서 [그림 5.19]와 같은 스트림그래프를 생성하는 스택 레이아웃 효과를 살펴봤다[3]. 간단한 누적 함수로 시작해서 점점 더 복잡하게 만들었다. 4장에서 설명한 것처럼 D3에서는 d3.svg.area()에 전달해 누적 차트나 스트림그래프를 쉽게 그릴 수 있도록 데이터를 포맷하는 스택 레이아웃을 제공한다.

---

3 http://mng.bz/rV7M

그림 5.19 영화별 수익 정보를 보여주는 스트림그래프

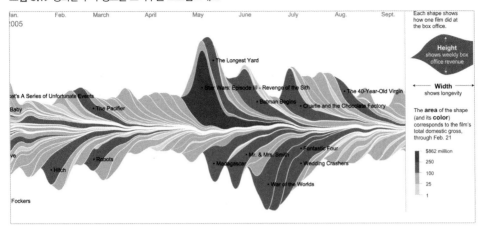

스트림그래프를 구현하려면 [리스트 5.5]의 스택 레이아웃과 함께 영역 생성기를 사용해야 한다. 이제는 다음과 같은 일반적인 작업 패턴이 친숙하게 느껴질 것이다.

1 레이아웃의 요구에 맞도록 데이터를 처리한다.

2 데이터셋에 맞춰 레이아웃의 접근자 메서드를 설정한다.

3 레이아웃으로 데이터를 출력할 수 있게 포맷한다.

4 수정된 데이터를 직접 SVG 요소에 전달하거나 d3.svg.diagonal( ), d3.svg.arc( ), d3.svg.area( ) 등의 생성기와 결합시킨다.

먼저 원래의 movies.csv 데이터를 가져와 영화 객체의 배열로 만든다. 이때 각 객체는 자신이 표현할 스트림그래프 각 부분에서 두께에 해당하는 값을 배열로 담고 있다.

리스트 5.5 스택 레이아웃의 예

```
d3.csv("movies.csv", function(error,data) {dataViz(data)});

function dataViz(incData) {
  expData = incData;
  stackData = [];

  var xScale = d3.scale.linear().domain([0, 10]).range([0, 500]);
  var yScale = d3.scale.linear().domain([0, 100]).range([500, 0]);

  var movieColors = d3.scale
    .category10(["movie1","movie2","movie3","movie4","movie5","movie6"]);
```

```
    var stackArea = d3.svg.area()
                    .interpolate("basis")
                    .x(function(d) { return xScale(d.x); })
                    .y0(function(d) { return yScale(d.y0); })
                    .y1(function(d) { return yScale(d.y0 + d.y); });
    for (x in incData[0]) {
        // day 열은 지나친다. 이 열은 x값으로 사용할 날짜이기 때문이다.
        if (x != "day") {
            // 각 영화마다 빈 배열을 가진 객체를 만들어 values라는 속성에 저장한다.
            var newMovieObject = {name: x, values: []};
            for (y in incData) {
                // 날짜에 해당하는 x 좌표와 그날 영화가 벌어들인 수익에 해당하는 y 좌표를 담은
                // 객체들을 values 배열에 넣는다.
                newMovieObject.values.push({
                        x: parseInt(incData[y]["day"]),
                        y: parseInt(incData[y][x])
                });
            };
            stackData.push(newMovieObject);
        };
    };

    stackLayout = d3.layout.stack()
                    .offset("silhouette")
                    .order("inside-out")
                    .values(function(d) { return d.values; });

    d3.select("svg").selectAll("path")
        .data(stackLayout(stackData))
        .enter().append("path")
        .style("fill", function(d) {return movieColors(d.name);})
        .attr("d", function(d) { return stackArea(d.values); });
};
```

초기 데이터셋의 포맷을 변환한 후, 객체 배열에 들어 있는 데이터는 다음과 같이 스택 레이아
웃이 처리할 수 있는 구조를 갖춘다.

```
[
  {"name":"movie1","values":[{"x":1,"y":20},{"x":2,"y":18},{"x":3,"y":14},{"x":
      4,"y":7},{"x":5,"y":4},{"x":6,"y":3},{"x":7,"y":2},{"x":8,"y":0},{"x":9,
      "y":0},{"x":10,"y":0}]},
  {"name":"movie2","values":[{"x":1,"y":8},{"x":2,"y":5},{"x":3,"y":3},{"x":4,"
```

```
    y":3},{"x":5,"y":3},{"x":6,"y":1},{"x":7,"y":0},{"x":8,"y":0},{"x":9,"y"
    :0},{"x":10,"y":0}]}
...
```

x값은 날짜이며, y값은 그날 영화가 벌어들인 수익이다. 두 값은 두께로 표현한다. 다른 레이아웃과 마찬가지로, 데이터를 이런 포맷으로 변경하지 않으려면 x()와 y() 접근자가 해당 값을 가져오도록 설정해야 한다. 데이터를 레이아웃이 요구하는 데이터 구조로 변경하면 레이아웃을 호출하는 코드가 다음과 같이 간단해진다는 장점이 있다.

```
stackLayout = d3.layout.stack()
    // 새로 생성된 stack() 레이아웃 함수에 대한 메서드 체인
    .values(function(d) { return d.values; });
```

stackLayout() 함수가 데이터셋을 처리한 후에는 stackLayout(stackData)를 실행해 결과를 가져올 수 있다. 레이아웃은 x 좌표에서의 꼭대기에 해당하는 y와 y0를 생성한다. 스택 레이아웃으로 스트림그래프를 생성하려면 해당하는 영역 생성기가 필요하다.

```
var stackArea = d3.svg.area()
                    // 일반적으로 적절한 시점에 데이터를 스케일 함수에 전달해
                    // 화면 크기에 맞게 조정해야 한다.
                    .x(function(d) { return xScale(d.x); })
                    .y0(function(d) { return yScale(d.y0); })
                    .y1(function(d) { return yScale(d.y0 + d.y); });
```

데이터, 레이아웃, 영역 생성기를 준비한 후, 셀렉션과 바인딩에 대해 이들을 호출할 수 있다. 그러면 차트를 생성하는 데 필요한 SVG ⟨path⟩ 요소들을 생성한다.

```
d3.select("svg").selectAll("path")
    // stackLayout() 함수에 의해 처리된 stackData를 바인딩한다.
    .data(stackLayout(stackData))
    .enter()
    .append("path")
    // 배열에 들어 있는 각 객체에 고유한 색상을 부여한다.
    .style("fill", function(d) {return movieColors(d.name);})
    // 영역 생성기는 레이아웃이 처리한 데이터에서 값을 가져와 SVG 그림 코드를 생성한다.
    .attr("d", function(d) { return stackArea(d.values); });
```

[그림 5.20]에서 보여주는 결과는 스트림그래프가 아니라 누적된 영역 차트다. 잠시 후에 살펴 보겠지만 누적 영역 차트는 스트림그래프와 그리 다르지 않다.

그림 5.20 기본 스택 레이아웃과 영역 생성기를 결합해 만든 누적 영역 차트

스택 레이아웃은 차트를 구성하는 영역의 상대 위치를 결정하는 offset() 메서드를 가진다. 특이한 차트를 만들려면 직접 offset() 메서드를 정의할 수 있다. offset() 메서드는 우리가 원하는 전형적인 효과를 구현하는 몇 가지 키워드를 인식한다. 여기에서는 수평선을 중심으로 누적된 영역을 그리는 silhouette 키워드를 사용하겠다.

스택 레이아웃의 order() 메서드도 스트림그래프를 생성하는 데 유용하게 사용한다. 이 메서드는 영역을 그릴 순서를 결정한다. 이 메서드를 이용하면 스트림그래프에서처럼 영역을 번갈아 그릴 수 있다. 여기에서는 inside-out을 사용하겠다. inside-out으로 생성한 스트림그래프가 가장 보기 좋다.

마지막으로 영역 생성기를 변경하는데, 여기에서는 basis 보간자를 사용하겠다.

```
stackLayout.offset("silhouette").order("inside-out");
stackArea.interpolator("basis");
```

스택 레이아웃에 silhouette과 inside-out 설정을 적용하고, 영역 생성기에 basis 보간자를 적용해 생성한 [그림 5.21]은 4장에서 만든 [그림 4.25]보다 더 깔끔하다.

그림 5.21 더욱 깔끔해진 스트림그래프

4장에서 스트림그래프를 만들었을 때, 이 차트가 과연 유용한지를 묻는 질문을 던졌었다. 스트림그래프는 실제로 유용하다. 적어도 차트의 영역이 시각적으로 각 영화의 이익 합계를 제대로 보여주기 때문이다.

그렇지만 단순한 누적 막대 그래프가 더 나은 경우도 있다. 레이아웃은 다양한 차트에 사용할 수 있는데, 스택 레이아웃도 마찬가지다. 스택 레이아웃의 offset()과 order()를 다음 코드와 같이 기본 설정으로 돌려놓으면, [그림 5.22]와 같이 일련의 사각형을 생성해 전통적인 누적 막대 그래프를 만든다.

```
stackLayout = d3.layout.stack()
                .values(function(d) { return d.values; });

var heightScale = d3.scale.linear()
                      .domain([0, 70])
                      .range([0, 480]);

d3.select("svg").selectAll("g.bar")
  .data(stackLayout(stackData))
  .enter()
  .append("g")
  .attr("class", "bar")
  .each(function(d) {
        d3.select(this).selectAll("rect")
          .data(d.values)
```

```
.enter()
.append("rect")
.attr("x", function(p) { return xScale(p.x) - 15; })
.attr("y", function(p) { return yScale(p.y + p.y0); })
.attr("height", function(p) { return heightScale(p.y); })
.attr("width", 30)
.style("fill", movieColors(d.name));
});
```

그림 5.22 스택 레이아웃의 기본 offset과 order로 만든 누적 막대 그래프

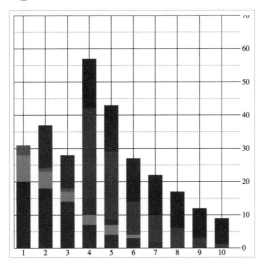

[그림 5.22]에 있는 누적 막대 그래프는 스트림그래프보다 여러모로 이해하기 쉽다. 같은 정보를 제공하지만 Y-축을 보면 영화가 얼마나 벌어들였는지 정확히 알 수 있다. 스프레드시트에 막대 그래프, 선 그래프, 파이 차트가 표준으로 제공되는 데는 그만한 이유가 있다. 스트림그래프, 누적 막대 그래프, 누적 영역 차트는 근본적으로 동일하며, 모두 스택 레이아웃으로 그릴 데이터를 포맷한다. 모두 구현 난이도가 낮으므로 어느 차트를 사용할지는 멋진 데이터 시각화 기법을 구현하는 능력이 아니라 사용자 테스트에 달려 있다.

지금까지 살펴본 레이아웃은 관련한 메서드, 생성기와 함께 다양하게 응용할 수 있다. 이제 D3에서 기본으로 제공하지는 않지만 약간 더 독특한 유형의 데이터를 위해 만든 생키 다이어그램과 워드 클라우드를 알아보자. 이 레이아웃들은 지금까지 살펴본 D3 핵심 라이브러리에 들어 있는 레이아웃은 아니시만 멋지게 활용하고 있으며 편리하게 사용할 수 있다.

5.6 새로운 레이아웃을 추가하는 플러그인

지금까지는 D3 라이브러리에서 제공하는 레이아웃을 살펴봤다. 6장에서 힘-방향 레이아웃 등 몇 가지 레이아웃을 더 살펴보겠지만, D3에서 기본적으로 제공하지 않는 레이아웃도 유용하게 사용한다. 이런 레이아웃은 특별히 포맷한 데이터를 사용하거나 특이한 속성명을 가진 레이아웃 메서드를 제공한다.

5.6.1 생키 다이어그램

생키 다이어그램^{Sankey Diagram}은 어떤 범주에서 다른 범주로 흘러가는 것을 보여줄 수 있다. 생키 다이어그램은 [그림 5.23]처럼 구글 웹로그 분석에서 사용하는 다이어그램으로서, 웹 사이트의 한 페이지에서 다른 페이지로 이동한 사용자의 흐름을 보여준다. 생키 다이어그램은 노드^{node}와 엣지^{edge}(흔히 '링크'라고도 한다)라는 두 종류의 객체로 구성된다. 웹로그 분석에서 노드는 웹 페이지나 이벤트를, 엣지는 웹 페이지 간의 이동을 나타낸다. 여러 노드를 다른 여러 노드에 연결할 수 있으므로 생키 다이어그램이 계층 구조를 표현하는 것은 아니다.

마이크 보스톡은 몇 년 전에 D3에서 사용할 수 있도록 생키 레이아웃을 플러그인 형태로 구현했다[4]. 생키 다이어그램은 몇 가지 예제를 제공하지만 문서화한 내용이 거의 없다(플러그인 레이아웃은 문서가 빈약하다는 단점이 있다. D3 핵심 레이아웃의 패턴을 따르지 않는 경우도 있다). 생키 레이아웃을 이해하려면 데이터 포맷, 예제, 코드 자체를 조사해야 한다.

---

4 https://github.com/d3/d3-plugins에서 생키 다이어그램 외에도 재미있는 D3 플러그인을 볼 수 있다.

그림 5.23 생키 다이어그램을 이용하는 구글 웹로그 분석

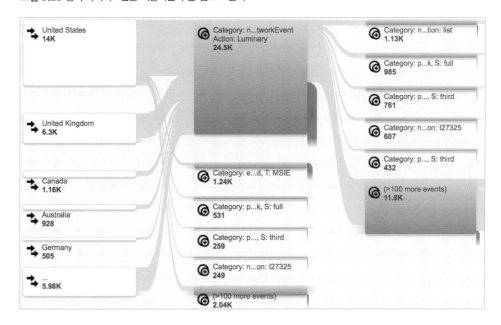

D3 플러그인

레이아웃과 유용한 메서드는 기본 d3.js 코어 라이브러리에도 많이 들어 있지만, d3.js 플러그인 페이지[5]에는 훨씬 더 많이 있다. 5장에서 설명하는 두 개의 플러그인 레이아웃 외에도 geo 플러그인을 7장에서 지도를 다룰 때 살펴볼 것이다. 그 밖에 어안 렌즈, 수평 차트, 체르노프 얼굴 Chernoff face, 초공식superformula 등을 구현할 레이아웃을 제공한다.

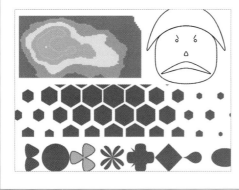

---

5 https://github.com/d3/d3-plugins

생키 다이어그램을 그리려면 노드에 대한 JSON 배열과 링크에 대한 JSON 배열이 필요하다. 이런 구조는 네트워크 데이터(6장에서 다룸)에 주로 사용하는 포맷이므로, 이 포맷에 익숙해지는 편이 좋다. 여기에서는 웹 사이트에서 우유와 그 밖의 유제품에 대한 트래픽 흐름을 살펴볼 것이다. 우리가 원하는 것은 사용자가 웹 사이트의 페이지를 저장하는 홈페이지에서 여러 제품에 대한 페이지로 어떻게 이동하는지 알아보는 것이다. 우리가 사용할 데이터의 포맷에서 노드는 페이지를, 링크는 한 페이지에서 다른 페이지로 이동하는 사용자를, 링크의 값은 이동한 사용자 수를 나타낸다.

리스트 5.6 sitestats.json

```
{
  "nodes":[ ❶
    {"name":"index"},
    {"name":"about"},
    {"name":"contact"},
    {"name":"store"},
    {"name":"cheese"},
    {"name":"yoghurt"},
    {"name":"milk"}
  ],
  "links":[ ❷
    {"source":0,"target":1,"value":25},
    {"source":0,"target":2,"value":10},
    {"source":0,"target":3,"value":40},
    {"source":1,"target":2,"value":10},
    {"source":3,"target":4,"value":25},
    {"source":3,"target":5,"value":10},
    {"source":3,"target":6,"value":5},
    {"source":4,"target":6,"value":5},
    {"source":4,"target":5,"value":15}
  ]
}
```

❶ 이 배열의 각 항목은 웹 페이지를 나타낸다.

❷ 이 배열의 각 항목은 "source" 페이지에서 "target" 페이지로 이동한 사용자 수를 나타낸다.

nodes 배열은 각 웹 페이지를 나타내는 객체라는 것을 쉽게 알 수 있다. links 배열은 source 와 target의 숫자가 nodes 배열의 인덱스라는 것을 알면 이해하기 어렵지 않다. links 배열의 첫 번째 항목을 예로 들어 보면, "source": 0은 출발지가 nodes[0], 즉 웹 사이트의 index 페이지임을 나타낸다. "target": 1은 about 페이지로 이동한 것을 나타내고, "value": 25는 25명의 사용자를 나타낸다. 따라서 첫 번째 항목은 index 페이지에서 about 페이지로 이동한 사용자가 25명임을 나타낸다. 이렇게 페이지 간의 사용자 흐름을 정의한다.

다음 코드에서 보는 것처럼 생키 레이아웃도 다른 레이아웃과 마찬가지로 초기화 과정이 필요하다.

```
var sankey = d3.sankey()
                // 노드와 연결선 간의 간격
                .nodeWidth(20)
                // 노드 간 수직 간격
                // 값이 작을수록 웹 페이지를 나타내는 막대가 길어진다.
                .nodePadding(200)
                .size([460, 460])
                .nodes(data.nodes)
                .links(data.links)
                // 흐름 위치를 최적화하려 레이아웃을 실행할 횟수
                .layout(200);
```

지금까지는 레이아웃이 사용할 그림 영역의 크기를 지정하는 size()만 사용했다. 나머지 설정은 예제를 보거나, 여러 값으로 실험해보거나, sankey.js 코드를 분석해 알아내야 한다. D3 네트워크 시각화에 사용하는 nodes()와 links() 설정에 익숙해지면 속성은 이해하기 쉬울 것이다. layout() 설정은 코드를 분석하지 않고서는 이해하기 어려운데, 이 부분은 잠시 후에 설명하겠다.

[리스트 5.7]과 같이 생키 레이아웃을 정의한 후에는 필요한 SVG 요소를 선택하고 바인딩해 차트를 그려야 한다. 일반적으로 노드는 〈rect〉 요소로, 노드 간의 흐름은 〈path〉 요소로 구성한다. 그리고 노드에 레이블을 붙이려 〈text〉 요소를 추가한다.

리스트 5.7 생키 그리기 코드

```
var intensityRamp = d3.scale.linear()
                .domain([0,d3.max(data.links, function(d) {
                    return d.value;
                }) ])
                .range(["black", "red"]);
```

```
// 전체 차트를 나타내는 부모 요소인 <g>의 오프셋
d3.select("svg").append("g")
   .attr("transform", "translate(20,20)").attr("id", "sankeyG");


d3.select("#sankeyG").selectAll(".link")
   .data(data.links)
   .enter().append("path")
   .attr("class", "link")
   // 생키 레이아웃의 link() 메서드는 경로 생성기다.
   .attr("d", sankey.link())
   // 두꺼운 스트로크를 사용하고 영역을 채우지 않는다.
   .style("stroke-width", function(d) { return d.dy; })
   .style("stroke-opacity", .5)
   .style("fill", "none")
   // 약한 것에서 강한 것을 검은색에서 빨간색으로 나타내려
   // intensityRamp()로 스트로크 색상을 설정한다.
   .style("stroke", function(d){ return intensityRamp(d.value); })
   .sort(function(a, b) { return b.dy - a.dy; })
   .on("mouseover", function() {
       d3.select(this).style("stroke-opacity", .8);
   })
   // 마우스 포인터가 올라왔을 때 덜 투명하게 만들어 링크를 강조한다.
   .on("mouseout", function() {
       d3.selectAll("path.link").style("stroke-opacity", .5)
   });


d3.select("#sankeyG").selectAll(".node")
   .data(data.nodes)
   .enter().append("g")
   .attr("class", "node")
   // 노드의 위치를 XY 좌표로 계산한다.
   .attr("transform", function(d) {
       return "translate(" + d.x + "," + d.y + ")";
   });


d3.selectAll(".node").append("rect")
   .attr("height", function(d) { return d.dy; })
   .attr("width", 20)
   .style("fill", "pink")
   .style("stroke", "gray");


d3.selectAll(".node").append("text")
   .attr("x", 0)
```

```
.attr("y", function(d) { return d.dy / 2; })
.attr("text-anchor", "middle")
.text(function(d) { return d.name; });
```

[그림 5.24]에서 보는 것처럼 이 레이아웃은 약간의 상호작용성을 가진다. index와 contact 간의 경로에 마우스 포인터가 올라가면 불투명도를 높인다. 이런 다이어그램은 곡선 경로가 다른 곡선 경로와 겹치므로 차트 사용자가 읽기 쉽게 상호작용성을 제공해야 한다. 여기서는 투명도를 조정해 흐름을 구분한다.

그림 5.24 방문자 수를 경로의 색상으로 표현한 생키 다이어그램(별지Ⅳ 참조)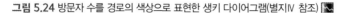

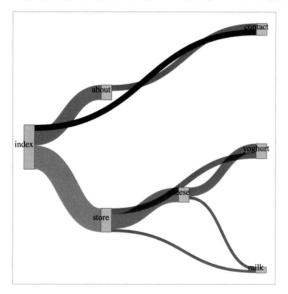

이렇게 생키 다이어그램을 구현하면 조직, 웹 사이트, 시스템에 발생하는 상품, 방문자 등 어떤 흐름도 추적할 수 있다. 이 예제를 다양하게 확장할 수 있지만 가장 간단한 방법이 제일 도움이 된다. 레이아웃이 특정 도형 요소에 연결되지 않는다는 것을 염두에 두자. 생키 다이어그램에서 흐름은 〈path〉 이외의 다른 요소에 레이아웃 데이터를 표현하는 것이 어려울 수도 있다. 하지만 노드는 〈rect〉 요소로만 표현해야 하는 것은 아니다. 다음과 같이 코드를 약간 수정하면 노드를 원으로 표현할 수 있다.

```
sankey.nodeWidth(1);

d3.selectAll(".node").append("circle")
  .attr("height", function(d) { return d.dy; })
  .attr("r", function(d) { return d.dy / 2; })
  .attr("cy", function(d) { return d.dy / 2; })
  .style("fill", "pink")
  .style("stroke", "gray");
```

그림 5.25 오징어 다리처럼 생긴 생키 다이어그램

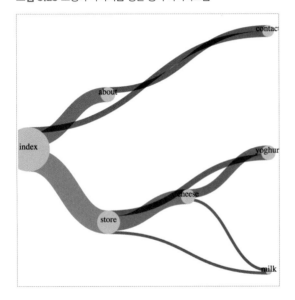

전통적인 차트 기법을 약간 변형하는 것은 두려워할 필요가 없다. [그림 5.25]처럼 사각형 대신
원을 사용하면 경망스러워 보일 수도 있지만 획일적으로 사각형을 사용한 다른 생키 다이어그
램과 차별화돼 시각적으로 더 적절할 수도 있다. 이와 마찬가지로 D3의 정보 시각화 기능을 통
해 레이아웃이 작동하는 방식을 연구하는 것도 좋다. d3.layout.sankey()는 layout()이라
는 메서드를 제공하는데, 코드를 읽어보면 레이아웃 작업을 어떻게 수행하는지 알 수 있다. 전
환과 layout() 속성의 동적인 설정으로도 이 메서드가 어떻게 시각적인 차트를 만드는지 알아
볼 수 있다.

시각화 알고리즘

데이터 시각화를 이 책에서 설명하는 차트로 한정해 생각할 수도 있다. 하지만 데이터 시각화는 데이터를 처리하는 데 사용한 기법을 시각적으로 표현한 것이기도 하다. 5장에서 본 생키 다이어그램이나 6장에서 설명할 힘-방향 네트워크 시각화에서는 그래픽 요소를 정렬하고 배치하는 데 사용한 알고리즘이 핵심이다. 적절히 출력하는 레이아웃을 만든 후에는 생키 다이어그램으로 작업했던 것처럼 설정과 요소를 바꿔가며 알고리즘이 어떻게 작동하는지 시각적으로 확인해볼 수 있다.

먼저, 차트가 상호작용하도록 만들려면 [리스트 5.8]과 같이 click 이벤트 처리기를 추가해야 한다. 여기에서는 〈svg〉 요소 자체에 이 설정을 추가하지만 3장에서 했던 것처럼 별도의 버튼을 간단히 추가할 수도 있다.

리스트 5.8 생키 다이어그램에 대한 시각화 레이아웃 함수

```
var numLayouts = 1;
d3.select("svg").on("click", moreLayouts);
// 레이아웃을 한 번만 전달해 생키 객체를 초기화한다.
sankey.layout(numLayouts);

function moreLayouts() {
  // 과정을 20번 거치도록 한다.
  // 클릭을 많이 안 해도 변화하는 것을 보여주기 때문이다.
  numLayouts += 20;
  sankey.layout(numLayouts);

  // 레이아웃이 데이터셋을 갱신하므로 그리는 함수를 다시 호출하기만 하면 된다.
  // 그러면 자동으로 차트가 갱신된다.
  d3.selectAll(".link")
    .transition()
    .duration(500)
    .attr("d", sankey.link())

  d3.selectAll(".node")
    .transition()
    .duration(500)
    .attr("transform", function(d) {
        return "translate(" + d.x + "," + d.y + ")";
```

```
        });
    }
```

여기에서 moreLayouts() 함수는 두 가지 일을 한다. 노드 위치를 최적화하는 알고리즘 반복 횟수를 늘리고 이 변수로 sankey.layout() 속성을 갱신한다. 그리고 차트를 구성하는 그래픽 요소(⟨g⟩와 ⟨path⟩ 요소)를 선택하고 갱신된 설정으로 다시 그린다. transition()과 duration() 설정을 이용하므로 동적으로 변화하는 과정을 확인할 수 있다.

이와 같이 수정하면 layout() 메서드가 어떤 영향을 주는지 시각적으로 확인할 수 있다. 이 함수는 d3.layout.sankey()가 노드 위치를 최적화하는 알고리즘을 반복한 횟수를 지정한다. [그림 5.26]은 선을 정렬하고 서로 얽히지 않게 피해가는 과정을 화면으로 캡처한 것이다. 이와 같이 위치를 최적화하는 기법은 정보 시각화에서 흔히 볼 수 있으며, 6장에서 설명하는 힘-방향 네트워크 레이아웃의 기반이 된다.

이 생키 다이어그램 예에서는 데이터셋이 간단하므로 노드 위치 최적화 알고리즘을 한 번만 수행해도 좋은 위치가 나온다. [그림 5.26]은 왼쪽부터 layout() 설정에 반복 횟수를 1회, 20회, 40회, 200회 지정한 결과다. 반복 횟수가 어느 정도 지나면 노드의 위치가 그리 많이 변하지 않는다.

그림 5.26 노드 위치 최적화 알고리즘의 반복 횟수에 따른 노드 위치 변화

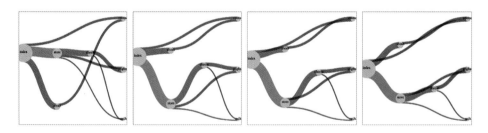

이 예제를 보면 레이아웃의 설정 변경에 따라 레이아웃의 시각적 결과도 달라진다는 것을 잘 알 수 있다. 데이터나 그리는 코드를 변경하며 차트를 애니메이션해보면 변경된 데이터가 위치에 미치는 영향을 시각적으로 확인할 수 있다. 이런 기법은 이 책의 뒷부분에서 더 많이 볼 수 있다.

5.6.2 워드 클라우드

워드 클라우드word cloud는 정보 시각화에서 가장 널리 사용하는 기법이자 악평을 많이 하는 기법일 것이다. 태그 클라우드라고도 알려진 워드 클라우드는 텍스트를 중요도나 빈도에 따라 다른 크기로 표현한다.

[그림 5.27]은 종족 다양성 데이터베이스에서 가져온 텍스트로 만든 15가지 워드 클라우드다. 워드 클라우드는 종종 단어를 회전해 직각이나 임의의 각도로 회전해 차트의 모양을 보기 좋게 만든다. 스트림그래프와 마찬가지로 워드 클라우드는 읽기 어려우며 전달하는 정보가 많지 않다는 비판을 많이 받는다. 하지만 그래프를 보는 사용자에게는 놀라울 정도로 인기가 많다.

그림 5.27 워드 클라우드의 다양한 예

이 워드 클라우드들은 필자의 데이터와 Wordle[6]이라는 자바 애플릿으로 생성했다. Wordle은 쉬운 UI를 제공하며 몇 가지 미학적 기법을 선택하면 누구나 텍스트를 입력해 이목을 끄는 그림을 생성할 수 있다. 덕분에 인터넷에 워드 클라우드가 넘쳐나게 됐다. 이 현상은 워드 클라우드가 아무런 분석 정보도 제공하지 않으며 그저 단어 수에 따라 피상적으로 데이터를 강조한다고 생각했던 데이터 시각화 전문가를 놀라게 했다.

워드 클라우드는 나쁘지 않다. 무엇보다 사용자들에게 인기가 높다. 그보다 더 주목할 점은 단어가

---

6 http://www.wordle.net

상당히 효율적인 그래픽 객체라는 점이다. 어떤 단어의 중요성을 나타내는 수치형 속성을 찾아낼 수 있다면 워드 클라우드 안에서 그 단어의 크기를 키워 사용자에게 중요성을 전달하면 된다.

먼저 워드 클라우드를 만들기 위한 적절한 데이터를 가졌다고 가정하자. 우리는 이 책의 영문판 버전 5장을 활용하겠다. [리스트 5.9]는 영문판 5장에서 사용한 단어 중 빈도가 높은 단어 20개와 각 단어의 사용 횟수다.

리스트 5.9 worddata.csv

```
text,frequency
layout,63
function,61
data,47
return,36
attr,29
chart,28
array,24
style,24
layouts,22
values,22
need,21
nodes,21
pie,21
use,21
figure,20
circle,19
we'll,19
zoom,19
append,17
elements,17
```

D3로 워드 클라우드를 만들려면 핵심 라이브러리에서 제공되지 않는 레이아웃이 필요하다. [그림 5.18]에 나온 워드 트리를 만들기도 한 제이슨 데이비스가 만든 레이아웃이다. 그리고 조너선 파인버그Jonathan Feinberg가 만든 알고리즘[7]도 구현해야 한다. d3.layout.cloud() 레이아웃은 깃허브[8]에서 내려받을 수 있다. 이 레이아웃을 사용하려면 어느 속성으로 단어의 크기를 정할지, 단어를 얼마나 크게 만들지 정의해야 한다.

....

7 http://static.mrfeinberg.com/bv_ch03.pdf
8 https://github.com/jasondavies/d3-cloud

여타 레이아웃과 달리 cloud()는 워드 클라우드를 생성하는 데 효율적인 공간의 계산을 완료했을 때, 이를 알려주려 end 이벤트를 발생한다. 이때 단어의 위치, 회전, 크기 등을 계산한 데이터셋을 함께 전달한다. 그러고 나면 다음과 같이 레이아웃을 다시 언급하거나 변수에 할당할 필요 없이 바로 클라우드 레이아웃을 실행할 수 있다. 그러나 클라우드 레이아웃을 다시 사용하거나 설정을 조정할 때는 다른 레이아웃과 마찬가지로 레이아웃을 변수에 할당해야 한다.

리스트 5.10 d3.layout.cloud로 워드 클라우드 생성

```
// 원래 값 대신 스케일로 폰트를 지정한다.
var wordScale=d3.scale.linear().domain([0,75]).range([10,160]);

d3.layout.cloud()
  .size([500, 500])
  // words() 메서드로 클라우드 레이아웃에 데이터를 전달한다.
  .words(data)
  // 스케일로 각 단어의 크기를 설정한다.
  .fontSize(function(d) { return wordScale(d.frequency); })
  .on("end", draw)
  // 클라우드 레이아웃을 초기화해야 한다.
  // 초기화를 완료하면 end 이벤트가 발생하고 이 이벤트에 연결된 함수를 실행한다.
  .start();

// end 이벤트에 draw() 함수를 할당했으므로,
// 초기화를 완료하면 이 함수가 처리된 데이터셋을 전달받는다.
function draw(words) {
  var wordG = d3.select("svg").append("g")
                .attr("id", "wordCloudG")
                .attr("transform","translate(250,250)");
  wordG.selectAll("text")
       .data(words)
       .enter()
       .append("text")
       .style("font-size", function(d) { return d.size + "px"; })
       .style("opacity", .75)
       .attr("text-anchor", "middle")
       // 클라우드 레이아웃이 변환과 회전을 계산한다.
       .attr("transform", function(d) {
           return "translate(" + [d.x, d.y] + ")rotate(" + d.rotate + ")";
       })
       .text(function(d) { return d.text; });
};
```

이 코드는 데이터의 속성에 따라 적절히 위치한 SVG 〈text〉 요소를 [그림 5.28]과 같이 생성한다. 여기에 있는 단어들은 아직 회전을 적용하지 않았다.

그림 5.28 수평으로 배치한 단어들로 표현한 워드 클라우드

회전을 정의하는 것은 아주 간단하다. 다음과 같이 클라우드 레이아웃의 rotate() 메서드를 정의해 어떤 회전값을 정의하면 된다.

```
// 이 스케일은 0부터 1 사이에서 임의의 값을 가져와
// -20도에서 20도 사이의 각을 반환한다.
randomRotate=d3.scale.linear().domain([0,1]).range([-20,20]);

d3.layout.cloud()
  .size([500, 500])
  .words(data)
  // 각 단어의 회전값을 정의한다.
  .rotate(function() {return randomRotate(Math.random())} )
  .fontSize(function(d) { return wordScale(d.frequency); })
  .on("end", draw)
  .start();
```

이제 [그림 5.29]처럼 흔히 볼 수 있는 워드 클라우드를 만들었다. 여기에 설정과 색상을 조절해 Wordle이 만든 워드 클라우드처럼 만들 수 있다.

그러나 지금은 워드 클라우드가 왜 그리 평판이 안 좋은지 알아보자. 우리는 영문판 5장에서 가장 자주 사용한 단어로 구성한 데이터셋을 가져왔다. 단어의 빈도로 글자의 크기를 결정하고

화면 위에 빼곡히 배치하는 것 외에 거의 하는 일이 없다. 데이터를 시각적으로 표현할 때 다양한 채널이 있으나, 이 경우 크기 외에 색상과 회전 채널이 가장 좋다.

그림 5.29 긱 단어를 무작위 각도로 회전시킨 워드 클라우드

다른 채널을 염두에 두고, 이제는 이 책의 영문판 전체에 대한 키워드 목록을 생각해보자. 키워드를 배열에 넣고 키워드 배열에 나오는 단어는 빨간색으로 강조한다. [리스트 5.11]의 코드를 보면, 짧은 단어는 90도 회전하고 긴 단어는 그대로 둬 읽기 쉽게 만든다.

리스트 5.11 키워드를 강조한 워드 클라우드

```
// 키워드를 담은 배열
var keywords = ["layout", "zoom", "circle", "style", "append", "attr"]

d3.layout.cloud()
  .size([500, 500])
  .words(data)
  // rotate() 메서드는 5글자 이하의 단어를 90도 회전한다.
  .rotate(function(d) { return d.text.length > 5 ? 0 : 90; })
  .fontSize(function(d) { return wordScale(d.frequency); })
  .on("end", draw)
  .start();

function draw(words) {
  var wordG = d3.select("svg").append("g")
              .attr("id", "wordCloudG").attr("transform","translate(250,250)");

  wordG.selectAll("text")
```

```
    .data(words)
    .enter()
    .append("text")
    .style("font-size", function(d) { return d.size + "px"; })
    // 단어가 키워드 목록에 있는 경우에는 빨간색, 그 밖에는 검은색으로 표현한다.
    .style("fill", function(d) {
        return (keywords.indexOf(d.text) > -1 ? "red" : "black");
    })
    .style("opacity", .75)
    .attr("text-anchor", "middle")
    .attr("transform", function(d) {
        return "translate(" + [d.x, d.y] + ") rotate(" + d.rotate + ")";
    })
    .text(function(d) { return d.text; });
};
```

[그림 5.30]에 나온 워드 클라우드를 보면, 본질적으로 동일하지만 그저 무작위로 색상과 회전을 정의한 것이 아니라, 긴 단어는 가로로, 짧은 단어는 세로로, 키워드는 빨간색으로 정보를 표현한 것을 알 수 있다. 폰트와 패딩을 설정하는 등 포맷을 더욱 다양하게 제어하는 방법은 레이아웃의 문서[9]를 참조한다.

그림 5.30 단어 길이와 키워드 여부에 따라 표현한 워드 클라우드(별지Ⅳ 참조)

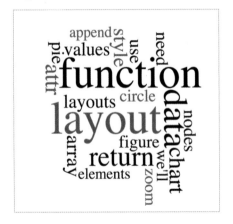

여타 레이아웃과 달리, 클라우드 레이아웃은 다양한 데이터에 사용할 수는 없지만 구현하고 직접 다루기가 상당히 쉬우므로 다른 차트와 병행해 데이터의 다양한 측면을 표현할 수 있다. 9

---

9 https://www.jasondavies.com/wordcloud/about/

장에서 이런 형태의 동기화된 차트를 살펴보겠다.

5.7 마치며

5장에서는 D3 레이아웃 구조에 대해 자세히 살펴보고 여러 데이터셋으로 실험해봤다. 그러면서 특정 차트를 생성하는 데 레이아웃을 사용하는 방법뿐만 아니라 차트를 변형하는 방법도 알아봤다. 그리고 상호작용성과 애니메이션을 이용한 실험도 해봤다.

5장에서 설명한 내용을 정리하면 다음과 같다.

- D3 핵심 레이아웃에 공통된 레이아웃 구조와 메서드
- 원호를 그리고 연결하는 원호 생성기와 사선 생성기
- 파이 레이아웃을 이용한 파이 차트와 도넛 차트 생성 방법
- 원호 부분을 시각적으로 부드럽게 애니메이션하는 트위닝 이용
- 서클 팩 다이어그램을 생성하고 팩 레이아웃을 효율적으로 이용하는 데이터 포맷
- 트리 레이아웃을 이용한 수직, 수평, 방사형 계통도 생성 방법
- 스택 레이아웃을 이용한 누적 영역 차트, 스트림그래프, 누적 막대 그래프 생성 방법
- 생키 다이어그램과 워드 클라우드를 만들기 위한 D3 플러그인 레이아웃의 사용 방법

이제 레이아웃에 대한 전반적인 것을 살펴봤으므로, 6장에서는 네트워크를 표현하는 방법을 집중적으로 살펴보겠다. 일반적인 레이아웃과 공통점이 많지만 상호작용성과 애니메이션이 뛰어난 힘-방향 레이아웃을 주로 살펴본다. 이번 장에서 설명한 생키 레이아웃에 사용된 데이터와 비슷한 네트워크 데이터를 다루며 네트워크를 처리하고 측정하는 기법도 몇 가지 설명한다.

CHAPTER 6

네트워크 시각화

- 인접 행렬과 원호 다이어그램 생성
- 힘-방향 레이아웃 사용법
- 방향성의 표현
- 네트워크 노드와 엣지의 추가/삭제

웹 2.0이라고 부르던 소셜 매체, 그리고 연결된 데이터linked data는 물론이고 트위터와 페이스북 등 온라인 소셜 네트워크가 성장함에 따라 네트워크 분석과 네트워크 시각화를 널리 사용하게 됐다. 6장에서는 [그림 6.1]과 같은 네트워크 시각화를 살펴보는데, 데이터 간의 연결 방식을 잘 보여주므로 상당히 흥미롭다. 네트워크 시각화는 데이터 전통적으로 시각화에 널리 사용하는 단조로운 데이터보다 더욱 정확히 시스템을 표현한다.

6.1.2절에서는 인접 행렬, 6.1.3절에서는 원호 다이어그램, 6.2절에서는 힘-방향 알고리즘, 6.2.3절에서는 네트워크 분석에 관한 기본 지식, 6.2.5절에서는 XY 위치 지정을 이용한 네트워크 배치를 설명한다.

그림 6.1 6장에서 구현할 네트워크 시각화 예

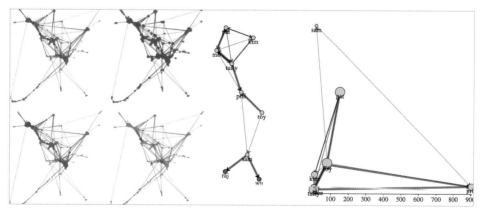

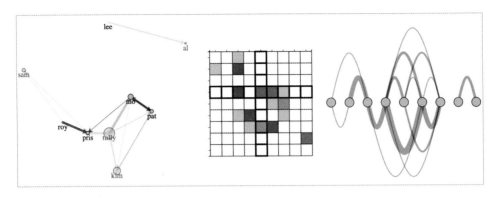

6장에서는 네트워크 표현을 집중적으로 살펴보므로, 네트워크에 관련된 용어를 알아야 한다. 일반적으로 네트워크를 다룰 때 연결되는 것(사람 등)은 '노드', 노드 간의 연결(페이스북 친구 관계)은 '엣지'라고 한다. 노드와 엣지에 레이블을 붙이면 유용할 것이라고 생각할 수도 있다. 하지만 이 장에서 설명하듯이 네트워크를 표현하는 방법은 하나만 있는 것이 아니다. 네트워크는 수학에서 부르는 명칭 때문에 '그래프'라고도 한다. 마지막으로, 네트워크에 있는 노드에는 '중심성centrality'이라고 부르는 성질이 중요하다. 그 밖에 여러 성질이 있는데, 이번 장에서 차차 배워가기로 하자.

네트워크는 데이터 포맷일 뿐만 아니라 데이터에 대한 관점이기도 하다. 네트워크 데이터를 사용할 때는 네트워크에 들어 있는 개별 노드가 아니라 네트워크 혹은 네트워크 일부분에 존재하는 패턴을 찾아내 표현하려는 것이다. 네트워크 시각화를 마인드맵이나 웹 사이트의 네트워크 맵처럼 시각적으로 훌륭한 척도가 되므로 사용하기도 하지만, 일반적으로 정보 시각화 기법에서는 개별 노드가 아니라 네트워크 구조를 표현하려고 만들었다.

6.1 정적 네트워크 다이어그램

네트워크 데이터는 계층 구조 데이터와 다르다. 계층 구조 데이터는 5장의 트리와 팩 레이아웃에서 본 것처럼 여러 자식 노드와 단 하나의 부모 노드만 가질 수 있는 반면, 네트워크 데이터는 생키 레이아웃처럼 다대다 연결성을 나타낸다. 네트워크라고 해서 꼭 소셜 네트워크를 말하는 것은 아니다. 네트워크 포맷은 교통망, 개방형 연결 데이터linked open data 등 다양한 구조를 표현할 수 있다. 6장에서는 네트워크를 표현하는 데 널리 사용하는 데이터, 인접 행렬, 원호 다이어그램, 힘-방향 네트워크 다이어그램 등 총 4가지 포맷을 알아본다.

각 포맷의 시각적 표현은 서로 상당히 다르다. 예를 들어 힘-방향 레이아웃의 경우 노드를 원으로, 엣지를 선으로 나타낸다. 그렇지만 인접 행렬에서는 노드는 X-축과 Y-축에 놓고 엣지는 사각형을 채운다. 네트워크는 기본적인 표현 방법을 갖고 있지 않지만 이번 장에서 설명하는 형식으로 표현하는 경우가 대부분이다.

6.1.1 네트워크 데이터

네트워크는 여러 데이터 포맷으로 저장할 수 있지만, 엣지 목록edge list이라고 알려진 포맷이 가장 간단하다. 엣지 목록은 일반적으로 [리스트 6.1]처럼 소스 열, 타깃 열, 연결된 노드를 가리키는 문자열이나 숫자열을 CSV 포맷으로 만든다. 각 노드에는 연결 종류나 길이, 유효 기간, 색상, 혹은 연결에 관련해 저장하고 싶은 다양한 정보를 추가할 수 있다. 단, 소스 열과 타깃 열은 반드시 들어가야 한다.

리스트 6.1 edgelist.csv

```
source,target,weight
sam,pris,1
roy,pris,5
roy,sam,1
tully,pris,5
tully,kim,3
tully,pat,1
tully,mo,3
kim,pat,2
kim,mo,1
mo,tully,7
mo,pat,1
mo,pris,1
pat,tully,1
pat,kim,2
pat,mo,5
lee,al,3
```

방향 네트워크directed network의 경우 소스 열과 타깃 열은 노드 간의 연결 방향을 가리킨다. 방향 네트워크는 노드가 한 방향으로만 연결되며 그 반대 방향은 연결되지 않음을 의미한다. 예를 들어, 트위터에서 내가 어떤 사용자를 팔로우할 수 있지만 그렇다고 해서 그 사용자가 나를 팔로우해야 하는 것은 아니다. 무방향 네트워크에도 '소스'와 '타깃'이라는 이름을 사용하지만 이때는 양방향 모두 연결된다. 예를 들어, 같은 수업에 들어가는 학생들을 나타내는 연결로 구성한 네트워크를 생각해보자. 내가 여러분과 같은 수업에 들어간다면 여러분도 나와 같은 수업에 들어가는 것이다. 이번 장 곳곳에서는 방향과 가중치를 가진 네트워크를 다룬다.

네트워크는 연결의 강도를 나타내는 가중치도 가질 수 있다. 예제의 경우 엣지 목록에서 소스가 타깃의 트윗을 관심글로 몇 번 담았는지 표현할 수 있다. 즉, Sam은 Pris의 트윗을 한 번, Roy는 Pris의 트윗을 다섯 번 관심글에 담았다고 표현할 수 있다. 이 경우 엣지에 값이 있으므로 가중치 네트워크^{weighted network}다. 그리고 엣지에 방향성이 있으므로 방향 네트워크이기도 하다. 따라서 가중치 방향 네트워크^{weighted directed network}이며, 네트워크 시각화할 때 가중치와 방향을 모두 고려해야 한다.

엄밀히 말하면, 엣지 목록에서 고유한 값을 추출해 노드 목록을 유도할 수 있으므로 네트워크를 생성할 때는 엣지 목록만 있으면 된다. Gephi 같은 전통적인 네트워크 분석 소프트웨어가 이 방식을 사용한다. 자바스크립트로 노드 목록을 유도할 수 있지만, [리스트 6.2]처럼 노드에 대한 추가 정보를 담고 있는 별도의 노드 목록을 사용하는 것이 일반적이다.

리스트 6.2 nodelist.csv

```
id,followers,following
sam,17,500
roy,83,80
pris,904,15
tully,7,5
kim,11,50
mo,80,85
pat,150,300
lee,38,7
al,12,12
```

이 노드 목록은 트위터 사용자를 담고 있으며 트위터 통계에 기초한 정보를 추가로 갖고 있는데, 여기에서는 팔로워 수와 팔로잉하는 사람 수를 담고 있다. 이 목록은 엣지 목록과 마찬가지로 최소한 ID는 갖고 있어야 하는데, 더 많은 데이터를 갖고 있으면 노드의 속성을 반영해 네트워크를 더욱 다양하게 시각화할 수 있다.

네트워크를 표현하는 방법은 네트워크의 크기나 특성에 따라 다르다. 네트워크가 비슷한 항목들 간의 차별적인 관계를 보여주는 것이 아니라 상품, 정보, 교통의 흐름을 보여준다면 5장에서 구현한 생키 다이어그램을 사용하는 편이 좋다. 생키 다이어그램은 지금 우리가 사용하는 데이터 포맷(노드 목록과 엣지 목록으로 구성한)과 완전히 똑같다. 생키 다이어그램은 특정 네트워크 데이터에만 적용된다. 네트워크 데이터에는 인접 행렬 등 다른 차트 형태가 쓸 만하다.

네트워크 시각화 코드를 구현하기 전에, 클래스에 기초해 색상을 설정하고 되도록 인라인 스타일은 피할 수 있도록 CSS 페이지를 정리해놓자. 이번 장에서 사용할 CSS 파일은 [리스트 6.3] 과 같다. 그렇지만 연결의 강도에 기초해 선의 스트로크 너비를 설정하는 등 수치형 속성값을 그래픽 요소에 바인딩한 데이터에 연결할 때는 인라인 스타일을 약간 사용할 것이다.

리스트 6.3 networks.css

```
.grid {
        stroke: black;
        stroke-width: 1px;
        fill: red;
}
.arc {
        stroke: black;
        fill: none;
}
.node {
        fill: lightgray;
        stroke: black;
        stroke-width: 1px;
}
circle.active {
        fill: red;
}
path.active {
        stroke: red;
}
```

6.1.2 인접 행렬

네트워크를 그림으로 표현하다 보면, 노드는 원이나 사각형, 엣지는 직선이나 곡선 등 선으로 표현할 수밖에 없을 것 같다. 놀랍게도 인접 행렬^{adjacency matrix}은 네트워크를 가장 효율적으로 시각화하는 방법이면서도 선을 전혀 사용하지 않는다. 인접 행렬은 격자로 노드 간의 연결을 표현한다.

인접 행렬의 원리는 간단하다. X-축에 노드를 놓고 Y-축에도 동일하게 노드를 놓는다. 두 노드가 연결돼 있으면 해당 격자를 채우고, 아니면 비워둔다. 예제의 경우 방향을 가진 네트워크이므로 Y-축에 있는 노드는 소스, X-축에 있는 노드는 타깃으로 생각한다. 그리고 가중치를 채도로 표현해, 약한 연결은 연한 색상으로, 강한 연결은 진한 색상으로 나타낸다.

D3에서 인접 행렬을 사용할 때 기본적으로 제공하는 레이아웃이 없다는 문제가 있다. 따라서 막대 그래프, 산포도, 박스 플롯을 그릴 때 했던 것처럼 직접 차트를 만들어야 한다. 마이크 보스톡이 http://bost.ocks.org/mike/miserables/에서 멋진 예를 보여주고 있지만, 그저 작동하는 인접 행렬을 만들려면 [리스트 6.4]처럼 그리 많지 않은 코드로 구현할 수 있다. 하지만 CSV 파일에서 생성한 두 개의 JSON 파일을 처리해 쉽게 작업할 수 있는 포맷으로 변경해야 한다. 이 작업은 거의 레이아웃 하나를 직접 만드는 것과 맞먹지만 나쁜 방식은 아니다. 10장에서는 우리가 필요한 레이아웃을 직접 만들도록 하겠다.

리스트 6.4 인접 행렬 함수

```
function adjacency() {
  // 먼저 두 개의 데이터셋을 로딩해야 하는데,
  // queue 객체로 비동기식 로딩 작업을 동기화할 수 있다.
  queue()
    .defer(d3.csv, "nodelist.csv")
    .defer(d3.csv, "edgelist.csv")
    .await(function(error, file1, file2) {
        createAdjacencyMatrix(file1, file2);
    });

  function createAdjacencyMatrix(nodes,edges) {
    // 해시로 소스-타깃 쌍이 연결돼 있는지 검사할 수 있다.
    var edgeHash = {};
    for (x in edges) {
      var id = edges[x].source + "-" + edges[x].target;
```

```
        edgeHash[id] = edges[x];
    };
    matrix = [];
    for (a in nodes) {
        // 조합할 수 있는 소스-타깃 연결을 모두 만든다.
        for (b in nodes) {
            // 소스-타깃 배열 인덱스에 기초해 XY 좌표를 설정한다.
            var grid =
                {id: nodes[a].id + "-" + nodes[b].id,
                    x: b, y: a, weight: 0};
            // 엣지 목록에 해당 엣지가 있으면 여기에 가중치를 설정한다.
            if (edgeHash[grid.id]) {
                grid.weight = edgeHash[grid.id].weight;
            };
            matrix.push(grid);
        };
    };

    d3.select("svg")
        .append("g")
        .attr("transform", "translate(50,50)")
        .attr("id", "adjacencyG")
        .selectAll("rect")
        .data(matrix)
        .enter()
        .append("rect")
        .attr("class", "grid")
        .attr("width", 25)
        .attr("height", 25)
        .attr("x", function (d) {return d.x * 25})
        .attr("y", function (d) {return d.y * 25})
        .style("fill-opacity", function (d) {return d.weight * .2;})

    var scaleSize = nodes.length * 25;
    var nameScale = d3.scale.ordinal()
                        // 노드 ID로부터 ordinal 스케일을 생성한다.
                        .domain(nodes.map(function (el) {return el.id}))
                        // 순서를 나타내는 값으로 사용한다.
                        .rangePoints([0,scaleSize],1);

    // 두 축이 모두 같은 스케일을 사용한다.
    var xAxis = d3.svg.axis()
                    .scale(nameScale).orient("top").tickSize(4);
    var yAxis = d3.svg.axis()
```

```
                     .scale(nameScale).orient("left").tickSize(4);

    d3.select("#adjacencyG").append("g").call(yAxis);
    d3.select("#adjacencyG").append("g").call(xAxis)
      .selectAll("text")
      .style("text-anchor", "end")
      // X-축에 있는 텍스트를 회전시킨다.
      .attr("transform", "translate(-10,-10) rotate(90)");
  };
};
```

이 코드에는 약간 새로운 것이 몇 가지 있다. 첫째, 이 코드에서는 d3.scale.ordinal이라는 스케일을 사용한다. d3.scale.ordinal은 고유한 값들로 구성된 배열을 입력으로 사용하는 스케일로, 여기에서는 노드명을 축에 배치하는 데 사용한다. 둘째, 이 코드에서는 지금까지 보지 못한 rangePoints()라는 메서드를 사용하는데, 이 메서드는 축에 출력할 각각의 값을 분류하려 일련의 빈을 생성하고, 각기 고유한 값을 주어진 범위 안의 수치형 위치에 연결한다. 각 점은 선택 인자인 두 번째 인자로 오프셋값을 가질 수 있다. 마지막으로, 이 코드에서는 CSV 파일 두 개가 모두 로딩된 후에 코드를 실행하는 데 queue.js를 사용한다. 코드에 명확히 나타나 있지 않지만 이 코드는 객체의 행렬 배열을 만든다.

코드를 콘솔에서 조사해보면 [그림 6.2]처럼 가능한 모든 연결을 배열로 저장해, 연결이 존재하는 경우에는 연결 강도를 저장한다. 가능한 모든 연결 조합이 배열에 저장돼 있다. 데이터셋에 존재하는 연결은 값이 0보다 크다. CSV를 임포트하면 값을 문자열로 저장하므로 주의한다.

그림 6.2 가능한 연결을 모두 담은 배열

```
[▼Object 🔢          , ▼Object 🔢          , ▼Object 🔢          ,
   id: "sam-sam"         id: "sam-roy"         id: "sam-pris"
   weight: 0             weight: 0             weight: "1"
   x: "0"                x: "1"                x: "2"
   y: "0"                y: "0"                y: "0"
 ▶__proto__: Object    ▶__proto__: Object    ▶__proto__: Object
▼Object 🔢          , ▼Object 🔢          , ▼Object 🔢          ,
   id: "sam-tully"       id: "sam-kim"         id: "sam-mo"
   weight: 0             weight: 0             weight: 0
   x: "3"                x: "4"                x: "5"
   y: "0"                y: "0"                y: "0"
 ▶__proto__: Object    ▶__proto__: Object    ▶__proto__: Object
▼Object 🔢          , ▼Object 🔢          , ▼Object 🔢          ,
   id: "sam-pat"         id: "sam-lee"         id: "sam-al"
   weight: 0             weight: 0             weight: 0
   x: "6"                x: "7"                x: "8"
   y: "0"                y: "0"                y: "0"
 ▶__proto__: Object    ▶__proto__: Object    ▶__proto__: Object
▼Object 🔢          , ▼Object 🔢          , ▼Object 🔢          ,
   id: "roy-sam"         id: "roy-roy"         id: "roy-pris"
   weight: "1"           weight: 0             weight: "5"
   x: "0"                x: "1"                x: "2"
   y: "1"                y: "1"                y: "1"
 ▶__proto__: Object    ▶__proto__: Object    ▶__proto__: Object
▼Object 🔢          , ▼Object 🔢          , ▼Object 🔢          ,
   id: "roy-tully"       id: "roy-kim"         id: "roy-mo"
   weight: 0             weight: 0             weight: 0
   x: "3"                x: "4"                x: "5"
   y: "1"                y: "1"                y: "1"
 ▶__proto__: Object    ▶__proto__: Object    ▶__proto__: Object
▶Object , ▶Object , ▶Object , ▶Object , ▶Object , ▶Object
, ▶Object , ▶Object , ▶Object , ▶Object , ▶Object , ▶Object ,
```

[그림 6.3]은 이 노드 목록과 엣지 목록에 기초해 만든 인접 행렬을 보여준다. 연한 색은 약한 연결을, 진한 색은 강한 연결을 나타내며 가중치와 방향성을 가진 인접 행렬이다. 소스는 Y-축에, 타깃은 X-축에 표현한다. 행렬을 보면 Roy는 Sam의 트윗을 관심글로 담았지만, Sam은 Roy의 어떤 트윗도 관심글로 담지 않았음을 알 수 있다.

그림 6.3 가중치와 방향성을 가진 인접 행렬

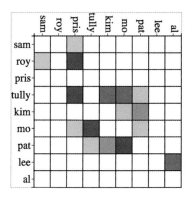

어떤 노드에서 자기 자신으로 연결돼 있는 인접 행렬도 있다. 네트워크 용어로 이 현상은 '자기

루프self-loop'라고 하며, 노드가 자기 자신에 연결된 경우에 발생한다. 트윗 데이터의 경우, 어떤 사람이 자기 자신의 트윗을 관심글로 담은 경우인데, 다행히도 예제의 데이터셋에는 그런 경우가 없다.

원한다면 상호작용성을 추가해 행렬을 더 읽기 좋게 만들 수 있다. 격자는 사각형의 행과 열을 강조하지 않으면 위치를 파악하기 쉽지 않다. 행렬에 강조 기능을 넣는 것은 간단하다. 다음 코드처럼 마우스오버 이벤트를 받는 gridOver() 함수에서 x나 y값이 같은 사각형을 모두 강조하면 되기 때문이다.

```
d3.selectAll("rect.grid").on("mouseover", gridOver);

function gridOver(d,i) {
  d3.selectAll("rect").style("stroke-width", function (p) {
      return p.x == d.x || p.y == d.y ? "3px" : "1px"});
};
```

이제 격자 위에 마우스 포인터를 올려놓으면 [그림 6.4]와 같이 그 격자의 행과 열에 있는 모든 사각형이 강조된다. [그림 6.4]는 Tully-to-Kim 엣지에 마우스 포인터가 올려져 있을 때다. Tully는 4명의 트윗을 관심글로 담았는데 그중 한 명이 Kim이며, Kim의 트윗은 Pat이 관심글로 담았음을 알 수 있다.

그림 6.4 Tully-to-Kim 엣지에 마우스 포인터가 올려져 있을 때의 인접 행렬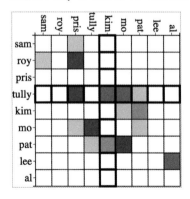

6.1.3 원호 다이어그램

네트워크는 원호 다이어그램으로 표현할 수도 있다. 원호 다이어그램은 노드를 한 줄에 배치하고 이 줄의 위나 아래로 원호를 그어 연결을 표현한다. 기본적으로 원호 다이어그램을 위한 레이아웃도 제공하지 않으며 심지어 예제도 적다. 하지만 코드를 보면 그 원리는 간단하다. 여기에서는 인접 행렬을 구현할 때처럼 레이아웃 수준의 코드를 구현하는데, 이번에는 엣지뿐만 아니라 노드도 처리해야 한다.

리스트 6.5 원호 다이어그램 코드

```
function arcDiagram() {
  queue()
    .defer(d3.csv, "nodelist.csv")
    .defer(d3.csv, "edgelist.csv")
    .await(function(error, file1, file2) {
        createArcDiagram(file1, file2);
    });

  function createArcDiagram(nodes,edges) {
    var nodeHash = {};
    for (x in nodes) {
      // 각각의 JSON 객체에 ID값을 연결하는 해시를 생성한다.
      nodeHash[nodes[x].id] = nodes[x];
      // 배열 인덱스에 기초해 각 노드의 x 위치를 설정한다.
      nodes[x].x = parseInt(x) * 40;
    };
    for (x in edges) {
      // 문자열로 돼 있는 노드 ID를 JSON 객체에 대한 포인터로 변경한다.
      edges[x].weight = parseInt(edges[x].weight);
      edges[x].source = nodeHash[edges[x].source];
      edges[x].target = nodeHash[edges[x].target];
    };

    linkScale = d3.scale.linear()
                .domain(d3.extent(edges, function (d) {return d.weight}))
                .range([5,10])

    var arcG = d3.select("svg").append("g").attr("id", "arcG")
                .attr("transform", "translate(50,250)");

    arcG.selectAll("path")
```

```
        .data(edges)
        .enter()
        .append("path")
        .attr("class", "arc")
        .style("stroke-width", function(d) {return d.weight * 2;})
        .style("opacity", .25)
        // arc() 함수로 연결을 그린다.
        .attr("d", arc)

    arcG.selectAll("circle")
        .data(nodes)
        .enter()
        .append("circle")
        .attr("class", "node")
        .attr("r", 10)
        // 각 노드의 x 위치에 노드를 원으로 그린다.
        .attr("cx", function (d) {return d.x;})

    function arc(d,i) {
        // 소스 노드에서 계산된 중간 지점을 거쳐 타깃 노드에 이르는 원호를
        // basis 보간법을 적용해 그린다.
        var draw = d3.svg.line().interpolate("basis");
        var midX = (d.source.x + d.target.x) / 2;
        var midY = (d.source.x - d.target.x) * 2;
        return draw([[d.source.x,0],[midX,midY],[d.target.x,0]])
    };
  };
};
```

우리가 만든 nodes 배열은 각 노드의 ID값으로 해시를 만들어 객체를 참조한다. 소스 노드와 타깃 노드를 참조하는 객체를 만들면 연결을 표현하는 데 사용할 〈line〉이나 〈path〉 요소에서 그래픽 속성을 쉽게 계산할 수 있다. 다음 절에서 살펴볼 힘-방향 레이아웃에서도 이와 같은 기법을 사용한다.

이제 [그림 6.5]에서 보듯이 원호 다이어그램을 만들었다. 두 노드 간의 연결을 노드 위아래의 원호로 표현했다. 노드 위쪽의 원호는 왼쪽에서 오른쪽으로, 노드 아래쪽 원호는 오른쪽에서 왼쪽으로의 연결을 나타낸다.

그림 6.5 두 노드 간의 연결을 표현한 원호 다이어그램

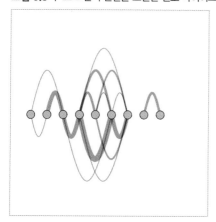

이와 같이 추상적인 차트를 만들면 상호작용성을 반드시 이용해야 한다. 규칙적으로 연결돼 있고 노드나 엣지가 그리 많지 않더라도, 무엇이 무엇과 어떻게 연결되는지 알아내기가 쉽지 않다. 엣지에 마우스 포인터를 올려놓으면 연결된 노드를 강조하고, 노드에 마우스 포인터를 올려놓으면 노드에 연결된 엣지를 모두 강조하도록 만들면 좋을 것이다.

[리스트 6.6]은 노드와 엣지 관련 이벤트 처리기를 추가한다.

리스트 6.6 원호 다이어그램의 상호작용성

```
d3.selectAll("circle").on("mouseover", nodeOver);
d3.selectAll("path").on("mouseover", edgeOver);

function nodeOver(d,i) {
  // 마우스 포인터가 올라가 있는 노드를 선택해 클래스를 "active"로 설정한다.
  d3.selectAll("circle").classed("active", function (p) {
    return p == d ? true : false;
  });

  // 선택된 노드를 소스나 타깃으로 하는 모든 엣지를 분홍색으로 설정한다.
  d3.selectAll("path").classed("active", function (p) {
    return p.source == d || p.target == d ? true : false;
  });
};

function edgeOver(d) {
  d3.selectAll("path").classed("active", function(p) {
```

```
        return p == d ? true : false;
    });

    // 내포된 삼항 연산자로 노드가 해당 엣지의 소스이면 파란색, 타깃이면 녹색으로,
    // 이 둘에 해당하지 않으면 회색으로 설정한다.
    d3.selectAll("circle").style("fill",function(p) {
        return p == d.source ? "blue" : p == d.target ? "green" : "lightgray";
    });
};
```

이 코드를 추가하고 실행하면 [그림 6.6]과 같은 결과가 나온다. [그림 6.6]의 왼쪽 그림을 보면, 엣지 위에 마우스를 올려놓을 때 소스 노드는 파란색으로, 타깃 노드는 녹색으로 표현한다. [그림 6.6]의 오른쪽 그림을 보면, 노드 위에 마우스를 올려놓을 때 노드는 빨간색으로, 엣지는 분홍색으로 표현한다.

그림 6.6 이벤트 처리기를 이용한 원호 다이어그램(별지 V 참조)

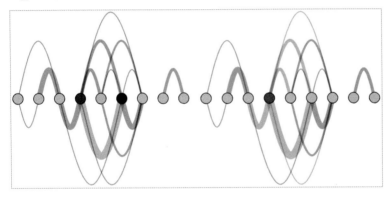

원호 다이어그램을 더 살펴보고 더 큰 데이터셋에 적용하고 싶다면 방사형으로 뻗어나오는 선 위에 원호 다이어그램을 배치한 하이브 플롯^{hive plot}을 살펴보기 바란다. 이 책에서는 하이브 플롯을 다루지 않으므로 D3 플러그인 페이지[1]를 참조하라. 인접 행렬과 원호 다이어그램은 레이아웃을 사용하지 않고 직접 구현하므로 노드의 정렬과 위치는 물론이고 배치하는 방법까지 자유롭게 변경할 수 있다.

다음으로 다룰 힘–방향 레이아웃은 노드와 엣지를 어떻게 배치하고 어디에 위치할지를 결정할 때 완전히 다른 원리를 사용한다. 이제부터 힘–방향 레이아웃을 알아보자.

---

1 https://github.com/d3/d3-plugins/tree/master/hive

6.2 힘-방향 레이아웃

힘-방향 레이아웃force directed layout이라는 이름은 네트워크를 시각적으로 최적화해 표현하는 기법에서 비롯됐다. 5장에서 설명한 워드 클라우드와 생키 레이아웃처럼 force() 레이아웃은 요소의 적절한 위치를 동적으로 갱신하지만, 여타 레이아웃과 달리 렌더링 전에 전처리 단계를 거치는 방식이 아니라 실시간으로 끊임 없이 계산한다. 힘-방향 레이아웃은 [그림 6.7]에서 설명하는 것처럼 척력, 인력, 중력, 총 세 개의 힘 원리에 기반을 두고 있다. 계층 구조 패킹과 커뮤니티 탐지 등 다른 요소도 힘-방향 알고리즘에 수용할 수 있지만, 이 세 가지 힘이 주요하다. 네트워크의 크기가 큰 경우에는 성능을 향상하는 데 힘의 근사값을 사용한다.

그림 6.7 힘-방향 알고리즘에서의 힘(척력, 중력, 인력)

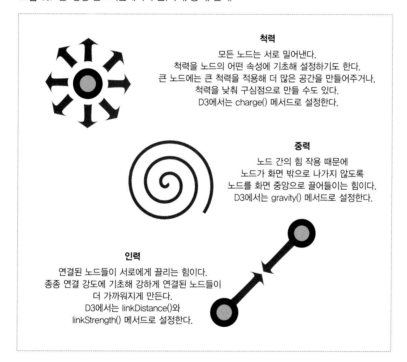

척력
모든 노드는 서로 밀어낸다.
척력을 노드의 어떤 속성에 기초해 설정하기도 한다.
큰 노드에는 큰 척력을 적용해 더 많은 공간을 만들어주거나,
척력을 낮춰 구심점으로 만들 수도 있다.
D3에서는 charge() 메서드로 설정한다.

중력
노드 간의 힘 작용 때문에
노드가 화면 밖으로 나가지 않도록
노드를 화면 중앙으로 끌어들이는 힘이다.
D3에서는 gravity() 메서드로 설정한다.

인력
연결된 노드들이 서로에게 끌리는 힘이다.
종종 연결 강도에 기초해 강하게 연결된 노드들이
더 가까워지게 만든다.
D3에서는 linkDistance()와
linkStrength() 메서드로 설정한다.

이번 절에서는 힘-방향 레이아웃이 작동하는 방법과 생성하는 방법을 알아보고, 이 레이아웃을 이해하는 데 도움이 되는 네트워크 분석의 기본 원리를 알아본다. 그리고 실행 중 레이아웃의 설정을 변경하는 방법은 물론 노드와 엣지를 추가/삭제하는 방법도 설명한다.

6.2.1 힘-방향 네트워크 다이어그램의 생성

[리스트 6.7]에서 초기화한 force() 레이아웃에는 이미 설명한 설정도 있다. size() 메서드는 힘-방향을 계산하는 데 필요한 레이아웃 영역의 너비와 높이를 담은 배열로 설정한다. nodes()와 links() 메서드는 5장에서 설명한 생키 레이아웃에서처럼 각기 노드와 엣지를 담은 배열을 설정한다. 원호 다이어그램을 생성할 때 했던 것처럼, 여기에서는 links 배열 안에 소스와 타깃 참조를 생성하는데, force() 레이아웃은 이 포맷으로 된 데이터를 받는다. 그리고 생키 다이어그램과 마찬가지로 nodes 배열에서 해당 노드의 인덱스를 나타내는 정숫값도 받는다. 노드 간의 척력을 설정하는 charge() 메서드는 처음 볼 것이다. 그리고 여기에서는 노드와 엣지의 위치를 갱신하는 데 사용할 tick 이벤트가 추가됐다.

리스트 6.7 힘-방향 레이아웃 함수

```
function forceDirected() {
  queue()
    .defer(d3.csv, "nodelist.csv")
    .defer(d3.csv, "edgelist.csv")
    .await(function(error, file1, file2) {
        createForceLayout(file1, file2);
    });

  function createForceLayout(nodes,edges) {
    var nodeHash = {};
    for (x in nodes) {
      nodeHash[nodes[x].id] = nodes[x];
    };
    for (x in edges) {
      edges[x].weight = parseInt(edges[x].weight);
      edges[x].source = nodeHash[edges[x].source];
      edges[x].target = nodeHash[edges[x].target];
    };

    var weightScale = d3.scale.linear()
        .domain(d3.extent(edges, function(d) {return d.weight;}))
        .range([.1,1]);

    // 노드 간의 척력을 정의한다.
    // 음수로 설정하면 노드가 서로 끌어당기도록 만든다.
    var force = d3.layout.force().charge(-1000)
        .size([500,500])
```

```
    .nodes(nodes)
    .links(edges)
    // tick 이벤트가 끊임 없이 발생해 이벤트 처리기를 호출한다.
    .on("tick", forceTick);

// 노드와 엣지에 대한 키값은 나중에 네트워크를 갱신하는 데 도움이 된다.
d3.select("svg").selectAll("line.link")
  .data(edges, function (d) {return d.source.id + "-" + d.target.id;})
  .enter()
  .append("line")
  .attr("class", "link")
  .style("stroke", "black")
  .style("opacity", .5)
  .style("stroke-width", function(d) {return d.weight});

var nodeEnter = d3.select("svg").selectAll("g.node")
    .data(nodes, function (d) {return d.id})
    .enter()
    .append("g")
    .attr("class", "node");

nodeEnter.append("circle")
        .attr("r", 5)
        .style("fill", "lightgray")
        .style("stroke", "black")
        .style("stroke-width", "1px");

nodeEnter.append("text")
        .style("text-anchor", "middle")
        .attr("y", 15)
        .text(function(d) {return d.id;});

// 네트워크를 초기화하면 "tick" 이벤트가 발생해
// 노드의 구심도(centrality)를 계산한다.
force.start();

function forceTick() {
    // tick 이벤트 처리기로서, 새로 계산한 노드의 위치를 기반으로
    // 엣지와 노드의 위치를 갱신한다.
    d3.selectAll("line.link")
      .attr("x1", function (d) {return d.source.x;})
      .attr("x2", function (d) {return d.target.x;})
      .attr("y1", function (d) {return d.source.y;})
      .attr("y2", function (d) {return d.target.y;});
```

```
d3.selectAll("g.node")
    .attr("transform", function (d) {
        return "translate("+d.x+","+d.y+")";
    })
};
};
};
```

여기에서는 힘-방향 레이아웃이 갖고 있는 애니메이션 기능은 사용하지 않았지만, [그림 6.8]
처럼 인접 행렬이나 원호 다이어그램에서는 잘 보이지 않던 네트워크 구조를 볼 수 있다. 네 개
의 노드(Mo, Tully, Kim, Pat)가 서로 모두 연결돼 있으며('집단을 형성한다'는 의미에서 네
트워크 용어로는 '클리크clique'라고 한다), 세 개의 노드(Roy, Pris, Sam)는 주변으로 밀려난
것이 눈에 띈다. 오른쪽의 두 노드(Lee, Ali)는 둘만 서로 연결돼 있다. 이 둘이 화면에서 밀려
나지 않은 것은 레이아웃의 중력이 연결되지 않은 노드들을 중앙으로 끌어오기 때문이다.

그림 6.8 예제 데이터셋과 force() 레이아웃의 기본 설정에 기초한 차트 📈

선의 두께는 연결 강도와 일치한다. 이 레이아웃에서 엣지의 강도는 표현하지만, 방향은 표현
하지 않는다. 엣지가 약간 투명하므로 서로 다른 가중치를 가진 엣지가 겹칠 때 두 엣지를 모두
볼 수 있다. 이제 엣지의 방향을 표현할 방법이 필요한데, SVG 마커로 선을 화살표로 만드는
방법을 사용할 수 있다.

6.2.2 SVG 마커

선이나 경로를 그릴 때 화살표 같은 기호를 넣고 싶을 경우가 가끔 있을 것이다. 그럴 경우에는 svg:defs에 마커를 정의하고, 정의한 마커를 그리고자 하는 위치에 있는 요소에 연결하면 된다. 마커는 HTML 안에 정적으로 정의할 수도 있고, SVG 요소 안에 동적으로 생성할 수도 있다.

여기에서는 후자의 방법을 사용한다. 우리가 정의하는 마커는 일종의 SVG 도형이지만, 여기에서는 화살표를 그리는 경로를 사용한다. 마커는 선의 시작, 중간, 끝에 놓을 수 있으며, 부모 요소를 기준으로 방향을 설정할 수 있다.

리스트 6.8 마커 정의와 응용

```
// 마커는 기본 설정을 부모의 스트로크 넓이에서 상속받으므로,
// 여기에서는 알아보기 어려운 마커가 된다.
var marker = d3.select("svg").append('defs')
                .append('marker')
                .attr("id", "Triangle")
                .attr("refX", 12)
                .attr("refY", 6)
                .attr("markerUnits", 'userSpaceOnUse')
                .attr("markerWidth", 12)
                .attr("markerHeight", 18)
                .attr("orient", 'auto')
                .append('path')
                .attr("d", 'M 0 0 12 6 0 12 3 6');

// marker-end, marker-start, marker-mid 속성 중 하나를 마커로 설정해 선에 할당한다.
d3.selectAll("line").attr("marker-end", "url(#Triangle)");
```

[리스트 6.8]에 정의한 마커를 사용하면 [그림 6.9]처럼 엣지의 방향을 알 수 있게 된다(다만 모든 화살표의 크기가 같다). 이제 노드가 서로 어떻게 연결되는지, 어느 노드들이 쌍방으로 연결되는지 알 수 있다. Pris의 트윗을 관심글로 담은 사람과 Pris가 관심글로 담은 트윗의 사용자 간에는 큰 차이가 있으므로 방향을 알아보는 것이 중요하다.

엣지의 방향이 중요하지만, 반드시 화살표로만 표현할 필요는 없다. 예를 들어 곡선 엣지를 사용하거나 한쪽이 굵어지는 엣지를 사용할 수도 있다. 이렇게 하려면 생키 레이아웃이나 원호 다이어그램에서 했던 것처럼 엣지에 〈line〉 대신 〈path〉를 사용해야 한다.

그림 6.9 엣지에 마커(화살표)를 사용한 네트워크 차트

이 코드를 실행하면 [그림 6.9]와 약간 다른 네트워크가 만들어질 것이다. 힘-방향 레이아웃으로 생성한 네트워크는 노드 간에 서로 미치는 힘의 작용을 반영하므로, 이렇게 노드 수가 적은 네트워크에서도 상호작용에 의해 노드의 위치가 달라질 수 있기 때문이다. 이때 사용자는 이렇게 노드의 위치가 다르게 나타나는 네트워크를 서로 다른 네트워크라고 혼동할 수 있다. 이와 같은 문제는 힘-방향 레이아웃을 사용하고 나서 위치를 고정해 네트워크 백지도basemap를 만들면 해결할 수 있다. 그런 다음 고정시킨 네트워크에 변화를 줄 수 있다. 백지도는 지리학에서 나온 개념으로서, 네트워크 시각화에서는 노드와 엣지에 같은 레이아웃으로 다양한 크기와 색상으로 표현한 것을 말한다. 같은 레이아웃으로 다양한 크기와 색상으로 표현하면, 척도에 따라 상당히 달라지는 네트워크 영역을 알아낼 수 있다.

[그림 6.10]을 보면 백지도 개념을 이해할 수 있을 것이다. [그림 6.10]은 하나의 네트워크를 어떻게 여러 방식으로 측정할 수 있는지를 보여준다. [그림 6.10]에서 왼쪽 위는 연결 정도 중심성degree centrality, 오른쪽 위는 근접 중심성closeness centrality, 왼쪽 아래는 고유 벡터 중심성eigenvector centrality, 오른쪽 아래는 매개 중심성betweenness centrality으로 측정한 네트워크다. 중심성이 높은 노드는 큰 빨간색, 낮은 노드는 작은 회색으로 나타난다. 측정법에 상관 없이 늘 가운데 오는 노드도 주변 노드들의 전체적인 중심성에 따라 상대적으로 중심성이 달라진다.

그림 6.10 백지도를 이용한 네트워크 차트(별지V 참조)

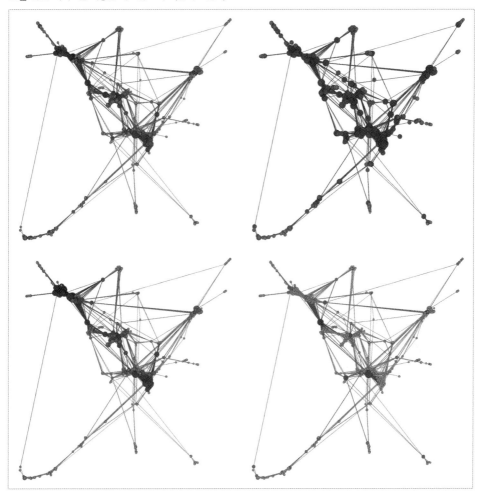

정보 시각화 용어 : 헤어볼

네트워크 시각화는 멋지지만 읽기 어렵게 복잡해지기도 한다. 이런 이유로 네트워크는 너무 조밀해서 읽을 수 없다는 비판을 받기도 한다. 이런 네트워크 시각화는 엣지가 많이 중복되므로 마치 뭉쳐진 머리카락 같다는 의미에서 헤어볼hairball이라고도 한다.

힘-방향 네트워크 레이아웃이 읽기 어렵다고 생각한다면, 여기에 인접 행렬 등을 결합하고 사용자가 시각화 결과를 살펴볼 수 있게 함으로써, 두 차트의 장점을 모두 살릴 수 있다. 이와 같이 시각화를 결합하는 기법은 11장에서 설명한다.

힘-방향 레이아웃은 큰 구조를 볼 수 있다는 장점이 있다. 네트워크의 크기와 복잡도에 따라 힘-방향 레이아웃으로 충분할 수도 있지만, 네트워크 데이터를 이용할 때는 다음 절에서 설명하는 것처럼 다른 네트워크 척도로 표현하는 경우도 있다.

6.2.3 네트워크 척도

네트워크는 최소 10여 년 이상 연구돼 왔으며, 수학에서의 그래프 이론까지 포함하면 수 세기 동안 연구돼 왔다. 네트워크를 이용할 때는 몇 가지 용어와 척도를 접하게 된다. 여기에서 설명하는 내용은 최소한의 개요 수준이며, 네트워크를 자세히 알고 싶으면 웨인가르트[S. Weingart], 밀리건[I. Milligan], 그레이엄[S. Graham]이 작성한 네트워크와 네트워크 분석에 대한 훌륭한 안내 문서[2]를 참조하기 바란다.

엣지 가중치

예제에서 사용한 데이터셋에는 각 엣지마다 '가중치'가 있다. 가중치는 노드 간 연결의 강도를 나타낸다. 예제의 경우 관심글 담기를 많이 할수록 트위터 사용자 간의 연결이 강하다고 생각한다. 가중치가 높을 때는 더 두꺼운 선으로 그리지만 가중치에 기초해 힘-방향 레이아웃이 작동하는 방식을 조정할 수도 있다.

중심성

네트워크는 시스템들을 표현한다. 시스템에 있는 노드에 대해서는 어느 노드가 다른 노드보다 중요한지 알고 싶을 것이다. 이런 성질을 중심성이라고 한다. 중심 노드는 네트워크에 더 많은 영향력을 행사한다. [그림 6.10]에서 살펴본 것처럼 중심성을 측정하는 방법이 다양한데, 네트워크 유형에 따라 중심성을 정확히 표현하는 측정 방법이 달라진다. D3에서 제공되는 force() 레이아웃에서는 연결 정도 중심성을 계산한다.

연결 정도

연결 정도[degree]는 연결 정도 중심성이라고도 하며, 어떤 노드에 연결된 엣지 수의 합계를 말한

---

2 http://www.themacroscope.org/?page_id=337

다. 예제의 데이터셋에서 Mo는 엣지를 6개 가졌으므로, 연결 정도가 6이다. 네트워크에서 더 많이 연결된 사람이나 사물이 더 큰 영향력을 가졌다고 생각할 수 있으므로 연결 정도는 어떤 노드의 중요성을 나타내는 척도라고 볼 수도 있다. 가중치 연결 정도weighted degree는 노드에 연결된 엣지의 가중치를 모두 합한 값으로서, Mo의 경우에는 18이다. 그리고 연결 방향을 고려해 노드로 들어가는 연결을 내향 연결 정도in degree, 노드에서 나오는 연결을 외향 연결 정도out degree 로 구분하기도 한다. Mo의 경우 내향 연결 정도가 4, 외향 연결 정도가 2다.

D3는 force() 레이아웃을 실행할 때마다 노드별 전체 엣지 수를 계산하고 이 값을 노드의 weight 속성에 저장한다. 이런 특성으로 힘-방향 레이아웃이 작동하는 방식을 변경할 수 있다. 다음 코드는 노드의 weight 속성에 기초해 노드의 크기를 변경하는 버튼을 추가한다.

```
d3.select("#controls").append("button")
  .on("click", sizeByDegree).html("Degree Size");

function sizeByDegree() {
  force.stop();
  d3.selectAll("circle")
    .attr("r", function(d) {return d.weight * 2;});
};
```

[그림 6.11]은 가중치에 따라 노드의 크기를 정할 때 원의 반지름을 가중치 * 2로 설정해 각 노드에 대한 전체 연결 수를 표현함으로써 연결 정도 중심성 척도를 보여준다. 이렇게 작은 네트워크에서는 연결 수를 눈으로 쉽게 계산할 수 있긴 하지만 연결 수가 높고 낮은 노드를 한눈에 알아볼 수 있는 기능은 아주 유용하다. 여기에서는 연결 수만 계산하므로, Tully가 Mo나 Pat 보다 더 많은 사람들과 연결돼 있지만 같은 크기로 나타난다. 전체 연결 수가 같기 때문이다.

그림 6.11 연결 정도 중심성을 보여주는 네트워크 차트

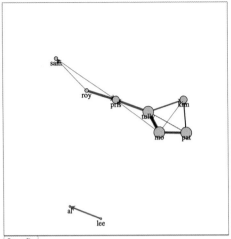

군집과 모듈성

네트워크에서는 그 안에 어떤 커뮤니티가 존재하는지, 존재하는 경우 어떤 모양인지가 중요한 척도다. 어떤 노드가 나머지 노드보다 더 많이 연결돼 있는지(이 성질을 모듈성modularity이라고도 한다.) 살펴보면 커뮤니티를 찾아낼 수 있다. 그리고 노드들이 서로 연결돼 있는 군집cluster을 살펴볼 수도 있다. 앞에서 설명한 클리크도 군집의 일종이지만, 클리크는 노드들 간에 가능한 모든 연결이 존재하는 경우를 말한다.

상호 연결성과 군집 구조는 힘-방향 레이아웃에서 시각적으로 발생하기 마련이다. 네 개의 노드는 긴밀하게 연결돼 사용자가 하나의 군집에 들어가며, 나머지 사용자는 멀리 떨어져 있다. D3에서 네트워크를 측정해 이런 구조를 찾아내고 싶다면 데이비드 밈노David Mimno가 구현한 커뮤니티 탐지 알고리즘[3]을 참조하라. 이 알고리즘은 브라우저 안에서 실행하며 여러분이 사용하는 네트워크에 간단히 통합해 커뮤니티별로 네트워크 노드를 색칠할 수 있다.

6.2.4 힘-방향 레이아웃 설정

힘-방향 레이아웃을 초기화할 때 전하charge를 −1000으로 설정했다. 전하 등 설정은 힘-방향

---

3 http://mimno.infosci.cornell.edu/community/

레이아웃을 실행하는 방식을 더 섬세하게 제어한다.

전하

전하는 노드가 서로를 밀어내는 비율을 설정한다. 별도로 설정하지 않으면, 기본값을 −30으로 설정한다. 전하를 −1000으로 설정했던 이유는 기본 설정으로 레이아웃을 실행하면 화면에 그려지는 네트워크의 크기가 너무 작기 때문이다(그림 6.12).

그림 6.12 기본값으로 설정한 네트워크 차트

모든 노드에 고정된 전하를 사용하는 대신 접근자 메서드로 노드의 속성에 기초해 전하를 설정할 수 있다. 예를 들어, 가중치(연결 정도 중심성)에 기초해 노드의 전하를 설정하면 많이 연결된 노드가 다른 노드들을 더 멀리 밀어내 차트 공간을 더 많이 차지할 수 있다.

힘−방향 레이아웃에서 전하의 값이 음수이면 척력을 나타내지만, 양수로 설정하면 노드가 인력을 갖게 된다. 노드가 서로 끌어당기면 전통적인 네트워크 시각화에서는 문제가 될 수 있지만 복잡한 시각화에서는 유용하게 사용할 수도 있다.

중력

노드가 서로 밀어내더라도, 차트 밖으로 나가지 않게 하려면 중력을 이용해야 한다. 중력은 모든 노드를 레이아웃 중앙으로 끌어당긴다. 중력을 별도로 설정하지 않으면 기본값을 0.1로 설정한다.

[그림 6.13]은 중력의 증감에 따른 영향을 보여준다(둘 다 전하는 −1000으로 설정했다). 중력을 0.2로 늘리면 두 컴포넌트를 레이아웃 영역 중앙으로 끌어들이고(왼쪽 그림), 0.05로 줄이면 작은 컴포넌트는 화면 밖으로 나간다(오른쪽 그림).

그림 6.13 중력을 다르게 설정해 비교한 네트워크 차트

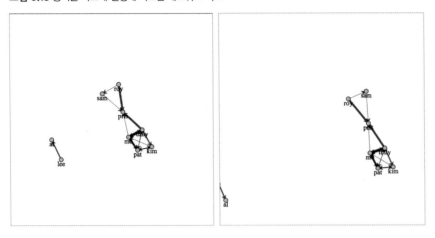

전하와 달리 중력은 접근자 메서드를 사용할 수 없고 고정된 값만 받는다.

엣지 거리

노드 간의 인력은 엣지 거리(linkDistance)로 설정한다. 엣지 거리는 노드 간의 최적 거리를 나타낸다. 앞에서 우리가 전하를 그렇게 높게 설정한 이유는 엣지 거리의 기본값이 20이기 때문이다. 엣지 거리를 50으로 설정하면 전하를 −100으로 설정해도 [그림 6.14]와 같은 결과를 얻을 수 있다.

그림 6.14 엣지 거리를 조정한 네트워크 차트

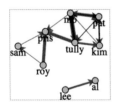

엣지 거리를 너무 높게 설정하면 삼각형이 두드러지게 나타나며 네트워크가 겹치는 문제가 발생한다. [그림 6.15]는 엣지 거리를 200으로 설정했을 때 나타나는 문제점이다. 엣지 거리의 값이 높아 왜곡이 생겼다. Pris가 Pat에 연결된 것처럼 보이며, 관련 없는 노드들이 하나의 군집처럼 보인다.

그림 6.15 엣지 거리를 높게 설정해 왜곡된 네트워크 차트

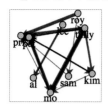

엣지 거리는 함수로 설정할 수 있으므로 가중치의 높낮이에 따라 엣지 거리를 짧거나 길게 설정할 수 있다. 하지만 엣지의 가중치나 강도를 표현할 때는 엣지 강도를 사용하는 편이 좋다.

엣지 강도

힘-방향 레이아웃은 물리적인 현상을 시뮬레이션한다. 즉, 네트워크를 정렬해 최적화한 그림으로 만들려고 물리학적 법칙을 응용하는 것이다. 예제처럼 네트워크에 강하거나 약한 연결이 있다면 노드를 제어할 때 엣지가 강하거나 약한 효과를 적용하는 것이 타당하다. 이런 성질은 엣지 강도(linkStrength)로 표현할 수 있다. 엣지 강도는 고정된 값으로 설정하거나 다음과 같이 엣지의 속성에 기초해 강도를 설정할 수 있도록 접근자 메서드로 설정할 수 있다.

```
force.linkStrength(function (d) {return weightScale(d.weight);});
```

[그림 6.16]은 일부 약한 연결을 극적으로 보여준다. 두 노드 간의 엣지 강도에 기초해 두 노드 간의 인력을 설정하면 네트워크 구조가 극적으로 바뀐다. x와 y 간의 연결이 약해지면 네트워크에서 그 부분이 떨어져 나간다.

그림 6.16 엣지 강도를 변경한 네트워크 차트

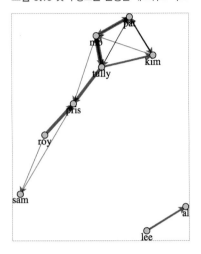

6.2.5 네트워크 갱신

네트워크를 생성할 때 사용자가 노드를 추가하거나 삭제할 수 있게, 혹은 드래그할 수 있게 만들 수 있다. 그리고 힘–방향 레이아웃을 처음 생성한 이후에 여러 설정을 동적으로 조정할 수 있다.

레이아웃 중단과 재시작

힘–방향 레이아웃은 처음에 빠르게 움직이다가 점점 느려지면서 노드의 위치가 움직이지 않을 때 결국 멈춘다. 레이아웃이 이렇게 멈춘 후에는 레이아웃을 다시 시작해야 애니메이션을 볼 수 있다. 그리고 설정을 바꾸거나 네트워크에 일부를 추가 혹은 삭제하고 싶을 때도 레이아웃을 멈춘 후 다시 시작해야 한다.

force.stop()

stop() 메서드를 호출하면 힘의 상호작용을 끄고 애니메이션을 중단시킨다. 웹 페이지의 다른 곳에 있는 컴포넌트를 사용하거나 네트워크의 스타일을 변경할 때 애니메이션을 멈추는 편이 좋다.

force.start()

레이아웃을 처음 시작하거나 다시 시작할 때 start() 메서드를 사용한다. 힘-방향 레이아웃을 이용한 예제를 처음 구현했을 때 이미 start() 메서드를 사용했다.

force.resume()

네트워크 안에 있는 노드나 엣지를 전혀 변경하지 않았으며 애니메이션을 계속 진행하고 싶을 때는 resume() 메서드를 사용한다. 애니메이션 둔화 파라미터를 재설정하므로 힘-방향 레이아웃이 다시 움직이기 시작한다.

force.tick()

애니메이션을 한 단계 진행하려면 tick() 메서드를 사용한다. 힘-방향 레이아웃은 리소스를 많이 사용하므로, 계속 사용하기보다는 짧은 시간(몇 초) 동안 사용하는 편이 좋다.

force.drag()

전통적인 네트워크 분석 다이어그램에서는 사용자가 노드를 드래그해 움직일 수 있다. 이런 작동은 drag() 메서드로 구현한다. 작동은 call()을 이용해 요소에 의해 호출한다는 점에서 컴포넌트와 비슷하지만, SVG 요소를 생성하지 않고 일련의 이벤트 리스너를 생성한다.

drag() 메서드의 경우 힘-방향 레이아웃을 실행하는 동안 사용자가 노드를 클릭하거나 드래그할 수 있게 드래그 이벤트를 처리하는 이벤트 리스너를 생성한다. 다음과 같이 모든 노드를 선택해 force.drag() 메서드를 호출하면 모든 노드를 드래그할 수 있다.

```
d3.selectAll("g.node").call(force.drag());
```

fixed 속성

힘-방향 레이아웃에 노드를 연결할 때, 각 노드는 애니메이션하는 동안 힘의 영향을 받을지 결정하는 fixed라는 불린형boolean 속성을 갖게 된다. 이 속성을 true로 설정하면 애니메이션하는 동안 노드를 고정하는 효과를 볼 수 있다. 그러면 사용자가 노드를 드래그해 중요한 노드를 시각적으로 정리할 수 있다. 고정된 노드와 고정되지 않은 노드를 구분하려면 다음 함수로 고정된 노드를 더 두꺼운 선으로 그릴 수 있다.

[그림 6.17]은 일부 노드를 드래그한 영향을 보여준다. Pat을 나타내는 노드는 왼쪽 아래 구석에 고정됐지만, Pris를 나타내는 노드는 왼쪽 위에 고정됐다. 나머지 고정되지 않은 노드들은 힘-방향 레이아웃에 의해 위치를 설정한다.

```
d3.selectAll("g.site").on("click", fixNode);

function fixNode(d) {
  d3.select(this).select("circle").style("stroke-width", 4);
  d.fixed = true;
};
```

그림 6.17 fixed 속성을 설정해 고정한 네트워크 차트

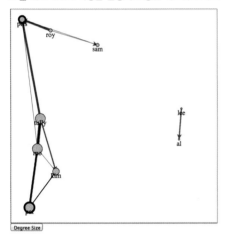

6.2.6 노드와 엣지의 삭제와 추가

네트워크를 다룰 때는 네트워크의 일부를 걸러내거나 사용자가 노드를 추가/삭제할 수 있게 설정하고 싶을 것이다. 네트워크를 걸러내려면 먼저 stop() 메서드를 호출하고, 다시 필요하지 않은 노드와 엣지를 제거한 후, 그 배열을 힘-방향 레이아웃에 다시 바인딩한 후 start() 메서드를 호출한다. 이 과정은 노드를 구성하는 배열에 필터를 적용해 수행할 수 있다. 예를 들어

영향력이 높은 사람들이 어떻게 연결돼 있는지 알아보려고 20명 이상의 팔로워를 가진 사람들의 네트워크만 보고 싶은 경우다.

그러나 이것만으로는 충분하지 않다. 아직도 존재하지 않는 노드에 대한 참조가 레이아웃 안에 남아 있기 때문이다. 엣지 배열(links)에 조금 더 복잡한 필터가 필요하다. 배열의 indexOf() 메서드를 이용하면 존재하지 않는 nodes 배열에 엣지의 소스와 타깃이 있는지 검사해 존재하는 nodes 배열만 참조하는 엣지 배열을 간단히 만들 수 있다.

[리스트 6.8]에서 배열을 셀렉션에 바인딩할 때 키값을 사용했으므로 selection.exit()로 쉽게 네트워크를 갱신할 수 있다. [리스트 6.9]를 보면 어떻게 하는지 알 수 있을 것이다. 이 코드를 실행한 결과는 [그림 6.18]과 같다. [Degree Size] 버튼을 누른 후 20개 이상의 팔로워가 있는 노드만 보여주도록 네트워크가 걸러졌다. Lee는 연결이 없어 연결 정도가 0이라 연결된 원의 반지름도 0이므로 차트에서 보이지 않는다. 이 노드는 중간에 두 처리 과정을 통해 불투명도가 0이 되고 엣지를 제거하게 만든다.

리스트 6.9 네트워크 걸러내기

```
function filterNetwork() {
  force.stop();
  // 힘-방향 레이아웃에 연결한 현재의 nodes와 links 배열에 접근한다.
  var originalNodes = force.nodes();
  var originalLinks = force.links();
  var influentialNodes = originalNodes.filter(function (d) {
      return d.followers > 20;
  });

  // links 배열에 존재하는 노드를 참조하는 연결만 남긴다.
  var influentialLinks = originalLinks.filter(function (d) {
      return influentialNodes.indexOf(d.source) > -1 &&
            influentialNodes.indexOf(d.target) > -1;
  });

  d3.selectAll("g.node")
    .data(influentialNodes, function (d) {return d.id})
    .exit()
    // exit() 메서드에 전환을 설정하므로, 제거되는 노드만 전환되게 만들고
    // 제거를 완료할 때까지 기다린다.
    .transition()
    .duration(4000)
```

```
      .style("opacity", 0)
      .remove();

  d3.selectAll("line.link")
    .data(influentialLinks, function (d) {
        return d.source.id + "-" + d.target.id;
    })
    .exit()
    .transition()
    .duration(3000)
    .style("opacity", 0)
    .remove();

  force
    .nodes(influentialNodes)
    .links(influentialLinks);

  force.start();
};
```

그림 6.18 20개 이상의 팔로워를 가진 노드만 보여주도록 걸러낸 네트워크 차트

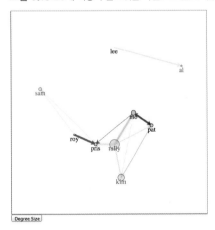

걸러낸 후 힘-방향 알고리즘이 다시 실행됐으므로 많은 노드가 제거됨에 따라 네트워크의 모양이 어떻게 바뀌는지 볼 수 있다. 애니메이션을 통해 네트워크의 구조가 어떻게 변하는지 볼 수 있으므로 애니메이션이 중요하다.

데이터 포맷이 제대로 돼 있다면 네트워크에 노드와 엣지를 추가하기 쉽다. 앞에서 했던 것처

럼 force 레이아웃을 멈추고, 적절히 포맷한 노드나 엣지를 해당 배열에 추가하고, 데이터를 다시 바인딩하면 된다. 예를 들어 [그림 6.19]에서 Sam과 Al 간의 엣지를 추가하고 싶다면, force 레이아웃을 멈추고, 그 엣지에 대한 데이터점을 새로 생성하고, 엣지를 담고 있는 배열에 추가한다. 그러고 나서 데이터를 다시 바인딩하고, force 레이아웃을 다시 시작하기 전에 그 엣지에 대한 ⟨line⟩ 요소를 추가한다. 힘-방향 레이아웃을 다시 초기화했으므로 Al에 대한 가중치가 제대로 갱신됐다는 점에 주의하자.

리스트 6.10 엣지를 추가하는 함수

```
function addEdge() {
  force.stop();

  var oldEdges = force.links();
  var nodes = force.nodes();
  newEdge = {source: nodes[0], target: nodes[8], weight: 5};
  oldEdges.push(newEdge);
  force.links(oldEdges);

  d3.select("svg").selectAll("line.link")
    .data(oldEdges, function(d) {
        return d.source.id + "-" + d.target.id;
    })
    .enter()
    .insert("line", "g.node")
    .attr("class", "link")
    .style("stroke", "red")
    .style("stroke-width", 5)
    .attr("marker-end", "url(#Triangle)");

  force.start();
};
```

그림 6.19 엣지를 추가하고 다시 초기화한 네트워크 차트

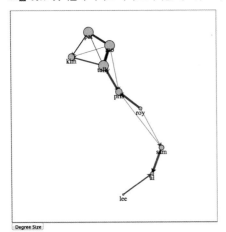

[그림 6.20]처럼 노드를 추가하려면 이와 동시에 엣지도 추가해야 한다. 반드시 엣지를 추가해야 하는 것은 아니지만 엣지가 없으면 노드는 공중에 떠다니며 현재의 네트워크에 연결되지 않는다. 이제는 [리스트 6.11]에 나온 노드 추가 코드에 익숙해졌을 것이다.

리스트 6.11 노드와 엣지를 추가하는 함수

```
function addNodesAndEdges() {
  force.stop();

  var oldEdges = force.links();
  var oldNodes = force.nodes();
  var newNode1 = {id: "raj", followers: 100, following: 67};
  var newNode2 = {id: "wu", followers: 50, following: 33};
  var newEdge1 = {source: oldNodes[0], target: newNode1, weight: 5};
  var newEdge2 = {source: oldNodes[0], target: newNode2, weight: 5};

  oldEdges.push(newEdge1,newEdge2);
  oldNodes.push(newNode1,newNode2);

  force.links(oldEdges).nodes(oldNodes);

  d3.select("svg").selectAll("line.link")
    .data(oldEdges, function(d) {
        return d.source.id + "-" + d.target.id
    })
    .enter()
```

```
    .insert("line", "g.node")
    .attr("class", "link")
    .style("stroke", "red")
    .style("stroke-width", 5)
    .attr("marker-end", "url(#Triangle)");

var nodeEnter = d3.select("svg").selectAll("g.node")
    .data(oldNodes, function (d) {
        return d.id
    }).enter()
    .append("g")
    .attr("class", "node")
    .call(force.drag());

nodeEnter.append("circle")
    .attr("r", 5)
    .style("fill", "red")
    .style("stroke", "darkred")
    .style("stroke-width", "2px");

nodeEnter.append("text")
    .style("text-anchor", "middle")
    .attr("y", 15)
    .text(function(d) {return d.id;});

force.start();
};
```

그림 6.20 Sam에 연결된 두 개의 노드(Raj와 Wu)를 추가한 네트워크 차트

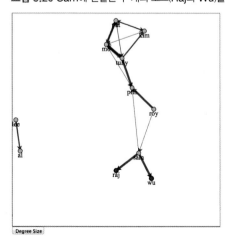

6.2.7 노드 위치의 수동 설정

힘-방향 레이아웃은 요소를 움직이지 않는다. 대신 요소의 관계에 기초해 애니메이션 틱^{tick}마다 x와 y 속성을 계산한다. 틱 이벤트 처리기는 〈line〉과 〈g〉 요소를 선택해 갱신된 x와 y값으로 이동시킨다.

요소를 수작업으로 이동하고 싶을 때는 먼저 force 레이아웃을 멈춰야 틱 이벤트 처리기가 요소의 위치를 덮어쓰지 않는다. 이제 노드의 팔로워 수와 노드가 팔로잉하는 사용자 수로 노드를 산포도처럼 배치하자. 그리고 축을 추가해 차트를 읽기 좋게 만든다. [리스트 6.12]의 코드를 실행하면 [그림 6.21]과 같은 결과를 볼 수 있다. 네트워크를 산포도로 표현하면 엣지 때문에 그림이 지저분해진다. 힘-방향 레이아웃에 비해 쓸만한 정보를 제공하지만 그 자체로는 읽기 어렵다.

리스트 6.12 수작업으로 노드 이동

```
function manuallyPositionNodes() {
  var xExtent = d3.extent(force.nodes(), function(d) {
        return parseInt(d.followers)
  });

  var yExtent = d3.extent(force.nodes(), function(d) {
        return parseInt(d.following)
  });

  var xScale = d3.scale.linear().domain(xExtent).range([50,450]);
  var yScale = d3.scale.linear().domain(yExtent).range([450,50]);

  force.stop();

  d3.selectAll("g.node")
    .transition()
    .duration(1000)
    .attr("transform", function(d) {
        return "translate("+ xScale(d.followers)
                        +","+yScale(d.following) +")";
    });

  d3.selectAll("line.link")
    .transition()
    .duration(1000)
```

```
        .attr("x1", function(d) {return xScale(d.source.followers);})
        .attr("y1", function(d) {return yScale(d.source.following);})
        .attr("x2", function(d) {return xScale(d.target.followers);})
        .attr("y2", function(d) {return yScale(d.target.following);});

    var xAxis = d3.svg.axis().scale(xScale).orient("bottom").tickSize(4);
    var yAxis = d3.svg.axis().scale(yScale).orient("right").tickSize(4);

    d3.select("svg").append("g").attr("transform",
            "translate(0,460)").call(xAxis);
    d3.select("svg").append("g").attr("transform",
            "translate(460,0)").call(yAxis);

    d3.selectAll("g.node").each(function(d){
        d.x = xScale(d.followers);
        d.px = xScale(d.followers);
        d.y = yScale(d.following);
        d.py = yScale(d.following);
    });
};
```

그림 6.21 산포도로 표현한 네트워크 차트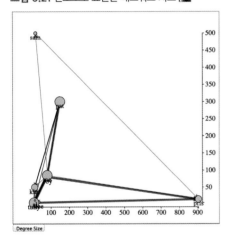

각 노드의 x와 y 속성은 물론 px와 py 속성도 갱신해야 한다는 점에 주의하라. px와 py는 현재의 애니메이션 틱이 발생하기 전의 x와 y 좌표다. px와 py를 갱신하지 않으면 force 레이아웃은 노드의 속도가 아주 빠르다고 생각하고는 그 좌표를 새로운 위치로 심하게 이동시킬 것이다.

x, y, px, py 속성을 갱신하지 않으면, 다음 번 force를 실행할 때 노드가 이동 전의 위치로 바로 돌아간다. x, y, px, py 속성을 제대로 갱신한 후 force.start()로 힘-방향 레이아웃을 다시 실행하면 노드와 엣지가 현재 위치에서부터 애니메이션된다.

6.2.8 최적화

force 레이아웃은 리소스를 엄청 많이 잡아먹는다. 그러므로 애니메이션이 둔화하다 결국에는 실행을 멈추도록 만든 것이다. 그리고 대형 네트워크로 force 레이아웃을 실행하면 사용자의 컴퓨터에 부담을 많이 준다. 따라서 엣지 수는 물론 노드 수를 제한하는 것이 최적화의 시작이다. 다시 말해, 사용자가 사파리나 크롬 등 SVG에 최적화한 브라우저를 사용하는 경우가 아니라면 일반적으로 100개 이내의 노드를 사용한다.

노드를 더 많이 사용하면서도 각 노드에 대한 척력을 계산하는 데 성능 부담을 줄이려면 force.chargeDistance() 메서드로 최대 거리를 설정하면 된다. 이 값을 낮추면 force 레이아웃의 구조가 더 흐트러지긴 하지만 더 빨리 실행된다. 네트워크는 상당히 다양하므로 다양한 값으로 chargeDistance를 설정해보며 해당 네트워크에 가장 적합한 값을 찾는 편이 좋다.

6.3 마치며

6장에서는 네트워크 데이터를 표현하는 여러 기법을 알아보고, 네트워크를 구현하려 D3에서 제공하는 force 레이아웃을 자세히 살펴봤다. 네트워크를 단 하나의 방식으로 표현할 필요는 없다. 이제 정적, 동적, 상호작용 변형을 가해 다양한 표현 기법에 적용할 수 있을 것이다. 이번 장에서 설명한 내용을 정리하면 다음과 같다.

- D3가 흔히 사용하는 방식으로 노드와 엣지 목록을 포맷하기
- 가중치, 방향 인접 행렬을 만들고 상호작용 기법으로 데이터 살펴보기
- 대화형 가중치, 방향 원호 다이어그램 만들기
- 노드에 연결된 엣지를 찾아내기 위한 간단한 기법 적용하기
- 힘-방향 레이아웃을 만들고 커스터마이즈하기
- 엣지, 노드, 연결 정도, 중심성 등 기본적인 네트워크 용어와 척도 이해하기

- 접근자 메서드로 동적으로 힘 적용하기
- 연결 정도 중심성에 기초해 노드 크기를 갱신할 이벤트 처리하기

우리가 살고 있는 세상에는 많은 네트워크 데이터가 있으므로 네트워크 정보 시각화를 집중적으로 살펴봤다. 다음 장에서는 널리 응용할 수 있지만 특화된 영역인 지리 정보 시각화를 설명한다. 이번 장에서 네트워크를 표현하는 다양한 방법이 있다는 것을 배운 것처럼 7장에서도 타일 지도, 지구본, 전통적인 데이터 주도 다각형 지도 등 지도를 만드는 다양한 방법을 설명한다.

CHAPTER 7

지리 공간 정보 시각화

- GeoJSON과 TopoJSON 데이터에서 점과 폴리곤 생성
- 메르카토르, 몰바이데, 정사, 위성 도법 이용
- 고급 TopoJSON 이웃과 병합 기능
- d3.geo.tile을 이용한 타일 매핑

지리 공간 데이터는 흔히 접할 수 있는 데이터 범주로서, 도나 군 등 행정구역 형태나, 도시 혹은 사람이 트윗한 장소, 지표면 위성 사진 등의 형태로 제공할 수 있다.

과거에는 웹에서 지도를 보여주려면 구글 지도, Leaflet, OpenLayers 등 전문화된 라이브러리가 필요했다. 그러나 D3에서는 웹에서 흔히 볼 수 있는 지도를 구현하는 데 필요한 핵심 기능을 충분히 제공한다. 여러분은 이미 D3로 작업하고 있으니 일반적으로 볼 수 있는 기본적인 예제보다 훨씬 더 정교하고 독특한 지도를 만들 수 있다.

구글 지도 API 등 전용 라이브러리를 사용하는 이유는 주로 구글 스트리트 뷰나 퓨전 테이블 등의 생태계 때문이다. 그러나 그런 생태계가 필요 없으면 D3로 지도를 만드는 편이 더 현명하다. 다른 구문이나 추상 계층을 공부할 필요도 없으며 D3 지도가 제공하는 엄청난 융통성을 누릴 수 있기 때문이다.

이번 장에서는 데이터 주도 지도(7.1절), 기발한 투영법(7.1.3절), 공간 계산(7.1.4절), 지구본(7.3.1절), 최첨단 TopoJSON 연산(7.4절), 전통적인 타일 기반 지도(7.5절) 등 다양한 형태에 여러 옵션으로 지도를 제작하는 법을 살펴보겠다.

그림 7.1 7장에서 구현할 여러 지도

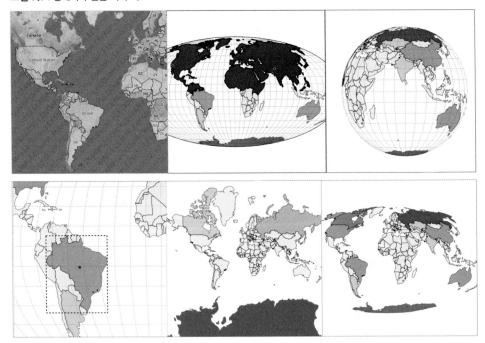

지도 제작, 지리 정보 시스템, 지리 정보 과학은 꽤 오랫동안 사용했으므로 이런 데이터를 표현하는 성숙한 기법이 있다. D3는 지리 공간 데이터를 로딩하고 출력하는 기능을 내장하고 있다. 이번 장에서 설명할 TopoJSON 라이브러리는 지리 공간 정보를 다양하게 보여주는 기능을 풍부하게 제공한다.

이번 장에서는 먼저 CSV와 GeoJSON 포맷의 데이터와 점, 선, 폴리곤으로 간단한 지도를 만든다. 지도에 스타일을 적용하는 방법을 설명한 후 d3.zoom() 메서드를 조금 더 자세히 살펴보고 대화형 확대 기능을 구현한다. 그러고 나서 TopoJSON 데이터 포맷과 지형학^{topology}을 이용한 TopoJSON의 내장 기능을 살펴본다. 그러면 TopoJSON 데이터 파일의 크기가 작은 이유를 알 수 있을 것이다. 마지막으로 지형과 위성 사진을 보여주는 지도를 어떻게 타일로 만드는지 알아본다.

7.1 기본 지도 제작

지도가 제공할 수 있는 가능성을 살펴보기 전에 간단한 지도를 만들어보자. D3에서 만들 수 있는 가장 간단한 지도는 SVG ⟨path⟩와 ⟨circle⟩ 요소로 나라와 도시를 나타내는 벡터 지도다. 2장에서 사용한 cities.csv 파일을 다시 가져와 좌표를 사용할 수도 있지만, 그 나라들을 지도의 형태로 표현하려면 데이터가 더 많이 필요하다. 데이터를 충분히 확보한 후에는 지도에 영역, 선, 점으로 그릴 수 있다. 그리고 나서 마우스 포인터가 올라가면 해당 지역을 강조하거나 나라의 중심을 계산해 보여주는 등 상호작용성을 추가할 수 있다.

시작하기 전에 이번 장에서 지도를 위해 사용할 CSS 파일을 먼저 살펴보자.

리스트 7.1 ch7.css

```
path.countries {
  stroke-width: 1;
  stroke: black;
  opacity: .5;
  fill: red;
}
circle.cities {
  stroke-width: 1;
  stroke: black;
  fill: white;
}
circle.centroid {
  fill: red;
  pointer-events: none;
}
rect.bbox {
  fill: none;
  stroke-dasharray: 5 5;
  stroke: black;
  stroke-width: 2;
  pointer-events: none;
}
path.graticule {
  fill: none;
  stroke-width: 1;
  stroke: black;
}
```

```
path.graticule.outline {
  stroke: black;
}
```

7.1.1 데이터 구하기

지도를 만들려면 데이터가 필요한데, 데이터는 엄청나게 많이 있다. 지리학적인 데이터는 다양한 형태로 제공된다. GIS 분야에 관심이 있다면 shapefile을 알고 있을 것이다. shapefile은 가장 널리 사용하는 복잡한 지리 데이터 포맷으로, 이즈리Esri 사가 개발했으며 데스크톱 GIS 애플리케이션에서 볼 수 있다. 그렇지만 위치를 표시할 때 사람이 읽기 가장 좋은 지리 데이터 형태는 위도와 경도다(우리 파일에서는 x와 y 좌표로 표시한다).

이번 예제는 [리스트 7.2]의 cities.csv를 사용한다. 이 CSV 파일은 2장에서 8개 도시의 위치를 측정하는 데도 사용했던 파일이다.

리스트 7.2 cities.csv

```
"label","population","country","x","y"
"San Francisco", 750000,"USA",-122,37
"Fresno", 500000,"USA",-119,36
"Lahore",12500000,"Pakistan",74,31
"Karachi",13000000,"Pakistan",67,24
"Rome",2500000,"Italy",12,41
"Naples",1000000,"Italy",14,40
"Rio",12300000,"Brazil",-43,-22
"Sao Paolo",12300000,"Brazil",-46,-23
```

그러나 여기에서 위도와 경도의 값이 정확하지 않다는 점에 주의하자. 예를 들어, 샌프란시스코는 (37, -122)이 아니라 정확히는 (37.783, -122.417)에 위치한다. [리스트 7.2]를 바탕으로 도시를 표현하고 지도를 확대하면 위치가 잘못된 것을 알 수 있을 것이다. 물론 지도에 정확한 좌표를 사용하고 싶겠지만 여기에서 구현할 예제에서는 지도가 상당히 축소돼 있으므로 그리 나쁘지 않다.

도시명이나 주소만 알고 위도와 경도는 모르는 경우, 주소를 위도와 경도로 변환해주는 지오코딩geocoding 서비스를 이용할 수 있다. 이 서비스는 API를 공개하며 여러 주소를 담은 파일을 일괄처리할 수도 있다. 텍사스 A&M 대학교에서 제공하는 서비스를 한번 둘러보길 바란다[1].

도형이나 선 등 복잡한 지리 데이터를 다룰 때는 복잡한 데이터 포맷도 다루어야 한다. 그럴 때는 GeoJSON을 이용하게 되는데, GeoJSON은 웹 지도 데이터의 표준이다.

GeoJSON

GeoJSON[2]은 이름에서도 알 수 있듯이 지리 데이터를 JSON 포맷으로 인코딩하는 방법이다. featureCollection은 feature라는 JSON 객체들을 담고 있으며, feature 객체는 지형의 경계를 coordinates 속성에 저장하고, 지형에 대한 메타데이터를 properties 속성에 저장한다.

예를 들어 [그림 7.2]는 맨해튼 섬 주위에 [−74.0479, 40.6829], [−74.0479, 40.8820], [−73.9067, 40.8820], [−73.9067, 40.6829]를 꼭짓점으로 하는 사각형을 그린 모습이다. 도형 파일은 QGIS[3], PostGIS[4], GDAL[5] 등의 도구로 GeoJSON 포맷으로 쉽게 내보낼 수 있다.

그림 7.2 지도 위에 그린 사각형

1 http://geoservices.tamu.edu/Services/Geocode/

2 http://geojson.org/

3 데스크톱 GIS 애플리케이션. http://qgis.org/

4 Postgres에서 실행되는 공간 데이터베이스. http://postgis.net/

5 지리 공간 데이터를 조작하는 라이브러리. http://gdal.org/

이렇게 지형 위에 그린 사각형을 경계 상자[bounding box]라고 한다. 경계 상자는 왼쪽 위와 오른쪽 아래의 좌표로만 표현하기도 한다. 행정구역 경계나 해안선처럼 불규칙한 경계를 가진 폴리곤 데이터도 이와 같이 좌표의 배열로 표현할 수 있다. 지형 하나만 들어 있는 [리스트 7.3]의 FeatureCollection은 GeoJSON 표준에 부합하며, 룩셈부르크의 국경을 단순화해 보여준다.

리스트 7.3 룩셈부르크를 GeoJSON으로 표현한 예

```
{
  "type": "FeatureCollection",
  "features": [
    {
      "type": "Feature",
      "id": "LUX",
      "properties": {
        "name": "Luxembourg"
      },
      "geometry": {
        "type": "Polygon",
        "coordinates": [
          [
            [
              6.043073,
              50.128052
            ],
            [
              6.242751,
              49.902226
            ],
            [
              6.18632,
              49.463803
            ],
            [
              5.897759,
              49.442667
            ],
            [
              5.674052,
              49.529484
            ],
            [
              5.782417,
```

```
                50.090328
              ],
              [
                6.043073,
                50.128052
              ]
            ]
          ]
        ]
      }
    }
  ]
}
```

이번 장에서는 GeoJSON 파일을 직접 만들지 않는다. GIS에 깊이 파고들지 않는 한 GeoJSON 파일을 직접 만드는 일은 없을 것이다. 대신 기존 지리 데이터를 내려받고, 필요한 경우 GIS 애플리케이션으로 편집한 후 내보낸다. 이번 장 예제에서는 world.json 파일을 사용하는데, [리스트 7.3]과 같이 저해상도로 단순화한 전 세계를 담고 있다.

투영법

웹 지도 제작만을 다루는 책도 있고 D3.js로 지도를 제작하는 것만으로도 책 한 권을 쓸 수 있다. 하지만 여기에서는 장 하나에서 이 주제를 다루는 것이므로, 핵심 개념만 간단히 살펴본다. 지도 제작에서 기본은 투영법projection이다. GIS에서 투영법은 지구 상의 점을 평면에 렌더링하는 과정을 말한다. 컴퓨터 화면에 지리학적인 데이터를 아주 다양하게 투영할 수 있지만, 이번 장에서는 몇 가지 주요 투영법만을 알아본다.

먼저 웹 지도에서 가장 널리 사용하는 도법인 메르카토르Mercator 도법을 사용한다. 구글 지도에서 이 도법을 사용하므로 이 도법이 사실상 표준이 됐다. 메르카토르 도법을 사용하려면 D3의 확장인 d3.geo.projection.js를 추가해야 한다. (이번 장의 뒷부분에서는 이 D3 확장으로 상당히 재미있는 작업을 할 것이다.) 도법을 정의하면 d3.geo.path를 이용할 수 있는데, d3.geo.path는 선택한 도법에 기초해 지리 데이터를 화면에 그린다. 도법을 정의하고 geo.path 객체를 생성한 후에는 [리스트 7.4]의 코드만으로 [그림 7.3]과 같은 지도를 그릴 수 있다.

```
d3.json("world.geojson", createMap);

function createMap(countries) {
    // 나중에 설명하겠지만 projection() 함수에는 옵션이 많다.
    var aProjection = d3.geo.mercator();
    // d3.geo.path의 기본값은 albersUSA이므로 미국 지도를 투영하기 좋다.
    var geoPath = d3.geo.path().projection(aProjection);
    d3.select("svg").selectAll("path").data(countries.features)
      .enter()
      .append("path")
      // d3.geo.path는 GeoJSON 포맷의 지형을 가져와 SVG 경로를 그리는 코드를 반환한다.
      .attr("d", geoPath)
      .attr("class", "countries");
};
```

[그림 7.3]을 보면, 아메리카 대부분, 유럽과 아프리카의 일부 국가들을 볼 수 있지만, 나머지 국가들은 화면 밖으로 나간다.

그림 7.3 D3에서 메르카토르 도법의 기본 설정을 이용한 세계 지도

왜 [그림 7.3]에서는 일부 세계만 보여줄까? 메르카토르 도법이 기본적으로 미국을 중심으로 한 일부 세계만 SVG 영역에 투영하도록 설정돼 있기 때문이다. 모든 projection은 SVG에서 사용하는 표준적인 translate()와 scale() 메서드를 지원하지만 도법에 따라 효과가 다르다.

축척

도법에 따라 축척을 제대로 설정해야 하는 경우가 있다. 예를 들어 메르카토르 도법에서는 사용할 수 있는 공간의 너비를 2로 나눈 값의 몫을 Math.pi로 나누면 화면에 세계 전체를 보여준다. 일반적으로 지도와 도법에 맞는 축척을 알아내려면 여러 값으로 시험해봐야 하지만, 7.2.2절에서 설명하는 것처럼 확대 기능을 추가하면 더 쉬워진다.

도법에 따라 기본 축척이 다르다. d3.geo.albersUsa 도법은 1070, d3.geo.mercator 도법은 150이 기본값이다. D3 메서드와 마찬가지로 아무 인자도 전달하지 않고 메서드를 호출하면 기본값을 확인할 수 있다.

```
d3.geo.mercator().scale()   // 150
d3.geo.albersUsa().scale() // 1070
```

[리스트 7.5]와 같이 scale과 translate를 조정하면 우리가 사용하는 지리 데이터의 다른 부분도 투영할 수 있다.

리스트 7.5 scale과 translate 설정을 이용한 간단한 지도

```
function createMap(countries) {
    // SVG 영역의 크기를 변수로 정의해 시각화 코드 전체에서 참조한다.
    var width = 500;
    var height = 500;
    var aProjection = d3.geo.mercator()
                        // scale값은 도법에 따라 다르지만, 여기에서는 80이 제대로 작동한다.
                        .scale(80)
                        // 투영 중심을 그림 영역의 중심으로 옮긴다.
                        .translate([width / 2, height / 2]);
    var geoPath = d3.geo.path().projection(aProjection);

    d3.select("svg").selectAll("path").data(countries.features)
      .enter()
      .append("path")
      .attr("d", geoPath)
      .attr("class", "countries");
};
```

이 코드를 실행한 결과인 [그림 7.4]는 세계 전체를 렌더링한다. 전 세계가 모두 투영됐지만, 그린랜드와 남극 등 극에 가까운 지역은 엄청나게 왜곡돼 있다.

그림 7.4 메르카토르 도법으로 SVG 영역 안에 전 세계를 넣은 모습

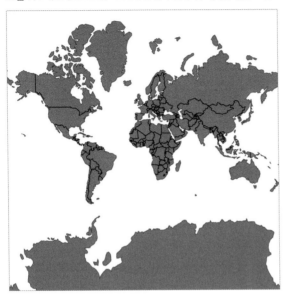

7.1.2 지도 위에 점 찍기

도법을 이용하면 영역을 그릴 뿐만 아니라 점도 찍을 수 있다. 도시를 아주 크게 표현할 때는 도형으로 표현할 수도 있지만, 일반적으로 도시나 사람은 지도 위에 점으로 표현된다. 인구 수에 비례해 점의 크기를 설정할 수도 있다. D3의 projection은 geo.path()에 사용할 뿐만 아니라 그 자체를 하나의 함수로서 사용할 수도 있다. 위도와 경도 쌍을 담은 배열을 전달해 호출하면 점을 찍을 화면 좌표를 반환한다. 예를 들어 샌프란시스코(대략적으로 위도 -122, 경도 37)를 찍을 화면 위치를 알고 싶으면, 그 값을 projection에 전달해 호출한다.

```
aProjection([-122,37]) // [79.65586500535346, 194.32096033997914]
```

[그림 7.5]에서 보는 것처럼 이 방법을 사용하면 cities.csv 데이터를 로딩하고 지도 위에 도시를 표현할 수 있다. 도시의 위치를 로딩해 지도 위에 표현하는 코드는 다음과 같다. [그림 7.5]

의 축척에서는 점의 위치가 얼마나 부정확한지 알 수 없지만 지도를 확대하면 이탈리아의 두 점이 지중해 위에 위치한 것을 알 수 있다.

리스트 7.6 지리 데이터의 점과 폴리곤 로딩

```
queue()
  .defer(d3.json, "world.geojson")
  .defer(d3.csv, "cities.csv")
  .await(function(error, file1, file2) {
      createMap(file1, file2);
  });

function createMap(countries, cities) {
  var width = 500;
  var height = 500;
  var projection = d3.geo.mercator()
                       .scale(80)
                       .translate([width / 2, height / 2]);
  var geoPath = d3.geo.path().projection(projection);

  d3.select("svg").selectAll("path").data(countries.features)
    .enter()
    .append("path")
    .attr("d", geoPath)
    // 도시를 쉽게 볼 수 있도록 채움 스타일을 변경한다.
    .style("fill", "gray");

  // 도시를 나라 위에 그려야 하므로, 도시를 나중에 그린다.
  d3.select("svg").selectAll("circle").data(cities)
    .enter()
    .append("circle")
    .style("fill", "red")
    .attr("class", "cities")
    .attr("r", 3)
    // projection()이 배열을 반환하므로,
    // 첫 번째 값을 cx, 두 번째 값을 cy로 사용한다.
    .attr("cx", function(d) {return projection([d.x,d.y])[0]})
    .attr("cy", function(d) {return projection([d.x,d.y])[1]});
};
```

그림 7.5 8개 도시를 추가한 지도

실제 좌표가 '위도, 경도'순인 경우가 있으므로 [리스트 7.6]에서 좌표를 입력할 때 주의해야 한다. 위도는 Y-축에, 경도는 X-축에 대응하므로, 그런 경우에는 두 값을 바꿔서 GeoJSON과 D3에 사용할 XY 좌표로 지정해야 한다.

7.1.3 도법과 영역

사용하는 도법에 따라 지리 객체의 화면 크기가 왜곡된다. 이런 문제는 구 위의 좌표를 평면 위의 좌표로 완벽하게 표현할 수 없으므로 발생한다. 육지나 해양의 지리학적 영역, 측정 거리, 혹은 특정 도형을 시각적으로 표현하려 다양한 도법을 사용한다. 여기에서는 d3.geo. projection.js를 추가했으므로, 이 라이브러리가 제공하는 다양한 도법을 이용할 수 있다.

이제 몰바이데^{Mollweide} 도법을 알아보자. [리스트 7.7]을 보면 지리 데이터를 몰바이데 도법으로 표현할 때 어떤 설정이 필요한지 알 수 있다. 국가별 면적(실제 물리적인 면적이 아니라, 차트 위에 나타나는 면적)을 계산해 색상을 다르게 표현한다. 그러면 [그림 7.6]에서 보는 것처럼 메르카토르 도법으로 표현한 경우([그림 7.6]의 왼쪽)와 상당히 다른 결과([그림 7.6]의 오른쪽)가 나온다. 메르카토르 도법에서는 지형을 사각형에 맞춰 늘리는 반면, 몰바이데 도법에서는 가장자리가 몰바이데 곡선에 맞게 휘어진다. 메르카토르 도법은 남극 대륙의 크기를 너무 왜곡해 가장 큰 크기로 만든다. 이와 대조적으로 몰바이데 도법은 지리 데이터에 있는 국가와 대륙의 실제 크기를 유지하지만, 모양과 각도를 왜곡한다. geo.path.area는 화면 영역의 크기를 측정하지만 지형의 실제 물리적인 면적을 나타내지는 않는다.

리스트 7.7 몰바이데 투영법으로 만든 세계 지도

```
queue()
  .defer(d3.json, "world.geojson")
  .defer(d3.csv, "cities.csv")
  .await(function(error, file1, file2) {
      createMap(file1, file2);
  });

function createMap(countries, cities) {
  var width = 500;
  var height = 500;
  // 몰바이데 도법에 맞춰 전 세계를 보여준다.
  var projection = d3.geo.mollweide()
                      .scale(120)
                      .translate([width / 2, height / 2]);
  var geoPath = d3.geo.path().projection(projection);
  var featureSize = d3.extent(countries.features,
                      function(d) {return geoPath.area(d);});

  // 지형을 측정해 색상 그레이디언트에 정의된 색상을 할당한다.
  var countryColor = d3.scale.quantize()
                      .domain(featureSize)
                      .range(colorbrewer.Reds[7]);

  d3.select("svg").selectAll("path").data(countries.features)
    .enter()
    .append("path")
    .attr("d", geoPath)
    .attr("class", "countries")
    // 면적에 따라 나라의 색상을 칠한다.
    .style("fill", function(d) {
        return countryColor(geoPath.area(d))
    });

  d3.select("svg").selectAll("circle").data(cities)
    .enter()
    .append("circle")
```

```
    .attr("class", "cities")
    .attr("r", 3)
    .attr("cx", function(d) {return projection([d.x,d.y])[0]})
    .attr("cy", function(d) {return projection([d.x,d.y])[1]});
};
```

그림 7.6 메르카토르 도법(왼쪽)과 몰바이데 도법(오른쪽)

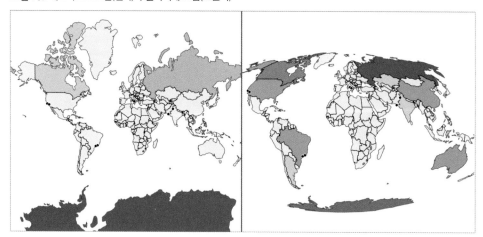

지도를 만들려는 목적에 맞는 도법을 고르는 일은 결코 쉽지 않다. 전통적인 타일 매핑을 이용한 다면 메르카토르 도법을 사용하는 편이 좋다. 전 세계 축척을 유지해야 한다면 일반적으로 지형의 면적을 왜곡하지 않는 몰바이데 도법을 이용하는 편이 좋다. 그러나 D3에서는 아주 많은 도법을 제공하므로, 지도를 만들려는 목적에 어느 도법이 잘 맞는지 모두 실험해보는 편이 좋다.

정보 시각화 용어 : 코로플레스 지도

지도를 만들다 보면 코로플레스 지도choropleth map라는 용어를 접하게 된다. 코로플레스 지도는 색상으로 데이터를 인코딩하는 지도를 말한다. 예를 들어 색상으로 나라별 GDP, 인구, 주요 언어 등 통계 데이터를 보여줄 수 있다. D3에서는 properties 필드에 정보를 가진 지리 데이터를 사용하거나 지리 데이터와 통계 데이터 테이블 두 개를 연결해 만들 수 있다.

코로플레스 지도가 유용하기는 하지만 공간 단위 문제areal unit problem가 발생할 수 있으므로 주의해야 한다. 공간 단위 문제는 통계 데이터를 왜곡해서 보여주려 기존 지형에 경계를 그릴 때 발생한다. 자기 당에 유리하도록 선거구를 정하는 게리맨더링gerrymandering은 이런 문제의 대표적인 예다.

7.1.4 상호작용성

D3에서 지리 공간 데이터에 관련한 코드는 지리 데이터로 작업할 때 필요한 기능을 제공한다. D3는 지역을 색칠하려고 영역을 계산하는 것 외에도 유용한 기능을 많이 제공한다. 지도를 제작할 때는 지리 영역의 중심(도심centroid이라고 한다)을 계산하는 기능과 [그림 7.7]처럼 경계 상자를 구하는 기능을 흔히 사용한다.

[그림 7.7]에서는 각 국가를 에워싼 사각형과 국가의 중심에 빨간 동그라미를 대화형으로 그렸다. 여기에서는 중국을 에워싼 사각형과 중심을 보여준다. D3는 가중치로 중심을 계산하므로 경계 상자가 아니라 지형의 중심을 계산한다. 다음에 나온 [리스트 7.8]에서는 경로에 마우스 오버 이벤트를 추가하고 각 지형의 중심에 원을, 주변에는 경계 상자를 그린다.

리스트 7.8 지리 데이터를 에워싸는 사각형 그리기

```
d3.selectAll("path.countries")
  .on("mouseover", centerBounds)
  .on("mouseout", clearCenterBounds);

function centerBounds(d,i) {
  // 연결된 도법에 기초해 결과를 내는 geo.path 함수들
  var thisBounds = geoPath.bounds(d);
  var thisCenter = geoPath.centroid(d);

  d3.select("svg")
    .append("rect")
    .attr("class", "bbox")
    // 경계 상자의 왼쪽 위와 오른쪽 아래 좌표를 담은 배열
    .attr("x", thisBounds[0][0])
    .attr("y", thisBounds[0][1])
    .attr("width", thisBounds[1][0] - thisBounds[0][0])
    .attr("height", thisBounds[1][1] - thisBounds[0][1])
    .style("fill", "none")
    .style("stroke-dasharray", "5 5")
    .style("stroke", "black")
    .style("stroke-width", 2)
    .style("pointer-events", "none");

  d3.select("svg")
    .append("circle")
    .attr("class", "centroid")
```

```
      .style("fill", "red")
      .attr("r", 5)
      // 중심은 지형의 XY 좌표를 담은 배열이다.
      .attr("cx", thisCenter[0]).attr("cy", thisCenter[1])
      .style("pointer-events", "none");
};


  // 지형 밖으로 마우스 포인터가 나가면 도형을 제거한다.
  function clearCenterBounds() {
    d3.selectAll("circle.centroid").remove();
    d3.selectAll("rect.bbox").remove();
  };
```

그림 7.7 중국 주변에 경계 상자와 중국 중심에 빨간 원을 표시한 지도(별지VI 참조)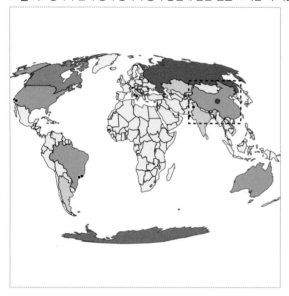

지금까지 D3로 지도를 만들 수 있는 geo.projection과 geo.path를 살펴봤다. 이 함수들을 이용하면 독특한 룩앤필을 가진 지도를 만들고, 도형과 지형에 대해 사용자가 상호작용할 수 있다. D3에서는 이외에도 더 많은 기능을 제공하는데, 어떤 기능이 있는지 이제부터 알아보자.

7.2 더 나은 지도 제작 기법

d3.geo에서 제공하는 경위선망 생성기와 zoom 객체 기능을 사용하면 지도의 가독성을 높일 수 있다. 경위선망은 지도를 더 읽기 좋게 격자를 만들고, zoom 객체는 지도를 이동하거나 확대할 수 있게 해준다. 이 두 기능 모두 D3에서 제공하는 여타 작동이나 생성기와 같은 형식과 기능을 따르며 특히 지도에 도움이 된다.

7.2.1 경위선망

경위선망graticule은 지도 위에 나타난 격자선을 말한다. 선, 영역, 원호 생성기가 있듯이 경위선망도 생성기가 있다. 경위선망 생성기는 격자선(위치와 개수를 지정하거나 기본값을 사용할 수 있다)을 만들 수 있으며 경계선으로 사용할 수 있는 윤곽선도 만들 수 있다. [리스트 7.9]를 보면 이미 그린 지도 밑에 경위선망을 그리는 방법을 알 수 있다. 여기에서는 data() 대신 datum()이라는 메서드를 사용하는데, datum()은 하나의 데이터점을 배열에 넣을 필요 없이 바로 바인딩하므로 더 편리하다. 즉, datum(yourDatapoint)는 data([yourDatapoint])와 동일하다.

리스트 7.9 경위선망의 추가

```
var graticule = d3.geo.graticule();

d3.select("svg").append("path")
  .datum(graticule)
  .attr("class", "graticule line")
  .attr("d", geoPath)
  .style("fill", "none")
  .style("stroke", "lightgray")
  .style("stroke-width", "1px");

d3.select("svg").append("path")
  .datum(graticule.outline)
  .attr("class", "graticule outline")
  .attr("d", geoPath)
  .style("fill", "none")
  .style("stroke", "black")
  .style("stroke-width", "1px");
```

그런데 데이터점 하나로 어떻게 [그림 7.8]처럼 많은 경위선망을 그릴 수 있을까? geo.graticule은 다중 선 스트링^{multilinestring}이라는 지형을 생성한다. 다중 선 스트링은 좌표 배열의 배열로서, 배열 안에 있는 각각의 배열은 하나의 개별적인 지형을 나타낸다. 다중 선 스트링과 다중 폴리곤^{multipolygon}은 GIS에서 늘 사용한다. 미국이나 인도네시아 등은 섬이 많이 있으므로 폴리곤 하나로 표현할 수 없기 때문이다. d3.geo.path는 다중 선 스트링이나 다중 폴리곤을 입력받으면 여러 개의 분리된 조각으로 구성된 〈path〉 요소를 그린다.

그림 7.8 경위도선을 표시한 지도

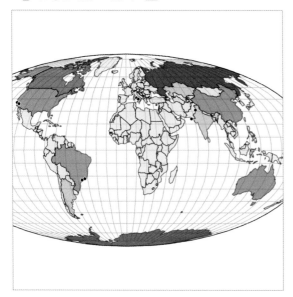

7.2.2 확대

화면에서 zoom 객체로 차트를 이동하는 기능은 이미 5장에서 다뤘다. 이제 zoom 객체로 확대 기능을 사용해보자. 5장에서 zoom 객체를 처음 사용했을 때는 차트를 담고 있는 〈g〉 요소의 transform 속성을 조절했다. 이제 zoom 객체의 scale값과 translate값을 조절해 투영 설정을 변경함으로써 지도를 확대하고 패닝시킨다.

zoom 객체를 생성하고 〈svg〉 요소에서 호출한다. 〈svg〉 안의 어떤 요소에서 드래그, 마우스 휠, 더블클릭 등 이벤트가 발생하면 zoom 이벤트 처리기를 실행한다. 앞에서 zoom 객체를 사용할 때는 드래그 이벤트만 처리해 zoom.translate의 값을 변경하고 이 값으로 갱신하려는 요소의 translate값을 변경했다. 이번에는 zoom.scale()로, 더블클릭이나 마우스 휠을 앞으로 이동한 경우에는 확대하고 마우스 휠을 뒤로 이동한 경우에는 축소하도록 설정한다. projection 객체에 zoom을 사용하는 경우에는 projection의 초기 scale값을 zoom.scale()값으로 덮어써야 한다. translate도 이와 동일하게 처리한다. 그런 후 zoom을 발생하는 이벤트가 발생하면 언제든 새로운 값으로 projection 객체를 갱신한다([리스트 7.10]의 코드와 [그림 7.9]의 실행 화면 참조).

리스트 7.10 지도의 확대와 이동

```
var mapZoom = d3.behavior.zoom()
                    // zoom 객체의 translate와 scale값을
                    // projection 객체의 값으로 사용한다.
                    .translate(projection.translate())
                    .scale(projection.scale())
                    .on("zoom", zoomed);

d3.select("svg").call(mapZoom);

// zoom 이벤트 처리기를 호출할 때마다
// projection의 translate와 scale값을 zoom 객체의 값으로 갱신한다.
function zoomed() {
  projection.translate(mapZoom.translate()).scale(mapZoom.scale());

  // 갱신한 projection 객체에 연결된 d3.geo.path를 호출해 경로를 다시 그린다.
  d3.selectAll("path.graticule").attr("d", geoPath);
  d3.selectAll("path.countries").attr("d", geoPath);
  // 그리고 이제 갱신한 projection으로 원의 위치를 설정한다.
  d3.selectAll("circle.cities")
    .attr("cx", function(d) {return projection([d.x,d.y])[0]})
    .attr("cy", function(d) {return projection([d.x,d.y])[1]});
};
```

그림 7.9 확대 기능을 활성화한 지도

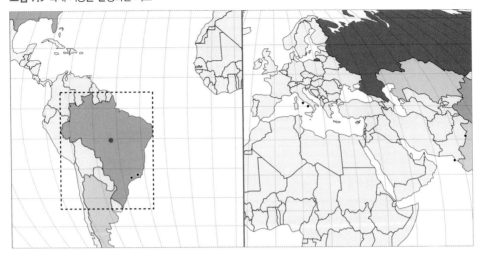

zoom 객체는 사용자의 드래그 동작을 참조해 translate()에 들어 있는 배열을 갱신하고, 마우스 휠과 더블클릭 동작을 참조해 scale()값을 증가 혹은 감소시킨다. d3.behavior.zoom 객체는 SVG transform, D3의 projection과 함께 작동하도록 만들어졌으므로 지도의 확대와 이동에 관한 모든 기능을 제공한다.

정보 시각화 용어 : 시맨틱 줌

화면 위의 요소를 확대한다고 할 때는 크기를 확대하는 것이 자연스럽게 떠오른다. 그렇지만 지도로 작업하다 보면 화면을 확대할 때 크기나 해상도만 느는 것이 아니라 화면에 보여줄 데이터의 종류도 변경한다는 것을 알게 된다. 단순한 그래픽 줌graphic zoom과 대비되는 이런 작동 특성을 시맨틱 줌semantic zoom이라고 한다. 예를 들어 축소된 지도에서는 국경과 몇몇 주요 도시만 보이지만, 지도를 확대하면 도로, 중소 도시, 공원 등을 볼 수 있다.

차트뿐만 아니라 모든 데이터 시각화에서 사용자가 확대나 축소 기능을 사용하게 만들 때는 시맨틱 줌을 염두에 둬야 한다. 축소됐을 때는 전략이나 전반적인 정보를 보여주고, 확대됐을 때는 상세한 데이터를 보여줄 수 있어야 한다.

기본값으로 생성된 zoom 객체는 사용자가 마우스 휠과 더블클릭이 확대/축소 기능과 연결된 것을 알고 있다고 가정한다. 그렇지만 때로는 확대 버튼을 두고 싶을 때가 있다. 사용자가 확대/축소 기능을 어떻게 사용하는지 알고 있다고 가정할 수 없거나 확대/축소 과정을 조금 더

정교하게 제어하고 싶을 수 있기 때문이다.

[리스트 7.11]를 보면 확대 함수를 생성하고 버튼을 추가했다. 이를 실행하면 [그림 7.10]과 같다. [그림 7.10]은 [Zoom Out] 버튼을 다섯 번 누른 후의 모습이다. 확대 버튼이 zoom 객체의 translate와 scale을 변경하므로 이후의 모든 마우스 작동은 갱신된 설정을 반영한다.

리스트 7.11 지도에 수동 확대 컨트롤 추가

```
function zoomButton(zoomDirection) {
  if (zoomDirection == "in") {
    // 새로운 scale을 계산한다.
    var newZoom = mapZoom.scale() * 1.5;
    // 새로운 translate 설정을 계산하기는 쉽지 않으며 중심을 다시 계산해야 한다.
    var newX =
      ((mapZoom.translate()[0] - (width / 2)) * 1.5) + width / 2;
    var newY =
      ((mapZoom.translate()[1] - (height / 2)) * 1.5) + height / 2;
  }
  else if (zoomDirection == "out") {
    var newZoom = mapZoom.scale() * .75;
    var newX = ((mapZoom.translate()[0] - (width / 2)) * .75) + width / 2;
    var newY = ((mapZoom.translate()[1] - (height / 2)) * .75) + height / 2;
  }

  // zoom 객체의 scale과 translate를 새로운 값으로 설정한다.
  mapZoom.scale(newZoom).translate([newX,newY])
  // 변경된 설정에 기초해 지도를 다시 그린다.
  zoomed();
}

d3.select("#controls").append("button").on("click", function (){
    zoomButton("in")}).html("Zoom In");

d3.select("#controls").append("button").on("click", function (){
    zoomButton("out")}).html("Zoom Out");
```

그림 7.10 [Zoom Out] 버튼을 다섯 번 누른 후의 모습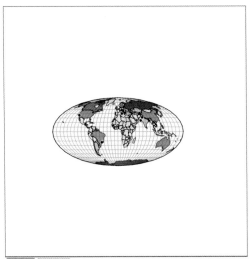

Zoom In   Zoom Out

이렇게 스타일을 설정하고 상호작용 기능을 적용할 수 있으면 거의 모든 애플리케이션에서 필요한 지도를 만들 수 있다. 사용자는 확대/축소 기능을 사용하면 지도에 무언가 나타날 것이라고 기대하므로 지도에서 확대/축소는 중요하다. 그런 면에서 보면 지리 공간은 정보 시각화의 가장 강력한 형태다. 사용자가 지도를 판독하고 조작하는 방법에 매우 능숙하기 때문이다. 사용자가 지도에 있을 것이라고 기대한 기능이 제대로 작동하지 않으면 사용자는 지도에 버그가 있다고 생각할 것이다. 따라서 지도를 만들 때는 특별한 이유가 없는 한 반드시 이런 기능을 구현해야 함을 명심하라.

7.3 고급 지도 제작

지금까지 지도 제작의 여러 측면을 살펴봤다. 변형된 지도를 살펴보는 것도 좋을 것이다. 인구에 기초해 ⟨circle⟩ 요소의 크기를 정하거나 ⟨g⟩ 요소로 레이블을 붙일 수도 있을 것이다. 지도를 만들고 있다면 폴리곤과 점으로 경계 상자나 중심을 이용하고 zoom 객체에 연동시킬 것이다. D3에서 흥미로운 점은 약간만 더 노력하면 지리 정보를 더욱 정교하게 표현할 수 있다는 점이다.

7.3.1 지구본 생성과 회전

이 책에서 3D에 관련한 것은 단 하나만 다룬다. 바로 지구본을 만드는 것이다. 하지만 three. js를 이용하거나 WebGL을 공부할 필요는 없다. 대신 D3에서 제공하는 정사 도법으로 지구 밖에서 지구를 바라보듯이 지리 데이터를 표현한다. projection 객체를 정사 도법으로 설정하고 scale도 약간 다르게 설정해야 한다.

리스트 7.12 지구본 생성

```
projection = d3.geo.orthographic()
    .scale(200)
    .translate([width / 2, height / 2])
    .center([0,0]);
```

새로 만든 projection 객체를 이용하면 [그림 7.11]과 같은 지도를 볼 수 있다. 정사 도법은 지도를 지구본처럼 만든다. 나라의 국경을 경위선망 위에 그리고 확대/축소 기능이 작동하지만, 이동은 지구본을 회전하지 않고 그림 영역 주위를 이동하게 만든다. 각 나라의 색상은 나라의 그래픽 크기에 기초해 설정한다.

그림 7.11 기본 설정으로 생성한 지구본

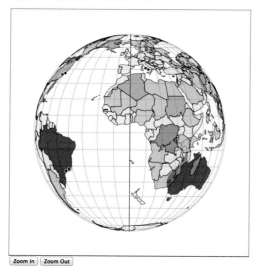

지구본을 회전하려면 d3.mouse 객체를 사용해야 한다. d3.mouse는 현재 SVG 요소 위에

있는 마우스의 위치를 반환한다. 마우스 버튼을 누르면 SVG 요소에 연결한 mousemove 리스너를 활성화하고 마우스 버튼을 떼면 비활성화함으로써, 지구본을 드래그하는 동작을 지원할 수 있다. 여기에서는 X–축으로만 회전시킨다. 전체 코드를 확인해본 지 오래됐으니 새로운 작동법을 추가하는 김에 지구본을 생성하는 전체 코드를 [리스트 7.13]과 같이 정리해보자.

리스트 7.13 드래그할 수 있는 지구본

```
queue()
  .defer(d3.json, "world.geojson")
  .defer(d3.csv, "cities.csv")
  .await(function(error, file1, file2) { createMap(file1, file2); });

function createMap(countries, cities) {

  // ...정사 도법으로 설정하는 코드...

  var mapZoom =
    d3.behavior.zoom().translate(projection.translate())
      .scale(projection.scale())
      .on("zoom", zoomed);

  d3.select("svg").call(mapZoom);

  var rotateScale = d3.scale.linear()
                       .domain([0, width])
                       .range([-180, 180]);

  // 지구본을 드래그하려면 mousedown 이벤트가
  // mousemove 이벤트 리스너를 활성화한다.
  d3.select("svg")
    .on("mousedown", startRotating)
    .on("mouseup", stopRotating);

  function startRotating() {
    d3.select("svg").on("mousemove", function() {
        var p = d3.mouse(this);
        projection.rotate([rotateScale(p[0]), 0]);
        zoomed();
    });
  }

  // 드래그가 끝나면 mousemove 이벤트 리스너를 제거한다.
```

```
function stopRotating() {
  d3.select("svg").on("mousemove", null);
}

function zoomed() {
  var currentRotate = projection.rotate()[0];
  projection.scale(mapZoom.scale());
  d3.selectAll("path.graticule").attr("d", geoPath);
  d3.selectAll("path.countries").attr("d", geoPath);

  d3.selectAll("circle.cities")
    .attr("cx", function(d) {return projection([d.y,d.x])[0]})
    .attr("cy", function(d) {return projection([d.y,d.x])[1]})
    .style("display", function(d) {
        return parseInt(d.y) + currentRotate < 90
            && parseInt(d.y) + currentRotate > -90 ?
              "block" : "none"})
}

// ... 수동 zoom in 버튼과 zoom out 버튼 추가 ...

// ... 경위선망, 나라, 도시를 그리는 코드 ...

// ... 중심과 경계 상자를 생성 / 삭제하는 코드 ...
}
```

제이슨 데이비스가 만든 d3.geo.zoom 플러그인에서는 이와 같은 기능을 구현하고 있다[6].

하지만 이 지도에는 은면hidden surface에 위치한 경위선망과 나라가 여전히 보이는 문제가 있다. 보통 지구본을 그릴 때 뒤에 숨은 것들은 제거해야 한다. 은면에 있는 것이 전면에 보이는 것과 뒤죽박죽되지 않는다면 은면에 있는 것을 보여주는 것도 나쁘지는 않다. 그러나 [그림 7.12]를 보면 남극 부분의 모양이 지저분해져 있다. 카라치의 경우 은면에 있는 도시이면서도 경로 위에 그려져 있다. 호주의 경우도 보이지 않아야 맞지만 기본적으로 투영법이 은면을 제거하지 않으므로 지구본을 통과해 호주를 볼 수 있다. 도시는 정확한 좌표에 그려지지만 〈circle〉 요소를 DOM의 최상위에 있는 〈path〉 요소에 그리므로 모두 지형 위에 그려진다.

6 https://www.jasondavies.com/maps/rotate/

그림 7.12 투명한 표면의 지구본

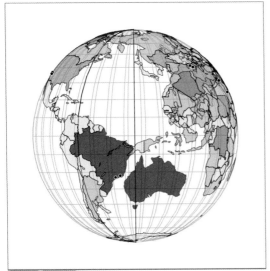

Zoom In Zoom Out

경로를 그리는 것은 projection 객체의 clipAngle 속성으로 처리할 수 있는데, clipAngle은 중심에서 일정 각도 이상을 벗어나는 경로를 제거^{clipping}한다. 이 방법은 데이터셋의 일부만 보여주는 데 유용하게 사용할 수 있다. 수정한 투영 코드는 다음과 같다.

```
projection = d3.geo.orthographic()
             .scale(200)
             .translate([width / 2, height / 2])
             .clipAngle(90);
```

그러나 clipAngle은 d3.geo.path로 생성한 데이터에만 적용하므로 이 코드는 도시를 나타내는 원에는 적용하지 않는다. clipAngle 안에 들어가는 도시에 해당하는 원만 그리려면, zoomed() 함수에서 해당 도시의 좌표를 보고 그 도시를 출력할지 결정해야 한다.

리스트 7.14 은면에 있는 도시 감추기

```
function zoomed() {
  var currentRotate = projection.rotate()[0];
  projection.scale(mapZoom.scale());
  d3.selectAll("path.graticule").attr("d", geoPath);
  d3.selectAll("path.countries").attr("d", geoPath);
```

```
d3.selectAll("circle.cities")
    .attr("cx", function(d) {return projection([d.x,d.y])[0]})
    .attr("cy", function(d) {return projection([d.x,d.y])[1]})
    .style("display", function(d) {
        // 도시의 Y 위치가 현재 지구본 방향의 좌우 90도 안에 있는 경우에만 출력하고,
        // 그렇지 않은 경우에는 제거한다.
        return parseInt(d.y) + currentRotate < 90 &&
            parseInt(d.y) + currentRotate > -90 ?
            "block" : "none";
    });
};
```

그림 7.13 은면을 제대로 가린 회전 지구본

이제 모두 해결된 것 같지만 아직 처리해야 할 문제가 하나 남아 있다. 지구본을 초기화할 때 나라를 모두 그리지만 그들 중 상당수는 잘려나간다. 그러므로 도형을 그릴 때 영역을 계산하는 geo.path.area() 메서드는 메르카토르 도법에서보다 문제가 더 심하다. 예를 들어 [그림 7.13]을 보면 호주가 마다가스카르[7]와 비슷한 크기인 것처럼 색상이 칠해져 있다. 다행히도 D3에는 실제 지형 면적을 계산하는 d3.geo.area() 메서드를 제공한다. 실제 지표면의 넓이

---

7 편집자주_ [그림 7.13]에 O표한 부분

로 표현하면 [그림 7.14]와 같아야 한다.

그림 7.14 지표면 넓이로 나라를 색칠한 지구본

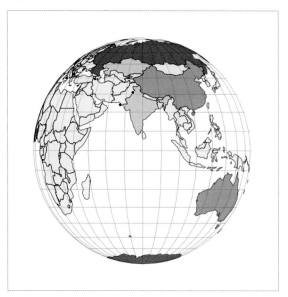

d3.geo.area() 메서드를 사용하도록 코드를 수정할 수도 있지만, 대신 기존 지구본의 색상을
변경하는 방법을 사용하자. 어떻게 해야 데이터를 가져올 수 있을까? 지금까지 데이터 배열은
함수가 접근할 수 있는 어딘가에 있다고 가정해왔는데, 현재 범위 밖에 있다면 어떻게 할까?
그런 경우에는 selectAll.data()를 이용하면 선택한 항목에 연결된 데이터를 가져올 수 있다
(여기에는 데이터에 바인딩되지 않는 HTML 요소를 선택하는 경우, undefined 데이터까지
포함한다). 8장에서 이 방법을 활용한 예를 설명한다.

```
var featureData = d3.selectAll("path.countries").data();

var realFeatureSize =
  d3.extent(featureData, function(d) {return d3.geo.area(d)});

var newFeatureColor =
  d3.scale.quantize().domain(realFeatureSize).range(Reds[7]);

d3.selectAll("path.countries")
  .style("fill", function(d) {return newFeatureColor(d3.geo.area(d))});
```

d3.geo.area()가 측정한 구 표면 위의 도형 면적은 입체호도법^{steradian}으로 계산하므로 대략적인 면적이다. 나라 혹은 다른 도형의 실제 제곱 킬로미터를 구하려면 QGIS 등의 GIS 애플리케이션으로 계산하거나 다른 출처에서 정보를 가져와야 한다.

이 지구본에는 아직도 문제가 약간 있다. projection.center()를 갱신하지 않고 현재 마우스 위치로부터 회전각을 계산하므로 지구본을 드래그하는 내내 재설정한다. 그리고 처음 표시할 때 도시를 제거하지 않는다. 게다가 D3 지구본은 일반 지구본을 돌리듯이 어느 방향으로나 돌릴 수 있다. 이런 정도의 기능을 제공하려면 제이슨 데이비스의 예[8]처럼 잘 구현한 예제를 살펴보는 편이 좋다.

이제부터는 지리 데이터를 특이하게 보여주는 위성 도법을 알아보자.

7.3.2 위성 도법

세계를 등축으로 표현하는 방법도 이야기하기에 훌륭한 도구다. 예를 들어 중동이 유럽을 바라보는 시각의 변화에 관련해 지도를 만들어야 한다고 가정해보자. [그림 7.15]처럼 중동 상공에서 지중해를 내려다보는 모습을 만들면, 이 지도를 보는 사용자는 중동의 관점에서 유럽과의 거리를 바라보게 된다.

위성 도법은 앞에서 사용한 정사 도법, 메르카토르 도법, 몰바이데 도법과 마찬가지로 일종의 도법이지만, [리스트 7.15]에서 보는 것처럼 scale()과 rotate() 설정이 특이하다. 그리고 위성 도법의 각도를 지정하는 데 tilt()와 distance()라는 새로운 설정이 있다.

리스트 7.15 위성 도법 설정

```
projection = d3.geo.satellite()
            .scale(1330)
            .translate([250,250])
            .rotate([-30.24, -31, -56])
            .tilt(30)          // 지형을 내려다보는 각도
            .distance(1.199)   // 관측점에서 지표면까지의 거리
            .clipAngle(45);
```

8 http://jasondavies.com/maps/voronoi/capitals/

그림 7.15 유럽에 접한 중동 데이터를 위성 도법으로 표현한 모습

tilt는 데이터를 바라보는 각도이며, distance는 지구 반지름에 대한 비율이다(1.119는 지구 반지름의 11.9% 높이의 상공을 의미한다). 이렇게 정확한 설정값은 어떻게 알아낼까? 두 가지 방법이 있다. 첫 번째는 이런 경사진 투영을 수학적으로 기술하는 방법을 이해하는 것이다. 수학이나 지리학을 전공했다면 이렇게 계산하는 방법을 설명한 참고서를 살펴보면 된다. 두 번째는 이번 장에서 설명하는 코드로 회전, 기울임, 거리, 척도를 대화형으로 설정하는 방법이다. 필자와 같이 수학이나 지리학에 기반 지식이 없는 사람이라면 이 방법을 추천한다. 필자는 이 방법으로 설정값을 구했으며 필자가 구한 코드는 http://bl.ocks.org/emeeks/10173187에서 볼 수 있다.

생키 레이아웃이 작동하는 방법을 이해하는 데 필자가 했던 조언을 떠올려보라. 정보 시각화로 함수가 어떻게 작동하는지 눈으로 보고 정확한 설정을 찾으면 된다. 아니면 GIS 관련 강좌를 수강하거나 누군가 『D3.js 지도 제작 인 액션』을 쓸 때까지 기다려야 할 것이다.

시각화는 여기까지 이야기하고, 다시 지리 데이터 구조체로 돌아가 마이크 보스톡이 개발하고 D3 지도에 긴밀히 연결된 TopoJSON 라이브러리를 살펴보자.

7.4 TopoJSON 데이터와 기능

TopoJSON[9]이라는 용어는 다음과 같은 세 가지 형태를 말한다.

- 지리 데이터에 대한 데이터 표준이며 GeoJSON의 확장 버전
- GeoJSON 파일에서 TopoJSON 포맷의 파일을 생성하려 node.js에서 돌아가는 라이브러리
- TopoJSON 포맷의 파일을 처리해 D3 등의 라이브러리로 렌더링하는 데 필요한 객체를 생성하는 자바스크립트 라이브러리

두 번째 형태는 이 책에서 전혀 다루지 않으며, 이웃 지형을 찾아내려 TopoJSON 데이터를 렌더링하고, 병합하고, 사용하면서 첫 번째 형태만 다룬다.

7.4.1 TopoJSON 파일 포맷

GeoJSON 파일은 각 지형을 점, 선, 폴리곤을 나타내는 위도와 경도 좌표의 배열로 저장하는 반면, TopoJSON은 각 지형을 원호의 배열로 저장한다. 원호는 데이터셋 안에 있는 하나 이상의 지형이 공유하는 선분이다. 미국과 멕시코가 공유하는 국경은 하나의 원호로서 미국 지형의 원호 배열에서 참조하고 멕시코 지형의 원호 배열에서 참조한다.

데이터셋 대부분은 국경을 공유하고 있으므로 TopoJSON 데이터셋의 크기가 훨씬 더 작은 경우가 많다. 이는 TopoJSON의 장점이다. 어느 선분을 공유하는지 알고 있으면 이웃하는 지형이나 공유하는 국경을 쉽게 계산할 수 있고 지형을 쉽게 병합할 수 있다.

TopoJSON은 원호의 좌표를 모아놓은 원호 마스터 목록을 참조해 원호를 저장한다. D3가 도형을 생성하는 데 읽고 생성할 수 있는 포맷으로 TopoJSON 포맷을 변경하려면 TopoJSON으로 지도를 만드는 데 사용하는 웹 사이트에 Topojson.js를 추가해야 한다.

7.4.2 TopoJSON 렌더링

TopoJSON은 d3.geo.path가 처리할 수 있는 GeoJSON 구조와 다른 포맷으로 데이터를 저장한다. 따라서 Topojson.js을 추가하고 TopoJSON 데이터를 GeoJSON 지형 데이터로 변

---

9 https://github.com/mbostock/topojson

환해야 한다. 이 과정은 [리스트 7.16]에서 보는 것처럼 새로운 데이터 파일에 feature() 메서드를 호출해 간단히 처리할 수 있다. [그림 7.16]과 같이 콘솔에서 확인해보면 지형 데이터가 적절히 포맷돼 있음을 알 수 있다. 데이터는 객체의 배열이며 GeoJSON 파일에서 읽어온 지형과 마찬가지로 도형을 좌표의 배열로 표현한다.

리스트 7.16 TopoJSON 파일 로딩

```
queue()
  .defer(d3.json, "world.topojson")
  .defer(d3.csv, "cities.csv")
  .await(function(error, file1, file2) { createMap(file1, file2); });

function createMap(file1, file2) {
  // 모든 TopoJSON 파일에는 objects라는 속성이 있지만,
  // countries는 이 파일에만 있는 고유한 속성이며,
  // 다른 파일에는 rivers나 land 등의 속성명이 있을 수 있다.
  var worldFeatures = topojson.feature(file1, file1.objects.countries)
  console.log(worldFeatures);
};
```

그림 7.16 Topojson.feature() 메서드로 포맷한 TopoJSON 데이터

```
▼ Object {type: "FeatureCollection", features: Array[177]}
  ▼ features: Array[177]
    ▼ [0 … 99]
      ▼ 0: Object
        ▼ geometry: Object
          ▼ coordinates: Array[1]
            ▼ 0: Array[69]
              ▼ 0: Array[2]
                  0: 61.20961209612096
                  1: 35.650872576725774
                  length: 2
                ▶ __proto__: Array[0]
              ▼ 1: Array[2]
                  0: 62.23202232022322
                  1: 35.2705859391594
                  length: 2
                ▶ __proto__: Array[0]
              ▼ 2: Array[2]
                  0: 62.98442984429846
                  1: 35.40429402634027
                  length: 2
                ▶ __proto__: Array[0]
              ▶ 3: Array[2]
              ▶ 4: Array[2]
              ▶ 5: Array[2]
```

이제 우리가 원하는 포맷으로 데이터를 변환했으므로 world.geojson을 로딩해 지형을 그렸을 때와 마찬가지로 기존 코드에 이 데이터를 전달해 지형의 배열을 화면에 그릴 수 있다. [리

스트 7.16]에서는 앞에서 countries로 사용하던 변수명을 worldFeatures로 변경했다. 이렇게만 변경하면 TopoJSON을 기존과 동일하게 사용할 수 있으며 TopoJSON 데이터 파일은 GeoJSON 데이터 파일보다 크기가 훨씬 작다. 그렇지만 TopoJSON 데이터 파일의 지형학적 구조를 알고 있으면, 이 데이터로 재미있는 기법을 구현할 수 있다.

7.4.3 병합

TopoJSON 라이브러리는 기존 지형을 병합해 새로운 지형을 만드는 기능을 제공한다. 북미 대륙에 있는 나라들을 병합해 '북미 대륙' 지형을 만들 수도 있고, 1912년에 미합중국에 속해 있던 주들을 병합해 '1912년의 미국' 지형을 만들 수도 있다. [리스트 7.17]은 새로운 TopoJSON 데이터 파일로 중심이 북반구에 있는 나라를 모두 병합해 하나의 지형을 만든다. 이 코드를 실행한 [그림 7.17]을 보면 이웃한 지형뿐만 아니라 떨어져 있는 지형도 병합해 다중 폴리곤을 형성한다.

리스트 7.17 TopoJSON의 렌더링과 병합

```
queue()
  .defer(d3.json, "world.topojson")
  .defer(d3.csv, "cities.csv")
  .await(function(error, file1, file2) { createMap(file1, file2); });

function createMap(topoCountries, cities) {
  var countries =
    topojson.feature(topoCountries, topoCountries.objects.countries);
  var width = 500;
  var height = 500;
  var projection = d3.geo.mollweide()
                    .scale(120)
                    .translate([width / 2, height / 2])
                    .center([20,0]);

  var geoPath = d3.geo.path().projection(projection);
  var featureSize =
    d3.extent(countries.features, function(d) {return geoPath.area(d)});

  var countryColor = d3.scale.quantize()
                       .domain(featureSize).range(colorbrewer.Reds[7]);
```

```
var graticule = d3.geo.graticule();

d3.select("svg").append("path")
  .datum(graticule)
  .attr("class", "graticule line")
  .attr("d", geoPath)
  .style("fill", "none")
  .style("stroke", "lightgray")
  .style("stroke-width", "1px");

d3.select("svg").append("path")
  .datum(graticule.outline)
  .attr("class", "graticule outline")
  .attr("d", geoPath)
  .style("fill", "none")
  .style("stroke", "black")
  .style("stroke-width", "1px");

// Topojson.features() 메서드로 처리한 후에는
// 기존 방법과 동일하게 지형을 렌더링한다.
d3.select("svg").selectAll("path.countries")
  .data(countries.features)
  .enter()
  .append("path")
  .attr("d", geoPath)
  .attr("class", "countries")
  .style("fill", function(d) {return countryColor(geoPath.area(d))})
  .style("stroke-width", 1)
  .style("stroke", "black")
  .style("opacity", .5);

d3.select("svg").selectAll("circle").data(cities)
  .enter()
  .append("circle")
  .style("fill", "black")
  .style("stroke", "white")
  .style("stroke-width", 1)
  .attr("r", 3)
  .attr("cx", function(d) {return projection([d.x,d.y])[0];})
  .attr("cy", function(d) {return projection([d.x,d.y])[1];});

// 병합 함수
mergeAt(0);
```

```
function mergeAt(mergePoint) {
  var filteredCountries = topoCountries.objects.countries.geometries
    // TopoJSON 데이터셋을 이용한다.
    .filter(function(d) {
        var thisCenter = d3.geo.centroid(
            // geo.centroid() 메서드를 사용하려
            // 각 지형을 GeoJSON 구조로 변환한다.
            topojson.feature(topoCountries, d)
        );
        // 조건에 해당하는 나라인지 판단한다.
        return thisCenter[1] > mergePoint? true : null;
    });

  d3.select("svg").insert("g", "circle")
    // merge()가 하나의 다중 폴리곤을 반환하므로 datum() 메서드를 사용한다.
    .datum(topojson.merge(topoCountries, filteredCountries))
    .insert("path")
    .style("fill", "gray")
    .style("stroke", "black")
    .style("stroke-width", "2px")
    .attr("d", geoPath);
};
};
```

그림 7.17 지형 중심에 기초한 병합의 결과

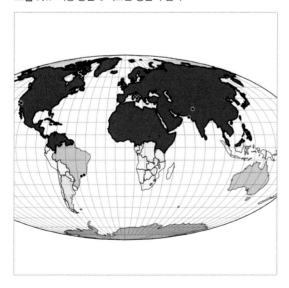

mergeAt() 함수 안의 시험 조건을 변경해 x 좌표를 보거나 값이 큰 지형만 선택하도록 변경할 수도 있다. [그림 7.18]은 위도가 0보다 큰 경우와 작은 경우, 경도가 0보다 큰 경우와 작은 경우, 총 4가지 경우에 각기 하나의 지형으로 병합한 모습을 보여준다. 병합한 지형이 반드시 하나의 폴리곤인 것은 아니다.

그림 7.18 북반구, 남반구, 동반구, 서반구를 병합한 지형

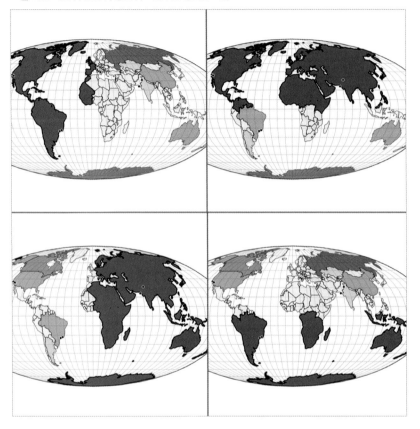

지형학적으로 더 탐구하고 싶은 독자는 Topojson.merge()의 자매 메서드인 mergeArcs()를 살펴보길 바란다. mergeArcs()는 도형을 병합하되 TopoJSON 포맷으로 유지한다. 원호 형태를 유지하는 이유는 무엇일까? 새로 병합된 지형이 원호이면 다시 병합하거나 메시를 생성하거나 이웃을 찾을 수 있기 때문이다.

7.4.4 이웃

지형이 원호를 공유한다는 것을 알고 있으므로 어느 지형들이 서로 이웃인지 알 수 있다. Topojson.neighbors() 메서드는 국경을 공유하는 모든 지형을 담은 배열을 만든다. [리스트 7.18]은 이 배열로 데이터셋 안에서 이웃 국가들을 쉽게 찾아내는 방법이다. 여기에 대화형으로 마우스 포인터가 올라가 있는 국가를 강조한 결과는 [그림 7.19]와 같다. 이 데이터에서는 가이아나를 프랑스령으로 가정해[10], 브라질과 수리남이 프랑스의 이웃이라고 간주한다. 데이터에서는 프랑스가 여러 개의 폴리곤으로 표현되므로, 어떤 폴리곤에라도 인접한 나라를 모두 이웃으로 반환한다.

리스트 7.18 대화형으로 이웃을 찾아내고 강조하기

```
// 배열 인덱스로 이웃을 표현하고, 이웃 목록을 담은 배열을 생성한다.
var neighbors =
    topojson.neighbors(topoCountries.objects.countries.geometries);

d3.selectAll("path.countries")
  .on("mouseover", findNeighbors)
  .on("mouseout", clearNeighbors);

function findNeighbors (d,i) {
    // 마우스 포인터가 올라가 있는 나라의 색상을 빨간색으로 바꾼다.
    d3.select(this).style("fill", "red");
    // 모든 이웃을 녹색으로 바꾼다.
    d3.selectAll("path.countries")
      .filter(function (p,q) {return neighbors[i].indexOf(q) > -1})
      .style("fill", "green")
};

function clearNeighbors () {
    // 나라를 모두 회색으로 변경해 강조 효과를 제거한다.
    d3.selectAll("path.countries").style("fill", "gray");
};
```

---

10 역자주_실제 가이아나는 영국령에서 독립한 국가다.

그림 7.19 프랑스 이웃 국가를 출력한 모습(별지VI 참조)

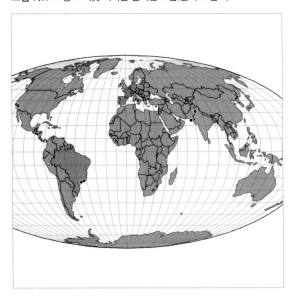

TopoJSON은 웹 지도 개발을 위한 엄청난 기회를 제공하는 강력한 신기술이다. TopoJSON
이 데이터를 모델링하고 제공하는 기능을 이해하면 사용자들에게 감명을 주는 지도를 만
들 수 있다. 이제 전통적인 웹 타일 지도 제작 방법을 알아보자. 그와 함께 전통적인 기법을
TopoJSON과 D3의 지리 기능이 제공하는 고급 기능과 결합해 세련된 웹 지도를 만드는 방법
도 알아보자.

7.5 d3.geo.tile을 이용한 타일 매핑

지금까지 코로플레스 지도를 만들어봤다. 어떤 것은 단순하지만 위성 도법이나 지구본 같은 것
은 다소 특이하기도 하다. 그렇지만 어느 것도 터레인terrain, 즉 위성 사진을 사용하지는 않았다.
래스터 데이터는 벡터 데이터만큼 가볍지 않다. 스마트폰에서 찍은 사진 파일의 크기를 생각해
보자. 전 세계의 모든 도로를 사진처럼 볼 수 있게 하려면 그림 파일이 얼마나 커야 할까?

엄청나게 큰 그림을 사용해야 하는 문제를 해결하려 웹 지도에서는 타일tile로 위성 사진을 보여
준다. 예를 들어 도시의 고해상도 사진을 다양한 확대 수준에서 256px x 256px 크기로 나눈
후 서버에 확대 수준과 위치에 맞게 해당 사진들을 저장한다. 이런 타일을 만들려면 엄청나게

많은 일을 해야 할 것 같지만, 다행히도 그럴 필요는 없다. Mapbox[11] 등의 기업에서 타일을 제공하며, 이 타일을 커스터마이즈할 TileMill 같은 도구를 제공하기 때문이다(사이트 방문자 수에 따라 무료 버전이나 상용 버전을 선택할 수 있다).

tile.js 파일을 열어보면 이 파일의 크기가 그리 크지 않다는 것을 알 수 있다. geotiles가 간단하기 때문이다. 각 타일은 PNG 포맷인 래스터 이미지로서 [그림 7.20]에서 보는 것처럼 지구 어딘가의 정사각형을 나타낸다. 파일명을 보면 그림 파일의 지리적 위치와 확대 수준을 알 수 있다. d3.geo.tile 객체[12]가 파일명과 디렉터리 구조를 분석해주므로 지도에 해당 타일을 사용하기만 하면 된다. 물론 먼저 projection 객체의 scale과 translate 속성, zoom 객체를 조정해야 한다.

그림 7.20 Mapbox 타일로 만든 지도

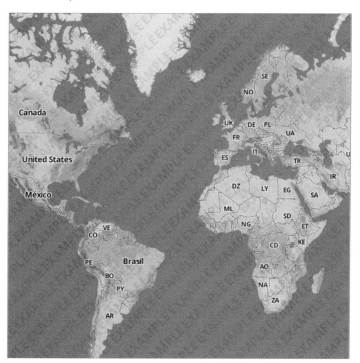

---

11 http://mapbox.com/

12 https://github.com/d3/d3-plugins/tree/master/geo/tile에서 tile.js 라이브러리를 내려받을 수 있다.

```
var width = 500,
    height = 500;

// 해당 지형에 사용할 타일을 보관하는 그룹
d3.select("svg").append("g").attr("id", "tiles");

// 타일을 생성하는 데 사용하는 함수
var tile = d3.geo.tile()
                .size([width, height]);
var projection = d3.geo.mercator()
                    .scale(120)
                    .translate([width / 2, height / 2]);
var center = projection([12, 42]);
var path = d3.geo.path()
                .projection(projection);
var zoom = d3.behavior.zoom()
                .scale(projection.scale() * 2 * Math.PI)
                .translate([width - center[0], height - center[1]])
                .on("zoom", redraw);

d3.select("svg").call(zoom);
redraw();

function redraw() {
    // 이미지를 생성하는 데 사용하는 데이터셋
    var tiles = tile
                    .scale(zoom.scale())
                    .translate(zoom.translate())();
    var image = d3.select("#tiles")
                    // 현재 확대 수준에 기초해 변환을 설정한다.
                    .attr("transform",
                        "scale(" + tiles.scale + ") translate("
                        + tiles.translate + ")")
                    .selectAll("image")
                    // 타일 데이터를 svg:image 요소에 바인딩한다.
                    .data(tiles, function(d) { return d; });

    // 화면 밖으로 나간 것을 모두 제거한다.
    image.exit().remove();

    // 새로운 이미지를 추가한다.
    image.enter().append("image")
```

```
        // tile.js가 생성한 Mapbox 타일에 대한 경로
        .attr("xlink:href",
            function(d) { return "http://" +
                ["a", "b", "c", "d"][Math.random() * 4 ¦ 0] +
                ".tiles.mapbox.com/v3/examples.map-zgrqqx0w/" +
                d[2] + "/" + d[0] + "/" + d[1] + ".png"; })
        .attr("width", 1)
        .attr("height", 1)
        .attr("x", function(d) { return d[0]; })
        .attr("y", function(d) { return d[1]; });
};
```

이 지도에 우리가 만든 점과 폴리곤을 추가할 것이다. 추가하는 코드는 [리스트 7.19], 그리고
이번 장에서 사용한 코드와 그리 많이 다르지 않다. 사용하는 데이터는 동일하지만 지구상 국
가의 절반을 사라지게 만들려면 국가의 스타일을 설정하는 함수를 추가한다. [리스트 7.20]의
코드를 실행하면 [그림 7.21]과 같이 실행한다.

리스트 7.20 벡터 데이터를 올려놓은 타일 맵

```
queue()
  .defer(d3.json, "world.topojson")
  .defer(d3.csv, "cities.csv")
  .await(function(error, file1, file2) {
      createMap(file1, file2); });

function createMap(topoCountries, cities){
  var countries =
    topojson.feature(topoCountries, topoCountries.objects.countries);
  var width = 500,
      height = 500;

  d3.select("svg").append("g").attr("id", "tiles");

  var tile = d3.geo.tile()
                  .size([width, height]);
  var projection = d3.geo.mercator()
                      .scale(120)
                      .translate([width / 2, height / 2]);
  var center = projection([12, 42]);

  var path = d3.geo.path()
```

```
                .projection(projection);

var featureSize = d3.extent(countries.features, function(d) {
    return path.area(d);
});
var countryColor = d3.scale.quantize()
                        .domain(featureSize)
                        .range(colorbrewer.Reds[7]);


var zoom = d3.behavior.zoom()
                .scale(projection.scale() * 2 * Math.PI)
                .translate([width - center[0], height - center[1]])
                .on("zoom", redraw);

d3.select("svg").call(zoom);
redraw();

d3.select("svg").selectAll("path.countries").data(countries.features)
    .enter()
    .append("path")
    .attr("d", path)
    .attr("class", "countries")
    .style("fill", function(d) {return countryColor(path.area(d))})
    .style("stroke-width", 1)
    .style("stroke", "black")
    .style("opacity", .5)

d3.select("svg").selectAll("circle").data(cities)
    .enter()
    .append("circle")
    .attr("class", "cities")
    .attr("r", 3)
    .attr("cx", function(d) {
        return projection([d.x,d.y])[0];
    })
    .attr("cy", function(d) {
        return projection([d.x,d.y])[1];
    });

function redraw() {
    var tiles = tile.scale(zoom.scale())
                    .translate(zoom.translate());
    var image = d3.select("#tiles")
                    .attr("transform", "scale(" + tiles.scale
```

```
                    + ")translate(" + tiles.translate + ")")
              .selectAll("image")
              .data(tiles, function(d) { return d; });

    image.exit().remove();

    image.enter().append("image")
          .attr("xlink:href", function(d) { return "http://"
              + ["a", "b", "c", "d"][Math.random() * 4 | 0]
              + ".tiles.mapbox.com/v3/examples.map-zgrqqx0w/" + d[2]
              + "/" + d[0] + "/" + d[1] + ".png"; })
          .attr("width", 1)
          .attr("height", 1)
          .attr("x", function(d) { return d[0]; })
          .attr("y", function(d) { return d[1]; });

    // 이전에 했던 것과 달리 zoom.scale()을 그대로 사용하지 않고,
    // 현재의 메르카토르 도법에 맞게 scale을 계산한다.
    projection
        .scale(zoom.scale() / 2 / Math.PI)
        .translate(zoom.translate());

    d3.selectAll("path.countries")
      .attr("d", path);

    d3.selectAll("circle").attr("cx", function(d) {
        return projection([d.x,d.y])[0];
    })
    .attr("cy", function(d) {
        return projection([d.x,d.y])[1];
    });
  };
};
```

그림 7.21 이번 장에서 지금까지 작업한 점과 폴리곤을 올려놓은 타일 맵

7.6 웹 지도 제작 관련 추가 자료

앞에서 설명한 것처럼 D3의 지도 제작 기능만 해도 설명하려면 책 한 권은 필요하다. 다음의 기능은 여기에서 설명하지 않았지만, 관심 있으면 해당 설명을 참조하라.

7.6.1 확대 변환

이번 장에서 확대하는 데 사용한 기법은 투영 확대$^{projection\ zoom}$라고 하며 scale과 translate 의 변화에 따라 지형의 모습을 수학적으로 다시 계산한다. 메르카토르 도법처럼 수평 투영^{flat} ^{projection} 기법을 사용하는 경우에는 zoom 객체의 scale과 translate 변화를 SVG 변환 기능에 연결해 성능을 향상시킬 수 있다. 이때 SVG 변환에 의해 폰트와 스트로크의 두께가 변하므로 이에 대한 설정은 직접 조정해야 한다.

7.6.2 〈canvas〉 요소

d3.geo.path의 context() 메서드를 사용하면 〈canvas〉 요소에 벡터 데이터를 쉽게 그릴 수 있으며, 경우에 따라 속도가 극적으로 향상된다. 그리고 toDataURL() 메서드를 사용하면 화면을 PNG 파일로 만들어 저장하거나 소셜 네트워크에 공유할 수 있다.

7.6.3 래스터 재투영

제이슨 데이비스[13]와 마이크 보스톡[14]은 벡터 데이터뿐만 아니라 지도에 사용한 타일 데이터를 재투영하는 예제를 제공한다. 이 예제로 위성에서 내려다보는 터레인 지도나 앞에서 구현한 몰바이데 도법에 터레인 지도를 보여줄 수 있다.

7.6.4 hexbin 플러그인

d3.hexbin 플러그인을 사용하면 지도 위에 헥스빈hexbin을 쉽게 만들 수 있다. [그림 7.22]는 미국 내 월마트 매장의 위치를 보여주려고 마이크 보스톡이 hexbin 플러그인으로 생성한 지도[15]로서, 특정 위치에 대한 정량적 데이터를 가졌거나 지역별로 데이터의 합계를 구할 때 효과적으로 이용할 수 있다.

---

13 https://www.jasondavies.com/maps/raster/satellite/

14 http://bl.ocks.org/mbostock/

15 http://bl.ocks.org/mbostock/4330486

그림 7.22 헥스빈 사용 예

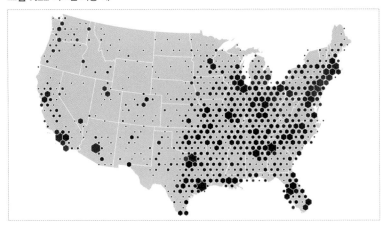

7.6.5 보로노이 다이어그램

헥스빈과 마찬가지로, 점 데이터만 갖는 데이터에서 영역을 생성하고 싶을 때는 d3.geom. voronoi로 해당 점에서 폴리곤을 생성할 수 있다. [그림 7.23]은 보로노이 다이어그램으로 미국을 각 주에 가까운 영역으로 나눈 예[16]를 보여준다.

그림 7.23 보로노이 다이어그램 사용 예

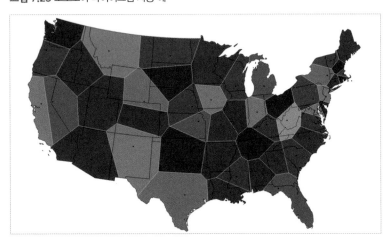

---

16 http://www.jasondavies.com/maps/voronoi/us-capitals/

7.6.6 통계 지도

통계 지도cartogram는 지리 객체의 영역이나 길이를 왜곡해 다른 정보를 보여준다. 예를 들어 주행 시간에 따라 도로의 길이를 왜곡하거나 인구에 기초해 나라의 크기를 크거나 작게 만들 수 있다. 통계 지도를 만드는 간단한 메서드는 제공하지 않지만, 제이슨 데이비스의 예제[17], 마이크 보스톡의 예제[18], 그리고 필자가 만든 비용 통계 지도[19]를 참조하라.

7.7 마치며

7장에서는 D3에서 제공하는 정말 다양한 지리 공간 정보 시각화 기능을 설명했다. 지도는 정보 시각화의 핵심 측면이며, D3의 geo 모듈로 상호작용성이 뛰어난 웹 사이트를 만들면 그저 웹 지도만을 보여주는 흔한 웹 지도보다 훨씬 더 풍부한 지도를 만들 수 있다. 이런 지도를 만들려고 이번 장에서는 다음과 같이 다양한 메서드와 개념을 살펴봤다.

- GeoJSON 공간 데이터 포맷
- 간단한 지도 제작
- 경위도선 등 지도 요소 생성
- 중심과 경계 상자 등 지리 공간 속성 계산
- 상호작용성이 풍부한 이동과 확대
- 다양한 도법의 활용
- 지구본 생성
- TopoJSON 렌더링, 지형 병합과 이웃 탐색
- TopoJSON 오버레이를 이용한 타일 지도 생성

8장에서는 D3 셀렉션과 데이터 바인딩과 전통적인 DOM 요소로 갤러리와 테이블을 만들어 본다.

---

17 https://www.jasondavies.com/maps/dorling-world/

18 http://bl.ocks.org/mbostock/4055908

19 http://orbis.stanford.edu/

CHAPTER 8

D3를 이용한 DOM 조작

- 데이터로 스프레드시트 생성
- HTML5 캔버스로 그림 그리기
- 데이터로 그림 갤러리 만들기
- 데이터 바인딩으로 드롭다운 목록 채우기

D3를 처음 배울 때는 〈div〉 요소의 크기를 변경해 막대 그래프를 그리는 예를 많이 볼 수 있다. 이런 예제는 여러분이 웹 개발자이며 SVG 사각형이나 〈div〉 요소에 겁먹지 않을 것이라고 생각한다. 이 책도 1장에서 데이터 바인딩 예제를 보여주는 데 〈p〉 요소를 생성했다. 그러나 그 뒤로는 SVG 요소 생성으로 바로 넘어가 정보의 시각적 표현에 중점을 두었다. 이런 방식은 텍스트, 그림, 버튼, 목록 등을 만들어내는 전통적인 웹 개발과는 잘 어울리지 않는다. 이러한 이유로 D3는 데이터 시각화를 위한 것이지만 문단, 〈div〉, 목록 등 전통적인 DOM 요소를 조작하려는 것이 아닌 것처럼 생각하기 쉽다. 그러나 D3로 이런 DOM 요소를 생성하면 D3 전환, 데이터 바인딩 등의 기능으로 상호작용성이 뛰어난 동적 웹 사이트를 만들 수 있다.

그림 8.1 8장에서 구현할 차트들

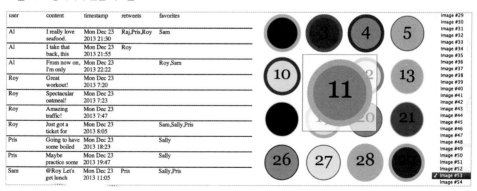

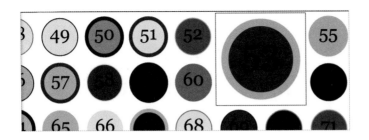

D3에 구현한 원칙은 전통적인 DOM 요소에 적용할 수 있을 뿐만 아니라, 적용해야만 하는 경우도 많다. 이번 장에서는 D3로 스프레드시트와 그림 갤러리를 만든다. 그림을 그리고 저장하는 데 HTML5 캔버스를 사용하는 방법도 알아본다. 이 책은 HTML5를 위한 책이 아니므로 캔버스를 활용하는 법에 대해 깊이 있는 예제를 다루지는 않지만, 애플리케이션 안에 D3와 함께 HTML5를 나란히 구현하려는 기본 원리를 설명한다. 사례별로 차트를 생성하던 방식 그대로 D3 데이터 바인딩, 전환, 선택을 이용하지만, 여기에서는 전통적인 HTML 요소를 더 많이 만든다.

SVG 요소를 다룰 때 사용했던 데이터셋과 함수를 그대로 사용해 DOM 요소를 다룸으로써 이 요소들을 더욱 쉽게 결합하고 웹 사이트를 구현하는 데 배워야 할 구문의 양은 줄인다. 이후의 장에서는 정보를 시각화는 기법과 전통적인 요소들을 나란히 제공하는 다양한 기법을 배울 예정이다.

8.1 준비

예상은 했겠지만 이제부터 전통적인 웹 개발과 비슷한 코딩을 해야 하므로 우리가 사용할 파일을 약간 수정해야 한다. SVG 그림을 표현하는 데 필요한 〈svg〉 요소가 HTML 페이지에서 사라지므로, 한편으로는 HTML이 더 간단해지지만 다른 한편으로는 더 복잡해지기도 한다. SVG에서 CSS는 그림을 변경할 때 주로 사용했는데, 전통적인 DOM 요소를 사용할 때는 더 많이 사용한다.

8.1.1 CSS

CSS는 전통적인 DOM 요소를 사용할 때 더 많이 사용한다. SVG 요소를 조작하듯이 DOM 요소를 조작하려면 일반적으로 약간 다르게 준비해야 하기 때문이다. 게다가 전통적인 DOM 요소들의 그래픽 속성은 SVG처럼 속성으로 설정하지 않고 스타일로 설정하기 때문이다(스타일, 속성, 프로퍼티의 차이는 1장에서 설명했다). 복잡한 웹 애플리케이션이나 자바스크립트 라이브러리에서 내부적으로 CSS를 많이 사용하므로 CSS 작업 경험이 많은 사람들에게는 놀라운 일이 아니다. 예를 들어 자동완성 기능이나 정교한 UI 요소를 제공하는 라이브러리의 CSS를 열어보면 일반적으로 복잡한 CSS 셀렉터에 할당된 스타일을 자바스크립트에 결합시킨 것을 볼 수 있다. [리스트 8.1]은 이번 장에서 사용하는 스타일시트를 보여준다. 그중 "img. infinite"과 같은 스타일은 이번 장 뒷부분에서 사용한다.

리스트 8.1 8장에서 사용할 스타일시트

```
tr {
  border: 1px gray solid;
}
td {
  border: 2px black solid;
}
div.table {
  position:relative;
}
div.data {
  position: absolute;
  width: 90px;
  padding: 0 5px;
}
div.head {
  position: absolute;
}
div.datarow {
  position: absolute;
  width: 100%;
  border-top: 2px black solid;
  background: white;
  height: 35px;
  overflow: hidden;
}
```

```
div.gallery {
  position: relative;
}
img.infinite {
  position: absolute;
  background: rgba(255,255,255,0);
  border-width: 1px;
  border-style: solid;
  border-color: rgba(0,0,0,0);
}
```

8.1.2 HTML

HTML은 상당히 간단하다. [리스트 8.2]에서 보는 것처럼 〈body〉 요소 안에 "traditional" ID를 가진 〈div〉 요소가 하나 들어 있을 뿐이다. d3.js에 대한 참조를 제외하고는 완전히 간단하다. 이번 장의 모든 예에서는 이 〈div〉에 새로운 요소를 추가하고 변경한다.

리스트 8.2 chapter8.html

```
<!doctype html>
<html>
  <script src="d3.v3.min.js" type="text/JavaScript"></script>
<body>
  <div id="traditional">
  </div>
</body>
</html>
```

8.2 스프레드시트

지금까지 사용한 트윗 데이터를 가져와 스프레드시트로 표현한다고 생각해보자. 스프레드시트를 정보 시각화하는 하나의 방법이라고 생각하면 도움이 될 것이다. 스프레드시트에는 정보를 표현하는 X-축(열), Y-축(행), 시각적 채널(텍스트와 셀에 적용되는 색상뿐만 아니라 위치와 폰트 스타일)이 있다. 특히 아주 큰 스프레드시트의 경우에는 합계를 구하는 함수도 사용한다.

8.2.1 테이블을 이용한 스프레드시트 제작

HTML 〈table〉 요소와 데이터 바인딩으로 행과 열을 채우면 스프레드시트를 손쉽게 만들 수 있다. 앞에서 했던 것처럼 d3.keys로 데이터셋(우리 예제에서는 tweets.json)의 항목 중 하나의 키값을 생성한다. 데이터셋을 테이블에 바인딩한 후에는 셀들을 만들어야 한다. JSON 객체를 하나씩 가져와 d3.entries()를 객체에 적용하면 객체를 D3 데이터 바인딩에 딱 맞는 키-값 쌍의 배열로 변환해 셀들을 채울 수 있다.

리스트 8.3 스프레드시트 예제

```
d3.json("tweets.json",function(error,data) {
    createSpreadsheet(data.tweets)});

function createSpreadsheet(incData) {
    // 객체마다 속성이 다르면 이 방식을 사용할 수 없지만,
    // 일반적으로 그런 일은 발생하지 않는다.
    var keyValues = d3.keys(incData[0]);

    d3.select("#traditional")
      .append("table");

    d3.select("table")
      .append("tr")
      .attr("class", "head")
      .selectAll("th")
      // 키로 테이블의 제목 행을 만든다.
      .data(keyValues)
      .enter()
      .append("th")
      .html(function (d) {return d;});

    d3.select("table")
      .selectAll("tr.data")
      .data(incData).enter()
      // 트윗마다 행을 하나씩 생성한다.
      .append("tr")
      .attr("class", "data");
```

```
    d3.selectAll("tr")
      .selectAll("td")
      .data(function(d) {return d3.entries(d)})
      .enter()
      // 각 데이터점의 항목마다 셀을 하나씩 만든다.
      .append("td")
      .html(function (d) {return d.value});
  };
```

[리스트 8.3]을 실행하면 [그림 8.2]에서 보는 것처럼 tweets.json 파일에 있는 트윗 데이터를 〈table〉, 〈tr〉, 〈td〉 요소로 제법 테이블답게 만든 것을 볼 수 있다. 배열이 쉼표로 구분된 문자열로 변환됐다는 점에 주의하라.

그림 8.2 tweets.json 파일에 있는 데이터를 테이블 형태로 출력한 모습

user	content	timestamp	retweets	favorites
Al	I really love seafood.	Mon Dec 23 2013 21:30 GMT-0800 (PST)	Raj,Pris,Roy	Sam
Al	I take that back, this doesn't taste so good.	Mon Dec 23 2013 21:55 GMT-0800 (PST)	Roy	
Al	From now on, I'm only eating cheese sandwiches.	Mon Dec 23 2013 22:22 GMT-0800 (PST)		Roy,Sam
Roy	Great workout!	Mon Dec 23 2013 7:20 GMT-0800 (PST)		
Roy	Spectacular oatmeal!	Mon Dec 23 2013 7:23 GMT-0800 (PST)		
Roy	Amazing traffic!	Mon Dec 23 2013 7:47 GMT-0800 (PST)		
Roy	Just got a ticket for texting and driving!	Mon Dec 23 2013 8:05 GMT-0800 (PST)		Sam,Sally,Pris
Pris	Going to have some boiled eggs.	Mon Dec 23 2013 18:23 GMT-0800 (PST)		Sally
Pris	Maybe practice some gymnastics.	Mon Dec 23 2013 19:47 GMT-0800 (PST)		Sally
Sam	@Roy Let's get lunch	Mon Dec 23 2013 11:05 GMT-0800 (PST)	Pris	Sally,Pris

데이터를 가져와 SVG 요소를 생성하는 데 데이터를 바인딩하던 방식과 동일하게 데이터를 바인딩해 전통적인 DOM 요소를 만드는 일은 간단하다. 〈ol〉 요소를 만들어 〈li〉 요소를 추가했어도 마찬가지로 쉬웠을 것이다. D3의 on( ) 메서드로 이벤트 리스너를 할당하면 셀이나 행의 폰트 색상이나 배경을 변경해 강조할 수도 있다. 그러나 〈table〉로 만든 스프레드시트보다는 〈div〉 요소로만 만든 또 다른 스프레드시트를 만들어 그런 작업을 해보자.

8.2.2 〈div〉 요소로 스프레드시트 생성

〈div〉를 사용하는 이유는 무엇일까? 〈div〉를 사용하면 셀이나 행을 원하는 위치 어디로든 움직일 수 있기 때문이다. 테이블과 구성 요소들을 작동시켰던 스타일을 모두 덮어쓸 때는 새로운 〈div〉로 다시 시작하는 편이 좋다. 〈div〉 요소의 위치를 절대 위치로 설정하면 앞에서 SVG 요소를 움직인 것과 같은 방식으로 D3 전환을 이용하면 요소를 움직일 수 있다. 〈table〉 요소는 자식 요소의 위치를 적절히 관리해주는 반면 〈div〉 요소는 제자리를 찾게 만들려면 CSS를 약간 더 많이 적용해야 한다. 수고롭긴 하지만 융통성이 향상되므로 그만한 가치가 있다.

DOM 요소의 위치 지정에 관련해 필자도 헷갈리는 규칙 하나를 다시 상기해보자. position:relative로 설정한 요소의 부모 요소는 position:relative나 position:absolute로 설정해야 한다. 여기에서는 테이블을 구성하는 〈div〉를 담을 부모 〈div〉 (div.table) 요소를 position:relative로 설정한다.

리스트 8.4 〈div〉 요소로 구성한 스프레드시트

```
d3.json("tweets.json",function(error,data) {
    createSpreadsheet(data.tweets)});

function createSpreadsheet(incData) {
  var keyValues = d3.keys(incData[0]);

  d3.select("#traditional")
    .append("div")
    // <table> 요소가 아니고 "div.table" 클래스를 가리킨다.
    .attr("class", "table");

  // 이전 코드와 동일하다.
  d3.select("div.table")
    .append("div")
    .attr("class", "head")
    .selectAll("div.data")
    .data(keyValues)
    .enter()
    .append("div")
    .attr("class", "data")
    .html(function (d) {return d})
    // HTML 요소는 x, y, transform 설정 대신
    // top, bottom, left, right 설정을 가진다.
```

```
        .style("left", function(d,i) {return (i * 100) + "px";});

    d3.select("div.table")
        .selectAll("div.datarow")
        .data(incData, function(d) {return d.content})
        .enter()
        .append("div")
        .attr("class", "datarow")
        .style("top", function(d,i) {return (40 + (i * 40)) + "px";});

    d3.selectAll("div.datarow")
        .selectAll("div.data")
        .data(function(d) {return d3.entries(d)})
        .enter()
        .append("div")
        .attr("class", "data")
        .html(function (d) {return d.value})
        .style("left", function(d,i,j) {return (i * 100) + "px";});
};
```

코드를 너무 단순하게 만들다보니 문제가 약간 있다. [그림 8.3]에서 보는 것처럼 모든 열의 너비가 같은 것은 적절하지 못하다. Content가 속한 열을 보면, 오버플로우 설정으로 출력할 수 있는 텍스트까지만 출력했다. 열에서 가장 긴 텍스트를 측정하는 메서드를 만들 수도 있지만, 이번 장에서는 구현하지 않는다. 여기에서는 최고의 D3 스프레드시트를 만들기보다는 이런 요소를 조작하는 전반적인 방법을 보여주고자 한다.

그림 8.3 ⟨div⟩ 요소로 만든 스프레드시트

user	content	timestamp	retweets	favorites
Al	I really love seafood.	Mon Dec 23 2013 21:30	Raj,Pris,Roy	Sam
Al	I take that back, this	Mon Dec 23 2013 21:55	Roy	
Al	From now on, I'm only	Mon Dec 23 2013 22:22		Roy,Sam
Roy	Great workout!	Mon Dec 23 2013 7:20		
Roy	Spectacular oatmeal!	Mon Dec 23 2013 7:23		
Roy	Amazing traffic!	Mon Dec 23 2013 7:47		
Roy	Just got a ticket for	Mon Dec 23 2013 8:05		Sam,Sally,Pris
Pris	Going to have some boiled	Mon Dec 23 2013 18:23		Sally
Pris	Maybe practice some	Mon Dec 23 2013 19:47		Sally
Sam	@Roy Let's get lunch	Mon Dec 23 2013 11:05	Pris	Sally,Pris

8.2.3 스프레드시트 애니메이션

이제 [그림 8.3]의 정적인 차트에 상호작용성을 추가해보자. 스프레드시트에 적용하는 가장 기본적인 기법은 데이터 정렬이다. 앞에서 SVG 요소로 작업했던 것처럼 데이터를 정렬하고 셀에 다시 바인딩하면 스프레드시트를 정렬할 수 있다. 이것을 transition() 설정과 연결하면 데이터를 정렬하는 과정을 애니메이션할 수도 있다.

리스트 8.5 정렬 함수

```
// 스프레드시트에 사용할 간단한 컨트롤 버튼
d3.select("#traditional").insert("button", ".table")
  .on("click", sortSheet).html("sort");
d3.select("#traditional").insert("button", ".table")
  .on("click", restoreSheet).html("restore");

function sortSheet() {
  var dataset = d3.selectAll("div.datarow").data();

  dataset.sort(function(a,b) {
    // Date 객체로 변환하고 배열을 정렬해
```

```
      // 먼저 포스팅한 트윗이 배열 앞쪽에 오게 만든다.
      var a = new Date(a.timestamp);
      var b = new Date(b.timestamp);
      return a > b ? 1 : (a < b ? -1 : 0);
   });

   d3.selectAll("div.datarow")
      .data(dataset, function(d) {return d.content})
      .transition()
      .duration(2000)
      .style("top", function(d,i) {return (40 + (i * 40)) + "px";});
   };

   function restoreSheet() {
      d3.selectAll("div.datarow")
         .transition()
         .duration(2000)
         .style("top", function(d,i) {return (40 + (i * 40)) + "px"});
   };
```

[sort] 버튼을 누른 후 스프레드시트에서 정렬할 수 있는 행들이 떠다니는 것을 볼 수 있다. [그림 8.4]는 정렬하고 있는 중간 상태의 모습을 캡처한 것이다.

그림 8.4 정렬 함수를 실행하고 있는 스프레드시트의 행들 📉

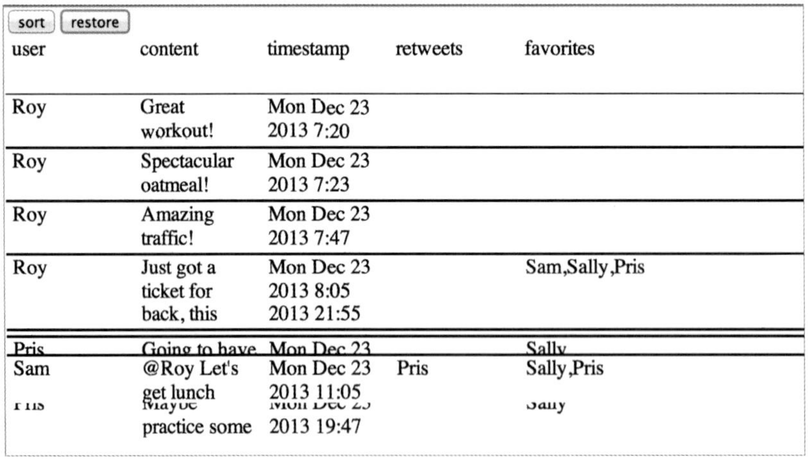

sort restore				
user	content	timestamp	retweets	favorites
Roy	Great workout!	Mon Dec 23 2013 7:20		
Roy	Spectacular oatmeal!	Mon Dec 23 2013 7:23		
Roy	Amazing traffic!	Mon Dec 23 2013 7:47		
Roy	Just got a ticket for back, this	Mon Dec 23 2013 8:05 2013 21:55		Sam,Sally,Pris
Pris	Going to have	Mon Dec 23		Sally
Sam	@Roy Let's get lunch	Mon Dec 23 2013 11:05	Pris	Sally,Pris
Pris	Maybe practice some	Mon Dec 23 2013 19:47		Sally

그러나 열을 정렬하려는 경우에는 [리스트 8.6]과 같이 약간 다르게 작업해야 한다.

```
d3.select("#traditional").insert("button", ".table")
  .on("click", sortColumns).html("sort columns ");
d3.select("#traditional").insert("button", ".table")
  .on("click", restoreColumns).html("restore columns");

function sortColumns() {
  d3.selectAll("div.datarow")
    .selectAll("div.data")
    .transition()
    .duration(2000)
    .style("left", function(d,i,j) {
        return (Math.abs(i - 4) * 100) + "px";
    });
};

function restoreColumns() {
  d3.selectAll("div.datarow")
    .selectAll("div.data")
    .transition()
    .duration(2000)
    .style("left", function(d,i,j) {
        return (i * 100) + "px";
    });
};
```

정렬할 수 있고 그 과정을 애니메이션하는 스프레드시트다. 정렬 작업 중인 화면을 캡처하면 [그림 8.5]처럼 약간 지저분하다. 〈div〉의 배경을 정의하지 않아 텍스트가 겹치기 때문이다. 애니메이션하는 상호작용형 데이터 주도 차트이면서 SVG는 전혀 사용하지 않는다.

그림 8.5 스프레드시트에서 열을 정렬하는 모습 🖼

```
[ sort rows ] [ sort columns ] [ restore rows ] [ restore columns ]
```

favoritestweetimestampentuser

스프레드시트에 상호작용성을 추가하는 것은 여기까지 하고 이제 웹 페이지의 두 번째 전형적인 컴포넌트인 그림 갤러리로 넘어가자. 시작하기 전에 그림을 조금 준비해야 한다. 그림은 외부 파일에서 가져오지 않고 HTML5 캔버스의 정적 이미지 생성 API로 그린다. 여기에서는 캔버스를 자세히 살펴보지 않지만, 갤러리에 넣을 그림으로 사용하려 원과 숫자로 간단히 만들어 보도록 하겠다.

8.3 캔버스

여기에서 캔버스를 아주 많이 사용하지는 않는다. [리스트 8.7]에서 보는 것처럼 캔버스에 그림을 그리는 코드는 SVG에 그림을 그리는 코드와 구문이 다르다. 하지만 D3에 어렵지 않게 연결할 수 있다. 여기에서처럼 그림을 그리는 데나 대형 데이터셋을 사용할 때 성능을 상당히 많이 향상하는 데 캔버스를 사용한다. D3를 사용하려 SVG 대신 캔버스를 사용하는 예제도 많이 찾아볼 수 있다[1]. 그렇지만 우리는 캔버스가 목적이 아니므로 그림을 생성하는 코드에 많이 투자하지는 않는다.

리스트 8.7 캔버스에 그리는 코드

```
d3.select("#traditional")
  .append("canvas")
  .attr("height", 500)
  .attr("width", 500);

var context = d3.select("canvas").node().getContext("2d");

context.strokeStyle = "black";
context.lineWidth = 2;
context.fillStyle = "red";
context.beginPath();
context.arc(250,250,200,0,2*Math.PI);
context.fill();
context.stroke();

context.textAlign = "center";
context.font="200px Georgia";
context.fillStyle = "black";
context.textAligh = "center";
context.fillText("1",250,250);
```

여기서는 캔버스로 원을 그리고 그 안에 숫자를 넣는다. 갤러리에 사용하려 이렇게 간단히 그림을 만든다. 갤러리에 들어갈 그림은 디렉터리에 파일로 넣거나 API를 통해 가져올 수 있지만, 여기에서는 그렇게 할 필요 없이 코드로 간단히 생성한다. 그러면서 D3를 활용하는 측면에서 캔버스 API가 제공하는 기능을 맛볼 수 있다.

8.3.1 캔버스로 그리기

캔버스로 그림을 그릴 때는 D3 코드를 별로 사용하지 않는다. d3.select()와 node()를 이용

---

1 http://bl.ocks.org/mbostock/3783604의 지도, http://bl.ocks.org/mbostock/6675193의 보로노이 다이어그램이 캔버스를 사용한다.

하는 코드는 기본적인 자바스크립트 코드로 쉽게 바꿀 수 있다. 나중에 많은 그림을 그리고 그 그림들을 다른 요소에 전달할 때 D3 기능을 사용할 것이다.

코드를 실행한 결과는 [그림 8.6]과 같다. 앞에서 사용한 코드를 보면 몇 가지 중요한 차이점을 알 수 있을 것이다. 첫째, 이 예제에서는 D3를 거의 사용하지 않는다. 자바스크립트에 내장된 셀렉션을 사용하면 D3를 전혀 사용하지 않을 수도 있다. 둘째, 〈svg〉 요소가 아니라 DOM에 생성해야 하는 〈canvas〉 요소로 그림을 그린다. 셋째, 캔버스 구문은 SVG와 다르다.

그림 8.6 HTML5 캔버스로 그린 원과 텍스트

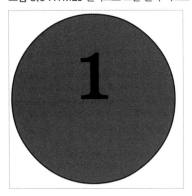

그러나 캔버스로 그린 그림과 SVG로 그린 그림 간에는 중요한 차이점이 하나 더 있다. [그림 8.7]에서 보는 것처럼 콘솔에서 원을 조사해보면 그 차이를 알 수 있다. 캔버스에 그린 그림은 모두 비트맵이므로 텍스트와 원이 별도의 요소로 존재하지 않는다. 따라서 이벤트 리스너를 따로 설정하거나 나중에 텍스트만 수정할 수 없다. 게다가 벡터를 사용하지 않으므로 그림을 확대하면 래스터 이미지의 경우처럼 픽셀이 두드러져 보인다. HTML5 캔버스가 별도의 DOM 요소를 생성하지 않으므로 이런 그래픽 요소를 아주 많이 처리해야 할 때는 성능이 향상되지만, SVG가 제공하는 융통성은 없어진다.

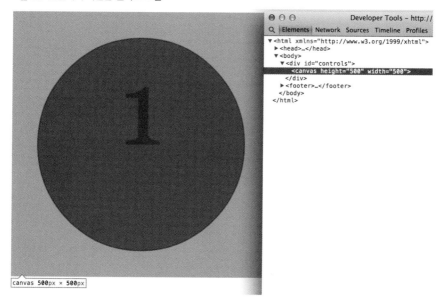

8.3.2 여러 그림을 그린 후 저장하기

우리는 그림 갤러리를 만들고 있으므로 작업할 그림들이 필요하다. 하지만 DOM에 있는 캔버스 요소는 우리가 웹 개발하면서 다루는 데 익숙해져 있는 그림과는 작동하는 방식이 다르다. 우클릭해 저장할 수도 없고 현재의 폼 안에 새로운 윈도우로 열 수도 없다. 그렇지만 〈canvas〉 요소에는 〈img〉 요소의 src 속성으로 사용할 문자열을 제공하는 toDataURL() 메서드가 있다. [리스트 8.8]은 우리가 그린 원에 toDataURL() 메서드를 호출한 결과를 보여준다. 실제로 출력한 값은 아홉 페이지 정도의 분량이지만, 그중 앞에서부터 세 줄만 보면 [리스트 8.8]과 같다.

리스트 8.8 toDataURL() 출력의 일부

```
data:image/png;base64,iVBORw0KGgoAAAANSUhEUgAAAfQAAAH0CAYAAADL1t+KAAAgAElEQVR
4Xu2dC3xV1ZX/171B1JJggNoSsSY+QrWiQnB4dCoEH7Tgg4dVdNRCWg3SSqQVVm+i99TIfQmc7UPkbU
9sNDW0KVWluFYCl0FIdAW99AALWWUE2sCtWCgQQfkdz73+smV1NIyH3sc89ae//258MmnKOf
```

[리스트 8.9]에서는 색상과 테두리가 다른 원을 100개 만든다. 그리고 나서 toDataURL()로

〈img〉 요소에 바인딩할 수 있는 값들로 구성한 배열을 만든 후, 그림 100개를 가진 갤러리를 만든다.

리스트 8.9 캔버스에 원 100개 그리기

```
imageArray = [];

d3.select("#traditional").append("canvas")
  .attr("height", 500).attr("width", 500);

var context = d3.select("canvas").node().getContext("2d");
context.textAlign = "center";
context.font="200px Georgia";
// 이 스케일들은 난수를 생성하려는 것이다.
colorScale = d3.scale.quantize().domain([0,1])
               .range(colorbrewer.Reds[7]);
lineScale = d3.scale.quantize().domain([0,1]).range([10,40]);

// 임의의 색상으로 원을 100번 그린다.
for (var x=0;x<100;x++) {
  context.clearRect(0,0,500,500);
  context.strokeStyle = colorScale(Math.random());
  context.lineWidth = lineScale(Math.random());
  context.fillStyle = colorScale(Math.random());
  context.beginPath();
  context.arc(250,250,200,0,2*Math.PI);
  context.fill();
  context.stroke();

  context.fillStyle = "black";
  context.fillText(x,250,280);
  // 각 그림의 데이터 URL을 가져와 배열에 넣는다.
  var dataURL = d3.select("canvas").node().toDataURL();
  imageArray.push({x: x, url: dataURL});
}

d3.select("#traditional")
  .append("div").attr("class", "gallery")
  // 배열을 이용해 그림을 100개 만든다.
  .selectAll("img").data(imageArray)
  .enter().append("img")
  .attr("src", function(d) {return d.url})
  // <img> 요소는 자동으로 크기가 조정되므로
```

```
    // 이 높이에 맞게 그림의 너비가 자동으로 조정돼 그림이 왜곡되지 않는다.
    .style("height", "50px")
    .style("float", "left");
```

[그림 8.8]에서 보는 것처럼 약간씩 다른 원들을 PNG로 변환해 〈img〉 요소에 할당한다. 마지막으로 캔버스에 그린 원([그림 8.8] 위쪽)은 그대로 〈canvas〉 요소에 남아 있으며, 지금까지 설정에 따라 만들어진 원들은 〈div〉 요소 안에 그림으로 들어간다([그림 8.8] 아래). toDataURL() 메서드에서 포맷을 지정하면 JPEG도 만들 수 있지만 기본값은 PNG로 설정돼 있다. 이제는 〈img〉 요소가 됐으니 크기가 자동으로 조절된다. 그림의 높이만 지정했지만, 〈img〉 요소는 그림의 너비를 비례 확대하므로 왜곡되지 않는다. 요소에 float:left 설정 때문에 〈div〉 요소를 간단히 채운다. 그리고 이것은 〈img〉 요소이므로 저장하거나 새로운 탭에 여는 등 웹 페이지에서 그림으로 할 수 있는 것들을 모두 할 수 있다.

그림 8.8 무작위로 생성한 100개의 원

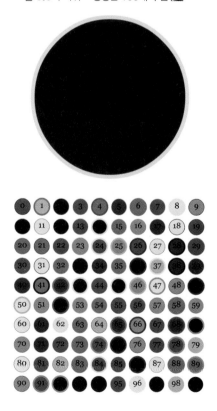

그러나 아직까지는 그림 갤러리처럼 보이지 않는다. 다음 절에서 이 코드를 확장해 우리가 이미 배운 상호작용성과 애니메이션 기법으로 조금 더 재미있는 것을 만들어보자.

8.4 그림 갤러리

지금까지 캔버스로 갤러리에 들어갈 그림 요소를 만드는 방법을 알아봤다. 그림 갤러리를 스펙에 추가할 때는 모든 사용자가 원하는 몇 가지 기능을 염두에 둬야 한다. 우선, 그림을 놓을 위치를 더 많이 통제해야 한다. 화면 위에 띄우는 기법 대신 8.2.2절에서 스프레드시트 〈div〉 요소에 적용했던 기법을 동일하게 사용하고, top:, left:와 함께 position:absolute로 〈div〉 셀과 행, 혹은 7장에서 사용했던 SVG 요소처럼 위치하는 기법을 사용한다. 그리고 그림이 깔끔하게 공간 안에 들어가고 사용자가 브라우저 창의 크기를 변경할 때 그림의 크기를 적절히 변경하는 편이 좋다.

여기서 구현할 예제에서는 imageArray 데이터셋을 만드는 데 [리스트 8.9]에서 설명한 기법을 그대로 사용한다. 일부 그림 요소를 무작위로 생성하므로 이번 장에서 코드를 실행해 나온 결과는 이 책에 있는 그림들과 약간 다를 것이다. 처음으로 그림 갤러리를 구현한 [리스트 8.10]의 코드는 놀라울 정도로 작다.

리스트 8.10 한 줄에 그림이 여덟 개 있는 갤러리의 크기 변경

```
// 한 행에 출력할 그림 수를 어떤 숫자로 변경하더라도 자동으로 그림 크기를 조정한다.
imgPerLine = 8;

// 이제는 필요 없으므로 〈canvas〉 요소를 제거한다.
d3.select("canvas").remove();
d3.select("#traditional")
  .append("div").attr("class", "gallery")
  .selectAll("img").data(imageArray).enter().append("img")
  .attr("class", "infinite")
  .attr("src", function(d) {return d.data;});

// 화면 갱신을 쉽게 하려 코드를 별도의 함수에 넣는다.
redrawGallery();
```

```
function redrawGallery() {
  // 부모 <div> 요소의 너비에 기초한 크기
  var newWidth = parseFloat(d3.select("div.gallery")
                   .node().clientWidth);
  var imageSize = newWidth / imgPerLine;

  // 사용자 정의 접근자 메서드에 기초한 x와 y값
  function imgX(x) {
    return Math.floor(x / imgPerLine) * imageSize;
  };
  function imgY(x) {
    return Math.floor(x%imgPerLine * imageSize);
  };

  d3.selectAll("img")
    .style("width", newWidth / imgPerLine)
    .style("top", function(d) {return imgX(d.x)})
    .style("left", function(d) {return imgY(d.x)})
};

// 페이지의 크기를 변경할 때마다 갤러리의 크기를 변경한다.
window.onresize = function(event) {
  redrawGallery();
};
```

[그림 8.9]에서 보는 것처럼 이 코드는 한 줄에 여덟 개의 그림을 가진, 스크롤할 수 있는 〈div〉
요소를 만든다. 그림 크기를 〈div〉에 맞게 자동으로 조정할 뿐만 아니라 브라우저 창의 크기에
따라서도 그림 크기를 조정한다.

그림 8.9 한 줄에 여덟 개씩 자동으로 크기를 조정하는 그림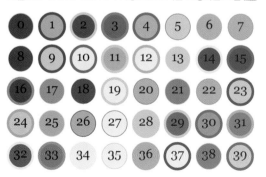

imgX( )와 imgY( ) 함수는 x값에 기초해 객체의 위치를 반환한다. 이 함수는 D3 레이아웃의 접근자 메서드와 비슷하다. 9장에서는 이 코드와 비슷하지만 약간 더 복잡한 것을 만들고 10장에서는 레이아웃을 직접 만들지만, 이 예제에서는 그림 갤러리 레이아웃까지는 만들지 않을 것이다.

8.4.1 DOM 요소를 상호작용형으로 강조하기

이제부터 mouseover 이벤트가 발생하면 그림을 확대하는 등 상호작용성을 추가한다. 과정은 간단하다.

리스트 8.11 mouseover할 때 그림 확대

```
function highlightImage(d) {
  var newWidth = parseFloat(d3.select("div.gallery")
                               .node().clientWidth);
  // 이 함수 안에서는 width에 접근할 수 없으므로,
  // 너비를 다시 계산해야 한다.
  var imageSize = newWidth / 8;
  d3.select(this).transition().duration(500)
    .style("width", imageSize * 2)
    .style("background", "rgba(255,255,255,1)")
    .style("border-color", "rgba(0,0,0,1)");

  // 주변 그림보다 앞에 그려야 하므로, 그림을 DOM의 위쪽으로 이동한다.
  this.parentNode.appendChild(this)
};

function dehighlightImage(d) {
  var newWidth = parseFloat(d3.select("div.gallery")
                               .node().clientWidth);
  var imageSize = newWidth / 8;
  // 그림 크기가 작아질 때는 주변 그림과 겹치지 않으므로
  // DOM의 원래 위치로 다시 이동시킬 필요가 없다.
  d3.select(this).transition().duration(500)
    .style("width", imageSize)
    .style("background", "rgba(255,255,255,0)")
    .style("border-color", "rgba(0,0,0,0)");
};
```

```
d3.selectAll("img")
    .on("mouseover", highlightImage)
    .on("mouseout", dehighlightImage);
```

웹 개발에 경험이 많은 사람이라면 앞에 나온 코드에서 SVG를 사용할 때 생기는 불필요한 부분을 알아챘을 것이다. 바로 SVG 요소를 다른 요소보다 위에 그리려고 사용하는 appendChild() 메서드다. 우리는 상대적이거나 절대적인 위치를 가진 DOM 요소를 사용하고 있으므로 이 메서드가 필요 없다. CSS에는 z-인덱스가 있어서 요소를 그리는 순서를 결정할 수 있기 때문이다. 필요 없는 메서드이지만 전통적인 DOM 요소를 이용할 때 SVG 요소에는 없는 장점이 있음을 알려주려고 삭제하지 않았다.

위치를 지정할 때 z-인덱스보다 DOM을 사용하는 이유는 D3의 접근자 메서드에 있는 배열 인덱스값을 강조하려는 것이다. 셀렉션에 바인딩한 원래 자바스크립트 배열 안에 있는 데이터 점의 배열 위치가 배열 인덱스와 일치할 것이라고 생각할 수 있지만, 실제로는 그렇지 않다. 배열 인덱스는 셀렉션 안에 있는 DOM 요소의 배열 인덱스와 일치한다. DOM 안에서 요소의 위치를 변경하는 데 appendChild() 메서드를 사용하면 배열값이 변경된다. imageArray를 처음 생성했을 때 x값을 원래 배열 인덱스로 설정했지만, 갤러리에 들어가는 각 그림의 위치를 지정할 때는 배열 인덱스를 사용하지 않았다. 그러므로 mouseover 작동으로 DOM 안에 있는 그림을 이동한 후에도 redrawGallery() 함수가 그림을 제자리에 그릴 수 있었던 것이다.

[리스트 8.11]의 코드를 실행할 때 D3 전환은 투명 배경을 지정하는 rgba 문자열을 영리하게 처리해 [그림 8.10]과 같은 모습이 된다. UX를 향상하려고 테두리와 배경을 추가했다. PNG의 투명 영역도 여전히 mouseover 이벤트가 등록돼 있으므로, 사용자에게 mouseover 이벤트가 적용되는 영역을 알려줘야 한다. 다음 절에서 구현할 예제와 같은 경우에는 D3의 트위닝 기능으로 DOM 요소가 제대로 보간되도록 해야 한다. 아마 도형과 색상의 전환을 쉽게 할 수 있는 규칙을 따르지 않는 것 같다. 그렇지만 "height:auto"나 비수치형 값으로 전환하는 경우가 아니라면 색상과 크기를 간단히 전환할 때 〈rect〉나 〈circle〉 요소에 사용했던 코드를 〈div〉 요소에도 그대로 사용할 수 있다.

그림 8.10 갤러리 그림 중 하나를 전환하는 모습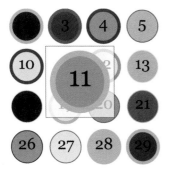

8.4.2 선택

이번 장에서 구현할 마지막 예제에서는 드롭다운 목록을 추가해 특정 이미지를 선택하고 그 그림이 있는 행까지 갤러리를 스크롤한다. 이 기능을 구현하려면 그림에 해당하는 것을 〈select〉요소에 채워넣고 갤러리를 해당 행까지 스크롤하는 함수를 구현해야 한다. 〈select〉요소가 작동하는 방식을 알고 있다면(DOM 내부 〈select〉요소 밑에 〈option〉요소들이 아주 많이 있다), D3에서 imageArray를 데이터로 사용하는 방법을 생각해낼 것이다. 그렇지만 갤러리 그림을 담고 있는 〈div〉요소를 스크롤하려 커스터마이즈된 트윈을 만들어야 하므로 스크롤 함수를 만드는 일은 약간 복잡하다.

리스트 8.12 셀렉션 안의 특정 그림 확대

```
function zoomTo() {
  // 선택한 그림 값을 가져온다.
  var selectValue = d3.select("select").node().value;
  var newWidth = parseFloat(d3.select("div.gallery")
                                  .node().clientWidth);
  var imageSize = newWidth / 8;
  // 그림 위치를 계산한다.
  var scrollTarget = Math.floor(selectValue / 8) * imageSize;

  // mouseover의 경우와 마찬가지로 그림을 확대한다.
  d3.selectAll("img")
    .filter(function(d) { return d.x == selectValue; })
    .transition().duration(2000).style("width", imageSize * 2)
```

```
            .style("background", "rgba(255,255,255,1)")
            .style("border-color", "rgba(0,0,0,1)");

    var selectedNode = d3.selectAll("img")
            .filter(function(d) {return d.x == selectValue}).node();

    // 그림을 DOM 내부에서 앞으로 가져온다.
    selectedNode.parentNode.appendChild(selectedNode);

    // 트윈으로 <div>를 스크롤한다.
    d3.select("div.gallery").transition().duration(2000)
      .tween("scrollTween", scrollTopTween(scrollTarget));

    function scrollTopTween(scrollTo) {
      return function() {
            var i = d3.interpolateNumber(this.scrollTop, scrollTo);
            // 현재 scrollTop과 선택한 그림의 계산된 위치 사이에 올 때까지
            // <div>의 scrollTop 속성을 계속 갱신한다.
            return function(t) { this.scrollTop = i(t); };
      };
    };
};

d3.select("div.gallery").style("height", "50%")
  .style("overflow","scroll").style("border", "2px black solid");

d3.select("#traditional").append("select")
  .on("change", zoomTo)
  .selectAll("option")
  .data(d3.selectAll("img").data()).enter()
  .append("option")
  .attr("value", function(d) {return d.x;})
  .html(function(d) {return "Image #" +d.x;});
```

이 코드를 실행하면 [그림 8.11]과 같은 모습을 볼 수 있다. 이 갤러리를 실제로 사용하려면 더 깔끔하게 다듬을 필요가 있지만, 이번 장에서는 비트맵, 〈div〉, 그 밖에 전통적인 웹 개발에 사용하는 재료들에 D3 기능을 활용하는 방법을 설명하는 데 중점을 두겠다. 작업 흐름과 구문을 다듬고 CSS도 더 많이 통합해야 할 필요가 있지만, 버튼, 그림, 문장도 데이터 주도 방식으로 만들어 여러분이 더욱 자주 사용할 기하학적 도형과 같은 정교한 그래픽과 상호작용성을 갖출 수 있음을 기억하라.

그림 8.11 목록에서 선택된 그림까지 〈div〉를 스크롤하고 확대하는 모습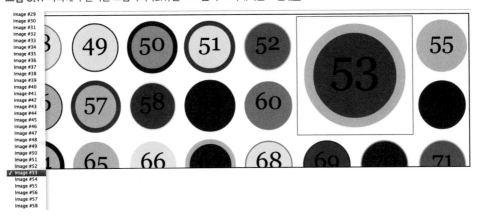

D3가 융통성뿐만 아니라 같은 구문과 추상성을 이용하므로 필자는 전통적인 DOM 요소를 다룰 때도 주로 D3를 사용한다. D3를 사용하면 데이터를 지도에 어울리는 목록으로 표현하는 작업도 상당히 쉽다.

8.5 마치며

이번 장에서는 D3를 이용한 전통적인 DOM 요소를 가진 동적 콘텐츠 생성을 알아봤다. 전통적인 SVG 기반 데이터 시각화를 동적인 웹 페이지에 넣을 수 있고, 아니면 SVG가 전혀 없는 동적인 웹 페이지를 만들 수도 있다. 이번 장에서는 구체적으로 다음과 같은 내용을 알아봤다.

- D3로 〈table〉, 〈select〉, 〈div〉, 〈img〉 등 전통적인 DOM 요소를 생성하고 조작하기
- 상호작용형 동적 스프레드시트와 그림 갤러리 만들기
- HTML5 캔버스 API 맛보기
- 트위닝과 전환 자세히 알아보기

9장에서는 여러 시각화와 전통적인 DOM 요소를 커스텀 이벤트에 연결하고 데이터에 여러 뷰를 적용해 트윗을 조사하는 상호작용형 데이터 주도 애플리케이션을 만든다. 이번 장에서는 전통적인 DOM 요소와 SVG 데이터 시각화를 결합하지 않았지만, 9장에서는 스프레드시트와 트리 다이어그램의 〈div〉에 스파크라인sparkline을 넣는다.

III

고급 기법

3부에서는 소규모 일회성 데이터 시각화를 넘어 대화형 애플리케이션과 이 애플리케이션에 재사용할 수 있는 코드를 만드는 방법을 집중적으로 알아본다. 9장에서는 브러시 기반 필터링을 제공하는 여러 레이아웃으로 여러 뷰를 데이터에 결합시킴으로써 데이터 대시보드를 만든다. 10장에서는 간단한 격자 레이아웃과 범례 컴포넌트를 만들어보면서 D3에서 제공하는 컴포넌트와 레이아웃의 구조를 집중적으로 살펴본다. 11장에서는 성능과 상호작용성을 유지하면서 수천 개의 데이터점을 화면에 시각적으로 표현하는 문제를 해결한다. 12장에서는 터치 기능을 가진 모바일 환경에서 D3를 사용하는 방법을 설명하면서 데이터 시각화의 응답성 개념을 살펴본다. 3부를 마치면 D3를 기반으로 모바일이나 빅 데이터 환경에서 고속으로 실행하는 여러분 고유의 프레임워크나 애플리케이션을 개발하는 데 필요한 기술을 갖게 될 것이다.

Part III

고급 기법

대화형 애플리케이션 구현

- 여러 차트의 연동
- 화면 크기 변경에 따라 자동으로 그래픽 요소의 크기 변경
- 브러시 컨트롤 생성과 이용
- 시간 스케일 구현

지금까지 데이터의 한 가지 측면을 강조하는 차트를 만드는 데 데이터를 측정하고 변환하는 방법을 살펴봤다. 동일 데이터셋을 여러 레이아웃과 기법으로 차트를 만들었지만, 동시에 여러 차트를 만들지는 않았다. 이번 장에서는 하나의 데이터에 여러 뷰를 연결하는 방법을 설명한다. [그림 9.1]과 같은 형태의 애플리케이션을 데이터 시각화 용어로 대시보드dashboard라고 한다.

그림 9.1 9장에서 구현할 대시보드

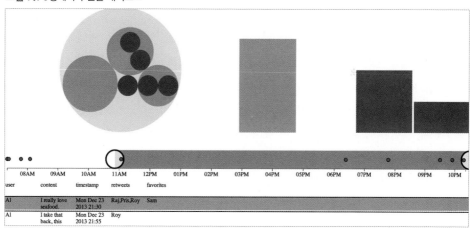

이번 장에서는 먼저 개별 차트 요소를 만들고(9.1절), 상호작용성을 추가한 후(9.2절), 시각별로 데이터를 걸러내기 위한 브러시brush를 추가하면서(9.3절) 완전히 작동하는 데이터 대시

보드를 만든다. 여러 〈svg〉 요소를 생성하고 관리해야 할 뿐만 아니라 브러시 컴포넌트도 구현해야 한다. 브러시를 이용하면 데이터셋의 일부를 손쉽게 선택할 수 있다. 상호작용성을 통합하면서 데이터 바인딩도 더욱 명확히 이해하게 될 것이다.

정보 시각화 용어 : 대시보드

여러 차트를 하나의 애플리케이션에 통합한 시스템은 1970년대부터 존재했으며 전통적으로 의사결정 지원 시스템에서 자주 활용한다. 이번 장에서 설명할 대시보드는 하나의 데이터셋에 여러 가지 뷰를 제공하며, NVD3 등의 차트 라이브러리는 이런 기능을 장점으로 내세운다.

일반적으로 대시보드는 화면 공간을 공유하는 여러 차트로 표현한다. 하지만 데이터 대시보드는 모달 팝업을 이용하는 웹 지도와 텍스트 애플리케이션이나 여러 차트를 동시에 제공하는 웹 사이트에 적용할 수도 있다. 이때 데이터점을 강조하는 동작은 데이터 시각화 요소에 마우스 포인터를 올려놓는 것보다는 텍스트 스크롤이나 지도 확대에 대한 반응으로 사용하는 편이 좋다.

먼저 우리가 원하는 화면을 설계해야 한다. 화면 설계는 대략 그린 스케치나 사용자 요구사항을 자세히 정리한 것이 될 수도 있다. [그림 9.2]는 지금까지 사용한 여러 차트를 결합한 간단한 화면 설계다. 각 차트는 같은 tweets.json 파일에서 데이터셋을 가져올 수 있지만 방식은 다르다. 데이터 대시보드를 구현할 때는 데이터에 대한 여러 관점뿐만 아니라 데이터를 파고들어 개별 데이터점을 볼 수 있는 기능도 제공하는 편이 좋다.

우리는 5장에서 사용한 것과 같은 서클 팩으로 트위터와 트윗을 구분하고, 막대 그래프로 트윗 횟수를 표현하고, 8장에서 사용한 것과 같은 스프레드시트로 각 트윗의 내용을 볼 수 있게 만들 것이다. 그런 다음 사용자가 데이터를 분석할 수 있는 기능을 브러시로 구현한다. 막대 그래프와 서클 팩은 모두 d3.nest()로 처리한 데이터를 받지만 스프레드시트는 원래의 객체 배열을 받는다.

그림 9.2 서클 팩, 막대 그래프, 스프레드시트로 구성한 대시보드의 화면 설계

화면 설계를 보면 사용자의 활동에 어떻게 반응할지 대략 감이 잡힐 것이다. 예를 들어 사용자가 어떤 차트 안에 있는 요소를 클릭하면, 다른 차트에서 이에 대응하는 데이터를 강조하거나 상세 정보를 제공할 수 있다.

9.1 하나의 데이터, 수많은 관점

이번 절에서는 [그림 9.3]과 같은 데이터 대시보드를 만들고, 여기에 상호작용성과 동적 필터링까지 추가한다.

그림 9.3 완성된 데이터 대시보드

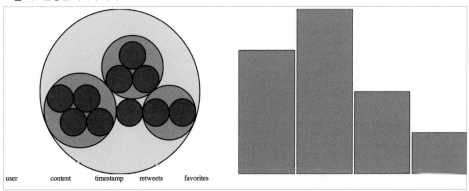

Al	I really love seafood.	Mon Dec 23 2013 21:30	Raj,Pris,Roy	Sam
Al	I take that back, this	Mon Dec 23 2013 21:55	Roy	
Al	From now on, I'm only	Mon Dec 23 2013 22:22		Roy,Sam
Roy	Great workout!	Mon Dec 23 2013 7:20		
Roy	Spectacular oatmeal!	Mon Dec 23 2013 7:23		
Roy	Amazing traffic!	Mon Dec 23 2013 7:47		
Roy	Just got a ticket for	Mon Dec 23 2013 8:05		Sam,Sally,Pris
Pris	Going to have some boiled	Mon Dec 23 2013 18:23		Sally

먼저 [리스트 9.1]처럼 우리가 사용할 ⟨div⟩와 그 밖에 여러 요소를 갖춘 HTML 페이지가 필요하다.

리스트 9.1 대시보드에 사용할 HTML

```
<!doctype html>
<html>
  <script src="d3.v3.min.js" type="text/JavaScript"></script>
  <body onload="dashboard()" >
    <svg id="leftSVG" class="svgDash"></svg>
    <svg id="rightSVG"  class="svgDash"></svg>
    <div id="spreadsheet"></div>
  </body>
</html>
```

그리고 CSS를 준비해 페이지를 세 개의 영역으로 나눠야 한다. 두 개의 SVG 영역은 서클 팩 레이아웃과 막대 그래프를 위해 사용하고, 하나의 ⟨div⟩ 요소는 스프레드시트를 넣는 데 사용한다. 일단 [리스트 9.2]의 CSS로 대시보드를 구현한다.

리스트 9.2 대시보드 CSS

```
body,html {
  /* 모질라 브라우저의 경우 <body>와 <html> 요소의 너비와 높이를
     100%로 설정해야 SVG의 크기가 제대로 나온다. */
  width: 100%;
  height: 100%;
}
.svgDash {
  width: 50%;
  height: 50%;
```

```
    background: #fcfcfc;
  }
  #spreadsheet {
    width: 100%;
    height: 50%;
    overflow:auto;
    background: #fcfcfc;
  }
  circle.pack {
    stroke: black;
    stroke-width: 2px;
  }
  rect.bar {
    fill: gray;
    stroke: black;
    stroke-width: 1px;
  }
```

SVG 요소는 〈div〉 요소와 마찬가지로 백분율로 표시할 수 있으므로 화면에 대한 백분율을 사용할 수 있다. 하지만 SVG 안에 그려진 요소들은 자동으로 SVG 크기에 맞게 조정하지 않는다. 대신 [리스트 9.3]처럼 window.onresize()로 시각 요소들을 다시 그린다. 화면 요소의 크기를 변경하려 SVG의 viewport 속성을 사용할 수도 있지만, 데이터 시각화 애플리케이션을 만들 때는 화면 요소를 더욱 섬세하게 제어하는 편이 좋다(7장에서 설명한 그래픽 줌과 시맨틱 줌의 차이점을 생각해보자).

9.1.1 데이터 대시보드 기초

무언가를 그리기 전에 데이터를 로드하고 차트에 추가해야 한다. 5장에서 사용했던 tweets.json 파일을 d3.json이 성공적으로 로딩한 후에 startup() 함수를 호출하는데, 이 함수에서 데이터를 차트에 추가하고 화면을 갱신한다.

리스트 9.3 일반적인 대시보드 함수

```
function dashboard() {
  // 사용사가 화면 크기를 조징힐 때마다 치트를 디시 그린다.
  window.onresize = function(event) {
    redraw();
```

```
        };

        d3.json("tweets.json",function(error,data) {startup(data.tweets)});

        function startup(incData) {
          // 스프레드시트가 트윗 배열을 받는다.
          createSpreadsheet(incData, "#spreadsheet");
          var nestedTweets = d3.nest()
                              .key(function (el) {return el.user})
                              .entries(incData);

          packableTweets = {id: "root", values: nestedTweets};
          // 막대 그래프는 내포된 트윗을 받는다.
          createBar(nestedTweets, "#rightSVG");
          // 서클 팩은 루트 노드에 있는 내포된 트윗을 받는다.
          createPack(packableTweets, "#leftSVG");
          // redraw() 함수(9.1.5절 참조)를 호출하지 않으면,
          // SVG 영역에 아무것도 나타나지 않는다.
          redraw();
        };
      };
```

각각의 차트를 먼저 살펴본 후에 [리스트 9.8]에서 redraw() 함수를 설명하겠다. redraw()를 호출해야 화면에 차트를 모두 그릴 수 있다.

[리스트 9.3]에서 보는 것처럼 각 차트는 원시 형태나 가공된 형태의 데이터셋에 접근하는 기능을 가졌다. 서클 팩과 막대 그래프에 같은 내포된 배열을 사용함으로써, 각 차트의 SVG 요소에 바인딩된 데이터가 같은지 판단할 수 있다. 두 차트에 동일 배열을 사용하는 것이 중요하다. d3.nest()를 두 번 호출하면 같은 데이터를 담은 배열이 두 개 만들어지지만, 그 둘이 같은 배열은 아니다. d3.nest()를 호출하면 내포된 사용자 요소("Al", "Pris", "Sam", "Roy")를 담은 객체를 새로 생성하므로, 같은 데이터를 가졌더라도 두 객체는 각기 독립적인 객체가 되기 때문이다.

실제 코드를 보면 이해하기 더 쉽다. [리스트 9.4]의 코드는 동일 데이터로 d3.nest()를 두 번 호출해 같은 내포 구조를 두 개 만든다. 따라서 첫 번째 배열에 있는 요소와 두 번째 배열에 있는 요소를 비교하면, 값은 같지만 각기 별개의 객체를 가리킨다.

```
var nestedTweets = d3.nest()
                    .key(function (el) {return el.user})
                    .entries(incData);

// 같은 데이터를 가졌지만, 별개의 객체다.
var nestedTweets2 = d3.nest()
                    .key(function (el) {return el.user})
                    .entries(incData);

packableTweets = {id: "root", values: nestedTweets};

nestedTweets.value[0] == nestedTweets2.value[0]   // true
nestedTweets[0] == nestedTweets2[0]               // false
packableTweets.values[0] == nestedTweets[0]       // true
packableTweets.values[0] == nestedTweets2[0]      // false
```

[리스트 9.3]에서 차트를 생성할 때 공유된 요소를 가진 데이터셋을 전달했다는 점에 유념하자. 객체가 공유되므로 어느 차트 요소(원, 사각형, 선 등)끼리 같은 객체를 참조하는지 알 수 있다.

9.1.2 스프레드시트

처음으로 만들 차트는 [Sort] 버튼이 없다는 점을 제외하면 8장에서 구현한 스프레드시트와 동일하다. tweets.json의 객체 배열을 입력받는데, 이 객체 배열을 createSpreadsheet() 함수의 incData 인자로 바로 전달하면 된다. 각 차트 생성 방법은 앞에서 자세히 설명했으므로 여기에서는 간단히 코드를 보면서 넘어간다.

리스트 9.5 스프레드시트 코드

```
function createSpreadsheet(incData, targetDiv) {

  var keyValues = d3.keys(incData[0]);

  d3.select(targetDiv)
    .append("div")
```

```
        .attr("class", "table");

    d3.select("div.table")
        .append("div")
        .attr("class", "head row")
        .selectAll("div.data")
        .data(keyValues)
        .enter()
        .append("div")
        .attr("class", "data")
        .html(function (d) {return d})
        .style("left", function(d,i) {return (i * 100) + "px";});

    d3.select("div.table")
        .selectAll("div.datarow")
        .data(incData, function(d) {return d.content}).enter()
        .append("div")
        .attr("class", "datarow row")
        .style("top", function(d,i) {return (40 + (i * 40)) + "px";});

    d3.selectAll("div.datarow")
        .selectAll("div.data")
        .data(function(d) {return d3.entries(d);})
        .enter()
        .append("div")
        .attr("class", "data")
        .html(function (d) {return d.value})
        .style("left", function(d,i,j) {return (i * 100) + "px";});
};
```

여기에서 createSpreadsheet() 함수가 받은 targetDiv 인자에 테이블을 추가하고 select()
메서드에서는 추가한 테이블을 선택하는데, 이것은 앞에서 구현할 때 CSS 셀렉터를 명시적으
로 선언한 것과 비교된다. 이렇게 인자로 전달함으로써 함수를 다른 페이지에도 재사용할 수
있다.

9.1.3 막대 그래프

대시보드에 두 번째로 추가할 차트는 막대 그래프다. 이 차트는 트윗 횟수를 세는 데 내포된 데
이터를 받아야 한다. 화면 요소를 별도의 함수에서 다시 그려야 하므로, [리스트 9.6]을 보면

코드에서는 막대 그래프를 그릴 영역은 전혀 선언하고 있지 않다.

리스트 9.6 막대 그래프 코드

```
function createBar(incData,targetSVG) {

  d3.select(targetSVG).selectAll("rect").data(incData)
    .enter()
    .append("rect")
    .attr("class", "bar");
};
```

나중에 설명할 redraw() 함수에서는 지금까지 보지 못했던 D3 함수로 이 차트를 더욱 효과적이고 동적으로 그린다.

9.1.4 서클 팩

서클 팩을 만드는 방법은 5장에서 설명했다. [리스트 9.7]을 보면 서클 팩 차트를 대시보드에 추가하려고 5장에서와 비슷한 코드를 사용하는 것을 알 수 있다. 막대 그래프와 마찬가지로 페이지의 크기를 변경할 때 바뀌는 화면 요소는 전혀 선언하지 않고 fill과 stroke 속성만 설정한다.

리스트 9.7 서클 팩 코드

```
function createPack(incData,targetSVG) {

  var depthScale = d3.scale.quantize()
                      .domain([0,1,2]).range(colorbrewer.Reds[3]);

  packChart = d3.layout.pack();
  // 레이아웃은 어떤 것이든 될 수 있다.
  // 화면을 다시 그리려 redraw()를 호출하면,
  // redraw() 함수 안에서 다시 레이아웃을 호출한다.
  packChart.size([100,100])
    .children(function(d) {return d.values;})
    .value(function(d) {return 1;});
```

```
d3.select(targetSVG)
  .append("g")
  .attr("transform", "translate(0,0)")
  .selectAll("circle")
  .data(packChart(incData))
  .enter()
  .append("circle")
  .attr("class", "pack")
  .style("fill", function(d) {return depthScale(d.depth);});

};
```

9.1.5 redraw() : 화면 크기에 따른 크기 조정

redraw() 함수는 현재 화면 크기에 기초해 차트들의 화면 요소들을 생성한다. redraw() 함수를 호출하지 않으면 서클 팩 안의 원에는 x나 y 좌표 정보가 없고, 막대 그래프의 막대에는 height나 width 정보가 없으므로 차트를 전혀 출력하지 않는다. 직관적으로는 잘 이해되지 않을 수도 있지만 이렇게 하면 유지 보수성을 위해 차트 그리는 코드를 한군데 모아놓는 편이 좋다. 대시보드의 경우처럼 차트를 계속 갱신할 때는 차트를 SVG 영역에 추가할 때 화면 요소를 그리거나 그래픽 채널을 설정할 이유가 없다. 데이터셋 준비 과정을 차트 그리는 코드와 분리시킴으로써 D3의 레이아웃 함수를 설계한 방식을 그대로 유지하는 것이다(레이아웃은 직접 그리지 않고 그리기 위한 처리를 할 뿐이다). 그리고 나서 [리스트 9.8]에서 보는 것처럼 화면 크기가 바뀔 때뿐만 아니라 필터나 데이터가 변경되어 차트를 다시 그려야 할 때도 redraw() 함수를 호출한다. 예를 들어 특정 기간에 포스팅된 트윗만 걸러내는 경우 등이 있다(9.3절 참조).

리스트 9.8 redraw() 함수

```
// 서클 팩 레이아웃은 변경된 SVG 크기에 기초해 데이터를 새로 생성한다.
function redraw() {
  var leftSize = canvasSize("#leftSVG");
  packChart.size(leftSize)

  d3.select("#leftSVG")
    .selectAll("circle")
```

```
        .data(packChart(packableTweets))
        .attr("r", function(d) {return d.r;})
        .attr("cx", function(d) {return d.x;})
        .attr("cy", function(d) {return d.y;});

    // 변경할 막대 그래프 데이터에 기초해 동적으로 크기를 계산해야 한다.
    var rectNumber = d3.select("#rightSVG")
                        .selectAll("rect").size();
    var rectData = d3.select("#rightSVG").selectAll("rect").data();
    var rectMax = d3.max(rectData, function(d) {return d.values.length});
    var rightSize = canvasSize("#rightSVG");

    // x 스케일은 d3.nest()로 생성한 "key"값에 기초한 ordinal 스케일이다.
    barXScale = d3.scale.ordinal()
                    .domain(rectData.map(function(d){return d.key}))
                    .rangeBands([0, rightSize[0]]);
    // y 스케일은 d3.nest()로 생성한 배열의 "values" 배열의 최댓값에 기초한다.
    barYScale = d3.scale.linear()
                    .domain([0, rectMax])
                    .range([rightSize[1],0]);

    d3.select("#rightSVG")
      .selectAll("rect")
      .attr("x", function(d,i) {return barXScale(d.key) + 5})
      // width와 x 위치에 5px 간격을 둔다.
      .attr("width", function() {return barXScale.rangeBand() - 5})
      .attr("y", function(d) {return barYScale(d.values.length)})
      .attr("height", function(d) {
          return rightSize[1] - barYScale(d.values.length);
      });

    // 현재 SVG 그림 영역의 크기를 px 단위로 계산한다.
    function canvasSize(targetElement) {
      var height = parseFloat(d3.select(targetElement)
                                .node().clientHeight);
      var width = parseFloat(d3.select(targetElement).node().clientWidth);
      return [width,height];
    };
};
```

d3.scale.ordinal에 있는 rangeBands() 메서드로 재사용할 수 있는 막대 그래프를 효율적으로 생성한다. rangeBands() 메서드는 주어진 너비를 같은 크기의 영역들로 나누므로 막대

그래프에서 유용하게 사용한다. 도메인과 마찬가지로 객체 배열을 사용하고 싶을 수도 있지만, rangeBands()는 도메인 객체의 문자열 버전을 이용하므로 각 객체를 식별할 수 있는 고유한 식별자가 아니라 "[object object]"를 반환한다. 대신, 우리는 도메인 영역에는 키값(트위터 사용자명)을 바탕으로 배열을 대응시킨다. ordinal 스케일의 레인지 배열에는 현재 SVG 영역의 너비를 사용한다. 너비는 canvasSize() 함수로 구한다.

이제 redraw() 함수를 실행할 준비가 됐다. 코드를 실행하고 화면 크기를 변경해보면 [그림 9.4]와 같이 다양한 모습을 볼 수 있다. 막대 그래프는 공간을 채우려 가로로 늘어나지만, 서클 팩 차트는 공간에 맞추면서도 원을 유지하도록 다시 계산한다.

그림 9.4 화면 크기에 따라 자동으로 크기가 바뀌는 차트

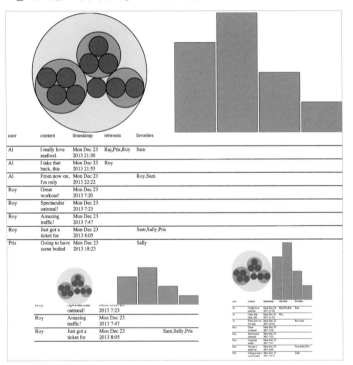

스프레드시트의 redraw() 함수도 같은 원리를 따르므로 따로 다루지 않았다. 자, 같은 데이터를 각기 다른 뷰에 로딩하고 화면 크기를 변경하면 자동으로 다시 그리는 대시보드가 완성됐다. 이제부터 대시보드에 상호작용성을 추가해보자.

9.2 상호작용성 : 마우스 이벤트

먼저 서클 팩의 원에 마우스 포인터를 올려놓으면 스프레드시트의 해당 행을 강조할 것이다. 원 요소에 바인딩된 데이터가 스프레드시트에 바인딩된 데이터와 같은 데이터인지 검사하면 된다. 우리가 구현한 대시보드의 경우처럼 데이터 하나로 여러 뷰를 만든 경우에는 이 방법이 가장 간단하다. 그러나 데이터를 여러 원천에서 가져와 로딩했다면 직원 ID나 사용자 ID 등 고유한 ID를 비교해야 한다. 우리 대시보드는 〈div〉와 원이 같은 데이터를 가졌으면서 같은 이벤트 리스너를 연결했으므로 [리스트 9.9]와 같이 간단히 구현해 [그림 9.5]처럼 실행할 수 있다.

리스트 9.9 스프레드시트의 특정 행을 강조하는 코드

```
// div.datarow와 circle.pack을 모두 선택하는 CSS 구문
d3.selectAll("div.datarow,circle.pack")
  .on("mouseover", hover)
  .on("mouseout", mouseOut);

function hover(hoverD) {
  // 서클 팩과 스프레드시트에서 일치하는 요소를 선택해
  // 행의 배경색과 원의 채움색을 연한 파란색으로 바꾼다.
  d3.selectAll("circle.pack")
    .filter(function (d) {return d == hoverD;})
    .style("fill", "#94B8FF");
  d3.selectAll("div.datarow")
    .filter(function (d) {return d == hoverD;})
    .style("background", "#94B8FF");
};

// mouseout 이벤트가 발생하면 채움색과 배경색을 복구한다.
function mouseOut() {
  d3.selectAll("circle.pack")
    .style("fill", function(d) {
        return depthScale(d.depth);
    });
  d3.selectAll("div.datarow").style("background", "white");
};
```

그림 9.5 서클 팩과 스프레드시트를 연동한 대시보드(별지 VII 참조)

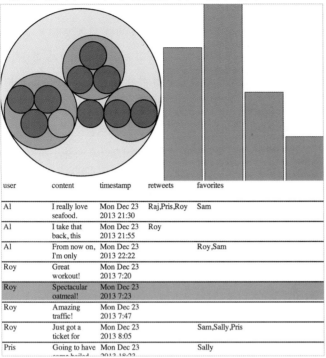

user	content	timestamp	retweets	favorites
Al	I really love seafood.	Mon Dec 23 2013 21:30	Raj,Pris,Roy	Sam
Al	I take that back, this	Mon Dec 23 2013 21:55	Roy	
Al	From now on, I'm only	Mon Dec 23 2013 22:22		Roy,Sam
Roy	Great workout!	Mon Dec 23 2013 7:20		
Roy	Spectacular oatmeal!	Mon Dec 23 2013 7:23		
Roy	Amazing traffic!	Mon Dec 23 2013 7:47		
Roy	Just got a ticket for	Mon Dec 23 2013 8:05		Sam,Sally,Pris
Pris	Going to have	Mon Dec 23 2013 18:03		Sally

이제 막대 그래프를 연결하자. 내포 함수 때문에 막대 그래프의 막대 하나는 서클 팩의 최상위 수준 원에 해당한다는 점을 기억하라. 따라서 hover() 함수로 스프레드시트 행을 검사했던 방식을 그대로 사용해 바인딩된 데이터점이 다른 그래프의 데이터점과 같은지 검사할 수 있다. [리스트 9.10]의 코드를 실행하면 [그림 9.6]과 같다.

리스트 9.10 내포된 데이터 요소 강조

```
function hover(hoverD) {
  d3.selectAll("circle").filter(function (d) {return d == hoverD})
    .style("fill", "#94B8FF");
  d3.selectAll("div.datarow").filter(function (d) {return d == hoverD})
    .style("background", "#94B8FF");
  d3.selectAll("rect.bar").filter(function(d) {
            return d.values.indexOf(hoverD) > -1;
    }).style("fill", "#94B8FF");
};
```

그림 9.6 서클 팩과 막대 그래프를 연동한 대시보드(별지Ⅷ 참조)

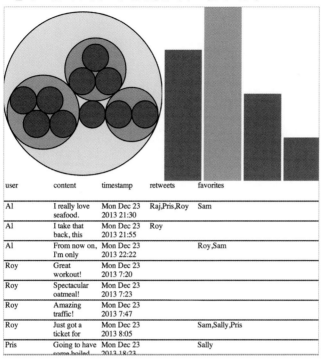

user	content	timestamp	retweets	favorites
Al	I really love seafood.	Mon Dec 23 2013 21:30	Raj,Pris,Roy	Sam
Al	I take that back, this	Mon Dec 23 2013 21:55	Roy	
Al	From now on, I'm only	Mon Dec 23 2013 22:22		Roy,Sam
Roy	Great workout!	Mon Dec 23 2013 7:20		
Roy	Spectacular oatmeal!	Mon Dec 23 2013 7:23		
Roy	Amazing traffic!	Mon Dec 23 2013 7:47		
Roy	Just got a ticket for	Mon Dec 23 2013 8:05		Sam,Sally,Pris
Pris	Going to have some boiled	Mon Dec 23 2013 18:23		Sally

이제 마우스 포인터가 가리키는 막대에 담긴 일련의 트윗이 어느 원인지, 어느 스프레드시트 행인지도 알고 싶다. 여기에서는 자바스크립트 배열이 기본 제공하는 indexOf() 함수로 rect.bar 요소들이 다른 차트의 어떤 트윗을 담고 있는지 검사하고자 한다. 그러고 나서 역으로 서클 팩의 최상위 수준 원이나 막대 그래프의 막대를 나타내는 데이터 행들을 강조한다. 새로 개선한 함수는 [리스트 9.11]과 같으며, [그림 9.7]은 이 코드를 실행한 화면이다.

리스트 9.11 개선된 강조 함수

```
d3.selectAll("div.datarow,circle.pack,rect.bar")
  .on("mouseover", hover)
  .on("mouseout", mouseOut);

function hover(hoverD) {
  // mouseover 이벤트를 받은 요소가 모두 values 배열을 가진 것은 아니므로,
  // values가 null일 때는 빈 배열을 만들어 indexOf() 함수가 실행될 수 있게 만든다.
  var nestArray = hoverD.values || [];
  d3.selectAll("circle.pack")
```

```
      .filter(function (d) {return d == hoverD;})
      .style("fill", "#94B8FF");

    // 같은 데이터점을 공유하거나 자신의 values 배열 안에 가진 모든 사각형을 강조한다.
    d3.selectAll("rect.bar")
      .filter(function (d) {
          return d == hoverD || d.values.indexOf(hoverD) > -1;
      })
      .style("fill", "#94B8FF");

    // 같은 데이터점을 공유하거나 호출된 데이터의 values 안에 들어 있는 모든 행을 강조한다.
    d3.selectAll("div.datarow")
      .filter(function (d) {
          return d == hoverD || nestArray.indexOf(d) > -1;
      })
      .style("background", "#94B8FF");
};

function mouseOut() {
  d3.selectAll("circle")
    .style("fill", function(d) {return depthScale(d.depth)});

  d3.selectAll("rect").style("fill", "gray").style("stroke-width", 0);
  d3.selectAll("div.datarow").style("background", "white");
};
```

하나의 코드로 다양한 수준을 비교할 수 있다. [그림 9.7]의 왼쪽은 마우스를 개별 데이터 행이
나 작은 원에 올려놨을 때 막대 그래프에서 해당 데이터를 내포한 막대를 강조하는 모습이다.
그리고 오른쪽 그림은 서클 팩의 큰 원이나 막대 그래프의 막대에 마우스 포인터를 올려놨을
때 스프레드시트의 해당 행들이 강조된 모습이다.

그림 9.7 모든 차트에서 동일 데이터를 강조한 모습(별지 VIII 참조) 📈

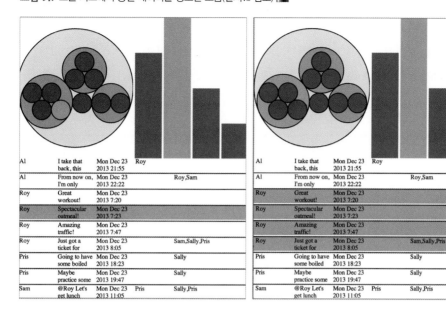

물론 마우스오버 대신 마우스 클릭으로 동일하게 처리할 수도 있으며, 3장에서 사용한 모달 팝업으로 처리할 수도 있다. 이제 상호작용 기능 구현은 여기서 마치고, 다음 절에서는 브러시라는 새로운 컨트롤을 알아보자.

9.3 브러시

d3.svg.brush 브러시 컴포넌트는 호출하면 SVG 요소를 만든다는 점에서 축 컴포넌트와 비슷하고, 상호작용에 사용할 수 있는 데이터를 갱신한다는 점에서 zoom 객체와 비슷하다. 브러시는 데이터를 직관적으로 잘라낼 수 있는 중요한 상호작용형 컴포넌트다.

여기에서는 특정 기간에 포스팅한 트윗들만 보여주는 브러시를 대시보드에 추가할 것이다. 브러시 컴포넌트를 사용하는 방법과 이 컴포넌트가 발생하는 브러시 이벤트를 알아야 하고, 트윗을 포스팅한 시각을 바탕으로 처리하므로 D3에서 시간 처리에 사용하는 d3.time.scale도 알아야 한다.

9.3.1 브러시 생성

D3 브러시는 스케일을 입력받아서 사용자가 원하는 스케일을 선택(클릭 혹은 드래그로)할 수 있는 영역을 생성한다. 먼저 브러시를 담을 〈div〉 요소가 새로 필요하다. [리스트 9.12]와 같이 웹 페이지를 수정해 #brush 〈div〉를 차트 〈div〉와 스프레드시트 〈div〉 사이에 놓는다.

리스트 9.12 브러시를 사용한 대시보드 HTML

```
<!doctype html>
<html>
  <script src="d3.v3.min.js" type="text/JavaScript"></script>
  <body onload="dashboard()" >
    <svg id="leftSVG" class="svgDash"s></svg>
    <svg id="rightSVG" class="svgDash"></svg>
    <div id="brush"></div>
    <div id="spreadsheet"></div>
  </body>
</html>
```

그러려면 CSS에 새로운 〈div〉에 대한 참조를 추가하고 #spreadsheet 〈div〉의 공간을 약간 줄여야 한다.

리스트 9.13 브러시 〈div〉 CSS 변경

```
#brush {
  width: 100%;
  height: 20%;
}
#spreadsheet {
  width: 100%;
  height: 30%;
}
```

브러시를 만들려면 스케일이 필요하므로 트윗 데이터에 맞는 d3.time.scale을 먼저 만든다. 이 스케일은 입력으로 자바스크립트 Date 객체를 받지만, 더 널리 사용하는 d3.scale.linear 스케일처럼 사용할 수 있다. 새로운 스케일의 도메인을 설정하려면 최초 트윗과 최종 트윗의 시각을 찾아내야 한다. d3.extent와 자바스크립트 배열의 매핑 기능으로 각 트윗의 포스팅 시각을 나타내는 문자열에서 Date 객체의 배열을 만들면 트윗 시각을 찾아낼 수 있다.

브러시는 대화형 컴포넌트의 집합이다. 사용자는 브러시로, 한쪽 끝을 드래그해 범위를 지정하거나 설정된 범위를 다른 범위로 이동할 수 있다. 일반적으로 브러시는 [그림 9.8]과 같이 구성돼 있다. 이번 장에서는 X-축으로만 범위를 설정할 수 있는 브러시를 만들지만, 11장에서는 X-축과 Y-축으로 선택해 XY-평면 위에 있는 점들을 선택할 수 있는 브러시를 만든다.

그림 9.8 브러시 구성 요소

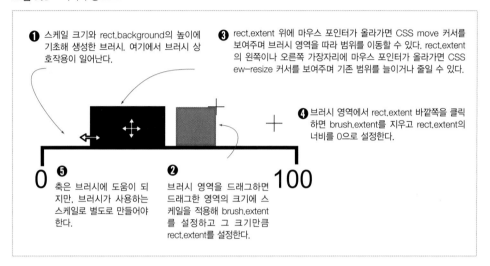

브러시와 함께 사용할 축을 만드는 것도 좋다. 브러시는 하나의 상호작용 영역으로서 이 영역을 클릭하면 사각형이 만들어지지만, 사용하기 전에는 비어 있다. 그러므로 축을 포함하면 사용자에게 브러시 영역을 알려줄 수 있다. 여기서 사용할 축은 시간 스케일을 이용하므로 더욱 구체적인 포맷을 갖춰야 한다.

이제 브러시를 생성하고 브러시의 x() 메서드에 시간 스케일을 할당한다. 브러시의 y() 메서드에 스케일을 설정하면 수직형 브러시를 만들 수도 있다. 브러시 커스텀 이벤트에 반응하는 이벤트 리스너를 brushed() 함수로 설정한다. [리스트 9.14]는 브러시를 생성하는 코드이며, [리스트 9.15]는 브러시를 사용할 때 처리하는 내용을 설명한다. 브러시 이벤트는 사용자가 브러시 영역을 클릭한 후 드래그할 때 발생한다.

```
function createBrush(incData) {
   // 트윗의 최초/최종 시각을 알려준다.
   timeRange = d3.extent(incData.map(function(d) {
                   return new Date(d.timestamp);
               })
   );

   // 나중에 브러시의 크기를 동적으로 변경한다.
   timeScale = d3.time.scale().domain(timeRange).range([10,990]);

   // brush 이벤트가 발생할 때마다 brushed() 함수를 호출한다.
   timeBrush = d3.svg.brush()
                .x(timeScale)
                .extent(timeRange)
                .on("brush", brushed);

   // 두 시간마다 눈금을 표시하며, 시간 단위와 AM/PM만 표시한다.
   timeAxis = d3.svg.axis()
                .scale(timeScale)
                .orient('bottom')
                .ticks(d3.time.hours, 2)
                .tickFormat(d3.time.format('%I%p'));

   var brushSVG = d3.select("#brush")
                    .append("svg")
                    .attr("height", "100%")
                    .attr("width", "100%");

   brushSVG.append("g")
           .attr("transform", "translate(0,100)")
           .attr("id", "brushAxis").call(timeAxis);   // 우리가 만든 축

   // 생성된 <rect> 요소의 높이를 50px로 설정한다.
   brushSVG.append("g").attr("transform", "translate(0,50)")
           .attr("id", "brushG").call(timeBrush)   // 우리가 만든 브러시
           .selectAll("rect").attr("height", 50);

   function brushed() {
      // 브러시 이벤트 처리 코드
   };
};
```

ticks() 메서드에서 d3.time.hours로 두 시간마다 눈금이 매겨져 있는 축을 생성한다. 그리고 나서 tickFormat() 메서드에서 d3.time.format로 시간 단위와 AM/PM 정보를 표시한다.

앞서 createBrush() 함수에서 사용한 burhsed() 함수(리스트 9.15)는 내장된 함수로 브러시의 현재 범위를 가져와 서클 팩과 막대 그래프에 사용한 데이터셋과 비교한다. 그리고 나서 데이터셋의 데이터가 현재 범위에 있는지에 따라 막대의 크기를 조정하거나 원을 표시할지 여부를 조정한다.

리스트 9.15 brushed() 함수

```
function brushed() {
    // 브러시의 현재 범위를 가져온다.
    var e = timeBrush.extent();

    d3.selectAll("circle.pack")
        // 현재 범위 안에 들어가지 않는 트윗(깊이가 2 수준)을 모두 숨긴다.
        .filter(function(d){return d.depth == 2})
        .style("display", function (d) {
            return new Date(d.timestamp) >= e[0]
                    && new Date(d.timestamp) <= e[1] ? "block" : "none";
        });

    var rightSize = canvasSize("#rightSVG");

    // 현재 범위 안에 있는 트윗을 나타내는 막대만 보이도록 막대 그래프를 다시 그린다.
    d3.select("#rightSVG")
        .selectAll("rect")
        .attr("x", function(d,i) {return barXScale(d.key) + 5})
        .attr("width", function() {return barXScale.rangeBand() - 5})
        .attr("y", function(d) {return barYScale(filteredLength(d))})
        .style("stroke", "black")
        .attr("height", function(d) {
            return rightSize[1] - barYScale(filteredLength(d));
        });

    function filteredLength(d) {
        var filteredValues = d.values.filter(function (p) {
            return Date(p.timestamp) >= e[0] && new Date(p.timestamp) <= e[1];
        });
        return filteredValues.length;
    };
```

```
};
```

브러시를 이용하면 사용자는 트윗을 포스팅한 시간대를 지정할 수 있다. 서클 팩에서는 지정한 시간대에 포스팅한 트윗에 해당하는 원만 보여준다. 그리고 막대 그래프를 조정해 그 시간대에 포스팅한 트윗의 합계만 보여준다. [그림 9.9]는 브러시 영역을 변경함에 따라 달라지는 서클 팩과 막대 그래프의 모습이다.

그림 9.9 브러시 범위에 들어가는 트윗을 포함한 원과 막대만 보여주는 대시보드

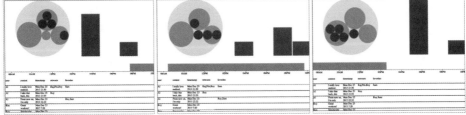

9.3.2 더 사용자 친화적인 브러시 만들기

사용자에게는 마우스 커서만 바꿔주는 빈 공간보다 축이 있는 편이 차트를 이해하기 더 좋다. 그러나 브러시는 사용자가 자주 하는 활동이 아니므로 브러시를 더욱 사용자 친화적으로 만들려면 몇 가지 더 작업해야 한다. 일반적으로 브러시의 크기를 조정할 수 있다고 알려주려면 브러시 양쪽에 손잡이를 추가한다. 크기를 변경할 수 있고 마우스 커서를 ew-resize로 바꾸는 영역이 브러시 양쪽에 있다. 다음 코드와 같이 브러시가 사용하는 SVG 〈rect〉를 선택해 visibility와 fill 스타일을 변경하면 화면에서 손잡이를 볼 수 있다.

```
d3.selectAll("g.resize > rect")
  .style("visibility", "visible")
  .style("fill","red")
```

이 코드를 실행하면 [그림 9.10]과 같이 보이지 않던 크기 조절 영역이 브러시의 나머지 영역과 확연히 구분된다. 이것도 나쁘지는 않지만 일반적으로 손잡이는 다른 모양으로 만든다.

그림 9.10 브러시 양쪽의 크기 조절 영역을 빨간 사각형으로 만든 대시보드

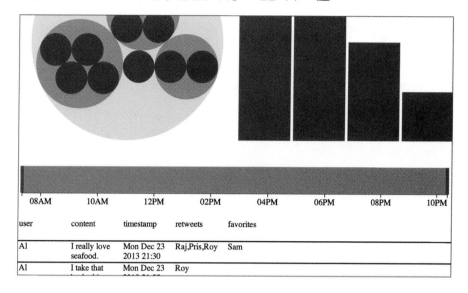

user	content	timestamp	retweets	favorites
Al	I really love seafood.	Mon Dec 23 2013 21:30	Raj,Pris,Roy	Sam
Al	I take that	Mon Dec 23	Roy	

[그림 9.11]은, 반원에서 사각형까지, D3로 구현한 다양한 브러시 손잡이 예를 보여준다. 위쪽부터 설명하면, 마이크 보스톡의 예제[1], 지진 빈도를 탐험하는 CS 프로젝트[2], 카인드레드 브리튼 검색 브러시[3], dc.js[4]에서 구현한 브러시 손잡이다.

손잡이 모양만 바꿀 수 있는 것이 아니라, 브러시 영역과 겹치는 영역이 있는지 알려줄 수도 있다. 브러시에 손잡이를 추가하고 나서 바로 이 기능을 구현해보자.

1 http://bl.ocks.org/mbostock/4349545

2 http://vis.berkeley.edu/courses/cs294-10-fa13/wiki/index.php/A3-AndrewLee

3 http://kindred.stanford.edu

4 http://dc-js.github.io/dc.js/

그림 9.11 다양한 브러시 손잡이

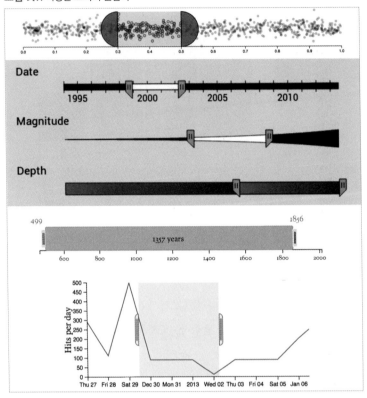

우리가 만든 손잡이가 이렇게 멋있지는 않다. 그러나 다음 코드를 실행하면 양쪽에 반투명 원을 추가해 [그림 9.12]와 같은 모양이 된다.

```
d3.selectAll("g.resize").append("circle")
  .attr("r", 25)
  .attr("cy",25)
  .style("fill", "white")
  .style("stroke", "black")
  .style("stroke-width", "4px")
  .style("opacity", .75);
```

그림 9.12 SVG 원을 손잡이로 사용한 브러시

| 08AM | 10AM | 12PM | 02PM | 04PM | 06PM | 08PM | 10PM |

이 원에 마우스 포인터가 올라가면 ew−resize 커서로 바뀌므로 이 원이 브러시 크기 조정 이벤트를 발생시키는 것을 알 수 있다. 이벤트 리스너는 g.resize 요소에 할당돼 있으며, 이 ⟨g⟩ 요소에 추가한 SVG 요소(방금 원을 추가했다)도 이벤트를 발생시킬 수 있다. 이제 우리는 멋지고 잘 작동하는 손잡이를 만들었다.

다음으로는 타임라인 어디에 트윗이 있는지 브러시에 표시해 사용하기 더 편리하게 만들어보자. [리스트 9.16]의 코드를 실행하면 [그림 9.13]처럼 타임라인 위에 트윗들을 표시한다.

리스트 9.16 타임라인 위의 트윗

```
// 데이터를 다른 곳에 보낸 상태라 하더라도, 그 데이터를 사용할 수 있다.
var tweets = d3.selectAll("div.datarow").data();

d3.select("#brushG")
  .selectAll("circle.timeline")
  .data(tweets)
  .enter()
  .append("circle")
  .style("fill","red").style("stroke", "black")
  .style("stroke-width", "1px")
  // 원이 브러시의 상호작용을 방해하지 않게 한다.
  .style("pointer-events","none")
  .attr("class","timeline").attr("r", 5).attr("cy", 25)
  // 시간 스케일로 조정한 위치에 원을 위치시킨다.
  .attr("cx", function(d) {return timeScale(new Date(d.timestamp))})
```

그림 9.13 트윗 포스팅 시각을 가리키는 원을 추가한 브러시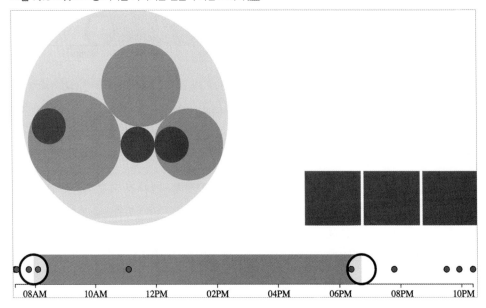

마우스 포인터가 브러시 위에 올라가면 타임라인 원을 강조했다가 어둡게 만드는 등 브러시 UI 요소를 더 멋지게 만들 수도 있다. 하지만 효과를 설명하는 것은 여기에서 마치고 이제 브러시 컨트롤에 의해 발생되는 브러시 이벤트를 자세히 알아보자.

9.3.3 브러시 이벤트 알아보기

브러시 영역에서의 활동으로 brush, brushstart, brushend, 총 3가지 이벤트가 발생한다. 이벤트명으로도 대략 짐작은 하겠지만, brushstart는 브러시 영역 안에서 mousedown 이벤트가 발생할 때, brush는 brushstart가 발생한 이후 brushend가 발생할 때까지 마우스를 드래그할 때, brushend는 mouseup 이벤트가 발생할 때 일어난다. 브러시 대부분은 원하는 모든 기능을 brush 이벤트에 구현하는 것이 타당하다. 하지만 지도 전체를 다시 그린다든지 데이터베이스에 쿼리를 전송하는 작업 등은 상당히 부담스러운 연산이다. 그럴 때는 brushstart에서 시각적으로 힌트만 주고(예를 들어 지도를 회색이나 투명하게 만들 수 있다) brushend에서 시간이 오래 걸리는 연산을 수행하는 편이 좋다.

9.3.4 컴포넌트 다시 그리기

우리가 만든 대시보드는 브라우저 창의 크기가 바뀔 때마다 이에 반응해 대시보드의 크기를 바꾼다. 하지만 브러시의 크기는 바뀌지 않는다. 브러시를 생성할 때의 크기로 고정하므로 창의 너비가 너무 작으면 잘려나가고, 너무 넓으면 왜소해 보인다.

화면을 다시 그릴 때마다 브러시의 화면 요소를 제거하고 다시 생성해야 할 것 같지만, 다행히도 축이나 브러시 같은 D3 요소는 부모 요소가 다시 호출해 크기를 변경할 수 있다. [리스트 9.17]의 코드를 redraw() 함수에 추가하면 된다. 이 코드는 기존에 생성한 축과 브러시를 다시 호출한다.

리스트 9.17 컴포넌트 다시 그리기

```
// 화면 공간을 바탕으로 축에 표시할 눈금의 개수를 동적으로 판단해야 한다.
var timeTickScale = d3.scale.linear()
                      .domain([0,1000])
                      .rangeRound([10,1])
                      .clamp(true);

// 브러시의 현재 범위를 가져온다.
var bExtent = timeBrush.extent();

// 두 SVG의 너비를 더하고 간격을 뺀 값으로 timeScale의 레인지를 설정한다.
timeScale.range([10,rightSize[0] + leftSize[0] - 10]);
// timeAxis를 현재 스케일과 눈금으로 갱신한다.
timeAxis.scale(timeScale)
        .ticks(d3.time.hours, timeTickScale((rightSize[0] + leftSize[0])));
// timeBrush도 갱신한다.
timeBrush.x(timeScale);

// 각자의 상위 요소에서 호출하며, 브러시를 갱신하려 원래 범위를 전달한다.
d3.select("#brushAxis").call(timeAxis);
d3.select("#brushG").call(timeBrush.extent(bExtent));

// 타임라인 원의 위치를 갱신한다.
d3.select("#brushG").selectAll("circle.timeline")
  .attr("cx", function(d) {return timeScale(new Date(d.timestamp))});
```

[그림 9.14]에서 보는 것처럼 화면의 크기가 바뀔 때 축, 브러시, 그리고 브러시 위에 있는 데이터점의 위치가 모두 갱신된다.

그림 9.14 화면 크기에 따라 축 눈금과 브러시 타임라인까지 갱신되는 대시보드

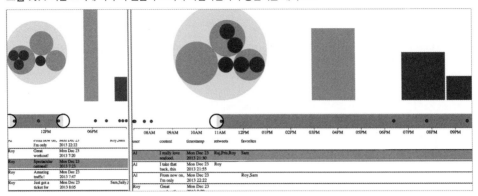

여기까지 설명을 마친다. 대시보드에 들어간 차트는 지금까지 설명한 파이 차트, 네트워크 시각화, 지도 등으로 바꿔볼 수도 있다. 브러시 같은 컨트롤은 강력하다. 강력한 만큼 사용자가 이런 컨트롤을 쉽게 조작할 수 있도록 만드는 것도 중요하다.

9.4 마치며

이번 장에서는 브러시 기반 필터링을 적용한 여러 유형의 차트를 담은 대화형 대시보드를 만드는 방법을 알아봤다. 구체적으로 다음과 같은 내용을 배웠다.

- 여러 SVG 요소를 넣을 수 있는 HTML 만들기
- 여러 차트에 같은 데이터셋을 바인딩해 쉽게 교차 참조하기
- 차트 생성과 그리는 코드 분리하여 페이지 반응성 개선하기
- 시간 스케일 구현하기
- 브러시 컨트롤 구현하기
- 브러시를 사용자 친화적으로 만들기
- 축과 브러시가 화면 크기 변경에 반응하도록 만들기

10장에서는 축과 같은 컴포넌트, 파이 차트나 서클 팩 같은 레이아웃을 만드는 방법을 집중적으로 살펴본다. 컴포넌트와 레이아웃을 만드는 방법을 알게 되면 D3를 더욱 잘 이해할 수 있을 뿐만 아니라 재사용하기 좋은 코드를 만들 수 있다.

레이아웃과 컴포넌트 만들기

- 커스텀 범례 컴포넌트 만들기
- 커스텀 그리드 레이아웃 만들기
- 레이아웃과 컴포넌트 설정을 변경할 수 있는 기능 추가하기
- 컴포넌트에 상호작용성 추가하기

지금까지 D3 컴포넌트와 레이아웃 사용법을 다뤘다. 10장에서는 컴포넌트와 레이아웃을 직접 만든다. 레이아웃과 컴포넌트를 직접 만들어보면 레이아웃의 구조와 기능을 더욱 명확히 이해할 수 있다. 여기에서 만든 레이아웃과 여러분이 앞으로 만들 레이아웃은 D3로 만드는 차트 안에 사용할 수 있다.

이번 장에서는 데이터셋을 그리드에 넣는 커스텀 레이아웃을 만든다. 여기에서는 주로 트윗 데이터셋을 사용하지만 레이아웃에 어느 데이터셋이든 사용할 수 있다. 이번 장의 목표는 그리드 레이아웃을 만드는 것보다는 레이아웃이 작동하는 방식을 이해하는 것이다. 그리고 나서 집합 크기 설정을 변경할 수 있도록 레이아웃을 확장한다. 그리고 개별 데이터점을 원이나 사각형으로 그릴 수 있도록 레이아웃이 데이터셋에 주석을 다는 방법도 알아본다. 그리드가 가장 유용하거나 멋진 레이아웃은 아니지만 레이아웃의 기본적인 구조를 살펴보기에 좋다. 그런 다음 각 요소의 색이 어떤 의미인지 사용자에게 알려주는 범례 컴포넌트를 만든다. 범례의 화면 요소는 차트 요소에 색을 지정하는 데 사용하는 스케일에 기초해 만든다.

10.1 레이아웃 만들기

5장에서 배운 것을 생각해보면, 레이아웃은 화면에 표현하려 데이터셋을 조작하는 하나의 함수이자 객체다. 여기에서는 레이아웃을 직접 만들어보겠다. D3 레이아웃과 마찬가지로 레이

아웃의 설정을 변경하는 기능도 구현한다.

설정 변경은 나중에 다시 설명하겠지만 우선은 데이터를 처리하는 함수를 반환하는 객체를 만들어야 한다. 그리고 나서 레이아웃에서 제공할 기능을 함수로 구현한다. [리스트 10.1]에서는 함수를 반환하는 객체를 정의하고 객체를 만들고 데이터를 전달해 테스트한다.

리스트 10.1 d3.layout.grid.js

```
d3.layout.grid = function() {
    function processGrid(data) {
        console.log(data)
    }
    return processGrid;
}

var grid = d3.layout.grid();
grid([1,2,3,4,5]); // 콘솔에 [1,2,3,4,5]를 출력한다.
```

이 레이아웃은 재미있지는 않지만 작동은 한다. 이 레이아웃에 d3.layout.x와 같은 이름을 붙일 필요는 없지만 이름을 지정해두면 다음에는 코드의 가독성이 좋아진다.

그리드를 만드는 함수를 구현하기 전에 레이아웃이 하는 일을 먼저 정의해야 한다. 데이터를 그리드 안에 넣는다는 것은 알지만 다른 어떤 기능들이 더 필요할까? 다음과 같이 필요한 항목을 간단히 정리해보자.

- 그리드 행과 열의 수에는 기본값이 있다. 예를 들어, 행과 열을 같은 수로 설정한다.
- 사용자가 행과 열의 수를 정의할 수 있다.
- 그리드는 일정 크기 이상의 영역에 배치해야 한다.
- 사용자가 그리드의 크기를 정의할 수 있다.

준비가 잘 된 것 같다. 이제 그리드가 접근해야 하는 변수를 모두 초기화해야 한다. 그리고 그 변수들은 d3.layout.grid 범위 안에서만 존재하므로 사용자가 이 변수에 접근할 수 있도록 게터와 세터를 정의해야 한다.

먼저, processGrid() 함수를 [리스트 10.2]와 같이 수정한다. processGrid()는 객체의 배열을 받아 그리드 위치에 기초해 객체의 x와 y 속성을 갱신한다. 그리드의 크기는 processGrid()가 받은 데이터 객체 수에 기초해 유도한다. 하나씩 살펴보면 그리 어려운 문제는 아니다. 데이터점 개수의 제곱근보다 작지 않은 자연수 중 가장 작은 수를 구해 그리드의 행과 열의 수로 사용한다. 그리드가 행과 열로 구성되고 각 데이터점을 하나의 셀에 넣는다는 점을 생각하면 타당한 방식이다. 행과 열의 수를 곱하면 셀(데이터점)의 수와 같거나 커야 한다. 행과 열의 수가 같다면 바로 데이터점 수의 제곱근을 구해 행이나 열의 수로 사용하면 된다.

리스트 10.2 개선된 processGrid() 함수

```
function processGrid(data) {
  // 행과 열의 수를 계산한다.
  var rows = Math.ceil(Math.sqrt(data.length));
  var columns = rows;

  // 데이터셋의 인덱스를 초기화한다.
  var cell = 0;

  // 모든 행과 열을 순회한다.
  for (var i = 0; i < rows; i++) {
    for (var j = 0; j < columns; j++) {
      // 데이터셋이 객체의 배열로 구성된다고 가정한다.
      if (data[cell]) {
        // 현재 데이터점을 해당 행과 열에 할당한다.
        data[cell].x = j;
        data[cell].y = i;
        // 데이터셋 인덱스를 증가시킨다.
        cell++;
      }
      else {
        break;
      }
    }
  }

  return data;
}
```

이 그리드 레이아웃을 테스트하려면 tweets.json을 로딩해 그리드에 전달해야 한다. grid() 함수는 계산된 그리드 위치에 따라 화면 요소를 출력힌다. tweets.json에서 가져온 데이터를 그리드 레이아웃에 전달하는 방법은 [리스트 10.3]과 같다.

```
d3.json("tweets.json", function(error, data) {
    makeAGrid(data);
})

function makeAGrid(data) {
    // 그리드의 크기를 SVG 그림 영역에 맞게 조정하는 스케일
    var scale = d3.scale.linear().domain([0,5]).range([100,400]);
    var grid = d3.layout.grid();
    var griddedData = grid(data.tweets);

    d3.select("svg").selectAll("circle")
      .data(griddedData)
      .enter()
      .append("circle")
      // 레이아웃의 계산된 x와 y값에 기초해 스케일된 위치에 놓는다.
      .attr("cx", function(d) {return scale(d.x);})
      .attr("cy", function(d) {return scale(d.y);})
      .attr("r", 20)
      .style("fill", "pink");
}
```

이 코드를 실행하면 [그림 10.1]과 같이 그리드 함수가 XY 좌표를 제대로 추가해 각 트윗을 하나의 원으로 그린다. 이 예제에서는 데이터셋이 10개의 트윗으로 구성돼 있으며, 각 트윗을 분홍색 원으로 표현한다.

그림 10.1 우리가 만든 그리드 레이아웃을 실행한 모습

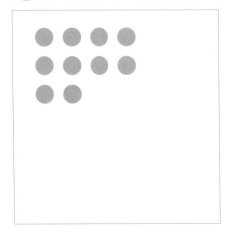

레이아웃으로 구현하면 데이터를 추가할 때 자동으로 화면이 조정되고 애니메이션으로 조정되는 모습을 보여줄 수 있는 장점이 있다. 애니메이션하기 전에, 데이터가 더 필요하다. [리스트 10.4]에서는 트윗을 나타내는 데이터를 만들려 코드 몇 줄을 추가했다.

리스트 10.4 그리드에 요소 추가

```
var fakeTweets = [];
// 가짜 트윗 12개를 새로 만든다.
for (var x = 0;x < 12;x++) {
  var tweet = {id: x, content: "Fake Tweet #" + x};
  fakeTweets.push(tweet);
}

// 원래 데이터셋과 결합해 새로운 데이터셋을 만든다.
var doubledArray = data.tweets.concat(fakeTweets);
var newGriddedData = grid(doubledArray);

// 새로운 트윗은 모두 원점에 추가한다.
d3.select("svg").selectAll("circle")
  .data(newGriddedData)
  .enter()
  .append("circle")
  .attr("cx", 0)
  .attr("cy", 0)
  .attr("r", 20)
  .style("fill", "darkred");

// 기존 트윗을 포함한 모든 트윗을 새로 계산된 위치로 이동한다.
d3.select("svg").selectAll("circle")
  .transition()
  .duration(1000)
  .attr("cx", function(d) {return scale(d.x)})
  .attr("cy", function(d) {return scale(d.y)})
```

자바스크립트 배열의 concat() 메서드를 사용하므로, 이 코드를 실행하면 그리드가 [그림 10.1]에서 [그림 10.2]로 바뀐다. 이때 새로운 요소([그림 10.2]에서 진한 색)는 기존 요소 뒤에 추가된다. 격자의 크기를 4x4에서 5x5로 변경하므로 기존 요소도 새로 계산된 위치로 이동한다. [그림 10.2]는 원들이 기존 위치에서 새로운 위치로 이동하는 과정을 캡처한 모습이다.

그림 10.2 자동으로 크기를 조정하는 그리드 레이아웃

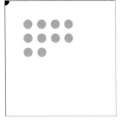  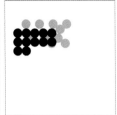 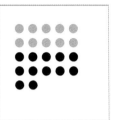

그리드 크기를 미리 정해 스케일을 계산하면 코드의 효율이 떨어진다. 다른 사람이 이 레이아웃을 사용할 때 문제가 있을 수 있다. 따라서 레이아웃을 설계할 때는 레이아웃 코드 안에서 필요에 따라 크기를 조정할 수 있게 해야 한다. 그렇게 만들려면 processGrid() 함수 안에 지역변수를 추가하고 사용자가 이 변수를 바꿀 수 있는 접근자를 만들어야 한다. 인자와 함께 접근자를 호출하면 변숫값이 인잣값으로 설정되고, 인자 없이 접근자를 호출하면 현재 설정된 값을 반환한다. 자바스크립트에 내장된 arguments 객체로 인자의 존재 유무를 판단할 수 있다. 이렇게 수정한 코드는 [리스트 10.5]와 같다.

리스트 10.5 size() 메서드를 추가한 d3.layout.grid

```
d3.layout.grid = function() {
  // 변수를 기본값으로 초기화한다.
  var gridSize = [10,10];
  // 스케일을 두 개 만들지만 레인지와 도메인은 정의하지 않는다.
  var gridXScale = d3.scale.linear();
  var gridYScale = d3.scale.linear();

  function processGrid(data) {
    var rows = Math.ceil(Math.sqrt(data.length));
    var columns = rows;

    // 레이아웃을 호출할 때마다 레인지와 도메인을 정의한다.
    gridXScale.domain([1,columns]).range([0,gridSize[0]]);
    gridYScale.domain([1,rows]).range([0,gridSize[1]]);

    var cell = 0;

    for (var i = 1; i <= rows; i++) {
      for (var j = 1; j <= columns; j++) {
        if (data[cell]) {
          // 스케일된 값을 x와 y 속성에 저장한다.
```

```
              data[cell].x = gridXScale(j);
              data[cell].y = gridYScale(i);
              cell++;
            }
            else {
              break;
            }
          }
        }

        return data;
      }

      // 레이아웃 크기에 대한 게터/세터 메서드
      processGrid.size = function(newSize) {
        if (!arguments.length) return gridSize;
        gridSize = newSize;
        return this;
      }

      return processGrid;
    }
```

[리스트 10.6]은 개선한 그리드 레이아웃을 사용하려고 호출하는 코드를 약간 수정했다. 크기를 설정하고, 원을 생성할 때는 스케일된 값 대신 x와 y 속성을 바로 사용한다.

리스트 10.6 개선된 그리드 레이아웃 호출

```
var grid = d3.layout.grid();
// 레이아웃 크기를 설정한다.
grid.size([400,400]);
var griddedData = grid(data.tweets);

d3.select("svg")
  .append("g")
  .attr("transform", "translate(50,50)")
  .selectAll("circle").data(griddedData)
  .enter()
  .append("circle")
  // x와 y값에 따라 원을 위치시킨다.
  .attr("cx", function(d) {return d.x})
  .attr("cy", function(d) {return d.y})
```

```
        .attr("r", 20)
        .style("fill", "pink");

    var fakeTweets = [];
    for (var x = 0;x<12;x++) {
      var tweet = {id: x, content: "Fake Tweet #" + x};
      fakeTweets.push(tweet);
    }

    var doubledArray = data.tweets.concat(fakeTweets);
    var newGriddedData = grid(doubledArray);

    d3.select("g").selectAll("circle").data(newGriddedData)
        .enter()
        .append("circle")
        .attr("cx", 0)
        .attr("cy", 0)
        .attr("r", 20)
        .style("fill", "darkred");

    d3.select("g").selectAll("circle")
        .transition()
        .duration(1000)
        .attr("cx", function(d) {return d.x})
        .attr("cy", function(d) {return d.y})
        // 전환이 끝날 때 resizeGrid1() 함수를 호출한다.
        .each("end", resizeGrid1);
```

이 코드는 [리스트 10.7]의 resizeGrid1() 함수를 호출하고, resizeGrid1() 함수는 다시
resizeGrid2() 함수를 호출한다. resizeGrid1() 함수와 resizeGrid2() 함수는 레이아웃의
크기를 갱신하고 레이아웃이 생성한 화면 요소를 갱신할 수 있다.

리스트 10.7 resizeGrid1() 함수

```
    // 크기를 작게 변경하고, 레이아웃을 다시 적용해 화면을 갱신한다.
    function resizeGrid1() {
      grid.size([200,200]);
      grid(doubledArray);

      d3.select("g").selectAll("circle")
        .transition()
```

```
        .duration(1000)
        .attr("cx", function(d) {return d.x})
        .attr("cy", function(d) {return d.y})
        .each("end", resizeGrid2);
    };

    // 다른 크기로 한 번 더 실행한다.
    function resizeGrid2() {
      grid.size([200,400]);
      grid(doubledArray);

      d3.select("g").selectAll("circle")
        .transition()
        .duration(1000)
        .attr("cx", function(d) {return d.x;})
        .attr("cy", function(d) {return d.y;});
    };
```

이렇게 하면 [그림 10.3]과 같이 정의된 공간에 딱 맞는 그리드가 만들어진다. 요소를 위치하려
고 스케일을 만들 필요는 없다.

그림 10.3 400x400의 그리드 레이아웃

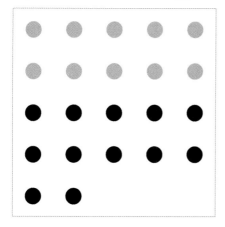

[그림 10.4]는 크기 설정을 변경함에 따라 그리드의 크기가 변하는 애니메이션을 보여준다. 더
작거나 더 길어진 영역에 맞게 그리드가 변한다. 이 과정은 전환의 "end" 이벤트로 수행한다.
"end" 이벤트를 처리하는 함수에서 원래의 그리드 레이아웃을 사용하지만 크기를 변경해 레이
아웃을 데이터셋에 다시 적용한다.

그림 10.4 200x200(왼쪽)일 때와 200x400(오른쪽)일 때의 그리드 레이아웃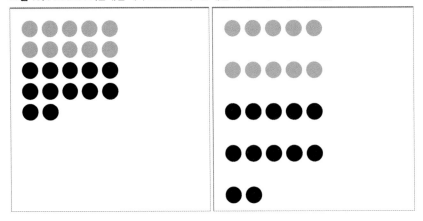

다음 내용으로 넘어가기 전에 레이아웃의 작동 방식을 잘 이해하려 레이아웃을 약간 더 확장해 보자. D3에서 레이아웃은 원으로 가득 찬 그리드처럼 구체적인 무엇인가를 만들기 위한 것이 아니다. 레이아웃은 다양한 그래픽 기법으로 표시할 수 있도록 데이터셋에 표시를 달아주는 것이다. 레이아웃을 사각형으로 표현하고 싶다고 가정하자. 그리드에서는 사각형을 사용하는 편이 더 좋을 수도 있다.

사각형(그리드를 사용하는 사용자가 높이와 너비를 다르게 설정할 수 있으므로 '정사각형'보다는 '직사각형'에 가깝다)으로 표시하려면 높이와 너비를 계산할 수 있어야 한다. 이 기능은 [리스트 10.8]과 같이 기존 레이아웃 함수에 쉽게 추가할 수 있다.

리스트 10.8 그리드 셀의 높이와 너비 계산

```
var gridCellWidth = gridSize[0] / columns;
var gridCellHeight = gridSize[1] / rows;

// 그 밖에 기존 코드

for (var i = 1; i <= rows; i++) {
  for (var j = 1; j <= columns; j++) {
    if (data[cell]) {
      data[cell].x = gridXScale(j);
      data[cell].y = gridYScale(i);
      data[cell].height = gridCellHeight;  // 새로운 코드
      data[cell].width = gridCellWidth;
      cell++;
```

```
        }
      else {
        break;
      }
    }
  }
```

레이아웃을 이렇게 구현하면 레이아웃을 호출하고 〈circle〉 요소 대신 〈rect〉 요소를 추가할 수 있다. [리스트 10.9]는 개선한 레이아웃을 호출해 x와 y 속성을 설정하고(중점에서 그리는 〈circle〉과 달리 〈rect〉 요소는 왼쪽 위부터 그린다), 레이아웃이 계산한 너비와 높이를 적용한다.

리스트 10.9 레이아웃에 사각형 추가

```
d3.select("g").selectAll("rect")
  .transition()
  .duration(1000)
  .attr("x", function(d) {return d.x - (d.width / 2);})
  .attr("y", function(d) {return d.y - (d.height / 2);})
  .attr("width", function(d) {return d.width;})
  .attr("height", function(d) {return d.height;})
  .each("end", resizeGrid1);
```

이에 맞춰 나머지 코드도 변경하면 원의 경우와 마찬가지로 크기가 바뀌면서 애니메이션으로 전환한다. 그리드 셀에 사각형을 사용하는 그리드 레이아웃은 [그림 10.5]에서 보는 것처럼 그리드 셀의 크기에 따라 사각형의 모양도 바뀐다.

그림 10.5 사각형 그리드 레이아웃의 3가지 모습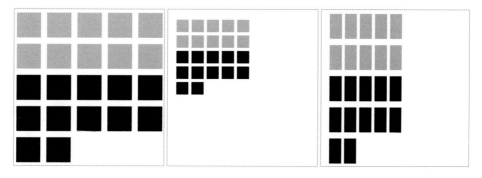

이것은 간단한 예제일 뿐이며 이 책에서 사용한 다른 예제처럼 많은 기능을 제공하지는 않는다. 하지만 이렇게 간단한 레이아웃도 재사용할 수 있고, 콘텐츠를 애니메이션하는 기능을 제공할 수 있다는 것을 알게 됐다. 이제 D3에서 재사용할 수 있는 또 다른 형태인 컴포넌트를 알아보자.

10.2 컴포넌트 만들기

우리는 d3.svg.axis를 사용하면서 컴포넌트가 어떻게 작동하는지 이미 알고 있다. 브러시도 화면 요소를 생성할 수 있으므로 '컴포넌트'라고 생각할 수 있다. 하지만 브러시는 상호작용성을 내장하고 있으므로 일반적으로 '컨트롤'이라고 한다.

여기에서는 간단한 범례를 컴포넌트로 만들어본다. 범례는 데이터를 시각화할 때 자주 사용하며 몇 가지 공통적인 특징이 있다. 먼저, 범례를 만들려면 조금 더 흥미로운 데이터셋이 필요하다(물론 여기에서는 기존 그리드 레이아웃을 계속 사용한다). 우리가 만들 범례는 레이블이 붙은 사각형으로 구성하며, 각 사각형은 D3 스케일에 의해 데이터점에 할당된 색상으로 표현한다. 이렇게 만들면 얼핏 봐도 어느 색이 데이터 시각화의 어느 값에 해당하는지 알 수 있다.

10.2.1 예제 데이터 로딩

tweets.json 데이터 대신 world.geojson을 사용한다. 지도에 그리지 않고 10.1절에서 구현한 그리드 레이아웃으로 각 나라를 하나의 데이터점으로 표현한다.

리스트 10.10 그리드 안에 전 세계 로딩

```
d3.json("world.geojson", function(error, data) {
    makeAGrid(data);
})

function makeAGrid(data) {
  var grid = d3.layout.grid();
  grid.size([300,300]);
  var griddedData = grid(data.features);
```

```
// 각 나라의 면적을 계산해 데이터점에 추가한다.
  griddedData.forEach(function (country) {
      country.size = d3.geo.area(country);
  });

  d3.select("svg")
    .append("g")
    .attr("transform", "translate(50,50)")
    .selectAll("circle")
    .data(griddedData)
    .enter()
    // 나라별 원을 추가한다.
    .append("circle")
    .attr("cx", function(d) {return d.x})
    .attr("cy", function(d) {return d.y})
    .attr("r", 10)
    .style("fill", "lightgray")
    .style("stroke", "black")
    .style("stroke-width", "1px");
};
```

[리스트 10.10]의 코드를 실행하면 [그림 10.6]과 같다. 지리 데이터를 로딩해 지형 모양이 아니라 전혀 다른 방식으로 표현하는 것이 이상하게 여겨질 수도 있다. 하지만 데이터를 전형적인 방식과 다르게 표현하면 사용자의 주의를 데이터의 패턴으로 이끄는 데 도움이 된다.

그림 10.6 그리드로 표현한 전 세계

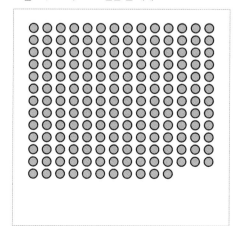

여기에서는 각 나라의 면적만 고려한다. quantize 스케일로 각 나라를 면적별로 여러 범주에 분류해 나라별 색상을 정한다. 여기에서는 빨간색 계통의 연한 색에서부터 진한 색까지 분류하는 colorbrewer.Reds[7] 배열을 사용한다. quantize 스케일은 나라를 7개의 그룹으로 분류한 코드는 [리스트 10.11]과 같으며, [그림 10.7]은 이 코드를 실행한 모습이다.

리스트 10.11 그리드 색상 변경

```
// 데이터 배열을 원에 바인딩한다.
var griddedData = d3.selectAll("circle").data();
var sizeExtent = d3.extent(griddedData, function (d) {return d.size;});
var countryColor = d3.scale.quantize()
                         .domain(sizeExtent).range(colorbrewer.Reds[7]);
d3.selectAll("circle").style("fill", function (d) {
                return countryColor(d.size);});
```

그림 10.7 지역에 따라 색칠한 원

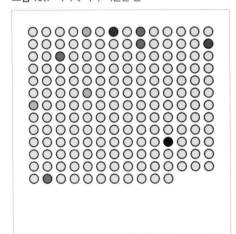

데이터 시각화의 완성도를 높이려면 나라나 다른 요소에 레이블을 붙여 그 나라의 대륙이나 지역을 표시할 수도 있다. 그러나 여기에서는 색상이 가리키는 것을 설명하는 데 집중한다. 다시 말해, 3장의 월드컵 예제에서 했던 모달 다이얼로그나 이 책에서 지금까지 설명한 레이블 기법을 사용하는 등 데이터의 다른 측면을 설명하는 방법은 고민하지 않을 것이다. 범례가 도움이 되려면 색상별 범주를 설명하고 어느 색상이 어느 범위의 값에 연결되는지 알려줘야 한다.

본격적인 작업에 들어가기 전에, 호출되면 화면 요소를 생성하는 컴포넌트를 먼저 만들어보자. 셀렉션에 d3.select("#something").call(someFunction)으로 호출하는 것은 someFunction(d3.select("#something"))과 같다는 것을 기억해두자. 이 점을 염두에 두고 [리스트 10.12]와 같이 셀렉션을 받아 연산을 적용하는 함수를 정의한다.

리스트 10.12 간단한 컴포넌트

```
d3.svg.legend = function() {

    // 컴포넌트가 call() 함수로 호출돼 셀렉션을 받는다.
    function legend(gSelection) {
        var testData = [1,2,3,4,5];

        // 그 셀렉션에 사각형을 추가한다.
        gSelection.selectAll("rect")
                    .data(testData)
                    .enter()
                    .append("rect")
                    .attr("height", 20)
                    .attr("width", 20)
                    .attr("x", function (d,i) {return i *25})
                    .style("fill", "red")
        return this;
    }

    return legend;
};
```

그러고 나서 〈g〉 요소를 차트에 추가하고 이 컴포넌트를 호출하면 [그림 10.8]과 같이 실행된다.

```
var newLegend = d3.svg.legend();

d3.select("svg").append("g")
    .attr("id","legend")
    .attr("transform", "translate(50,400)")
    .call(newLegend);
```

그림 10.8 범례로 빨간 사각형 다섯 개를 가진 그리드 차트

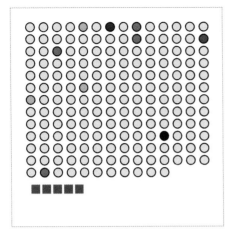

이제 컴포넌트 구조를 갖췄으니 그리드 레이아웃의 경우처럼 사용자가 크기를 지정하는 등 기능을 추가하면 된다. 그리고 이 범례가 어디에서 데이터를 가져올지 생각해야 한다. 축 컴포넌트의 패턴과 마찬가지로 우리가 사용하고 유도한 스케일을 범례가 직접 참조하고, 그 스케일에서 색상과 일련의 값을 연결하는 방법이 가장 타당하다.

10.2.2 컴포넌트와 스케일의 연결

우선, 스케일을 입력받아 필요한 레인지 대역을 유도하는 함수를 만들어야 한다. 전달할 스케일은 그리드 안의 원에 색을 채우려 사용했던 countryColor 스케일이다. 이 스케일은 quantize 스케일이므로 범례 컴포넌트가 일단 quantize 스케일만 처리하도록 하드코딩한다. 더 범용적인 범례 컴포넌트를 만들려면 D3가 사용하는 다양한 스케일을 알아보고 처리할 수 있어야 한다.

모든 스케일에 역함수가 있듯이 범례 컴포넌트도 어느 도메인값이 어느 범윗값에 매핑돼 있는지 알려줄 수 있어야 한다. 먼저 quantize 스케일이 스케일로 나타날 때 값의 범위를 알아야 한다. 레인지는 scale.quantize.range() 메서드를 호출하면 간단히 구할 수 있다.

```
countryColor.range()
// ["#fee5d9", "#fcbba1", "#fc9272", "#fb6a4a", "#ef3b2c", "#cb181d", "#99000d"]
```

그러고 나서 이 값들을 scale.quantize.invertExtent() 메서드에 전달하면 각 색상에 매핑된 수치형 도메인을 구할 수 있다.

```
countryColor.invertExtent("#fee5d9")
// [0.000006746501002759535, 0.05946855349777645]
```

이 두 메서드가 구현돼 있으면 범례 컴포넌트에 스케일을 할당하고 그 스케일에서 범례에 필요한 데이터셋을 유도하려면 legend() 함수 자체를 갱신하면 된다. [리스트 10.13]은 quantize 스케일로 필요한 데이터셋을 생성하는 d3.legend.scale() 메서드와 그 데이터로 더욱 의미 있게 〈rect〉 요소를 그리는 legend() 함수를 보여준다.

리스트 10.13 개선된 legend() 함수

```
d3.svg.legend = function() {
    var data = [];
    // 기본 크기를 설정한다.
    var size = [300,20];
    // X-축을 초기화하지만 도메인이나 레인지는 설정하지 않는다.
    var xScale = d3.scale.linear();
    // 컴포넌트에 전달할 스케일
    var scale;

    function legend(gSelection) {

        // 스케일을 데이터 배열에 처리하려 함수를 호출한다.
        createLegendData(scale);

        // X-축 스케일을 설정한다.
        var xMin = d3.min(data, function(d) {return d.domain[0];});
        var xMax = d3.max(data, function(d) {return d.domain[1];});

        // X-축 스케일을 설정한다.
        xScale.domain([xMin,xMax]).range([0,size[0]])

        // 컴포넌트 설정과 스케일 데이터에 기초해 사각형을 그린다.
        gSelection.selectAll("rect")
                .data(data)
                .enter()
                .append("rect")
                .attr("height", size[1])
```

```
                    .attr("width", function (d) {
                        return xScale(d.domain[1]) - xScale(d.domain[0]);
                    })
                    .attr("x", function (d) {return xScale(d.domain[0]);})
                    .style("fill", function(d) {return d.color;});

        return this;
    };

    // 데이터 배열을 스케일로 처리한다.
    function createLegendData(incScale) {
      var rangeArray = incScale.range();
      data = [];
      for (var x in rangeArray) {
        var colorValue = rangeArray[x];
        var domainValues = incScale.invertExtent(colorValue);
        data.push({color: colorValue, domain: domainValues})
      }
    };

    // 범례의 스케일을 설정하는 게터/세터
    legend.scale = function(newScale) {
            if (!arguments.length) return scale;
            scale = newScale;
            return this;
    };

    return legend;
};
```

개선된 범례 컴포넌트를 호출하고 설정하는 방법은 다음과 같다.

```
var newLegend = d3.svg.legend().scale(countryColor);

d3.select("svg").append("g")
   .attr("transform","translate(50,400)")
   .attr("id", "legend").call(newLegend);
```

새로 개선된 범례는 [그림 10.9]와 같이 각 대역을 뜻하는 사각형을 생성하고 quantize 스케일에 따라 사각형에 색을 칠한다.

그림 10.9 개선된 범례 컴포넌트

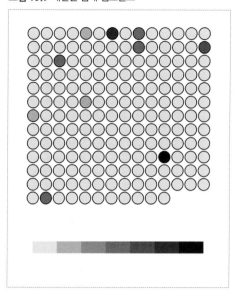

상호작용성을 추가하는 것도 간단하다. 범례 안에 있는 각 사각형이 그리드 안에 있는 원을 검사하는 데 사용할 수 있는 값의 배열 두 개에 대응되기 때문이다. [리스트 10.14]는 범례에 mouseover 이벤트 처리기를 추가해 그리드에서 범례에 해당하는 나라들만 강조해서 보여준다.

리스트 10.14 범례에 상호작용성 추가

```
d3.select("#legend").selectAll("rect").on("mouseover", legendOver);

function legendOver(d) {
  console.log(d)
  d3.selectAll("circle")
    .style("opacity", function(p) {
        if (p.size >= d.domain[0] && p.size <= d.domain[1]) {
          return 1;
        } else {
          return .25;
        }
    });
};
```

이 함수가 범례 컴포넌트 안에 정의돼 있지 않다는 점에 주의하자. 대신 범례가 생성된 후에 이 함수를 호출한다. 생성된 범례 컴포넌트는 차트의 다른 부분과 마찬가지로 데이터가 바인딩된 일련의 SVG 요소일 뿐이기 때문이다. 이 코드를 실행하면 legendOver() 함수에 의해 [그림 10.10]과 같이 범례 위에 마우스 포인터가 올라갈 때 해당 레인지에 속한 나라들을 강조한다.

그림 10.10 마우스오버한 범례 범위의 나라만 강조하는 차트

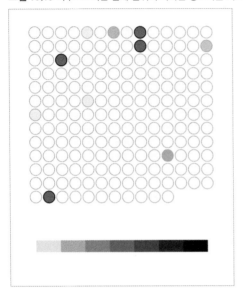

범례 코드 구현을 마치기 전에, 마지막으로 각 색상 대역이 의미하는 것을 알려주는 코드를 구현한다. 축 컴포넌트를 호출해 축이 레인지에 레이블을 붙이게 하거나 직접 각각의 중단점에 레이블을 붙일 수 있다. 여기에서는 d3.geo.area에 제공된 숫자가 너무 작으므로 레이블이 페이지 안에 들어갈 수 있도록 회전하고 축소해야 한다.

[리스트 10.15]는 d3.svg.legend 객체의 legend() 함수를 수정해 레이블을 추가하는 코드다. 이 코드를 실행한 결과는 [그림 10.11]과 같다.

리스트 10.15 범례에 사용한 텍스트 레이블

```
gSelection.selectAll("text")
        .data(data)
        .enter()
        // 텍스트 요소를 이동한 후에 변환하려면 <g> 요소 안에 넣어야 한다.
        // 그렇지 않으면 회전한 후에 변환해 회전한 위치를 기준으로 이동하므로
        // 텍스트가 페이지 밖으로 나간다.
```

```
.append("g")
.attr("transform", function (d) {
    return "translate(" + xScale(d.domain[0]) +"," + size[1] + ")";
})
.append("text")
.attr("transform", "rotate(90)")
.text(function(d) {return d.domain[0];});
```

그림 10.11 초보적인 레이블이 붙은 범례

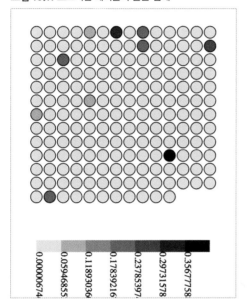

[그림 10.11]에서 보는 것처럼 레이블이 그리 좋지는 않다. 레이블의 위치, 폰트, 스타일을 조정해 더 효과적으로 만들 수도 있을 것이다. 그리고 그리드 레이아웃처럼 크기나 컴포넌트 안의 다른 요소를 정의할 수 있는 메서드도 필요하다.

보통 이쯤에서 필자는 이번 장의 목적은 컴포넌트와 레이아웃의 구조를 보여주는 것이며, 가장 효율적인 레이아웃이나 컴포넌트를 만드는 일은 시간이 오래 걸리는 복잡한 과정으로서 우리는 그 부분을 파고들지는 않을 것이라고 말한다. 그렇지만 이 범례는 정말 못생겼다. 중단점을 알아보기 어렵고 제목과 단위 설명 등 컴포넌트에 빠진 부분이 너무 많다.

10.2.3 컴포넌트 레이블 추가

[리스트 10.16]에서 보여주는 것처럼 조금 전에 말한 기능을 범례에 추가하고 추가 기능에 접근할 수 있게 만들자. 여기에서는 유명한 파이썬 숫자 포맷 간이 언어[1]를 바탕으로 한 숫자 포맷 규칙을 설정할 수 있는 d3.format을 사용한다.

리스트 10.16 범례의 제목과 단위 속성

```
// 이 부분은 d3.svg.legend() 함수 안의 var scale; 선언 바로 다음에 추가된다.
var title = "Legend";
var numberFormat = d3.format(".4n");
var units = "Units";

// 그 밖에 기존 코드

// 다음 함수들은 모두 legend.scale() 정의 후에 추가된다.
legend.title = function(newTitle) {
    if (!arguments.length) return title;
    title = newTitle;
    return this;
};

legend.unitLabel = function(newUnits) {
    if (!arguments.length) return units;
    units = newUnits;
    return this;
};

legend.formatter = function(newFormatter) {
    if (!arguments.length) return numberFormat;
    numberFormat = newFormatter;
    return this;
};
```

[리스트 10.17]은 범례를 그리는 코드에 새로 추가된 속성을 사용한다. 새로 추가한 코드는 SVG ⟨line⟩ 요소를 각 중단점마다 그리고 각 중단점에서는 회전된 텍스트를 버리고 읽기 더 좋은 축약된 텍스트 레이블을 사용한다. 그리고 ⟨text⟩ 요소를 두 개 추가해, 하나는 title 변숫값에 해당하는 범례 위에, 다른 하나는 units 변수에 해당하는 범례 오른쪽 끝에 놓는다.

----

1 https://docs.python.org/release/3.1.3/library/string.html#formatspec

리스트 10.17 개선된 범례 코드

```javascript
// 이 코드는 범례의 <rect> 요소를 그리는 기존 코드 다음에 들어가며, 텍스트를 갱신한다.
gSelection.selectAll("line")
        .data(data)
        .enter()
        .append("line")
        // 중단점마다 선을 그리되, 중단점값보다 약간 아래 지점에 그린다.
        .attr("x1", function (d) {return xScale(d.domain[0]);})
        .attr("x2", function (d) {return xScale(d.domain[0]);})
        .attr("y1", 0)
        .attr("y2", size[1] + 5)
        .style("stroke", "black")
        .style("stroke-width", "2px");


gSelection.selectAll("text")
        .data(data)
        .enter()
        .append("g")
        .attr("transform", function (d) {
            return "translate(" + (xScale(d.domain[0])) +","
                    + (size[1] + 20) + ")";
        })
        .append("text")
        .style("text-anchor", "middle")
        // 회전하지 않은 레이블의 중간에 앵커를 설정하고,
        // 설정한 포맷에 따라 값을 표현한다.
        .text(function(d) {return numberFormat(d.domain[0]);});

// 범례 사각형 위 최솟값 위치에 사용자가 정의한 고정된 제목을 붙인다.
gSelection.append("text")
        .attr("transform", function (d) {
            return "translate(" + (xScale(xMin)) +"," + (size[1] - 30) + ")";
        })
        .text(title);

// 눈금 레이블에서 최댓값 위치에 사용자가 정의한 고정된 유닛 레이블을 붙인다.
gSelection.append("text")
        .attr("transform", function (d) {
            return "translate(" + (xScale(xMax)) +"," + (size[1] + 20) + ")";
        })
        .text(units);
```

수정된 범례 컴포넌트를 사용하려면 legend()를 호출하기 전에 [리스트 10.18]과 같이 추가된 변수들을 설정해야 한다.

리스트 10.18 제목과 단위를 설정해 범례 호출

```
// 범례 제목과 단위 레이블을 설정하고 범례의 눈금에 보여줄 값의 포맷을 지정한다.
var newLegend = d3.svg.legend()
                  .scale(countryColor)
                  .title("Country Size")
                  .formatter(d3.format(".2f"))
                  .unitLabel("Steradians");

d3.select("svg").append("g").attr("transform", "translate(50,400)")
  .attr("id", "legend")
  .call(newLegend);  // 이 부분은 이전 코드와 동일하다.
```

이제 이 코드를 실행하면 [그림 10.12]와 같은 범례를 볼 수 있다. 이 범례는 제목, 단위 레이블을 가졌으며 눈금 레이블을 적절히 포맷했다. 이러한 범례는 레이블의 가독성을 높이고, 여전히 대화형으로 작동하며, 비슷한 스케일을 이용하는 데이터 시각화에서 유용하게 사용할 수 있다.

그림 10.12 적절히 포맷한 범례

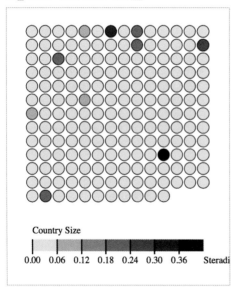

컴포넌트와 레이아웃을 만들면서 D3가 어떻게 작동하는지 더 많이 이해하게 됐겠지만, 컴포넌트와 레이아웃이 중요한 이유는 재사용성 때문이다. 비록 단순하지만 직접 만든 레이아웃과 컴포넌트로 차트를 만들어봤다. 다른 레이아웃이나 컴포넌트와 함께 사용하거나 직접 만든 컴포넌트와 레이아웃만으로 많은 데이터 시각화 차트를 만들 수 있을 것이다.

정보 시각화 용어 : 재사용성이 높은 차트

D3 컴포넌트, 레이아웃, 컨트롤을 사용해보면 레이아웃과 컨트롤을 더 높은 추상 수준에서 재사용할 수 있는 방법이 없을까 하는 생각이 들 것이다. 그런 추상 수준을 '차트'라고 부르며, 재사용할 수 있는 차트를 만드는 것은 D3 커뮤니티에서 관심을 많이 받아왔다.

이런 관심에 힘입어 NVD3, D4, 필자가 만든 d3.carto.map(당연히 웹 지도를 위한 차트다) 등 D3 위에서 여러 API들이 개발됐다. 그리고 재사용할 수 있는 프레임워크인 d3.chart를 개발하는 미소 프로젝트^{The Miso Project}를 낳게 됐다. 재사용할 수 있는 차트를 사용하거나 개발하는 데 관심이 있다면 다음의 사이트를 참조하라.

- d3.chart : http://misoproject.com/d3-chart/
- d3.carto.map : https://github.com/emeeks/d3-carto-map
- D4 : http://visible.io
- NVD3 : http://nvd3.org

그리고 9장에서 다뤄본 축이나 브러시 등 호출할 때마다 자동으로 갱신되는, 높은 반응성을 가진 컴포넌트를 만드는 작업에도 도전해보길 바란다. 아니면 d3.brush 같은 컨트롤과 d3.behavior.drag 같은 행동 객체를 만들어보는 것도 좋다. 이런 패턴을 얼마나 적극적으로 따르든 간에 정보 시각화 작업을 할 때, 레이아웃과 컴포넌트로 추상화할 수 있는 사례를 찾아보고 일회성으로 데이터 시각화를 구현하기보다는 상위 수준의 추상화된 요소들을 만들어 보길 권한다. 상위 수준의 요소들을 만들면 D3를 활용하는 기술이 향상되고 나중의 작업을 위해 여러분이 잘 활용할 수 있는 여러분만의 도구를 갖출 수 있다.

10.3 마치며

이번 장에서는 D3에서 볼 수 있는 레이아웃과 컴포넌트 패턴을 따라 하는 방법을 살펴봤다. 그리고 이 두 요소를 재사용할 수 있게 만들고 하나의 차트에 통합하는 방법을 설명했다. 10장에서는 구체적으로 다음과 같은 내용을 알아봤다.

- 게터와 세터 메서드를 가진 범용 레이아웃 구조 생성하기
- 받은 데이터를 그림 속성으로 변경하는 레이아웃에 필요한 기능 구현하기
- 크기 설정에 기초해 레이아웃의 크기를 동적으로 변경하기
- 개별 그리드 셀의 크기를 동적으로 변경하려 전송된 데이터를 변경하기
- 화면 요소를 생성하는 데 〈g〉 요소가 호출할 수 있는 범용 컴포넌트 만들기
- 직접 만든 범용 컴포넌트를 데이터셋에 대한 스케일과 연결하기
- 〈text〉 요소로 컴포넌트의 각 부분에 레이블 붙이기

11장에서는 대형 데이터셋으로 데이터를 시각화할 때 유용하게 사용할 수 있는 최적화 기법들을 살펴본다.

대형 데이터 시각화

- 여러 형으로 구성된 무작위 대형 데이터 생성하기

- 대형 데이터셋을 그리는 데 SVG와 함께 HTML5 캔버스 사용하기

- 지리 공간, 네트워크, 전통적인 데이터 시각화 최적화하기

- 공간 검색 성능을 향상하는 데 쿼드트리 이용하기

11장에서는 많은 양의 데이터로 시각화하는 기법을 집중적으로 살펴본다. 실제 대형 데이터셋을 사용하는 것은 현실적으로는 거의 불가능하므로, 여기에서는 코드를 테스트할 대량 샘플 데이터를 생성하는 방법도 간략히 알아본다. 6장에서 사용한 힘-방향 네트워크 레이아웃, 7장에서 사용한 지리 공간 지도뿐만 아니라 9장에서 설명한 브러시 컴포넌트 등을 사용한다. 여기에서 사용하는 브러시는 X-축과 Y-축을 모두 이용해 영역을 선택한다.

이번 장에서는 D3에서 제공하는 독특한 기능인 쿼드트리quadtree를 간략히 설명한다. 쿼드트리를 사용하면 상호작용성과 성능을 향상시킬 수 있다. 그리고 지도(11.1절), 네트워크(11.2절), D3 쿼드트리를 예로 들어, SVG로 상호작용성을 유지하면서도 HTML5 캔버스를 병행 사용해 성능을 향상하는 방법을 설명한다. [그림 11.1]은 이번 장에서 설명할 쿼드트리의 예다.

그림 11.1 SVG와 HTML5 캔버스를 병행 사용하는 예

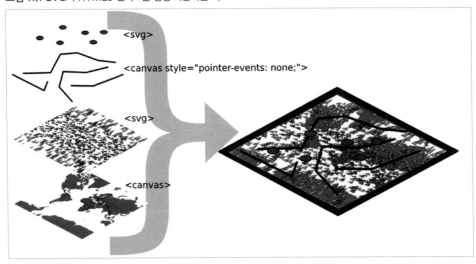

지금까지는 비교적 작은 데이터를 이용했지만, 여기에서는 지도, 네트워크, 그리고 통상적인 서클 팩, 막대 그래프, 스프레드시트 등의 차트보다 리소스를 많이 사용하는 차트를 이용하겠다. 그러한 차트로 수천 개의 데이터점을 표현함으로써 판을 상당히 키워볼 것이다.

11.1 대형 지리 데이터

7장에서는 전체 지구본에서 단 10개의 도시만 보여줬다. 하지만 일반적으로 지리 데이터로 작업할 때는 훨씬 더 많은 도시와 복잡한 지형을 가진 데이터셋으로 작업할 것이다. 다행히도 D3는 HTML5 캔버스로 복잡한 데이터를 그리는 작업의 성능을 극적으로 향상하는 기능을 내장하고 있다. 이번 장에서는 [리스트 11.1]에서 보는 것처럼 DOM 안에 〈canvas〉 요소를 넣어야 한다.

리스트 11.1 bigdata.html

```
<!doctype html>
<html>
<head>
  <title>Big Data Visualization</title>
```

```
    <meta charset="utf-8" />
      <link type="text/css" rel="stylesheet" href="bigdata.css" />
  </head>
  <body>
  <div>
  <!— style 속성이 아니라 height와 width 속성을 설정해야 한다. —>
  <canvas height="500" width="500"></canvas>
    <div id="viz">
      <svg></svg>
    </div>
  </div>
  <footer>
    <script src="d3.v3.min.js" type="text/javascript"></script>
  </footer>
  </body>
  </html>
```

이번 장에서 만들 몇 가지 화면 요소와 〈canvas〉 요소를 처리하려면 [리스트 11.2]와 같이
CSS를 설정해야 한다. HTML5 캔버스를 SVG 요소의 배경으로 사용해야 하므로 〈canvas〉
요소와 〈svg〉 요소를 같은 곳에 놓는다.

리스트 11.2 bigdata.css

```
body, html {
  margin: 0;
}

/* 이번 장에서는 SVG를 캔버스 앞에 놓으며,
   캔버스 요소와 SVG 요소를 같은 위치에 놓는다. */
canvas {
  position: absolute;
  width: 500px;
  height: 500px;
}
/* SVG도 같은 위치에 설정한다. */
svg {
  position: absolute;
  width:500px;
  height:500px;
}
path.country {
```

```
    fill: gray;
    stroke-width: 1;
    stroke: black;
    opacity: .5;
  }
  path.sample {
    stroke: black;
    stroke-width: 1px;
    fill: red;
    fill-opacity: .5;
  }
  line.link {
    stroke-width: 1px;
    stroke: black;
    stroke-opacity: .5;
  }
  circle.node {
    fill: red;
    stroke: white;
    stroke-width: 1px;
  }
  circle.xy {
    fill: pink;
    stroke: black;
    stroke-width: 1px;
  }
```

11.1.1 무작위 지리 데이터의 생성

먼저 데이터점이 천 개 들어 있는 데이터셋이 필요하다. 미리 생성한 파일에서 데이터를 가져
오는 대신 데이터를 만들어낼 것이다. 여기에서는 값의 배열을 생성하는 d3.range() 함수를
사용하는 편이 좋다. d3.range() 함수로 값을 천 개 가진 배열을 만든다. 그리고 나서 이 배열
로 네트워크와 지도에 올려놓을 데이터를 충분히 가진 객체의 배열을 채운다. 이 데이터를 지
도 위에 올려놓을 것이므로 [리스트 11.3]과 같이 geoJSON 포맷으로 데이터를 만들어야 함에
주의하자. [리스트 11.3]은 randomCoords() 함수로 삼각형을 만든다.

리스트 11.3 샘플 데이터 생성

```
// d3.range()로 배열을 만들고, map() 메서드로 배열 요소마다 동일 연산을 적용한다.
var sampleData = d3.range(1000).map(function(d) {
    // 지도 위에 놓는 데 필요한 속성을 가진 datapoint 객체를 만든다.
    var datapoint = {};
    datapoint.id = "Sample Feature " + d;
    datapoint.type = "Feature";
    datapoint.properties = {};
    datapoint.geometry = {};
    datapoint.geometry.type = "Polygon";
    datapoint.geometry.coordinates = randomCoords();
    return datapoint;
});

// 삼각형을 그릴 영역을 무작위로 생성해 반환한다.
function randomCoords() {
  var randX = (Math.random() * 350) - 175;
  var randY = (Math.random() * 170) - 85;
  return [[[randX - 5,randY],[randX,randY - 5],
         [randX - 10,randY - 5],[randX - 5,randY]]];
};
```

이렇게 데이터를 생성한 후에는 7장에서 처음으로 만든 지도처럼, 그저 지도 위에 뿌리면 된다. [리스트 11.4]에서는 7장에서 사용했던 world.geojson 파일을 바탕에 깔고 그 위에 삼각형들을 그린다.

리스트 11.4 샘플 데이터를 지도 위에 그리기

```
d3.json("world.geojson", function(data) {createMap(data)});

function createMap(countries) {
  // <g> 대신 projection 객체를 패닝하므로
  // 나중에 projection을 캔버스에 그릴 수 있다.
  projection = d3.geo.mercator()
                .scale(100).translate([250,250])

  geoPath = d3.geo.path().projection(projection);
  g = d3.select("svg").append("g");

  g.selectAll("path.country")
```

```
        .data(countries.features)
        .enter()
        .append("path")
        .attr("d", geoPath)
        .attr("class", "country");

    g.selectAll("path.sample")
        .data(sampleData)
        .enter()
        .append("path")
        .attr("d", geoPath)
        .attr("class", "sample");
};
```

이 코드를 실행하면 [그림 11.2]와 비슷한 결과가 나온다. 삼각형의 위치를 무작위로 생성하므로 정확한 위치는 다를 수 있다.

그림 11.2 SVG만으로 지도 위에 무작위로 그린 삼각형

이렇게 조그만 지도에서도 데이터점 천 개는 그리 많은 것이 아니다. 그리고 SVG를 지원하는 모든 브라우저에서 이 데이터를 순식간에 렌더링하므로, 데이터 화면에서 마우스오버나 클릭 이벤트 등을 처리할 수 있다. 하지만 [리스트 11.5]처럼 zoom 컨트롤을 추가하면(7장에서 차트를 확대하는 데 사용했던 컨트롤), 지도의 확대나 패닝 성능이 떨어지는 것을 체감할 수 있다. 사용자가 모바일 디바이스에서 접속하는 경우를 대비해서도 성능을 최적화할 필요가 있다.

리스트 11.5 지도에 zoom 컨트롤 추가

```
mapZoom = d3.behavior.zoom().translate(projection.translate())
            .scale(projection.scale()).on("zoom", zoomed);
d3.select("svg").call(mapZoom);

function zoomed() {
    // 이 예제에서는 projection을 확대했는데,
    // 이렇게 하면 나중에 캔버스에 요소들을 그리기 더 쉬워진다.
    projection
      .translate(mapZoom.translate())
      .scale(mapZoom.scale());

    d3.selectAll("path.sample").attr("d", geoPath);
    d3.selectAll("path.country").attr("d", geoPath);
};
```

정보 시각화 용어 : 빅 데이터 시각화

요즘 빅 데이터는 펜티엄 2, 리치 인터넷 애플리케이션, 버피[1] 코스프레처럼 한물 간 유행처럼 보인다. 너무 많아서 처리할 수 없었던 데이터셋이 다양하게 존재했으므로 빅 데이터의 등장은 많은 관심을 이끌었다. 빅 데이터는 흔히 하둡 저장소나 GPU 슈퍼컴퓨팅 등의 특화된 기법(과 이에 동반하는 값비싼 컨설턴트)과 연관돼 있다.

그렇지만 '빅'이라는 의미는 관찰자의 시각에 따라 달라진다. 데이터 시각화 분야에서는 빅 데이터 표현이 수천이나 수만, 수억 개의 데이터점을 한꺼번에 화면에 표현하는 것을 의미하지 않는다. 오히려 엄청나게 큰 데이터셋을 인구통계학적, 기하학적, 혹은 전통적인 통계 분석하는 것을 의미한다. 그래서 빅 데이터 시각화는 엄청나게 클 것이란 기대와 달리 오히려 파이 차트나 막대 그래프의 형태를 취하는 경우가 많다. 물론 일반적으로 브라우저 위에 대화형으로 데이터를 표현하는 방법들과 비교하면, 11장에서 다루는 데이터셋의 크기는 정말 '크다'고 생각할 수 있다.

이제 [그림 11.3]과 같이 지도를 확대하고 패닝할 수 있다. 사용자가 크롬이나 사파리처럼 SVG를 잘 지원하는 브라우저를 사용하고 지도에 기능을 더 추가하지 않는다면 최적화를 그리

---

1 역자주_1992년 개봉한 〈뱀파이어 해결사(Buffy The Vampire Slayer)〉의 여주인공. 〈뱀파이어 해결사〉는 1997년부터 2003년까지 드라마로도 방영됐다.

고민할 필요는 없을 것이다.

그림 11.3 남아메리카 주변 샘플 지리 데이터 확대

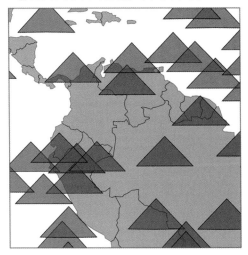

하지만 모든 최신 브라우저에서 작동해야 하는 대화형 웹 사이트를 만들고 싶다면 어떨까? 파이어폭스의 SVG 성능은 그리 좋지 못하므로 파이어폭스에서 이 지도를 확대하는 것은 그리 즐거운 경험이 아닐 것이다. d3.range() 설정을 1,000에서 5,000으로 변경하면 SVG를 잘 처리하는 브라우저에서조차 속도가 느려지기 시작한다.

11.1.2 캔버스로 지리 데이터 그리기

앞에서도 간략히 언급했듯이 SVG 대신 캔버스로 요소를 그리면 최적화할 수 있다. 그러므로 이번 장에서 사용하는 HTML에 캔버스 요소를 SVG 요소 바로 밑에 넣은 것이다. D3의 enter() 구문으로 SVG 요소를 생성하는 대신 d3.geo.path에 내장된 기능으로 HTML5 캔버스에 넣을 콘텐츠를 작성한다. [리스트 11.6]는 기존 데이터셋에 내장된 기능을 적용하는 방법이다.

리스트 11.6 캔버스로 지도 그리기

```
function createMap(countries) {
  projection = d3.geo.mercator().scale(50).translate([150,100]);
  geoPath = d3.geo.path().projection(projection);
```

```
mapZoom = d3.behavior.zoom().translate(projection.translate())
            .scale(projection.scale()).on("zoom", zoomed);
d3.select("svg").call(mapZoom);

zoomed();

function zoomed() {
  projection.translate(mapZoom.translate()).scale(mapZoom.scale());

  var context = d3.select("canvas").node().getContext("2d");
  // 캔버스를 갱신할 때는 다시 그리기 전에 반드시 지워야 한다.
  context.clearRect(0,0,500,500);
  // geoPath의 context를 캔버스 context로 변경한다.
  geoPath.context(context);

  // 나라에 대한 스타일을 설정한다.
  context.strokeStyle = "black";
  context.fillStyle = "gray";
  context.lineWidth = "1px";

  for (var x in countries.features) {
    context.beginPath();
    // 캔버스에 각 나라의 지형을 그린다.
    geoPath(countries.features[x]);
    context.stroke()
    context.fill();
  }

  context.strokeStyle = "black";
  context.fillStyle = "rgba(255,0,0,.2)";
  context.lineWidth = "1px";

  for (var x in sampleData) {
    context.beginPath();
    // 캔버스에 각각의 삼각형을 그린다.
    geoPath(sampleData[x]);
    context.stroke();
    context.fill();
  }
};
};
```

[리스트 11.6]이 [리스트 11.5]와 다른 점이 몇 가지 있다. [리스트 11.6]은 요소를 패닝하거나

다시 그리는 데 사용하던 SVG를 사용하지 않고, 대신 캔버스를 지운 후에 다시 그려서 갱신한다. 이 방법이 더 느릴 것 같은 생각이 들지만 오히려 모든 브라우저에서 성능이 향상된다. 특히 SVG 성능이 좋지 않은 브라우저에서 더욱 두드러지게 성능이 향상된다. DOM 안에 수백 혹은 수천 개의 요소를 관리할 필요가 없어지기 때문이다.

[그림 11.4]의 화면을 보면 SVG로 그린 것과 캔버스로 그린 것의 차이가 그리 크지 않다. 캔버스로 지도를 그리면 성능이 향상되지만, 화면을 확대하면 약간 덜 또렷하다. 앞에서 SVG로 그린 것처럼 삼각형들이 부드럽지만([그림 11.4] 왼쪽), 화면을 확대하면 그림이 약간 각지게 나타난다([그림 11.4] 오른쪽).

그림 11.4 캔버스로 그린 작은 지도와 큰 지도

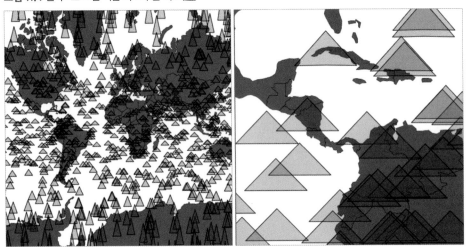

11.1.3 혼합 모드 렌더링 기법

캔버스를 사용하는 경우에는 데이터 시각화에 필요한 상호작용성을 쉽게 제공할 수 없다는 문제점이 있다. 일반적으로 대화형 요소는 SVG로, 대형 데이터셋은 캔버스로 그린다. 지도에 나타난 나라의 지형은 상호작용성을 제공하지 않고 삼각형은 상호작용성을 제공한다면, [리스트 11.7]에서 보는 것처럼 삼각형은 SVG로, 각 나라는 캔버스로 그릴 수 있다. 이렇게 하려면 d3.geo.path를 하나는 SVG용, 다른 하나는 캔버스용으로 만들고 나서 zoomed() 함수 안에서 두 경로를 모두 사용한다.

```
function createMap(countries) {
  var projection = d3.geo.mercator().scale(100).translate([250,250]);
  // 캔버스용과 SVG용으로 두 개의 d3.geo.path 객체를 만들어야 한다.
  var svgPath = d3.geo.path().projection(projection);
  var canvasPath = d3.geo.path().projection(projection);

  var mapZoom = d3.behavior.zoom()
                  .translate(projection.translate())
                  .scale(projection.scale())
                  .on("zoom", zoomed);

  d3.select("svg").call(mapZoom);

  var g = d3.select("svg");

  g.selectAll("path.sample")
   .data(sampleData)
   .enter()
   .append("path")
   .attr("class", "sample")
   .on("mouseover", function() {d3.select(this).style("fill", "pink")});

  // 처음 생성할 때 지도를 갱신한다.
  zoomed();

  function zoomed() {
    projection.translate(mapZoom.translate()).scale(mapZoom.scale());

    var context = d3.select("canvas").node().getContext("2d");
    context.clearRect(0,0,500,500);
    canvasPath.context(context);

    context.strokeStyle = "black";
    context.fillStyle = "gray";
    context.lineWidth = "1px";

    for (var x in countries.features) {
      context.beginPath();
      // 캔버스 지형은 canvasPath로 그린다.
      canvasPath(countries.features[x]);
      context.stroke();
      context.fill();
```

```
    }

    // SVG 지형은 svgPath로 그린다.
    d3.selectAll("path.sample").attr("d", svgPath);
  };
};
```

이렇게 하면 마우스오버 이벤트로 마우스 포인터가 삼각형 위에 올라가면 분홍색으로 바꾸는 등 상호작용성을 유지할 수 있다. 그리고 상호작용성을 제공하지 않는 화면 요소는 SVG 대신 HTML5 캔버스로 렌더링하므로 성능을 극대화한다. [그림 11.5]에서 볼 수 있는 것처럼 이 방법으로 생성한 그림은 캔버스만 사용하거나 SVG만 사용한 그림과 거의 같다.

그림 11.5 혼합 모드에서 상호작용성을 제공하는 삼각형들

그런데 상호작용성을 제공해야 하는 요소가 아주 많이 있으며 이 요소들을 화면에서 패닝하거나 드래그할 수 있으려면 어떻게 해야 할까? 그럴 때는 혼합 모드 렌더링을 선택적으로 사용해 사용자가 상호작용하지 않을 때만 요소들을 캔버스에 그린다. 즉 지도를 확대하거나 패닝할 때는 삼각형을 캔버스로 그리고, 지도를 패닝하지 않고 마우스오버 등 이벤트를 처리해야 할 때는 삼각형을 SVG로 그려야 한다.

zoom 이벤트가 시작되고 끝나는 때는 어떻게 판단할 수 있을까? 예전에는 타이머를 설정해 현재 확대하고 있는지 검사하고 요소들을 다시 그렸다. 그러나 다행스럽게도 D3에서는 zoom 컨트롤에 zoomstart와 zoomend라는 이벤트를 제공한다. 이름에서 알 수 있듯이 zoom 이

벤트가 시작되고 종료될 때 각기 이벤트가 발생한다. [리스트 11.8]을 보면 각 이벤트를 처리하려 zoom 객체를 초기화하는 방법을 보여준다.

리스트 11.8 zoom 객체에 기초한 혼합 렌더링

```
var projection = d3.geo.mercator().scale(100).translate([250,250]);
var svgPath = d3.geo.path().projection(projection);
var canvasPath = d3.geo.path().projection(projection);

// zoom 이벤트에 따라 별도의 함수를 할당한다.
mapZoom = d3.behavior.zoom()
            .translate(projection.translate())
            .scale(projection.scale())
            .on("zoom", zoomed)
            .on("zoomstart", zoomInitialized)
            .on("zoomend", zoomFinished);

d3.select("svg").call(mapZoom);

var g = d3.select("svg").append("g")

g.selectAll("path.sample").data(sampleData)
 .enter()
 .append("path")
 .attr("class", "sample")
 .on("mouseover", function() {
     d3.select(this).style("fill", "pink");
});

// SVG 삼각형과 캔버스 나라 지형을 그리는 데
// [리스트 11.9]의 zoomFinished() 함수를 호출해야 한다.
zoomFinished();
```

이렇게 하면 삼각형을 캔버스에 그리는 코드를 zoomed() 함수 안에 넣고 SVG로 그리는 코드를 zoomed() 함수에서 꺼내 zoomFinished() 함수로 옮길 수 있다. 그리고 SVG에서 숨긴 삼각형을 캔버스에 그리려면 zoomed() 함수를 호출하는 zoomInitialized() 함수를 만들어 확대나 패닝이 시작됐을 때 SVG 삼각형을 숨겨야 한다. 마지막으로 zoomFinished() 함수는 각 나라만 캔버스에 그리는 코드를 담고 있다. zoom 이벤트별로 요소들을 그리는 전략은 [표 11.1]처럼 정리할 수 있다.

표 11.1 zoom 이벤트에 기초한 렌더링 처리

zoom 이벤트	국가 지형 렌더링	삼각형 렌더링
zoomed	캔버스	캔버스
zoomInitialized	캔버스	SVG 숨김
zoomFinished	캔버스	SVG

[리스트 11.9]에서 볼 수 있는 것처럼 이 코드는 비효율적이긴 하지만 다소 얽혀 있는 기능을 상태별로 명확히 구분해서 보여준다.

리스트 11.9 혼합 렌더링을 위한 zoomed() 함수

```
function zoomed() {
  projection.translate(mapZoom.translate()).scale(mapZoom.scale());

  var context = d3.select("canvas").node().getContext("2d");
  context.clearRect(0,0,500,500);
  canvasPath.context(context);

  context.strokeStyle = "black";
  context.fillStyle = "gray";
  context.lineWidth = "1px";

  for (var x in countries.features) {
    context.beginPath();
    canvasPath(countries.features[x]);
    context.stroke()
    context.fill();
  }

  context.strokeStyle = "black";
  context.fillStyle = "rgba(255,0,0,.2)";
  context.lineWidth = 1;

  for (var x in sampleData) {
    // 확대하는 동안 모든 요소를 캔버스에 그린다.
    context.beginPath();
    canvasPath(sampleData[x]);
    context.stroke()
    context.fill();
```

```
    }
  };

  function zoomInitialized() {
    // 확대가 시작되면 SVG 요소들을 숨긴다.
    d3.selectAll("path.sample")
      .style("display", "none");
    // 방금 숨긴 SVG 삼각형을 캔버스에 그리려 zoomed() 함수를 호출한다.
    zoomed();
  };

  function zoomFinished() {
    var context = d3.select("canvas").node().getContext("2d");
    context.clearRect(0,0,500,500);
    canvasPath.context(context)

    context.strokeStyle = "black";
    context.fillStyle = "gray";
    context.lineWidth = "1px";

    for (var x in countries.features) {
      // 확대가 끝날 때는 각 나라만을 캔버스로 다시 그린다.
      context.beginPath();
      canvasPath(countries.features[x]);
      context.stroke()
      context.fill();
    }

    d3.selectAll("path.sample")
      // 확대가 끝날 때 SVG 요소를 보여준다.
      .style("display", "block")
      // SVG 요소의 새로운 위치를 설정한다.
      .attr("d", svgPath);
  };
```

이 코드를 이용하면, 사용자가 지도를 확대하거나 패닝할 때는 지도를 캔버스로 그리지만 지도
의 위치를 고정하고 클릭, 마우스오버 등 이벤트가 발생할 때는 SVG로 그린다. 분야별 최강자
의 만남이라고나 할까. 이 방법의 유일한 단점은 〈canvas〉 요소와 〈svg〉 요소가 불투명도, 채
움색 등의 측면에서 완전히 일치하도록 만들어 두 방식 간에 전환할 때 사용자의 눈에 거슬리
지 않게 만들어야 한다는 것이다.

앞의 코드에서는 이와 같은 처리를 하지 않았으므로 [그림 11.6]에서 보는 것처럼 두 모드가 동시에 작동하고 있는 것을 사용자가 느낄 수 있다. 왼쪽은 지도를 확대하거나 패닝하지 않을 때 보여주는 SVG로 렌더링한 삼각형이고, 오른쪽은 지도를 확대하거나 패닝할 때 보여주는 캔버스에 생성한 삼각형이다. SVG로 그린 삼각형만 사용자의 행동에 따른 fill값을 가졌으며, 이 상태는 캔버스로 그리는 코드에는 반영되지 않는다.

그림 11.6 SVG로 그린 삼각형과 캔버스로 그린 삼각형

한 모드에서 다른 모드로 전환할 때 픽셀 단위의 색상까지 일치하도록 만드는 섬세한 방법은 이 책에서 지면의 제한으로 설명하지 않는다. 하지만 대화형 정보 시각화를 멋지게 구현하려면 두 모드에서 픽셀 단위의 위치와 색상까지 일치해야 한다.

[그림 11.6]을 자세히 들여다보면 오른쪽 화면에 있는 캔버스 요소는 지도 왼쪽 위로 올라가 있으며, ⟨canvas⟩나 ⟨svg⟩의 기본 설정이 다른 여타 브라우저에서 제대로 테스트하지 않았음을 알 수 있다.

마지막으로, 캔버스와 SVG를 동시에 그리는 작업은 난이도가 있다. 예를 들어 캔버스 요소를 일부 SVG 요소 앞에, 나머지 다른 SVG 요소 뒤에 놓으면서 모든 SVG 요소가 상호작용성을 제공하게 만들고 싶은 경우가 있을 것이다. 그런 경우에는 [그림 11.7]처럼 두 개의 SVG 층 사이에 낀 캔버스의 pointer-events 스타일을 설정해야 한다.

그림 11.7 뒤에 그려지는 SVG 영역의 상호작용을 지원하는 방법

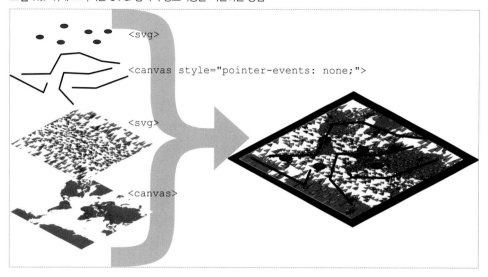

그림 11.7 뒤에 그려지는 SVG 영역의 상호작용을 지원하는 방법

이렇게 DOM 안에 〈svg〉 계층과 〈canvas〉 계층을 층층이 쌓아 올리면 관리하기도 전체적인 개념을 일관되게 유지하기도 어렵다.

11.2 대형 네트워크 데이터

d3.geo.path는 지리 데이터를 캔버스에 그리는 기능을 내장하고 있어서 다행이지만 데이터 시각화 유형들은 어떤가? 6장에서 설명한 힘-방향 레이아웃은 성능에 가장 민감한 레이아웃이다. 이 레이아웃은 매 애니메이션이 틱마다 네트워크에 있는 모든 노드의 위치를 새로 계산한다. SVG를 사용할 때는 네트워크를 계속 다시 그려야 한다. 필자가 D3에서 힘-방향 네트워크 레이아웃을 처음 사용했을 때, 노드가 100개를 넘어가면 너무 느려서 쓸모가 없었다. 대형 네트워크도 SVG를 사용하는 상호작용성과 애니메이션을 이용해야 하는 경우가 있으므로 이런 성능은 문제가 된다.

필자는 깃허브 지스트[2]에 호스팅된 소규모 D3 애플리케이션이 D3 함수를 어떻게 사용하는지 개인적으로 조사한 적이 있다. D3 개발자들이 정보 시각화 기법에 따라 이에 연관된 D3 함수

---

2 http://gist.github.com/

들을 어떻게 사용하는지 알 수 있다. http://emeeks.github.io/introspect/block_block.html에 방문해 이 네트워크를 둘러보고 D3 사용자 컨퍼런스 참석자들이 자신을 어떻게 소개하는지 살펴보기를 바란다.

이런 네트워크 연결을 둘러보려면 수천 개의 예제를 표현하고 연결하는 방법이 필요했다. [그림 11.8]은 이 네트워크의 일부를 보여준다. 이 차트를 보면 마이크 보스톡의 "Bivariate Hexbin Map" 예제[3]에서 사용한 D3 함수와 "Metropolitan Unemployment", "Marey's Trains II", "GitHub Users Worldwide", 총 3개의 예제에서 사용한 D3 함수가 같다. 브러시와 축 컴포넌트를 사용하면 연결 수에 따라 네트워크를 걸러낸다. 필자는 공유된 함수의 임계치에 기초해 네트워크를 변화하며, 하나의 조그만 원으로 표현한 예제 코드를 클릭하면 그 코드의 자세한 설명을 보여줘야 했으므로, 여기에서는 캔버스를 사용할 수 없었다. 대신 지도 위에 삼각형을 그릴 때 살펴본 방식처럼 혼합 렌더링 기법으로 네트워크를 그려야 했다. 여기에서는 엣지를 캔버스로, 노드는 SVG로 그렸다.

그림 11.8 공통으로 사용하는 함수에 기초해 깃허브에 호스팅된 D3 예제 코드들을 연결한 네트워크(별지Ⅷ 참조)

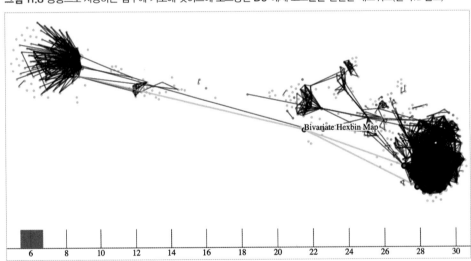

---

3 http://bl.ocks.org/mbostock/4330486

이런 방식으로 네트워크를 혼합 렌더링하는 작업은 지도의 경우처럼 쉽지 않다. d3.geo.path로 일반적인 데이터를 캔버스에 렌더링하는 내장 메서드가 제공되지 않기 때문이다. 캔버스와 SVG를 혼합하는 대형 네트워크를 생성하고 싶다면 함수를 직접 작성해야 한다.

일단 데이터가 필요한 것은 말할 필요도 없다. 이번에는 샘플 지리 데이터 대신 [리스트 11.10]의 코드로 샘플 네트워크 데이터를 생성한다.

리스트 11.10 무작위 네트워크 데이터 생성

```
// 이 스케일은 링크의 90%를 노드의 1%에 연결한다.
var linkScale = d3.scale.linear()
                 .domain([0,.9,.95,1]).range([0,10,100,1000]);

var sampleNodes = d3.range(3000).map(function(d) {
    var datapoint = {};
    datapoint.id = "Sample Node " + d;
    return datapoint;
})

var sampleLinks = [];
```

```
var y = 0;
while (y < 1000) {
  // 각 링크의 출발지는 완전히 무작위로 설정한다.
  var randomSource = Math.floor(Math.random() * 1000);
  // 목적지는 노드의 인기에 따라 가중치를 두어 설정한다.
  var randomTarget = Math.floor(linkScale(Math.random()));
  var linkObject = {source: sampleNodes[randomSource],
                    target: sampleNodes[randomTarget]}
  // 출발지와 목적지가 같은 링크는 버린다.
  if (randomSource != randomTarget) {
    sampleLinks.push(linkObject);
  }
  y++;
}
```

샘플 네트워크 데이터를 만드는 것은 간단하다. 노드의 배열을 생성하고 이 노드 간에 무작위 링크의 배열을 생성하면 되기 때문이다. 그러나 가중치가 있는 샘플 네트워크를 만드는 것은 약간 더 어렵다. [리스트 11.10]의 네트워크 생성기는 약간 복잡하다. 여기에서는 일부 노드들이 매우 인기가 있고 노드 대부분은 인기가 없다고 가정한다(네트워크에서 이런 편중 현상이 있다는 것은 초등학생도 알 것이다). 이 코드를 실행하면 노드 3천 개와 엣지 1천 개로 구성된 네트워크를 생성하는데, 편중 원리 탓에 이 네트워크의 모습이 거대한 헤어볼 모양이 되는 것을 방지한다.

이 네트워크 생성기로 [리스트 11.11]에 있는 코드는 전형적인 힘-방향 레이아웃 객체를 만들고 선과 원이 있는 네트워크를 생성한다.

리스트 11.11 힘-방향 레이아웃

```
// 6장에서 본 것과 같은 평범한 힘-방향 레이아웃 코드
var force = d3.layout.force()
              .size([500,500])
              .gravity(.5)
              .nodes(sampleNodes)
              .links(sampleLinks)
              .on("tick", forceTick);

d3.select("svg")
  .selectAll("line.link")
  .data(sampleLinks)
```

```
    .enter()
    .append("line")
    .attr("class", "link");

d3.select("svg").selectAll("circle.node")
    .data(sampleNodes)
    .enter()
    .append("circle")
    .attr("r", 3)
    .attr("class", "node");

force.start();

function forceTick() {
    // 일단 처음 구현할 때는 모든 화면 요소를 SVG로 만들어
    // 매 애니메이션 틱마다 SVG를 모두 갱신한다.
    d3.selectAll("line.link")
        .attr("x1", function(d) {return d.source.x})
        .attr("y1", function(d) {return d.source.y})
        .attr("x2", function(d) {return d.target.x})
        .attr("y2", function(d) {return d.target.y});

    d3.selectAll("circle.node")
        .attr("cx", function(d) {return d.x})
        .attr("cy", function(d) {return d.y});
};
```

이미 6장을 공부했으니, 이 코드를 이해하는 것은 어렵지 않을 것이다. 무작위 네트워크를 생성하는 것은 복잡하지만 잘 정의된 기술이다. 이 무작위 생성기로 어떤 상을 받을 수 있는 것은 아니지만, 두드러진 구조를 보여준다. 코드를 실행하면 대체로 [그림 11.9]와 같은 결과를 볼 수 있을 것이다. 화면을 캡처한 것이라서 애니메이션 과정을 보여주지는 못한다. 빠른 컴퓨터에서 SVG를 잘 처리하는 브라우저로 실행해도 버벅거리면서 느리게 렌더링된다.

그림 11.9 노드 3,000개와 링크 1,000개로 무작위 생성한 네트워크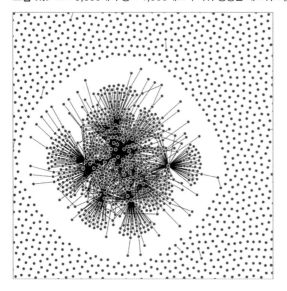

필자는 이 네트워크를 처음 구현했을 때, 매번 틱마다 수천 노드의 위치를 계산하므로 애니메이션이 버벅거리면서 느려진다고 생각했다. 각 노드의 위치를 구하려 노드가 밀고 링크가 당기는 등 수천 가지 요소가 미치는 힘을 계산하는 것이 상당히 무겁게 느껴졌다. 그러나 이 계산이 브라우저를 힘들게 만드는 것은 아니었다. 관리해야 할 DOM 요소가 많으므로 발생하는 문제였다. SVG 선을 캔버스 선으로 변경하면 DOM 요소를 상당히 제거할 수 있다. 이제 [리스트 11.12]처럼 SVG ⟨line⟩ 대신 캔버스에 선으로 링크를 나타내도록 forceTick() 함수를 수정해보자.

리스트 11.12 네트워크 그림의 혼합 렌더링

```
function forceTick() {
  var context = d3.select("canvas").node()
                    .getContext("2d");
  // 캔버스를 갱신하려면 언제나 먼저 지워야 한다.
  context.clearRect(0,0,500,500);

  context.lineWidth = 1;
  // 링크를 검은색 50% 투명도로 그린다.
  context.strokeStyle = "rgba(0, 0, 0, 0.5)";

  sampleLinks.forEach(function (link) {
```

```
        context.beginPath();
        // 각 링크 출발지에서 선을 시작한다.
        context.moveTo(link.source.x,link.source.y)
        // 각 링크 목적지까지 선을 그린다.
        context.lineTo(link.target.x,link.target.y)
        context.stroke();
    });

    // SVG로 노드를 그린다.
    d3.selectAll("circle.node")
        .attr("cx", function(d) {return d.x})
        .attr("cy", function(d) {return d.y});
};
```

[그림 11.10]에서 보는 것처럼 외형적인 네트워크의 렌더링은 비슷하지만, 성능이 극적으로 향상된다. 필자의 경우 캔버스로 링크 1만 개를 그려도 애니메이션과 상호작용성을 충분히 제공할 수 있는 성능이 나왔다. 캔버스에 그리는 코드는 다소 번거롭지만(구형 로고^{LOGO} 언어로 선그리는 코드와 비슷하다) 성능을 생각하면 충분히 가치가 있다.

그림 11.10 노드는 SVG로, 링크는 캔버스로 그린 대형 네트워크 📈

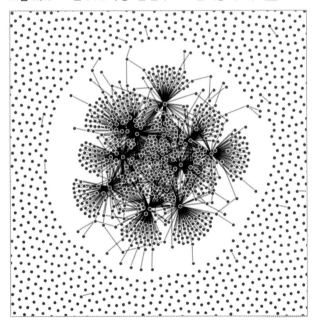

앞에서 지도를 그렸던 기법처럼 애니메이션하는 동안은 캔버스로, 네트워크가 고정된 동안은 SVG로 그릴 수도 있을 것이다. 이제 다음으로 넘어가 대량 데이터를 처리할 수 있는 또 다른 기법인 쿼드트리를 알아보자.

11.3 쿼드트리로 XY 데이터 선택 최적화하기

대형 데이터셋을 사용할 때 어떤 영역 안에 있는 요소를 검색하고 선택하는 작업을 최적화하는 것도 문제다. 예를 들어 XY 좌표를 가진 데이터셋(평면이나 화면에 놓이는 데이터)을 사용하는 경우를 생각해보자. 이미 이 책에서 많은 예제를 다뤄봤으므로 산포도, 지도 위의 한 점, 혹은 다양하게 화면에 표현된 데이터 등이 여기에 해당한다는 것을 잘 알 것이다. 이런 데이터가 있을 때 선택한 영역 안에 어떤 데이터점이 들어가는지 알아내야 하는 경우가 종종 있다. 이 문제를 공간 검색spatial search이라고 한다(여기에서 공간은 지리 공간뿐만 아니라 더 일반적인 공간을 말한다). 쿼드트리는 5, 8, 12장에서 계층 구조 데이터를 생성하려 d3.nest의 공간 버전이라고 생각하면 된다. 11장의 다른 절과 마찬가지로 여기에서도 먼저 무작위로 생성한 점을 가진 대형 데이터셋을 먼저 만들고 SVG에 렌더링한다.

11.3.1 무작위 XY 데이터 생성

우리가 세 번째로 만들 무작위 데이터 생성기는 앞에서 만든 생성기만큼 복잡하지는 않다. [리스트 11.13]에서 보는 것처럼 그저 무작위 XY 좌표 위의 점 3,000개를 만든다.

리스트 11.13 XY 데이터 생성기

```
sampleData = d3.range(3000).map(function(d) {
    var datapoint = {};
    datapoint.id = "Sample Node " + d;
    // 캔버스의 고정 크기를 알고 있으므로 하드코딩한다.
    datapoint.x = Math.random() * 500;
    datapoint.y = Math.random() * 500;

    return datapoint;
})
```

```
d3.select("svg").selectAll("circle")
  .data(sampleData)
  .enter()
  .append("circle")
  .attr("class", "xy")
  .attr("r", 3)
  .attr("cx", function(d) {return d.x})
  .attr("cy", function(d) {return d.y});
```

예상대로 이 코드는 [그림 11.11]과 같이 수많은 분홍색 원을 무작위로 생성해 캔버스 전역에 흩어놓는다.

그림 11.11 분홍색 SVG ⟨circle⟩ 요소로 표현한 3,000개의 점

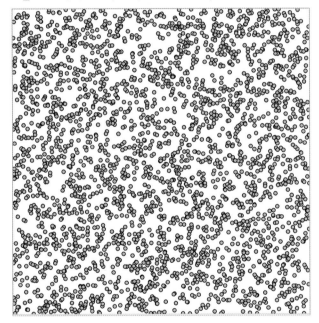

11.3.2 XY 브러시

이제 이 점 중 일부를 선택하는 브러시를 만들어보자. 9장에서 만든 X-축으로만 선택할 수 있던 브러시가 생각날 것이다. 이번에는 브러시를 X-축과 Y-축으로 신택힐 수 있게 민든다. 그

러고 나면 사각형을 캔버스 어느 곳으로든 드래그할 수 있다.

[리스트 11.14]을 보면 캔버스에 브러시를 추가하는 일이 얼마나 간단한지 알 수 있다. 그리고 브러시 영역 안에 있는 원들을 모두 강조하는 함수를 추가한다. 이 예제에서는 x()와 y() 셀렉터에 d3.scale.identity를 사용한다. d3.scale.identity는 도메인과 레인지가 같은 스케일을 만드는데, 지금과 같이 스케일을 사용해야 하는 함수를 사용하지만 스케일의 도메인이 화면 영역의 레인지와 정확히 일치하는 경우에 유용하다.

리스트 11.14 XY 브러시

```
var brush = d3.svg.brush()
              // 스케일 설정을 변경하지 않을 것이므로 생성해 바로 사용한다.
              .x(d3.scale.identity().domain([0, 500]))
              .y(d3.scale.identity().domain([0, 500]))
              .on("brush", brushed);

d3.select("svg").call(brush)

function brushed() {
  var e = brush.extent();
  d3.selectAll("circle")
    .style("fill", function (d) {
        // 데이터가 선택된 영역 안에 있는지 검사한다.
        if (d.x >= e[0][0] && d.x <= e[1][0]
          && d.y >= e[0][1] && d.y <= e[1][1])
        {
          // 선택된 영역 안에 있는 점은 진한 빨간색으로 설정한다.
          return "darkred";
        }
        else {
          // 선택된 영역 안에 있지 않은 점은 분홍색으로 설정한다.
          return "pink";
        }
    });
};
```

이 브러시 코드를 사용하면 [그림 11.12]처럼 브러시 영역의 원들을 진한 빨간색으로 볼 수 있다.

그림 11.12 선택 영역 안의 점 강조

이 코드는 제대로 작동하지만 성능이 형편없다. 선택 영역 밖에 있는 점을 무시할 수 있는 메커니즘을 전혀 사용하지 않고 SVG 영역에 있는 모든 점을 검사한다. 지정된 영역 안에 있는 점을 찾아내는 방법은 고전적인 문제다. 이런 문제를 빠르고 쉽게 해결할 수 있는 방법이 바로 쿼드트리다. '쿼드트리가 뭐지? 어디에 쓰는 거지?'라는 생각이 들 것이다.

쿼드트리는 평면을 일련의 사분면으로 나누어 공간 검색을 최적화하는 기법이다. 각 사분면을 또 사분면으로 나누면서 사분면에 점이 하나만 들어갈 때까지 계속 나눈다. XY 평면을 이렇게 나누면 검색할 점들을 그룹으로 묶어 데이터셋을 모두 검사하지 않고도 해당하지 않는 사분면들은 쉽게 무시할 수 있다.

쿼드트리를 그림으로 보면서 알아보자. 그게 바로 정보 시각화가 필요한 이유 아닌가? [그림 11.13]은 점 데이터를 바탕으로 쿼드트리가 만들어낸 사분면들을 보여준다. 점 군집이 쿼드트리의 하위 영역에 어떻게 대응되는지 주의해서 보라. 모든 점은 각기 하나의 영역에만 해당되지만 각 영역은 상위에 여러 부모 영역을 갖는다.

그림 11.13 점은 빨간색, 사분면은 검은선으로 표현한 쿼드트리

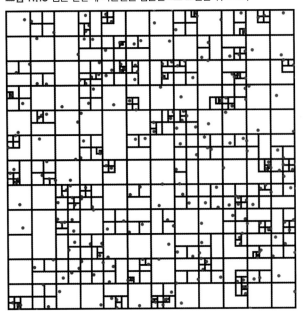

[리스트 11.15]에서 보는 것처럼 우리 데이터셋과 같은 종류의 XY 데이터에서 쿼드트리를 추출하는 일은 간단하다. 레이아웃과 다른 D3 함수에서 했던 것처럼 x()와 y() 접근자를 설정하면 된다.

리스트 11.15 XY 데이터로부터 쿼드트리 생성

```
var quadtree = d3.geom.quadtree()
                // 쿼드트리 테두리의 왼쪽 위와 오른쪽 아래 좌표를 지정한다.
                .extent([[0,0], [500,500]])
                // 데이터의 X와 Y값을 가져오는 접근자
                .x(function(d) {return d.x})
                .y(function(d) {return d.y});

    // 쿼드트리를 만든 후에는 데이터셋을 전달해 호출함으로써 인덱스를 생성한다.
    var quadIndex = quadtree(sampleData);
```

쿼드트리를 생성한 후에는 쿼드트리 인덱스를 생성하며, 인덱스의 visit() 함수로 쿼드트리에 최적화한 검색을 수행할 수 있다. [리스트 11.16]에서 보듯이 브러시 함수 안에서 visit() 함수로 검사한다.

먼저 코드를 살펴보고 나서, 실행 화면을 본 후, 코드가 작동하는 방식을 구체적으로 설명하겠다. 지금까지 해오던 설명 순서와는 다르지만 쿼드트리의 경우에는 기능을 정확히 이해하기 전에 코드를 보는 편이 좋다.

리스트 11.16 쿼드트리 최적화한 XY 브러시 셀렉션

```
function brushed() {
  var e = brush.extent();

  // 모든 원을 분홍색으로 설정하고,
  // 셀렉션에 포함됐는지 여부를 지정하는 selected 속성을 추가한다.
  d3.selectAll("circle")
    .style("fill", "pink")
    .each(function(d) {d.selected = false})

  // visit() 메서드를 호출한다.
  quadIndex.visit(function(node,x1,y1,x2,y2) {
      // 각 노드가 점인지 컨테이너인지 검사한다.
      if (node.point) {
        // 각 점이 브러시 범위 안에 있으면 selected 속성을 true로 설정한다.
        if (node.point.x >= e[0][0] && node.point.x <= e[1][0]
            && node.point.y >= e[0][1] && node.point.y <= e[1][1]) {
          node.point.selected = true;
        }
      }
      // 해당 영역이 셀렉션 범위 바깥에 있는지 검사한다.
      return x1 > e[1][0] || y1 > e[1][1] || x2 < e[0][0] || y2 < e[0][1];
  })

  // 어느 점이 선택됐는지 보여준다.
  d3.selectAll("circle")
    .filter(function(d) {
        return d.selected;
    })
    .style("fill", "darkred");
};
```

그림 11.14 1만 개의 점을 가진 데이터셋에 사용한 쿼드트리 최적화 셀렉션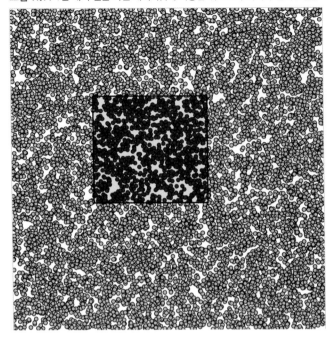

결과는 쿼드트리를 최적화한 쪽이 훨씬 더 빠르다. [그림 11.14]를 보면 점을 1만 개로 늘렸는데도 성능이 제대로 나온다. 그렇지만 대형 데이터셋을 SVG 요소로 관리하면 브라우저 속도를 저하시키므로, 이렇게 큰 데이터셋을 사용할 때는 캔버스를 사용하는 편이 좋다.

이 코드는 어떻게 작동하는가? visit() 함수를 실행할 때 쿼드트리의 최상위에서 최하위까지 모든 노드에 접근한다. [리스트 11.16]에서 각 노드에 접근할 때 노드의 테두리(x1, y1, x2, y2)도 가져온다. 쿼드트리 안의 노드는 테두리 아니면 실제 점이므로, 먼저 노드가 점인지 테두리인지 검사해야 한다. 노드가 점인 경우에는 이전 예제에서처럼 점이 브러시 범위 안에 있는지 검사한다. visit() 함수의 마지막 행이 이 코드에서 가장 중요한 부분이지만, [그림 11.15]에서 보는 것처럼 이해하기 가장 어려운 부분이기도 하다.

그림 11.15 쿼드트리 노드가 브러시 영역 밖에 있는지 검사하기

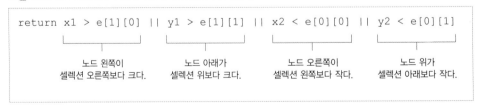

```
return x1 > e[1][0] || y1 > e[1][1] || x2 < e[0][0] || y2 < e[0][1]
```

노드 왼쪽이 셀렉션 오른쪽보다 크다.   노드 아래가 셀렉션 위보다 크다.   노드 오른쪽이 셀렉션 왼쪽보다 작다.   노드 위가 셀렉션 아래보다 작다.

쿼드트리 인덱스의 visit() 함수는 true를 반환하기 전까지 해당 쿼드트리에 있는 모든 노드를 조사한다. true를 반환할 때는 해당 사분면과 그 자식 노드에 대한 검색을 중단한다. 따라서 노드의 테두리(x1, y1, x2, y2로 표현)가 셀렉션의 영역(e[0][0], e[0][1], e[1][0], e[1][1]로 표현)을 완전히 벗어나는지 검사한다. 노드 왼쪽이 셀렉션 오른쪽보다 크거나, 노드 아래가 셀렉션 위보다 크거나, 노드 오른쪽이 셀렉션 왼쪽보다 작거나, 노드 위가 셀렉션 아래보다 작은지 검사한다. 이렇게 말로 하면 복잡해 보이며 코드보다 이해하는 데 시간이 오래 걸리기는 하지만, 이게 코드가 작동하는 방식이다.

visit() 함수는 최적화 검색 외에도 사용할 수 있다. 필자는 이 함수로 지도 위에서 가까운 점을 그룹으로 묶고[4], [그림 11.13]처럼 쿼드트리 각 노드의 테두리 선을 그리는 작업도 수행했다.

11.4 그 외 최적화 기법

그 밖에도 대형 데이터셋의 시각화 성능을 높이는 방법이 몇 가지 더 있다. 여기에서는 opacity 피하기, 전체 셀렉션 피하기, 위치를 미리 계산하기 등 성능 효과를 바로 확인할 수 있는 3가지 기법을 설명한다.

11.4.1 opacity 피하기

가능하면 언제든 요소의 opacity 스타일 대신 fill-opacity와 stroke-opacity를 사용하거나 RGBA 색상 참조를 사용하라. 요소들의 스타일을 "style: opacity" 형태로 설정하면 렌더링 속도를 저하시킬 수 있다. 특정 fill이나 stroke에 불투명도를 적용할 때는 불투명도를 어디에서 어떻게 사용하고 있는지 조금 더 주의를 기울여야 한다.

따라서 다음과 같은 코드는 사용하지 말아야 한다.

```
d3.selectAll(elements).style("fill", "red").style("opacity", .5)
```

---

4 http://bl.ocks.org/emeeks/066e20c1ce5008f884eb

대신 다음과 같이 fill-opacity 스타일을 사용하는 편이 좋다.

```
d3.selectAll(elements).style("fill", "red").style("fill-opacity", .5)
```

11.4.2 전체 셀렉션 피하기

요소를 모두 선택해 조건에 따라 이 요소들에 어떤 작업을 적용하는 것이 편리하지만, 실제 연산을 수행하기 전에 셀렉션에 filter()를 적용해 DOM 호출 횟수를 줄이는 편이 좋다. 앞에 나온 [리스트 11.16]을 보면 다음과 같이 전체 셀렉션의 selected 속성을 초기화하고 모든 원을 분홍색으로 채우는 코드가 있다.

```
d3.selectAll("circle")
  .style("fill", "pink")
  .each(function(d) {d.selected = false})
```

앞의 코드는 다음과 같이 현재 셀렉션에 들어 있는 원에만 연산을 적용하도록 변경할 수 있다. 그러면 값비싼 DOM 호출의 횟수를 줄여준다.

```
d3.selectAll("circle")
  .filter(function(d) {return d.selected})
  .style("fill", "pink")
  .each(function(d) {d.selected = false})
```

[리스트 11.16]의 코드를 이렇게 변경하면 성능이 더 향상된다. 그저 fill처럼 사소한 설정을 변경하는 경우라도 DOM 요소를 조작하는 연산은 성능에 커다란 영향을 미칠 수 있음을 기억하자.

11.4.3 위치를 미리 계산하기

위치를 미리 계산하고 전환을 적용할 수 있다. 요소의 새로운 위치를 계산하는 알고리즘이 복잡하다면, 먼저 데이터 배열을 반복해 새로운 위치를 계산해놓는다. 그런 다음 새로운 위치를 요소의 데이터에 추가해놓는다. 계산을 완료한 후에는 계산된 새로운 위치에 기초해 전환을 적용한다. 많은 요소의 셀렉션에 전환을 적용하면서 위치를 계산하면 브라우저에 부하를 주고 애니메이션이 버벅거릴 수 있다.

따라서 다음과 같은 코드는 사용하지 말아야 한다.

```
d3.selectAll(elements)
  .transition()
  .duration(1000)
  .attr("x", newComplexPosition);
```

대신 다음과 같이 구현하는 편이 좋다.

```
d3.selectAll(elements)
  .each(function(d) {d.newX = newComplexPosition(d)});

d3.selectAll(elements)
  .transition()
  .duration(1000)
  .attr("x", function(d) {return d.newX});
```

11.5 마치며

이번 장에서는 대형 데이터셋을 다루는 몇 가지 방법을 살펴봤다. 구체적으로 다음과 같은 사항들을 설명했다.

- d3.geo.path의 context() 메서드로 캔버스를 이용해 지형 그리기
- zoom의 시작과 끝을 이용해 요소를 캔버스나 SVG에 그리기
- 네트워크 링크를 캔버스에 그리기
- XY 브러시 생성하기
- 선택된 지형 강조하기
- 쿼드트리로 공간 검색 최적화하기

12장에서는 성능 튜닝이 중요한 모바일 환경에서의 데이터 시각화를 살펴본다. 터치 인터페이스를 처리하는 데 D3에서 제공하는 기능을 알아보고 모바일에서 대화형 데이터 시각화를 구현할 때 고려해야 할 설계 원리를 설명한다.

D3에 관련된 기술을 향상하고 싶으면 먼저 D3 함수별로 D3 코드 예제를 잘 설명하고 있는 bl.ocksplorer[5]를 참고하기 바란다. 그리고 D3를 이용한 첨단 데이터 시각화 예제를 보려면 마이크 보스톡[6]과 제이슨 데이비스[7]의 사이트를 참조하라. 구글 그룹[8]에서도 D3에 대해 활발하게 활동하고 있다. D3 라이브러리의 내부 작동에 관심이 있다면 베이 에어리어 D3 사용자 그룹[9] 등 커뮤니티를 참조하라. 그리고 트위터에서는 #d3js 해시 태그로 여러 D3 예제를 볼 수 있으며, D3로 실패한 작품의 사례는 #d3brokeandmadeart 해시 태그로 검색하면 된다.

5 http://bl.ocksplorer.org/

6 http://bl.ocks.org/mbostock

7 http://www.jasondavies.com/

8 https://groups.google.com/forum/#!forum/d3-js

9 http://www.meetup.com/Bay-Area-d3-User-Group/

모바일 D3

- d3.touches를 이용한 확대, 회전, 패닝 처리
- 스마트폰, 태블릿, 데스크톱 화면에 최적화한 데이터 시각화 애플리케이션 생성
- 터치를 지원하는 D3 내장 기능의 이용
- D3 지도와 지리위치의 사용 방법

12장은 모바일 환경에서 D3를 이용할 때 겪는 문제가 무엇인지 살펴보고, 기회로 삼을 점이 무엇인지 간략히 알아본다. 반응형 데이터 시각화는 아직 새롭고 변화하는 분야이며, 이와 관련해 명심해야 할 교훈을 몇 가지 설명한다. 모바일(여기서 '모바일'은 태블릿과 스마트폰을 의미한다)은 화면 크기와 행동 유도성affordance, 특히 터치 상호작용 등에 제약이 많다. 다음 기회에 스마트 워치, 글래스, 3D 카메라 등에서 D3를 이용하는 방법을 설명할 수도 있겠지만, 여기에서는 태블릿과 스마트폰만 살펴본다.

이번 장에서는 실무 작업을 수행할 때의 설계 제약을 전체적으로 살펴본다. 그러나 여러 화면 크기와 OS의 미세한 기능 차이를 수용하는 반응형 설계나 네이티브 앱 개발은 설명하지 않는다. 대신 이번 장에서는 터치 인터페이스를 이해하고 D3 내장 함수와 HTML5 표준 기능의 활용을 집중적으로 살펴본다. 여기에서는 터치 인터페이스의 작동 방식을 시각화하는 데 도움이 되고, 표준 한 손가락 패닝, 핀치pinch 확대, 회전 등 표준 작동을 구현하려면 SVG 변환에 터치를 어떻게 연결할지 설명한다.

[그림 12.1]의 화면 캡처에서 보는 것처럼 터치 상호작용(12.2절)을 살펴보고, 데스크톱(12.3.2절), 태블릿(12.3.3절), 스마트폰(12.3.4절)에 최적화해 데이터를 시각화하는 방법을 설명한다.

마지막으로, 간략한 시연을 통해 지리적 위치 서비스에 접근하고 사용자의 위치를 D3 지도 위에 나타내는 방법을 보여준다.

그림 12.1 12장에서 구현할 예제

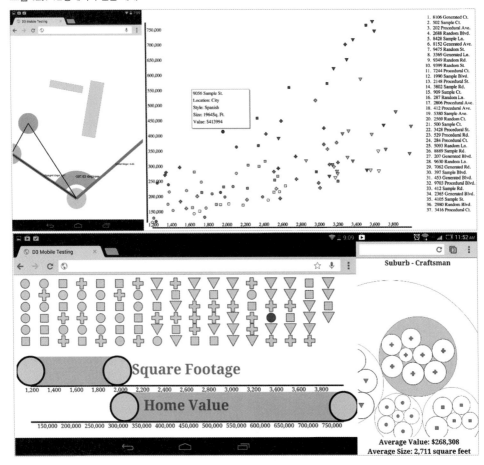

많은 모바일 플랫폼이 있지만, 필자는 그중에서 이 책을 쓰고 있는 현재 최신 안드로이드 4.4 버전을 실행하는 폰과 태블릿을 사용하고 있다. 화면은 모두 넥서스 7 태블릿과 HTC One 스마트폰에서 캡처했지만, 이 장의 예제는 모두 어떤 모바일 브라우저에서도 문제 없이 실행할 것이다.

12.1 데이터 주도 모바일 설계 원리

아직 데이터 모바일 시각화에 좋은 예제가 많지는 않다. 모바일 웹이 소셜 미디어나 뉴스 기사 등 전통적인 웹 콘텐츠에 집중해온 것이 주요 원인이다. 그런 매체들은 주로 텍스트와 그림이 대부분이며 작은 화면에서 터치 스크롤을 처리하기에 적절한 원리와 프레임워크가 개발돼 왔다. 그러나 데이터 시각화 예제는 태블릿이나 스마트폰에서 접근하면 일반적으로 데스크톱 버전으로 보게 된다.

이런 경우의 유일한 예가 바로 지리 공간 정보 시각화다. 최고의 지도 앱과 웹 사이트는 모바일 (태블릿과 스마트폰)에서의 스타일이 데스크톱에서의 스타일과 다르다. 7장에서 본 것처럼 지도 애플리케이션은 고전적인 정보 시각화 기법을 사용할 수 있으며 이 기법은 애플리케이션을 정교하게 제작하는 확고한 패턴을 가졌다. 이동하는 동안 자주 사용하는 모바일 지도에서도 고전적인 정보 시각화 기법을 사용한다.

브라우저에서 구현한 전형적인 데이터 대시보드를 크기와 인터페이스에 제한이 있는 환경으로 전환하는 것은 쉬운 일이 아니다. 게다가 문서로 잘 정리돼 있지도 않다. 이 일에는 크게 두 가지 문제가 있다. 첫째, 웹 UI처럼 데이터 시각화도 반응할 수 있어야 한다. 즉, 데이터 시각화를 사용자에게 보여주는 방식의 변화에 대응해야 한다. 둘째, 사용자에게 제공하는 모바일 경험의 대부분은 웹과는 근본적으로 다른 인터페이스에 기초한다. 마우스와 키보드 대신 터치를 사용해야 하고 마우스 방식으로는 터치를 제대로 처리하지 못하므로 새로운 문제와 기회를 제공한다. 더 큰 설계와 구현 문제를 파고들기 전에, 먼저 D3로 터치 상호작용을 처리하는 방법을 살펴보겠다.

에뮬레이터

이 예제 코드를 실행하려면 터치 인터페이스를 가진 실제 모바일 디바이스가 필요한 것은 아니다. 구글 크롬 메뉴에서 [View > Developer > Device Mode] 옵션을 통해 에뮬레이터를 사용할 수 있다. 에뮬레이터를 사용하면 다양한 화면 크기는 물론이고 디바이스 방향, 지리적 위치, 터치 입력 등을 흉내 낼 수 있다. 자세한 내용은 https://developer.chrome.com/devtools/docs/device-mode를 참조하라.

12.2 터치 시각화

사용자가 데이터 시각화에서 터치 인터페이스의 기본 작동과는 다른 방식으로 어떤 객체를 축소, 확대, 회전하도록 만들려 핀치나 회전하는 것을 계산하고 싶다고 생각해보자. 상호작용성을 제공하려면 우선 터치가 어떻게 작동하는지 알아야 한다. 이번 절에서는 터치로 상호작용성을 제공하는 방법을 집중적으로 다룬다. 마우스 이벤트만 다뤄봤다면 터치 상호작용이 혼란스럽게 느껴질 수도 있다. 이번 절에서는 터치가 작동하는 방식을 보여주고 이 터치로 어떤 일을 할 수 있는지 보여준다.

먼저 터치가 어떻게 작동하는지 가장 기본적인 수준에서 알아보자. 여기에서는 5장에서 생키 레이아웃을 이용할 때 했던 조언을 따른다. 데이터 시각화는 데이터셋뿐만 아니라 상호작용과 기능을 이해하려는 것이다. 코드를 구현하기 전에 먼저 이번 장에서 사용할 HTML을 살펴보자.

리스트 12.1 12장에서 사용할 HTML 기본 구조

```
<!DOCTYPE html>
<html>
<head>
  <title>D3 Mobile Testing</title>
  <meta charset="utf-8">
  <link type="text/css" rel="stylesheet" href="d3touch.css" />
  <script src="http://d3js.org/d3.v3.min.js"></script>
  <script src="http://d3js.org/colorbrewer.v1.min.js"></script>
</head>

<!-- 12장에서 구현하는 예제는 모두 d3.touch.js라는 외부 파일에 들어간다. -->
<script src="d3touch.js"></script>

<body>
  <div id="vizcontainer">
    <svg></svg>
  </div>
</body>
</html>
```

이 HTML은 앞에서 사용한 HTML과 많이 달라 보이지 않지만, [리스트 12.2]의 CSS를 보면 큰 차이가 있다.

```css
body, html {
  width:100%;
  height:100%;
}
#vizcontainer {
  width:100%;
  height:100%;
}
#touchStatus {
  position: absolute;
  top: 0px;
  left: 0px;
}
svg {
  width: 100%;
  height: 100%;
}
li {
  font-size: 30px;
  font-weight: 900;
}
```

앞에서는 예제 대부분을 500px x 500px 〈svg〉 요소에 그렸지만, 여기에서는 SVG를 화면 크기에 맞춘다. 이번 절에서는 터치 인터페이스 데이터를 살펴보고 나서, 데이터를 그림으로 보여준다. 그러고 나서 D3에서 일반적으로 사용하는 SVG 요소들을 패닝하거나 확대하려 상호작용성을 터치를 바탕으로 구현한다. 약간 더 복잡한 회전 함수를 구현하면서 이런 함수들을 하나로 통합하는 방법도 배운다.

먼저, d3.touches가 작동하는 방식을 살펴보면서 터치 이벤트를 알아보자.

12.2.1 d3.touches()

터치 이벤트가 발생하면 처리할 이벤트 리스너를 SVG 요소에 추가해야 한다. 이벤트 리스너로 터치를 나타내는 SVG 요소를 그린다. d3.touches() 함수는 각 터치 이벤트가 발생한 위치들의 좌표를 배열로 반환하는데, 여기에서는 이 함수로 터치 이벤트가 발생한 곳의 XY 좌표를 가져와 터치 데이터를 수집한다.

12.2.2 터치 이벤트를 목록에 저장하기

d3.touches()로 가져온 원시 배열을 목록에 저장해 모든 터치 이벤트의 XY 좌표를 볼 수 있다. [리스트 12.3]은 터치 이벤트를 목록에 저장하는 코드다. 그리고 d3.event를 이용하면 터치 이벤트 자체를 가져와 이벤트의 종류를 알아낸다.

리스트 12.3 터치 이벤트를 목록에 저장

```
// <li> 요소를 저장할 목록을 만든다.
d3.select("#vizcontainer")
  .append("div")
  .attr("id", "touchStatus")
  .append("p")
  .html("Touch Status:")
  .append("ol");

// 터치가 시작될 때와 터치가 이동하는 순간마다 touchStatus() 함수를 실행한다.
d3.select("svg").on("touchstart", touchStatus);
d3.select("svg").on("touchmove", touchStatus);

function touchStatus() {
  d3.event.preventDefault();
  // 브라우저가 터치를 클릭으로 처리하지 못하도록 이벤트를 가로채고 전달하지 않는다.
  d3.event.stopPropagation();
  d = d3.touches(this);
  // 배열에 추가된 터치를 목록에 추가한다.
  d3.select("#touchStatus")
    .select("ol")
    .selectAll("li")
    .data(d)
    .enter()
    .append("li");

  // 배열에서 제거된 터치를 목록에서 제거한다.
  d3.select("#touchStatus")
    .select("ol")
    .selectAll("li")
    .data(d)
```

```
      .exit()
      .remove();

    // 텍스트를 터치 이벤트가 발생한 위치의 XY 좌표와 이벤트 종류로 갱신한다.
    d3.select("#touchStatus")
      .select("ol")
      .selectAll("li")
      .html(function(d) {return d3.event.type + d;});
  };
```

코드를 모두 입력한 후에는 [그림 12.2]처럼 화면 위에 올려놓은 손가락의 XY 좌표를 볼 수 있다. 이 코드로 실험해보면 손가락이 처음 화면을 터치하는 순간뿐만 아니라 손가락을 이동하거나, 손가락을 더하거나 뗄 때마다 터치 이벤트가 발생하는 것을 알 수 있다. 터치 이벤트는 화면을 터치한 순서대로 손가락의 위치를 추적한다.

그림 12.2 각 터치의 XY 좌표 배열을 반환하는 d3.touches( )

모든 터치에 대한 데이터를 저장했으니, 이제 조금 더 그림답게 표현할 수 있다.

12.2.3 터치 이벤트의 시각화

XY 좌표 목록을 출력하는 대신 사용자가 화면을 터치할 때마다 터치한 위치에 원을 그려보자. 터치 이벤트 간의 관계를 그림으로 보면 제스처gesture에 기초한 더 복잡한 함수도 쉽게 이해할 수 있다.

[리스트 12.4]를 보면 터치 위치에 해당하는 원을 추가하는 작업은 목록에 터치 위치를 추가하는 것과 거의 비슷하다는 것을 알 수 있다. 터치 위치를 시각화하는 일이 얼마나 쉬운지 알아보자.

```
d3.select("svg")
  .on("touchstart", touchStatus)
  .on("touchmove", touchStatus);

function touchStatus() {
  d3.event.preventDefault();
  d3.event.stopPropagation();
  d = d3.touches(this);
  visualizeTouches(d);
};

function visualizeTouches(d) {
  // 첫 번째 손가락부터 마지막 손가락까지를
  // 분홍색에서 진한 빨간색까지의 색상으로 구분한다.
  var touchColor = d3.scale.linear()
                     .domain([0,10]).range(["pink","darkred"])

  // 각 터치 이벤트마다 원을 생성한다.
  d3.select("svg").selectAll("circle")
    .data(d)
    .enter()
    .append("circle")
    .attr("r", 75)
    .style("fill", function(d, i) {return touchColor(i);});

  d3.select("svg").selectAll("circle")
    .data(d)
    .exit()
    .remove();

  // 모든 원을 각기 터치 이벤트가 발생한 위치에 놓는다.
  d3.select("svg").selectAll("circle")
    .attr("cx", function(d) {return d[0];})
    .attr("cy", function(d) {return d[1];});
};
```

손가락 끝을 표현하려면 원이 얼마나 커야 하는지에 주의하면서 마우스오버나 클릭하는 전형적인 아이콘의 크기와 비교해보자. 이 코드는 [그림 12.3]과 같이 손가락 끝마다 원을 생성한다. 터치에 기초한 상호작용성과 마우스에 기초한 상호작용성에는 중요한 차이가 있다. 터치 인터페이스에서 상호작용 요소의 크기는 마우스로 접근할 수 있는 요소의 크기보다 훨씬 크다. 터치로 접근할 수 있는 요소의 최소 크기는 구체적으로 정의되지 않았지만, 아이폰 휴먼 인터페이스 가이드라인[1]은 최소 44x44 포인트를, 안드로이드 가이드라인[2]은 최소 48x48 dp를 권장한다.

그림 12.3 동시에 터치할 때 조금 나중에 터치한 손가락을 더 진한 색으로 표현한 원들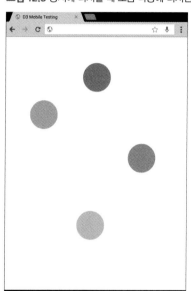

12.2.4 싱글 터치 패닝

이제 페이지 위에서 어디에 터치했는지 볼 수 있으므로, 이 위치 그리고 위치의 변화로 손가락 하나로 데이터 시각화를 패닝하는 제스처를 [리스트 12.5]처럼 구현할 수 있다. [리스트 12.5]에서는 initialPosition과 initialD, 두 개의 변수를 추가했다. initialPosition은 모든 화면 요소를 담고 있는 〈g〉 요소를 패닝하기 전의 현재 위치를 담고 있다. initialD는 첫 번째 터치 이후의 모든 터치점을 저장하고 있어서 현재의 터치가 얼마나 멀리 이동했는지 계산할 수 있다. 이 코드는 한 손가락 터치만 처리한다. 처리하는 과정을 알아보기 쉽도록 화면 위에 두 개의 사

1 https://developer.apple.com/library/ios/documentation/UserExperience/Conceptual/MobileHIG/LayoutandAppearance.html

2 http://developer.android.com/design/style/metrics-grids.html

각형을 그려서 이동하는 모습을 보여준다.

리스트 12.5 싱글 터치 이동

```
// 초기 <g> 위치와 터치값을 저장할 변수가 필요하다.
var initialD;
var initialPosition;

d3.select("svg").on("touchstart", touchBegin);
d3.select("svg").on("touchmove", touchStatus);

// 사용자가 이동시킬 그룹 컨테이너
var graphicsG = d3.select("svg").append("g").attr("id", "graphics");

// <g>를 이동하고 있는지 알 수 있도록 표시하는 두 개의 사각형
graphicsG.append("rect")
        .attr("width", 250)
        .attr("height", 50)
        .attr("x", 50)
        .attr("y", 50)
        .style("fill", "red")
        .style("stroke", "gray")
        .style("stroke-width", "1px");

graphicsG.append("rect")
        .attr("width", 100)
        .attr("height", 400)
        .attr("x", 350)
        .attr("cy", 400)
        .style("fill", "gray")
        .style("stroke", "black")
        .style("stroke-width", "1px");
```

이 코드를 추가한 후에는 터치를 시작할 때 호출하는 이벤트 처리기와 터치를 이동할 때 호출하는 이벤트 처리기를 수정해야 한다. [리스트 12.6]을 보면, 첫 번째 터치 이벤트의 XY 위치의 변화를 계산하고 화면 요소들을 담고 있는 <g> 요소에 이 변화를 적용한다. 이 코드는 터치 하나가 활성화됐을 때만 작동하므로, 화면을 손가락 하나만으로 터치해야 제대로 작동한다.

리스트 12.6 패닝을 처리하는 touchBegin()과 touchStatus() 함수

```javascript
function touchBegin() {
  d3.event.preventDefault();
  d3.event.stopPropagation();

  d = d3.touches(this);

  // 손가락 하나만 화면에 올려졌을 때만 패닝한다.
  if (d.length == 1) {
    initialD = d;
    // d3.transform()를 호출해 <g> 요소의 현재 transform값을 가져온다.
    initialPosition = d3.transform(d3.select("#graphics")
                        .attr("transform")).translate;
  }
};

function touchStatus() {
  d3.event.preventDefault();
  d3.event.stopPropagation();

  d = d3.touches(this);

  // 계속 원으로 터치를 그림으로 보여준다.
  visualizeTouches(d);

  if (d.length == 1) {
    // <g>의 원래 위치를 기준으로 터치 위치의 변화를 계산한다.
    var newX = initialD[0][0] - d[0][0] - initialPosition[0];
    var newY = initialD[0][1] - d[0][1] - initialPosition[1];

    // <g>에 새로운 위치를 적용한다.
    d3.select("#graphics")
      .attr("transform", "translate(" +(-newX) +"," + (-newY) + ")")
  }
};
```

손가락 하나를 화면에 올려놓고 이리저리 움직이면, [화면 12.4]와 같은 결과를 볼 수 있다. CSS translate 변환을 이용하고 터치 이벤트의 위치에 연관지어 <g> 요소(보이지는 않지만 빨간색과 회색 사각형을 담고 있다)를 이동해 단일 터치 이동을 구현한다. 이 그림에서 화살표는 패닝 방향을 보여주기 위한 것이며, 실제 화면에는 나타나지 않는다.

그림 12.4 손가락 하나의 패닝을 보여주는 화면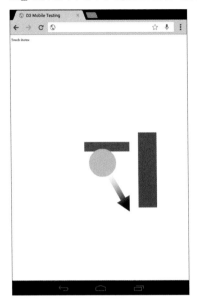

12.2.5 제스처 추론

복잡한 터치 상호작용을 구현하려면 핀치 등 복잡한 제스처를 알아내려면 터치 이벤트들이 서로 어떻게 대응하는지 알아야 한다. 마우스와 마찬가지로 이 이벤트들의 위치가 상호작용의 핵심이다. 그러나 마우스와는 달리 터치 이벤트 간의 상호 관계는 더 복잡한 터치 기능을 만들어 낸다. 사용자가 터치하는 것으로 확대나 회전할 수 있게 만들려면 코드를 추가해 각 손가락이 다른 손가락과 어디에서 연관되는지 알아내야 한다.

복잡한 터치 이벤트들은 여러 위치에 있는 터치들을 추론해 추상적인 기능을 유도한 결과다. 모든 터치 간에 SVG 선을 그려 각 터치 이벤트가 다른 터치와 어떻게 연결되는지 살펴볼 것이다. 나중에 복잡한 기능을 이용할 때는 이 그림이 화면을 어지럽히므로 제거하지만, 터치 이벤트를 이해하는 데는 이 그림을 보는 것이 중요하다. [리스트 12.7]은 패닝 제스처를 알아내는 간단한 기반 코드를 보여준다.

리스트 12.7 제스처 추론 기반 코드

```
d3.select("svg").on("touchstart", touchStatus);
d3.select("svg").on("touchmove", touchStatus);
```

```
function touchStatus() {
  d3.event.preventDefault();
  d3.event.stopPropagation();

  d = d3.touches(this);

  visualizeTouches(d);

  // 그릴 선들을 이 배열에 채운다.
  var lines = [];
  if (d.length > 1) {
    for (x in d) {
      for (y in d) {
        if (y != x) {
          var lineObj = {
            // 각 터치 이벤트에 대해 이 위치와
            // 나머지 모든 위치를 연결하는 데이터점을 생성한다.
              source: d[x],
              target: d[y]
            };
            lines.push(lineObj);
          }
        }
      }
    }

    // 각 데이터 점마다 선을 만든다.
    d3.select("svg").selectAll("line")
      .data(lines)
      .enter().append("line")
      .style("stroke", "black").style("stroke-width", "3px");

   // 터치마다 선으로 연결한다.
    d3.select("svg").selectAll("line")
      .attr("x1", function(d) {
          return d.source[0];
      }).attr("y1", function(d) {
          return d.source[1];
      }).attr("x2", function(d) {
          return d.target[0];
      }).attr("y2", function(d) {
          return d.target[1];
      });
  };
```

```
  // 해당하는 터치 이벤트가 없는 선을 모두 제거한다.
  d3.select("svg").selectAll("line")
    .data(lines).exit().remove();
};
```

각각의 터치가 다른 터치들과 어떤 공간 관계 속에 존재하는지 알 수 있다. [그림 12.5]는 터치들 간에 거미줄처럼 얽힌 관계를 시각화한다. 뜬구름 잡는 소리로 들릴 수 있지만, 다음 절에서 구현할 핀치나 회전 동작을 계산하려면 공간 관계를 잘 알고 있어야 한다.

그림 12.5 터치들 간 관계를 시각화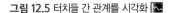

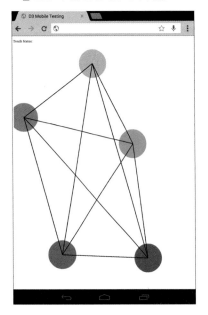

이제 모든 터치 간에는 측정할 수 있는 선이 만들어졌으며, 이 선들의 길이를 스케일에 연결하면 핀치 확대를 구현할 수 있다.

12.2.6 핀치 확대

핀치 제스처로 확대하는 동작은 터치 인터페이스의 표준이 됐다. 핀치 확대할 때는 정확히 두 개의 터치 요소가 있어야 한다. 터치 요소가 하나만 있다면 패닝 동작을 하는 것이다. 두 개 이상의 터치 요소가 있는 경우에는 핀치 외에도 12.2.7절에서 설명하는 회전 등의 터치 제스처가 가능하다. 앞에서는 패닝을 한 손가락 이벤트로 설정했다. 다음 절에서는 회전을 세 손가락 이벤트로 설정한다. [리스트 12.8]에서는 핀치 동작의 변화를 계산하고 터치 이벤트의 개수가 2인지 확인한다.

리스트 12.8 간단한 핀치 확대

```
// 확대할 <g>의 초기 스케일과 두 터치 간의 초기 거리를 저장해야 한다.
var initialLength = 0;
var initialScale = 1;

d3.select("svg").on("touchstart", touchBegin);
d3.select("svg").on("touchmove", touchStatus);

var graphicsG =
  d3.select("svg").append("g").attr("id", "graphics");

graphicsG.append("rect").attr("width", 250)
        .attr("height", 50).attr("x", 50).attr("y", 50)
        .style("fill", "red").style("stroke", "gray")
        .style("stroke-width", "1px");

// 나머지는 이전 코드와 동일하다.
graphicsG.append("rect").attr("width", 100)
        .attr("height", 400).attr("x", 350).attr("cy", 400)
        .style("fill", "gray").style("stroke", "black")
        .style("stroke-width", "1px");
```

코드 앞부분에서 initialLength과 initialScale 변수를 생성하는 부분만 바뀌었다. 이 두 변수는 각기 핀치를 시작했을 때의 거리와 핀치로 조작할 <g> 요소의 현재 확대 스케일값을 저장한다. [리스트 12.9]는 두 개의 터치로 핀치 확대를 구현하는 코드다. 여기에서는 직삼각형의 사변 길이를 구하는 피타고라스 정리로 두 터치 점 간의 거리를 구한다.

리스트 12.9 핀치 확대를 처리하는 터치 함수들

```
function touchBegin() {
  d3.event.preventDefault();
  d3.event.stopPropagation();
```

```
    d = d3.touches(this);
    // 확대 동작을 처리하기 전에 손가락 터치가 두 개만 있는지 확인한다.
    if (d.length == 2) {
        // 피타고라스 정리
        initialLength =
            Math.sqrt(Math.abs(d[0][0] - d[1][0])
            + Math.abs(d[0][1] - d[1][1]));
        // <g>의 현재 스케일을 저장한다.
        initialScale = d3.transform(d3.select("#graphics")
                            .attr("transform")).scale[0];
    }
};

function touchStatus() {
    d3.event.preventDefault();
    d3.event.stopPropagation();
    d = d3.touches(this);

    visualizeTouches(d);

    if (d.length == 2) {
        // 한 번 더 피타고라스 정리를 사용한다.
        var currentLength = Math.sqrt(Math.abs(d[0][0] - d[1][0])
                            + Math.abs(d[0][1] - d[1][1]));
        // 초기 거리와 현재 거리의 비율을 바로 확대 비율로 사용한다.
        var zoom = currentLength / initialLength;
        // 초기 스케일에 현재 확대 비율을 곱해 새로운 스케일을 구한다.
        var newScale = zoom * initialScale;
        // 새로 구한 스케일을 적용한다.
        d3.select("#graphics").attr("transform", "scale(" +newScale +")")
    }
};
```

화면 위에서 핀치 제스처를 할 때 〈g〉 요소와 그 안에 있는 사각형들이 커지고 작아진다. [그림 12.6]은 핀치 확대할 때 도형의 크기가 커지는 모습을 보여준다.

그림 12.6 핀치 확대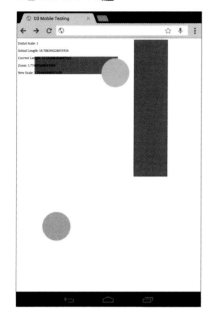

이제 약간 더 복잡한 회전 제스처로 넘어가자.

12.2.7 세 손가락 회전

손가락을 세 개 이상 사용하는 터치 이벤트는 미지의 영역이다. 복잡한 터치는 공식화돼 있지 않다. 손가락 세 개 이벤트가 무엇인지, 이 이벤트를 어떻게 처리할지는 여러분에게 달려 있다. 이 예제에서는 사용자가 화면을 회전할 때 손가락 세 개를 사용한다고 가정한다. 엄밀히 말해 여기에서는 손 가락 세 개로 회전각을 계산하지는 않지만, 손가락 세 개가 있을 때는 회전 제스처로 처리하기로 정한 것이다. 손가락 두 개만으로도 회전과 확대를 간단히 구현할 수 있다.

[리스트 12.10]에서는 새로운 터치 이벤트 처리기를 볼 수 있다. 초기 기반 코드에 initialD 와 initialRotate 변수가 추가됐다고 가정한다. initialD는 제스처가 시작될 때의 터치 위치, initialRotate는 두 손가락에 의해 설정된 현재 각도를 저장한다.

리스트 12.10 회전을 처리하는 터치 이벤트

```
function touchBegin() {
```

```
        d3.event.preventDefault();
        d3.event.stopPropagation();

        initialRotate = d3.transform(d3.select("#graphics")
                                    .attr("transform")).rotate;

      d = d3.touches(this);
      if (d.length == 3) {
        // 초기 터치에서부터 모든 터치의 위치를 저장한다.
        initialD = d;
      }
    };

    function touchStatus() {
      d3.event.preventDefault();
      d3.event.stopPropagation();
      d = d3.touches(this);

      visualizeTouches(d);

      // 화면에 손가락 세 개가 터치할 때만 회전한다.
      if (d.length == 3) {
        var slope1 = (initialD[0][1] - initialD[1][1]) /
                    (initialD[0][0] - initialD[1][0]);

        // 선의 기울기를 계산한다.
        var slope2 = (d[0][1] - d[1][1]) / (d[0][0] - d[1][0]);

        // 두 기울기 간의 변화를 각도로 계산한다.
        var angle = Math.atan((slope1 - slope2)/(1 + slope1*slope2))
                            * 180/Math.PI;

        // 회전 각도를 구한다.
        var newRotate = initialRotate - angle;

        // 회전시킨다.
        d3.select("#graphics")
          .attr("transform", "rotate(" +newRotate +")");
      }
    };
```

이 코드를 실행하면 [그림 12.7]과 같이 화면 요소를 부드럽게 회전시킨다. 손가락 간 기울기의 변화로 회전 각도를 계산한다. 코드를 보면 알 수 있듯이 세 번째 터치는 단지 회전 제스처임을 판단하는 데만 사용한다.

그림 12.7 화면 요소의 회전

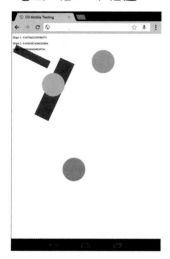

[그림 12.8]은 더욱 복잡한 예를 보여준다[3]. 이 예제는 d3.svg.arc를 사용하며 터치 회전할 각도를 레이블로 보여준다.

그림 12.8 회전각을 잘 보여주는 예

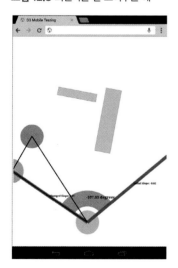

....

3 http://bl.ocks.org/emeeks/840a3af6e 48196de718a

각각의 터치 기능을 따로 구현했으므로, 이제부터 각 코드를 모두 통합해 세 가지 제스처를 한꺼번에 제공하자.

12.2.8 코드 통합

지금까지 하드코딩한 부분이 코드 여러 곳에 있었다. [리스트 12.11]에서는 이동, 확대, 회전을 모두 처리할 수 있도록 touchstart 등의 터치 이벤트 처리를 범용 구조로 바꾼다. 그리고 무작위 위치에 레이블이 붙은 정사각형 10개를 추가해 화면 요소의 회전 효과를 눈으로 보여준다.

리스트 12.11 상호작용성 통합

```
// 세 가지 제스처를 모두 처리해야 하므로
// 변환 데이터와 초기 터치 위치를 모두 저장한다.
var initialD = [];
var initialTransform;

d3.select("svg").on("touchstart", touchBegin);
d3.select("svg").on("touchend", touchBegin);
d3.select("svg").on("touchmove", touchUpdate);

var graphicsG = d3.select("svg").append("g").attr("id", "graphics");

// 무작위로 위치시킨 데이터점 10개
var sampleData = d3.range(10).map(function(d) {
    var datapoint = {};
    datapoint.id = "Sample " + d;
    datapoint.x = Math.random() * 500;
    datapoint.y = Math.random() * 500;
    return datapoint;
})

var samples = graphicsG.selectAll("g")
                        .data(sampleData)
                        .enter()
                        .append("g")
                        .attr("transform", function(d)
                            {return "translate("+d.x+","+d.y+")"});

var sampleSubG = samples.append("g").attr("class", "sample");
```

```
// 각기 정사각형과 레이블로 표현한다.
sampleSubG.append("rect")
          .attr("width", 100).attr("height", 100)
          .style("fill", "red").style("stroke", "gray")
          .style("stroke-width", "1px");

sampleSubG.append("text").text(function (d) {return d.id}).attr("y", 20);
```

화면을 회전할 때 레이블도 회전돼 레이블을 읽기 어려운 경우가 종종 있다. [리스트 12.12]에서는 레이블만 역으로 회전시킨다. [리스트 12.12]를 실행한 화면인 [그림 12.9]를 보자. 정사각형은 이동, 확대, 회전했지만 ⟨rect⟩ 요소를 가진 각 ⟨g⟩ 요소에 있는 레이블은 같은 각도로 역회전했다. 결국 레이블은 원래대로 돌아와 쉽게 읽을 수 있다.

리스트 12.12 터치 액션을 모두 통합한 터치 함수들

```
function touchBegin() {
  d3.event.preventDefault();
  d3.event.stopPropagation();

  // 초기 터치와 위치 정보를 저장한다.
  d = d3.touches(this);
  initialD = d;
  initialTransform = d3.transform(d3.select("#graphics")
                      .attr("transform"));
};

function touchUpdate() {
  d3.event.preventDefault();
  d3.event.stopPropagation();
  d = d3.touches(this);

  visualizeTouches(d);

  // 각 변환 정보를 가져온다.
  var newX = initialTransform.translate[0];
  var newY = initialTransform.translate[1];
  var newRotate = initialTransform.rotate;
  var newScale = initialTransform.scale[0];

  // 손가락이 하나면 이동이다.
```

```
    if (d.length == 1) {
      newX = -(initialD[0][0] - d[0][0] - initialTransform.translate[0]);
      newY = -(initialD[0][1] - d[0][1] - initialTransform.translate[1]);
    }
    // 손가락이 두 개면 핀치 확대다.
    else if (d.length == 2) {
      var initialLength = Math.sqrt(Math.abs(initialD[0][0]
          - initialD[1][0]) + Math.abs(initialD[0][1] - initialD[1][1]));

      var currentLength = Math.sqrt(Math.abs(d[0][0] - d[1][0])
                          + Math.abs(d[0][1] - d[1][1]));

      var zoom = currentLength / initialLength;
      newScale = zoom * initialTransform.scale[0];
    }
    // 손가락이 세 개면 회전이다.
    else if (d.length == 3) {
      var slope1 = (initialD[0][1] - initialD[1][1])
                 / (initialD[0][0] - initialD[1][0]);

      var slope2 = (d[0][1] - d[1][1]) / (d[0][0] - d[1][0]);

      var angle = Math.atan((slope1 - slope2) /
                  (1 + slope1*slope2)) * 180/Math.PI;

      var newRotate = initialTransform.rotate - angle;

      // 레이블을 역회전시킨다.
      d3.selectAll("g.sample > text")
        .attr("transform", "rotate(" +(-newRotate)+")")
    }

    // 상호작용에 기초해 새로운 변환을 적용한다.
    d3.select("#graphics")
      .attr("transform", "translate(" +(newX) +"," + (newY) + ") "
            + "scale("+newScale+") rotate(" + newRotate + ")" )
  };
```

그림 12.9 회전한 화면에서 레이블을 역회전한 화면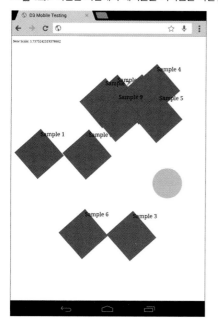

터치가 작동하는 방식을 배웠으니, 이제 한 단계 올라가 전통적인 데스크톱 웹 사이트와 달리 화면 크기가 제한된 모바일(태블릿이나 스마트폰)에서 터치로 데이터를 시각화하는 방법을 설명하고자 한다. 다음 절에서 코드를 많이 소개하지만 기본적인 사항은 그리 많이 설명하지 않는다. 특정 레이아웃, 기법, 컴포넌트, 행위 객체 등 코드에 관련된 세부 사항들은 이미 앞에서 배웠기 때문이다.

12.3 반응형 데이터 시각화

반응형 웹 디자인은 컴퓨터, 태블릿, 스마트폰이 제공하는 각기 다른 행동 유도성에 따라 웹 사이트 경험을 조정한다. 구글에서 '반응형 데이터 시각화'로 검색하면 결과가 많이 나오지만, 데이터 시각화를 조정하는 내용보다는 데이터 시각화의 개별 컴포넌트를 여러 화면 크기에 맞게 조정하는 내용이 대부분이다. 반응형 데이터 시각화는 간단한 개념으로서 [그림 12.10]에서 보는 것처럼 데이터 대시보드 등을 데스크톱, 태블릿, 스마트폰에 따라 축소하거나 다른 모습으로 제공하는 것을 말한다.

그림 12.10 반응형 데이터 시각화의 개념

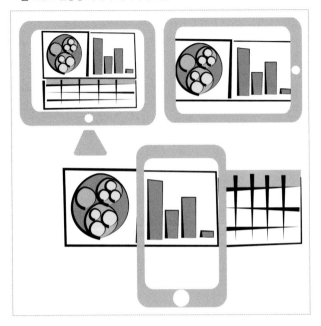

반응형 데이터 시각화는 그저 데이터 시각화 화면을 작게 만드는 것을 의미하는 것은 아니다. 터치 상호작용에 잘 맞지 않는 데이터 시각화 레이아웃이나 컴포넌트도 일부 있으며, 데이터 시각화 레이아웃이 화면 크기에 비례해야 하는 경우도 있고, 데이터에 대한 뷰가 사용자가 가질 수 있는 화면과 상호작용의 스케일에 비례해야 하는 경우 등 고려해야 할 사항들이 있다.

12.3.1 반응형 데이터 시각화 생성

다양한 화면 크기와 상호작용 기법에 맞게 적절히 형식을 조절할 수 있는 웹 사이트를 제작하는 개념을 '반응형 웹 디자인responsive web design'이라고 한다. 이와 같은 개념을 데이터 시각화에 적용한 것을 '반응형 데이터 시각화'라고 할 수 있다. 인터넷 검색으로는 반응형 데이터 시각화 자료를 거의 찾을 수 없지만, [그림 12.10]의 아래쪽 그림과 같이 데이터 대시보드의 개별 컴포넌트를 긴 윈도우에서 스크롤할 수 있게 표현하는 내용은 찾을 수 있었다.

그러나 텍스트와 달리 데이터 시각화는 정보를 주로 그림으로 보여준다. 다양한 크기의 그림 영역에 맞추기 어려워 이런 방식을 적용하기가 쉽지 않다. 15인치 화면에서 아주 멋지게 보이는 차트가 4인치 스마트폰 화면에서는 쓸모 없는 것일 수도 있다.

설상가상으로 상호작용성 문제도 있다. 데스크톱에서 접근할 때 사용할 수 있었던 상호작용 기능이 터치 인터페이스로 접근할 때는 근본적인 차이가 있다. 클릭할 수 있는 아이콘은 터치용 아이콘보다 훨씬 작게 만들 수 있으며, 패닝이나 확대처럼 확고부동한 상호작용 방식도 터치 디바이스에서는 아주 다르게 작동하는 경우가 있다.

이제부터 다양한 디바이스에서 작동하는 데이터 시각화 앱을 만든다. 데스크톱에 기초한 앱을 먼저 만들고, 태블릿과 스마트폰에 맞는 앱들을 차례대로 만들어간다. 그러면서 각 화면 크기에 따른 주요한 차이점과 사용할 수 있는 터치 기반 상호작용 기법들을 설명한다.

12.3.2 데스크톱 버전

이번 절에서는 주택 100개의 가격과 토지 면적을 보여주는 부동산 애플리케이션을 만든다. 데스크톱 버전에서 집을 클릭해 선택하면 그 집의 속성을 보여준다. 태블릿과 스마트폰 버전에서는 다른 상호작용 기법으로 데이터에 접근한다. 대시보드가 산포도에 요소 목록을 표현하므로 그리 복잡한 차트는 아니다. 데이터점 100개는 각각 주택에 대해 다음과 같은 속성을 담고 있다.

```
Address: We'll use this as a simple name
Price: 250,000 - 1,000,000
Style: Spanish, Craftsman, Ranch, McMansion
Location: Suburb, City, Coast, Country
Size: 1100 - 4000
```

이 예제는 정량적이며, 범주로 분류되고, 동시에 명시적인 데이터를 다루므로 좋은 예제라고 할 수 있다. 데이터셋은 이와 같은 항목 100개를 JSON 포맷으로 구성했으며 http://emeeks. github.io/d3mobile/realestate.json에서 내려받을 수 있다. 그리고 기능을 모두 구현한 버전의 앱은 http://emeeks.github.io/d3mobile/에서 볼 수 있다. 이 페이지를 스마트폰에서 접속해 데스크톱이나 태블릿 버전과 비교해보면 데이터를 서로 다른 뷰로 표현하는 것을 알 수 있다.

이 페이지가 데스크톱에서 제대로 작동하게 만들려면 [리스트 12.13]과 같이 생성할 새로운 요소에 대한 CSS 스타일을 추가해야 한다.

```css
#modal {
  position: absolute;
  height: 130px;
  width: 200px;
  background: white;
  box-shadow: 2px 2px 0px #888888;
  border: 1px #888888 solid;

  /* 첫 번째 마우스오버 이벤트가 발생할 때까지 팝업을 화면 밖에 둔다. */
  left: -300px;
  top: -300px;
}
#modal > p {
  margin: 2px;
  padding: 2px;
}
div.list {
  float: left;
  height: 90%;
  width: 18%;
  overflow: auto;
}
```

앞의 예제와 마찬가지로 이 코드는 제대로 된 데이터 시각화라고 하기에는 부족한 부분이 몇 가지 있다. 특히 기호와 색상이 의미하는 범례가 빠져 있다. 그리고 데이터 시각화를 어떻게 이용해야 할지 사용자가 알 수 없으므로 그저 필자가 여기에서 설명하는 것으로 만족해야 한다. 이 데이터 시각화의 완성도를 높이려면 범례, 풍부한 컨텍스트, 안내 요소들을 추가해야 한다.

[리스트 12.13]과 [리스트 12.14]의 코드를 보면 데스크톱 브라우저용 데이터 시각화를 어떻게 구현해야 할지 알 수 있다.

리스트 12.14 데스크톱 앱

```javascript
d3.json("realestate.json", function(data) {realEstate(data)});

function realEstate(data) {
  var svg = d3.select("svg");
  var svgNode = d3.select("svg").node();
```

```
svg.style("width", "80%").style("float", "left");
// 화면을 공유하는 데 <div> 요소를 생성하고 조정한다.
d3.select("#vizcontainer").append("div").attr("id", "list");
d3.select("#vizcontainer").append("div").attr("id", "popup");

// 데이터에서 목록을 생성한다.
d3.select("#list").append("ol").selectAll("li")
  .data(data).enter().append("li")
  .attr("class", "datapoint")
  .html(function(d) {return d.name})
  .on("mouseover", highlightDatapoint);

var screenHeight = parseFloat(svgNode.clientHeight ||
                    svgNode.parentNode.clientHeight);

var screenWidth = parseFloat(svgNode.clientWidth ||
                    svgNode.parentNode.clientWidth);

var sizeExtent = d3.extent(data, function(d) {return d.size});
var valueExtent = d3.extent(data, function(d) {return d.value});
var xScale = d3.scale.linear()
              .domain(sizeExtent).range([40,screenWidth-40]);
// 스케일을 생성하는 데 화면 크기와 수치형 속성의 범위를 계산한다.
var yScale = d3.scale.linear()
              .domain(valueExtent).range([screenHeight-40,40]);

// 모든 데이터점에 대해 <g> 요소를 생성한다.
svg.append("g").attr("id", "dataG")
  .selectAll("g.datapoint")
  .data(data, function(d) {return d.name}).enter()
  .append("g").attr("class", "datapoint");

// 위치를 나타내는 색상 코드
var locationScale = d3.scale.ordinal()
                    .domain(["Rural","Coastal","Suburb","City"])
                    .range(colorbrewer.Reds[4]);

// 유형을 나타내는 기호
var typeShape = {"Spanish": "circle", "Craftsman":"cross", "Ranch":"square",
              "McMansion":"triangle-down"};

// 각 <g> 안에 기호를 생성한다.
dataG = d3.selectAll("g.datapoint")
```

```
              .attr("transform", function(d) {
                return "translate(" + xScale(d.size) + "," + yScale(d.value) +")";
              })
              .each(function(d) {
                  houseSymbol = d3.svg.symbol().type(typeShape[d.type]).size(64);
                  d3.select(this).append("path")
                    .attr("d", houseSymbol)
                    .style("fill", locationScale(d.location))
                    .style("stroke", "black")
                    .style("stroke-width", "1px")
                    .on("mouseover", highlightDatapoint);
              });

    var xAxis = d3.svg.axis().scale(xScale).orient("top").tickSize(4);
    var yAxis = d3.svg.axis().scale(yScale).orient("right").tickSize(4);

    svg.append("g")
        .attr("id", "xAxisG").attr("class", "axis")
        .attr("transform", "translate(0,"+(screenHeight - 20)+")")
        .call(xAxis);

    // 축을 생성한다.
    svg.append("g")
        .attr("id", "yAxisG").attr("class", "axis")
        .attr("transform", "translate(20,0)")
        .call(yAxis);
};
```

이 코드에서는 d3.svg.symbol()이라는 새로운 함수를 사용한다. 이 함수는 circle, cross, triangle-down 등의 키워드로 흔히 사용하는 기호를 그리는 〈path〉 요소를 생성한다. [리스트 12.15]에서 구현한 highlightDatapoint() 함수는 팝업을 이동하고, 데이터점의 세부 내용을 채우고, 기호를 강조한 후 데이터점에 해당하는 항목들을 나열한다.

리스트 12.15 팝업에 정보 채우기

```
function highlightDatapoint(d) {
  // 해당 행을 강조한다.
  d3.selectAll("li.datapoint")
    .style("font-weight", function(p) {
        return p == d ? 900 : 100;
    });
```

```
// 해당 기호를 강조한다.
d3.selectAll("g.datapoint").select("path")
  .style("stroke-width", function(p) {
      return p == d ? "3px" : "1px";
  });

// 해당 기호 위로 팝업을 이동시킨다.
var popup = d3.select("#modal")
              .style("top", yScale(d.value) - 135)
              .style("left", xScale(d.size) - 100);

// 데이터점에서 데이터를 가져와 팝업을 채운다.
popup.selectAll("*").remove();
popup.append("p").html(d.name);
popup.append("p").html("Location: " + d.location);
popup.append("p").html("Style: " + d.type);
popup.append("p").html("Size: " + d.size + "Sq. Ft.");
popup.append("p").html("Value: $" + d.value);
};
```

이 코드는 데이터셋에 기초해 SVG로 산포도를 그리며 전통적인 HTML로 데이터점의 이름 목록을 생성한다. 기호나 목록에 마우스 포인터를 올려놓으면 목록의 해당 항목을 강조하고 데이터점에 대해 상세한 정보를 보여주는 팝업이 기호 위에 나타난다. 이 코드를 실행한 화면은 [그림 12.11]과 같다.

그림 12.11 데스크톱용 데이터셋 뷰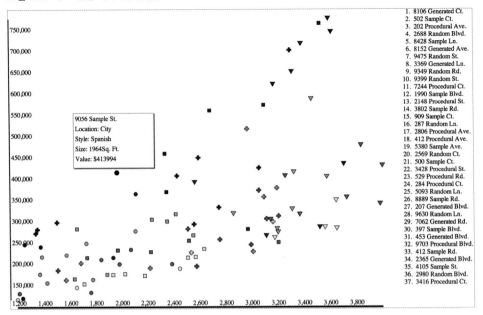

이 웹 사이트를 데스크톱 브라우저로 접근하면 산포도와 목록을 볼 수 있다. 이 차트에는 축과 마우스오버 등 데스크톱에 최적화한 시각적 상호작용 기능이 포함돼 있다. X-축은 주택의 크기, Y-축은 주택의 가격을 나타낸다. 아직은 초보적이지만 최종 버전에서는 축과 여러 요소들이 상당히 개선된다.

이 차트는 데스크톱의 커다란 화면과 섬세한 제어를 최대한 활용한 것으로, 산포도 위에 아주 조그만 요소 위에도 마우스 포인터를 올려놓거나 항목 100개가 담긴 목록을 스크롤할 수 있다. 하지만 마우스 인터페이스가 없는 조그만 화면에서는 이 기능들이 쓸모가 없다.

12.3.3 태블릿 버전

12.2절에서 설명한 것처럼 터치 기반 애플리케이션의 아이콘은 특정 크기보다 커야 한다. 이 애플리케이션을 태블릿용으로 만들기 전에, 터치로 접근할 수 있는 큰 아이콘을 사용하면 어떻게 될지 미리 한 번 확인해보자. [그림 12.12]를 보면 아이콘의 크기를 키우는 것만으로는 충분한 것 같지 않다. 아이콘이 서로를 가려 사용자가 상호작용하기 상당히 어렵다.

그림 12.12 아이콘을 크게 만든 산포도

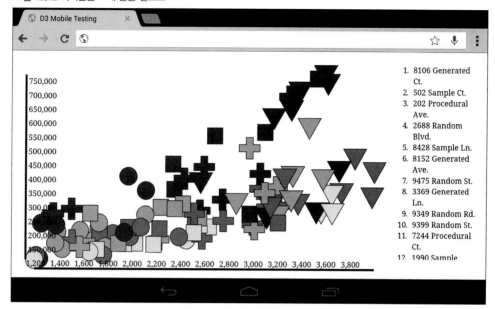

태블릿의 인기에도 태블릿에 최적화된 버전을 가진 애플리케이션은 그리 많지 않다. 특히 데이터 시각화 분야에서 더욱 그렇다. 태블릿의 화면이 충분히 크니 데스크톱과 동일하게 상호작용할 수 있다는 생각이 영향을 미치는 것 같다.

[그림 12.12]의 상태로 작업을 그쳐서는 안 된다. 터치 상호작용도 할 수 있고 초기 산포도에서 볼 수 있었던 데이터 패턴을 보여주려면 뷰를 다르게 만들어야 한다. 여기에서는 같은 데이터 시각화를 작은 화면용으로 다시 만들지 않고, 기존 화면 요소들을 조정하고 터치에 최적화한 상호작용성을 추가할 것이다.

먼저, [리스트 12.16]과 같이 태블릿 앱용 CSS를 추가해야 한다.

리스트 12.16 태블릿 앱용 CSS 추가

```
rect.extent {
  opacity: .25;
}
g.resize > circle {
  fill: lightgray;
  stroke: black;
  stroke-width: 5px;
```

```
  }
text.brushLabel {
  font-size: 40px;
  font-weight: 900;
  text-anchor: middle;
  opacity: .5;
  pointer-events: none;
}
```

이 스타일을 사용하려면 코드를 상당히 많이 바꿔야 하는데, 바뀐 코드는 [리스트 12.17]에 있는 tabletView() 함수에 들어간다. 이 함수는 초기의 responsiveDataVisualization() 함수에서 접근하던 변수에 모두 접근할 수 있다고 가정한다.

리스트 12.17 태블릿에서 데이터 시각화를 최적화하는 함수

```
function tabletView() {
  d3.select("svg").style("width", "100%");
  // 목록용 <div>를 제거하고 SVG <div>가 화면 전체를 차지하게 만든다.
  d3.select("#list").remove();

  var screenWidth = parseFloat(d3.select("svg").node().clientWidth ||
                      d3.select("svg").node().parentNode.clientWidth);

  var cellWidth = screenWidth / 18;
  var cellHeight = screenHeight / 14;
  sortedData = data.sort(function(a,b) {
      if (a.value > b.value) {
        return 1;
      }
      if (a.value < b.value) {
        return -1;
      }
      return 0;
  });

  // 데이터를 정렬해 격자 안에 넣는다.
  d3.selectAll("g.datapoint")
    .data(sortedData, function(d) {return d.name})
    .transition()
    .duration(1000)
    .attr("transform", function(d,i) {
```

```
        return "translate("+((Math.floor(i/6) + .5) *
            cellWidth)+","+((i%6 + .5)*cellHeight)+")"
    });

d3.selectAll("g.datapoint").select("path")
    .on("mouseover", null)
    .each(function(d) {
        // 기호를 더 크게 만든다.
        var houseSymbol = d3.svg.symbol()
                            .type(typeShape[d.type]).size(512);
        d3.select(this).transition().duration(1000).attr("d", houseSymbol);
    });

// 스케일을 변경해 둘 다 화면 너비에 연결되게 만든다.
xScale.range([40,screenWidth-40]);
xAxis.orient("bottom").scale(xScale);
yScale.range([40,screenWidth-40])
yAxis.orient("bottom").scale(yScale);

var sizeBrush = d3.svg.brush()
                    .x(xScale)
                    .extent(sizeExtent)
                    .on("brush", brushed);

// 수치형 속성에 사용할 브러시를 만든다.
var valueBrush = d3.svg.brush()
                    .x(yScale)
                    .extent(valueExtent)
                    .on("brush", brushed);

d3.select("#xAxisG")
    .transition()
    .duration(1000)
    .attr("transform", "translate(0,"+(screenHeight - 150)+")")
    .call(xAxis);

// 축을 새로 만든 브러시에 할당한다.
d3.select("#yAxisG")
    .transition()
    .duration(1000)
    .attr("transform", "translate(0,"+(screenHeight - 50)+")")
    .call(yAxis);

d3.select("#xAxisG").append("g")
```

```
      .attr("class", "brushG")
      .attr("transform", "translate(0,-80)")
      .call(sizeBrush)
      .insert("text", "rect")
      .attr("class", "brushLabel")
      .attr("y", 50)
      .attr("x", screenWidth / 2)
      .text("Square Footage");

  // 브러시를 생성하고 레이블을 붙인다.
  d3.select("#yAxisG").append("g")
      .attr("class", "brushG")
      .attr("transform", "translate(0,-80)")
      .call(valueBrush).insert("text", "rect")
      .attr("class", "brushLabel")
      .attr("y", 50)
      .attr("x", screenWidth / 2)
      .text("Home Value");

  // 브러시 손잡이
  d3.selectAll(".brushG").selectAll("rect").attr("height", 80);
  d3.selectAll(".brushG").selectAll(".resize")
      .append("circle").attr("r", 40).attr("cy", 40);
};
```

사용자 상호작용은 [리스트 12.18]의 brushed() 함수가 모두 처리한다.

리스트 12.18 태블릿 브러시 함수

```
function brushed() {
  d3.selectAll("g.datapoint").each(function(d) {
      var color = locationScale(d.location);
      if (
          d.value < valueBrush.extent()[0] || d.value > valueBrush.extent()[1] ||
          d.size < sizeBrush.extent()[0] || d.size > sizeBrush.extent()[1]
      ) {
        // 데이터점이 두 브러시의 범위 안에 들어가지 않으면 회색으로 칠한다.
        color = "lightgray";
      }
      d3.select(this).select("path").style("fill", color);
  })
}
```

[그림 12.13]은 지금까지의 코드를 애플리케이션에 모두 추가해 실행한 모습이다. 이 코드의 완성도를 높이려면 데스크톱 버전에서 사용자가 마우스 포인터를 기호 위에 올려놓을 때 주택의 세부 정보를 보여준 것처럼 세부 정보를 보여줄 방법이 필요하다. 화면 위로 정보를 보여주는 패널을 만들 수도 있지만, 이러한 정보 상자를 구현하는 방법은 여기에서 설명하지 않는다.

그림 12.13 태블릿용 화면

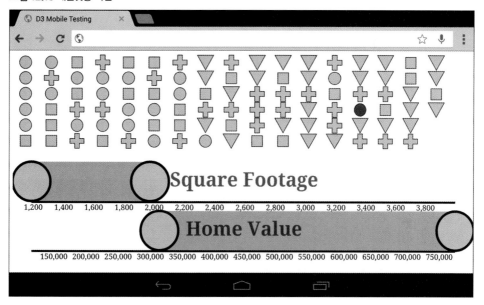

최종적으로 구현된 태블릿 뷰는 데이터를 다른 관점에서 보여준다. 목록은 작은 화면에 너무 많은 공간을 차지하므로 없애버렸다. 보기 어려운 산포도 대신 데이터점을 모두 담은 격자와 두 개의 브러시로 가격과 토지 면적 조건에 해당하는 주택만 볼 수 있다. 여기에서는 데스크톱 버전에서 기호를 클릭하면 해당 주택의 상세 정보를 보여주는 팝업이 빠져 있다. 이 버전에서는 2차원 좌표를 브러시 두 개를 나란히 놓아 구현했다는 점이 흥미롭다.

태블릿 버전에서는 브러시 컴포넌트를 바꿀 필요가 전혀 없었다는 점에 주의하자. 기본적으로 d3.svg.brush가 터치를 인식해 처리할 수 있기 때문이다. 두 손가락 제스처로 첫 번째 손가락을 고정하고 두 번째 손가락으로 범위를 설정하거나 한 손가락 제스처로 범위나 한쪽 끝을 이동시킬 수 있다.

이제 가장 복잡한 스마트폰 버전으로 넘어가자.

12.3.4 스마트폰 버전

스마트폰 버전에서는 방법을 완전히 바꾸어 내포된 서클 팩 레이아웃을 사용한다. 이 데이터가
내포된 구조는 아니지만 3장과 5장에서 네스팅을 이용하면서 어떤 속성이든 내포할 수 있다는
것을 배웠다. 우리는 사용할 수 있는 두 가지 범주 속성(위치와 형태)을 가졌지만, 정량화된
가격이나 면적을 내포시킬 수도 있다. 먼저 스마트폰 버전에 추가할 CSS 스타일을 살펴보자.

리스트 12.19 스마트폰 앱용 CSS 추가

```
/* 현재 뷰에 적용할 생성된 제목을 담고 있다.
   폰트 크기가 엄청나게 크다. */
div.viewTitle {
  font-size: 54px;
  font-weight: 900;
  color: darkred;
  position: fixed;
  top: 0;
  width: 100%;
  height: 140px;
  background: rgba(255,255,255,.95);
  text-align: center;
}
/* 현재 뷰에 대한 통계정보를 담고 있다. */
div.viewStats {
  font-size: 54px;
  font-weight: 900;
  position: fixed;
  bottom: 0;
  width: 100%;
```

```
  height: 140px;
  background: rgba(255,255,255,.95);
  text-align: center;
}
div.viewStats > div {
  width: 100%;
}
```

스마트폰용 뷰는 훨씬 더 작은 화면에 데이터 시각화하려 화면 요소들을 근본적으로 재구성해야 하므로, 이 뷰를 만드는 코드는 태블릿 뷰보다 훨씬 더 복잡하다. 스마트폰 버전용 초기 코드는 [리스트 12.20]과 같다.

리스트 12.20 스마트폰에서 쓸 수 있도록 데이터 시각화 변환

```
function phoneView() {

  nestPhoneData();

  screenWidth = parseFloat(d3.select("svg").node().clientWidth ||
                d3.select("svg").node().parentNode.clientWidth);
  // 태블릿 뷰에서 했던 것처럼 목록을 제거한다.
  d3.select("#list").remove();
  d3.selectAll("g.axis").remove();

  // 단말 노드 출력을 위한 스케일
  circleSize = d3.scale.linear().domain(sizeExtent).range([2,10]);
  circleStroke = d3.scale.linear().domain(valueExtent).range([1,5]);

  packChart = d3.layout.pack();
  packChart.size([screenWidth,screenHeight-200])
          .children(function(d) {return d.values})
          .value(function(d) {return circleSize(d.size)});

  // 기호가 아니라 원과 상호작용한다.
  d3.selectAll("g.datapoint").select("path")
    .style("pointer-events", "none");

  d3.select("#dataG")
    .attr("transform", "translate(0,100)")
    .selectAll("circle")
    .data(packChart(packableData))
```

```
        .enter()
        .insert("circle","g")
        .attr("class", "pack")
        .style("fill", "white")
        .style("stroke", "black")
        .style("stroke-width", function(d) {return circleStroke(d.oValue)})
        .on("touchmove", changeView)
        .on("click", changeView);

    d3.select("#vizcontainer").append("div")
        .attr("class", "viewTitle").html("Current View");

    var viewStats =
        d3.select("#vizcontainer").append("div").attr("class", "viewStats");

    // 레이블 <div> 추가
    viewStats.append("div").attr("id", "viewValue").html("Average Value");
    viewStats.append("div").attr("id", "viewSize").html("Average Size");

    // 원거리 뷰로 초기화한다.
    changeView(packableData)
};
```

[리스트 12.21]은 서클 팩에 사용할 packableData 데이터셋을 생성하는 nestPhoneData()
함수를 구현한다.

리스트 12.21 다중부분 내포

```
function nestPhoneData() {
    // 내포하면 value 속성을 덮어쓰므로 새로운 속성에 복사해놓는다.
    for (x in data) {
        data[x].oValue = data[x].value;
    }

    // 위치와 형태를 바탕으로 내포된 데이터셋을 만든다.
    nestedData = d3.nest()
                    .key(function (d) {return d.location})
                    .key(function (d) {return d.type})
                    .entries(data);

    // 내포된 데이터를 서클 팩의 루트 노드에 할당한다.
    packableData =
```

```
    {id: "root", key: "All Real Estate", values: nestedData}
}
```

이 코드에서는 차트를 터치했을 때 원을 확대하려 [리스트 12.22]의 changeView() 함수를, 데이터를 이해하기 쉽게 화면에 요약해주는 [리스트 12.23]의 calculateStatistics() 함수를 호출한다.

리스트 12.22 스마트폰 앱 changeView() 함수

```
function changeView(d) {
    // 뷰의 크기를 현재 클릭한 원의 크기로 설정한다.
    newScale = (screenHeight / 2) / (d.r + 100);

    // 현재 선택한 원을 회색으로 채워 강조한다.
    d3.select("#dataG").selectAll("circle")
      .style("fill", function(p) {return p == d ? "lightgray" : "white"})

    // 현재 원과 같은 수준에 있는 다른 원들과
    // 현재 원의 자식 노드들에만 이벤트를 활성화시킨다.
    d3.select("#dataG").selectAll("circle")
      .style("pointer-events", function(p) {
          return (p.depth == d.depth || p.parent == d) &&
                  p != d ? "auto" : "none"
      });

    // 이 원의 중심에 놓는다.
    d3.select("#dataG")
      .transition()
      .duration(1000)
      .attr("transform",
      "translate(" + ((screenWidth/2)-(d.x * newScale)) + "," +
                  ((screenHeight/2) -(d.y * newScale)) +")"
      );

    // 확대하려 원의 크기를 키우고 위치를 조정한다.
    d3.selectAll("circle.pack")
      .transition()
      .duration(1000)
      .attr("r", function(d) {return d.r * newScale})
      .attr("cx", function(d) {return d.x * newScale})
      .attr("cy", function(d) {return d.y * newScale});
```

```
symbolSize = d3.scale.linear()
                .domain(sizeExtent)
                .range([100 * newScale,180 * newScale]);

d3.selectAll("g.datapoint")
  .transition()
  .duration(1000)
  .attr("transform", function(d) {return "translate(" +
          (d.x * newScale) + "," + (d.y * newScale) +")";
  })
  .select("path")
  .each(function(d) {
      // 기호를 크게 만든다.
      houseSymbol = d3.svg.symbol().type(typeShape[d.type])
                        .size(symbolSize(d.size));
      d3.select(this).transition().duration(1000)
        .attr("d", houseSymbol);
  });

calculateStatistics(d);
};
```

마지막으로, calculateStatistics() 함수는 재귀적으로 호출해 현재 원 안에 있는 모든 데이터점의 평균, 혹은 현재 선택된 데이터점에 있는 부동산의 정확한 가격을 계산한다.

리스트 12.23 스마트폰 앱용 calculateStatistics() 함수

```
function calculateStatistics(d) {
    // 부동산 데이터점만 name 속성을 가졌으므로, 이 속성으로 부동산 정보인지 확인한다.
    if (d.name) {
        // 데이터점에서 가져온 값으로 레이블을 설정한다.
        d3.select("div.viewTitle")
          .html(d.parent.parent.key + " - " + d.parent.key + "<br>" + d.name);
        d3.select("#viewValue").html("Value: $" + d.oValue);
        d3.select("#viewSize").html("Size: " + d.size + " square feet");
    }
    else {
        // 이 노드 밑의 모든 단말 노드를 모은다.
        var allDatapoints = allChildren(d);

        var averageValue =
```

```
        d3.mean(allDatapoints, function(d) {return d.oValue});

    // 수치형 속성들(가격, 면적)의 평균을 구한다.
    var averageSize =
        d3.mean(allDatapoints, function(d) {return d.size});

    d3.select("div.viewTitle")
      .html(d.depth == 2 ? d.parent.key + " - " + d.key : d.key);

    d3.select("#viewValue")
      .html("Average Value: $" +
          d3.format("0,000")(Math.floor(averageValue)));

    // 레이블을 설정한다.
    d3.select("#viewSize")
      .html("Average Size: " + d3.format("0,000")(Math.floor(averageSize))
            + " square feet");
  };

  function allChildren(d) {
    var childArray = [];
    for (x in d.values) {
      if (d.values[x].name) {
        childArray.push(d.values[x]);
      }
      else {
        // 모든 단말 노드를 재귀적으로 찾아낸다.
        childArray =
          allChildren(d.values[x]);
      }
    }
    return childArray;
  }
}
```

이 페이지를 스마트폰으로 접속하면 [그림 12.14]와 같은 모습을 볼 수 있다.

그림 12.14 스마트폰에 최적화한 데이터 시각화 앱

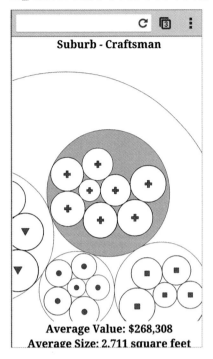

우리 데이터를 스마트폰으로 접속하면 새로운 사용자 경험을 제공한다. 데이터점은 위치와 종류 속성에 따라 내포돼 있다. 모든 원은 터치에 반응해 그 그룹으로 확대시킨다. 작은 화면 위에 정확히 터치할 수 있는 충분한 크기의 영역이 필요하므로, 현재 원과 같은 수준의 원이나 현재 원 내부에 있는 하위 수준의 원들만 터치할 수 있도록 제한한다. 화면이 충분히 확대되면 개별 데이터점은 선택할 수 있을 정도로 커지며 데이터점의 속성을 제공한다. 통합 버전에서는 화면을 축소하고 내포 우선순위를 변경할 수 있는 메커니즘을 제공할 수 있을 것이다. 핀치 제스처를 이용하면 화면을 축소할 수 있고, 회전 제스처를 이용하면 내포 우선순위를 변경할 수 있다.

12.3.5 화면 크기 자동 인식

화면의 너비로 브라우저가 데스크톱, 태블릿, 혹은 스마트폰에서 실행 중인지 알아낼 수 있다. 그러나 디바이스의 가로세로 비율에 따라 태블릿에 스마트폰 뷰가, 혹은 스마트폰에 태블릿 뷰가 나타날 수 있다. [리스트 12.24]는 화면 너비에 기초해 디바이스 종류를 구분하는 초보적인

방법을 보여준다. 제품 수준의 앱에서는 더 철저한 방법이 필요하다.

리스트 12.24 화면 너비에 기초한 디바이스 인식

```
var screenSize = screen.width;

if (screenSize < 480) {
  phoneView();
}
else if (screenSize < 1000) {
  tabletView();
}
```

지금까지 구현한 예제에 기능이 많지는 않지만, 모바일에서 어떻게 구현해야 할지 감을 잡기에는 충분할 것이다.

12.3.6 반응형 데이터 시각화의 기본 원리

이렇게 간단한 예제조차도 데스크탑 이외의 디바이스에 대한 데이터 시각화 뷰를 설계하기가 어렵다. 데이터가 스마트폰이나 태블릿에서 어떻게 보여야 하는지, 가장 중요한 뷰를 보여주려면 어떤 행동 유도성과 제약을 고려해야 하는지를 결정하는 것이 가장 어려운 일일 것이다. 반응형 데이터 시각화는 데이터로의 접근성을 높여주고 데이터를 어떤 형태로든 보여줄 수 있게 한다. 각각의 뷰는 능력이 천차만별이며 시각과 상호작용성을 활용하는 고유한 방법을 가졌다. 반응형 데이터 시각화의 목표는 데이터에 대한 같은 뷰를 제공하는 것이 아니라, 여러 상호작용을 통해 데이터셋을 이해할 수 있는 뷰의 연합체를 제공하는 것이다.

12.4 지리적 위치

D3 지도 애플리케이션을 만들 때는 HTML5 지리적 위치로 사용자의 현재 위치를 나타내는 점을 지도 위에 쉽게 찍을 수 있다. [리스트 12.25]는 7장에서 구현한 가장 기본적인 지도 코드를 가져와 사용자의 현재 위치에 원을 표시한다.

```
function geolocateMap() {
  d3.json("world.geojson", function(data) {createMap(data)});

  function createMap(countries) {
    projection = d3.geo.mercator();
    geoPath = d3.geo.path().projection(projection);
    d3.select("svg").selectAll("path")
      .data(countries.features)
      .enter()
      .append("path")
      .attr("d", geoPath)
      .style("fill", "red")
      .style("stroke-width", 1)
      .style("stroke", "black")
      .style("opacity", .5)

    // 브라우저가 지리적 위치를 지원하지 않으면 이 코드를 수행하지 않는다.
    if (navigator.geolocation) {
      navigator.geolocation.getCurrentPosition(placeMarker);
    }

    function placeMarker(point) {
      d3.select("svg").selectAll("circle")
        .data([point])
        .enter()
        .append("circle")
        .style("fill", "white")
        .style("stroke", "black")
        .style("stroke-width", 3)
        .attr("r", 5)
        // 지리적 위치가 제공하는 데이터의 포맷에 주의하라.
        .attr("cx", function(d) {return
            projection([d.coords.longitude,d.coords.latitude])[0]})
        .attr("cy", function(d) {return
            projection([d.coords.longitude,d.coords.latitude])[1]})
    }
  }
}
```

우선 디바이스가 geolocation을 지원하는지 검사한 후에 API를 호출해야 한다. 사용자의 브라우저가 geolocation을 언제나 허용하도록 설정돼 있지 않으면 위치 서비스 허용 여부를 묻는 알림창이 나타난다. 사용자가 위치 정보를 사용하도록 허가하면 이 코드는 [그림 12.15]처럼 사용자의 위치에 동그라미를 그린다.

그림 12.15 지도 위에 표시한 필자의 현재 위치

여러분이 아시아에 있다면 메르카토르 도법의 기본 위치 설정 때문에 원이 나타나지 않을 수도 있다. 지도 제작을 심도 있게 공부하고 싶다면 7장을 살펴보길 바란다.

12.5 마치며

이제 터치가 어떻게 작동하는지, 터치를 어떻게 시각화할 수 있는지, 반응형 데이터 시각화는 어떻게 구현할지 어느 정도 감을 잡았을 것이다. 이번 장에서는 구체적으로 다음과 같은 주제를 다루었다.

- d3.touches( )로 터치 정보를 수집하는 방법
- 터치를 가리키기 위한 화면 요소 생성

- 터치를 이용한 패닝
- SVG 선으로 터치 이벤트 간 관계를 시각화
- 핀치 확대
- 세 손가락 회전
- 태블릿에 최적화된 데이터 시각화
- 스마트폰에 최적화된 데이터 시각화

모바일 데이터 시각화는 여전히 초기 단계에 있으며, 아직은 지도 앱과 비디오 게임이 주도하고 있다. 더 작은 화면 크기를 고려하면서 터치 인터페이스를 활용하는 작업이 쉽지는 않지만 그만한 가치가 있다. 이번 장에서 익힌 기법과 기능으로 D3로 모바일 웹 페이지를 개발하는 데 도움이 되기를 바란다.

INDEX

INDEX

INDEX

INDEX

INDEX

그림 2.6 수치형 값을 색상 범위로 매핑하는 스케일

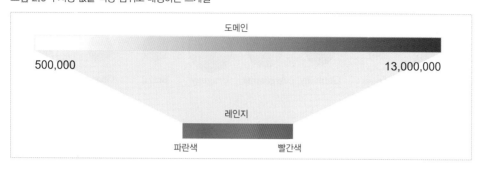

그림 3.12 기본 보간자로 만든 우중충한 중간색

그림 3.13 HSL 보간자로 만든 중간색

그림 3.14 HCL 보간자로 만든 중간색

그림 3.15 LAB 보간자로 만든 중간색

그림 3.16 category10 스케일로 색상 할당

그림 3.17 3단계 빨간색 colorbrewer 스케일로 정의한 경우

그림 3.24 D3로 fill과 stroke를 설정

그림 3.25 부모 요소에서 데이터를 가져와 색상 적용

그림 5.10 트윗 사용자별 트윗을 표현한 서클 팩

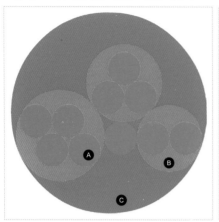

그림 5.11 계층의 깊이에 따라 반지름을 줄이도록 설정한 서클 팩

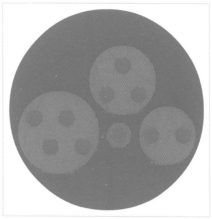

그림 5.12 노드의 영향력에 따라 단말 노드의 크기를 설정한 서클 팩

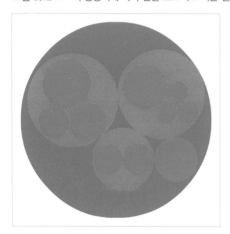

그림 5.14 tweets.json의 데이터를 수직으로 놓은 계통도

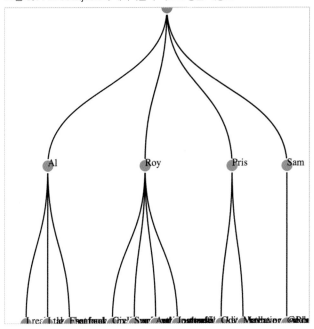

그림 5.24

방문자 수를 경로의 색상으로 표현한 생키 다이어그램

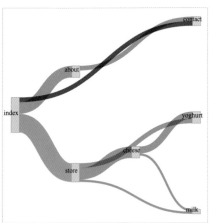

그림 5.30

단어 길이와 키워드 여부에 따라 표현한 워드 클라우드

그림 6.6 이벤트 처리기를 이용한 원호 다이어그램

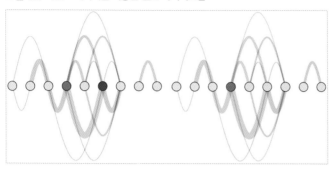

그림 6.10 백지도를 이용한 네트워크 차트

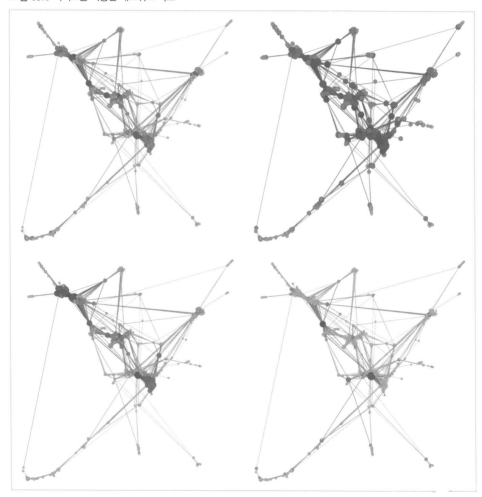

그림 7.7 중국 주변에 경계 상자와 중국 중심에 빨간 원을 표시한 지도

그림 7.19 프랑스 이웃 국가를 출력한 모습

그림 9.5 서클 팩과 스프레드시트를 연동한 대시보드

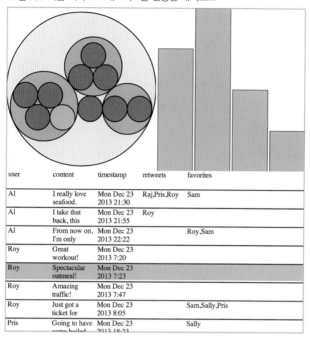

user	content	timestamp	retweets	favorites
Al	I really love seafood.	Mon Dec 23 2013 21:30	Raj,Pris,Roy	Sam
Al	I take that back, this	Mon Dec 23 2013 21:55	Roy	
Al	From now on, I'm only	Mon Dec 23 2013 22:22		Roy,Sam
Roy	Great workout!	Mon Dec 23 2013 7:20		
Roy	Spectacular oatmeal!	Mon Dec 23 2013 7:23		
Roy	Amazing traffic!	Mon Dec 23 2013 7:47		
Roy	Just got a ticket for	Mon Dec 23 2013 8:05		Sam,Sally,Pris
Pris	Going to have some boiled	Mon Dec 23 2013 18:23		Sally

그림 9.6 서클 팩과 막대 그래프를 연동한 대시보드

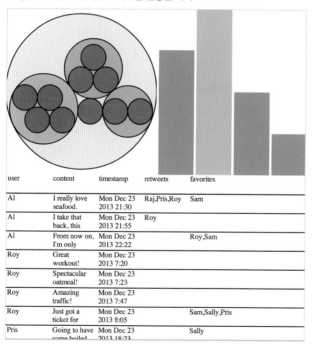

user	content	timestamp	retweets	favorites
Al	I really love seafood.	Mon Dec 23 2013 21:30	Raj,Pris,Roy	Sam
Al	I take that back, this	Mon Dec 23 2013 21:55	Roy	
Al	From now on, I'm only	Mon Dec 23 2013 22:22		Roy,Sam
Roy	Great workout!	Mon Dec 23 2013 7:20		
Roy	Spectacular oatmeal!	Mon Dec 23 2013 7:23		
Roy	Amazing traffic!	Mon Dec 23 2013 7:47		
Roy	Just got a ticket for	Mon Dec 23 2013 8:05		Sam,Sally,Pris
Pris	Going to have some boiled	Mon Dec 23 2013 18:23		Sally

그림 9.7 모든 차트에서 동일 데이터를 강조한 모습

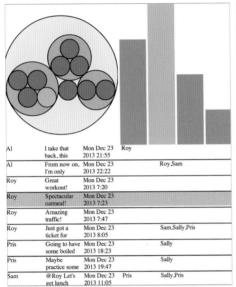

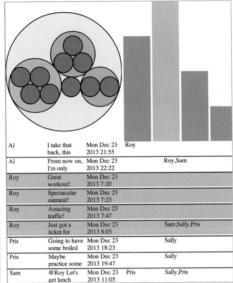

Al	I take that back, this	Mon Dec 23 2013 21:55	Roy	
Al	From now on, I'm only	Mon Dec 23 2013 22:22		Roy,Sam
Roy	Great workout!	Mon Dec 23 2013 7:20		
Roy	Spectacular oatmeal!	Mon Dec 23 2013 7:23		
Roy	Amazing traffic!	Mon Dec 23 2013 7:47		
Roy	Just got a ticket for	Mon Dec 23 2013 8:05		Sam,Sally,Pris
Pris	Going to have some boiled	Mon Dec 23 2013 18:23		Sally
Pris	Maybe practice some	Mon Dec 23 2013 19:47		Sally
Sam	@Roy Let's get lunch	Mon Dec 23 2013 11:05	Pris	Sally,Pris

그림 11.8 공통으로 사용하는 함수에 기초해 깃허브에 호스팅된 D3 예제 코드들을 연결한 네트워크

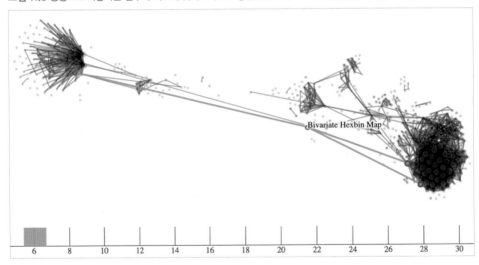